2012年做客人民网,讲授《孙子兵法》

2016年在中央四台《文明之旅》专栏讲孙子的谋略精髓

给长江商学院学员专题讲授《孙子兵法》选修课

给国防大学防务学院外国高级军官讲"《孙子兵法》与现代战争"

副主编简介

赵巳阳，军事科学院军事思想与军事历史专业博士，国防大学国家安全学院博士后，上校军衔。主持国家级课题1项，主持或参与军队级课题5项、总部级课题6项。主编或参编《献给世界的壮丽史诗——外国人看长征》《中日军事关系史》等图书13部；在国家或军队级核心刊物发表文章20余篇。主要研究方向：《孙子兵法》研究与应用、美国军事思想、战略传播等。

刘争鸣，1974年底参军，在师部宣传队任乐手兼指挥和作曲。1979年2月在西线参加对越自卫反击战。1981年退伍至商业部门，从事过采购、销售、物流、边贸。1994年创业组建重庆商社新世纪百货有限公司，在其担任领导职务。先后在职就读于重庆商学院、四川师范大学中文系、北京师范大学哲学与社会学院博士班。

韩霖，北京骄阳智心教育咨询有限公司总经理，国家二级心理咨询师，资深心理测评师，曾在美国加州伯克利分校进修教育心理评估，参与多个国际知名心理测量量表的修订及推广工作，2010年参与韦氏成人智力第四版中文版修订工作，2015年参与适应性行为量表第二版修订工作，是心理测量技术中国本土化应用的践行者和推动者。

樊利军，美国麻省理工学院访问学者，香港孙子兵法国际文化研究传播协会秘书长，CCTV希望之星大学生成人组湖南省组委会主任，中马世界青年文明论坛特邀嘉宾，马来西亚"一带一路"博雅论坛出席嘉宾，帝弗英国际教育集团创始人、总裁，"长征路上的乡村支教"公益活动发起人，先后荣获新华网"2016突出贡献教育人物"奖，央广网"2017教育行业领军人物"奖。

商战智慧

向《孙子兵法》学经营管理

薛国安 主编

SPM
南方出版传媒
广东经济出版社
·广州·

图书在版编目（CIP）数据

商战智慧：向《孙子兵法》学经营管理 / 薛国安主编. —广州：广东经济出版社，2018.8（2021.3重印）

ISBN 978-7-5454-6327-9

I.①商... II.①薛... III.①《孙子兵法》-应用-商业经营 IV.①F713

中国版本图书馆CIP数据核字（2018）第119560号

责任编辑：周　晶　刘　倩
责任技编：陆俊帆

商战智慧：向《孙子兵法》学经营管理
Shangzhan Zhihui: Xiang《Sunzibingfa》Xue Jingying Guanli

出版人	李　鹏
出　版 发　行	广东经济出版社（广州市环市东路水荫路11号11～12楼）
经　销	全国新华书店
印　刷	佛山市迎高彩印有限公司 （佛山市顺德区陈村镇广隆工业区兴业七路9号）
开　本	730毫米×1020毫米　1/16
印　张	24.25
字　数	360 000千字
版　次	2018年8月第1版
印　次	2021年3月第6次
书　号	ISBN 978-7-5454-6327-9
定　价	80.00元

图书营销中心地址：广州市环市东路水荫路11号11楼
电话：（020）87393830　邮政编码：510075
如发现印装质量问题，影响阅读，请与本社联系
广东经济出版社常年法律顾问：胡志海律师
·版权所有　翻印必究·

前言
PREFACE

商战智慧
向《孙子兵法》学经营管理

曾经有位好朋友关切地问我:"薛教授,听说你经常给政府和企业领导讲《孙子兵法》?"我回答:"是的。"他立刻满脸严肃地说:"别再去讲啦!"我疑惑不解地问:"为什么?"殊不知,他的回答让我啼笑皆非。他认为《孙子兵法》是专门讲阴谋诡计、钩心斗角的邪书,会毒害领导的心灵。政府和企业领导都应当以诚信为本,所以不能学《孙子兵法》。诚然,政府和企业应当以诚信为本,也只有以诚信为本才能凝聚人心,做好各项工作。但恰恰相反的是,他们不仅应当学习《孙子兵法》,而且必须学好、用好孙子的谋略思想。不学《孙子兵法》不一定干不出一番事业,但是学好《孙子兵法》一定有助于赢得一番天地。当然,前提是"学好"。因为《孙子兵法》研究的是战争智慧,更是竞争智慧。它重在揭示战争和竞争的规律、原则及基本方法,诸如"知彼知己,百战不殆""先为不可胜,以待敌之可胜""善守者,藏于九地之下;善攻者,动于九天之上""不战而屈人之兵,善之善者也"等经典谋略,都是旨在提醒人们按规律进行战争准备、战争决策、作战指挥,丝毫没有弄虚作假、投机取巧的意思。即使讲到"兵以诈立""兵者,诡道也",也是针对战场较量,在你死我活、瞬息万变的情况下,提醒人们一定要灵活应变,敌变我变。谁能保证自己一生始终处于平和安全的状态?一旦面临矛盾冲突,尤其是与对手的激烈竞争,岂可像宋襄公那样恪守所谓的战争礼法,恐怕更需要多方变化以缓解矛盾冲突,或巧妙隐藏以躲避竞争对手的暗箭。

信息时代是人类智慧爆发式发展的时代,客观上要求人们更加努力地学习智慧、掌握智慧、用好智慧。靠智慧而非体力打拼天下,靠巧干而非蛮干竞争制胜,靠思路而非职权摆脱困境。兵家智慧与商家智慧迎来了相互融合、相互借鉴的历史时机。正是基于这一时代要求,我们编写了本书,并录制了配套的系列视频微课,旨在借鉴《孙子兵法》中的智慧破解企业经营管理中的难题,活用孙子的奇谋妙计开辟企业经营管理的新天地。但愿每一位想把企业做长久的企业家朋友认真品读每一个经典案例。学习成功之道,汲取失败的教训。并灵活运用老祖先留下的智慧宝典《孙子兵法》分析其成败得失的奥妙,"昙花一现"纵然美丽,但"基业长青"才真正让人神往。

需要说明的是,《孙子兵法》流传至今,版本较多,重要的版本可分为两个系统:一为传世本,以宋代《十一家注孙子》和武经七书本《孙子》为代表;

二为简册文书，以1972年山东临沂银雀山出土的西汉竹简《孙子兵法》为代表。本书主要以中华书局1961年出版的影宋本《十一家注孙子》为底本，参之以武经七书本《孙子》和汉简本《孙子兵法》，同时吸收了1990年军事科学出版社出版的《孙子校释》中的某些研究成果。该书由吴九龙、杨炳安、吴如嵩、穆志超、黄朴民等几位当代研究《孙子兵法》的专家合编，根据汉简本校正了传世本中的某些错谬，有正本清源之功。孔子有言："学而不思则罔，思而不学则殆。"①孟子也云："尽信书，则不如无书。"②核心都是要求读书要善于独立思考问题，强调学贵有疑。本着这一思想，本书在忠实原典、吸收前人研究成果的同时，也结合笔者自身参加战争实战的经验对《孙子兵法》某些关键词句做出了超越成说、不同凡响的解读。因此，细心的读者可能会发现本书有些原文词句与传世本，甚至竹简本不同。比如《虚实篇》中"守而必固者，守其所不攻也"，传世本作"不攻"、竹简本此处半脱落，《孙子校释》本专家解读为"必攻"，本书仍写作"不攻"。一字之差，含义迥然。孰是孰非？有请读者甄别。

---

① 《论语·为政》。
② 《孟子·尽心章句下》。

目录
Contents

第一部分
商场如战场
——向《孙子兵法》学经营战略

一、竞争制胜的秘籍——《孙子兵法》 /2
    1 军人企业家的七大特色 /5
    2 "滴滴"的神速崛起 /9

二、先计后战——经营决策的重要前提 /13
    1 新零售板块的先计后战 /16
    2 英国百货巨头玛莎百货（M&S）全部退出中国市场 /19

三、五事七计——经营决策的基本要素 /23
    1 中融集团海外找油的"道" /26
    2 麦当劳PK肯德基，谁在中国胜出？ /28

四、三非原则——理智决策的三大原则 /31
    1 奥克斯空调：巨头激战中的制胜法宝 /34
    2 迪士尼乐园选址巴黎的决策 /36

五、知彼知己——经营战略的基本主线 /39
    1 牛根生在商战中的知胜之道 /43

2　知己不知彼，削足难适履　/ 45

六、不战而胜——战略指导的核心思想　/ 47
　　1　不战而胜：达能在中国的并购战略　/ 51
　　2　神舟电脑的"谋攻之法"　/ 52

七、以镒称铢——谋求经营实力的优势　/ 54
　　1　H&M全球挤压快时尚　/ 57
　　2　一年狂开上万家的潮汕牛肉火锅　/ 61

八、势险节短——营造有利的经营态势　/ 64
　　1　中美史克在"PPA危机"后的涅槃重生　/ 67
　　2　"搜狐"是如何失去互联网"大势"的　/ 69

九、先胜后战——经营战略的物质基础　/ 72
　　1　"小罐茶"的精品主义　/ 75
　　2　欣隆科技有限公司电池分部采购经理的难处　/ 78

十、抢占先机——快速抢占市场制高点　/ 81
　　1　永利"抗"洋货　/ 84
　　2　梅西百货公司变中求胜　/ 86

十一、守正出奇——突破经营瓶颈的绝招　/ 89
　　1　ZARA击败Etam（艾格），成中国快时尚服装业领军　/ 92
　　2　杯装奶茶之战：优乐美去哪里了？　/ 96

十二、避实击虚——迎战强劲对手的理智办法　/ 100
　　今麦郎的崛起　/ 103

十三、诡道制胜——落实经营战略的妙招　/ 106
　　1　"三只松鼠"奇迹背后的营销策略　/ 109
　　2　10亿赌局的背后——两种销售模式之争　/ 111

十四、战胜不复——跳出常规经营思路　/ 114
　　1　优衣库在快时尚竞争中的跨界联谊　/ 117
　　2　2018年零售革命全面爆发？　/ 120

十五、速战速决——市场竞争贵胜不贵久　/ 125
　　1　"江小白"——一匹红遍大江南北的"黑马"　/ 128

2　一个创业失败者的自述　／131

十六、攻心夺气——企业经营中的心理战法　／134
　　1　两家公司总经理之间的心理"持久战"　／137
　　2　"春都"的陷落与"双汇"的崛起　／139

十七、上智为间——高度重视商业情报　／142
　　1　TCL跨国并购频频失利的原因　／146
　　2　"蓝色巨人"的反间计　／148

第二部分
治产如治兵
——向《孙子兵法》学管理谋略

一、智慧管理的法宝——《孙子兵法》　／152
　　1　美国和日本企业家如何学习《孙子兵法》　／156
　　2　郑州亚细亚商场的风雨　／158

二、主孰有道——管理工作重中之重　／160
　　1　谈谈重庆"新世纪百货"的成功崛起　／164
　　2　咖啡店的故事　／167

三、将孰有能——管理者的核心能力　／171
　　eBay在中国由胜转败　／175

四、天地孰得——营造有利的管理环境　／178
　　1　2007年华为员工"主动辞职"事件　／181
　　2　胜利钢铁公司骨干员工跳槽　／184

五、法令孰行——制度化管理成败的关键　／187
　　1　"土鸡"为什么打不过"洋鸡"？　／191
　　2　三株集团董事长吴炳新痛陈15大失误　／193

六、兵众孰强——完善管理的物质基础　／196
　　1　三峡库区零售商战的胜者　／199
　　2　"冰箱之王"新飞电器倒下了！　／203

七、士卒孰练——打造铁血团队的妙招 / 207
    1 西门子的多级培训制度 / 211
    2 导致三鹿集团失败的罪魁祸首 / 215

八、赏罚孰明——高效激励机制的基石 / 218
    1 三菱集团创始人岩崎弥太郎的成功之道 / 221
    2 日亚化学工业株式会社亿元判决 / 224

九、兵非多益——管理架构贵精不贵杂 / 226
    1 小米的扁平化架构 / 230
    2 乐百氏组织结构的调整 / 232

十、择人任势——如何组建管理领导班子 / 235
       格力电器与董明珠 / 238

十一、文令武齐——培养凝聚力向心力的方法 / 242
    1 关于椰风管理的历史报道 / 245
    2 失去人心的王经理 / 247

十二、胜兵先胜——管理工作中的先手棋 / 250
    1 奇瑞创新管理模式 / 253
    2 "小马过河"为什么没能过河 / 255

十三、因形而变——执行力中的辩证法 / 258
    1 B公司销售主管为何辞职 / 262
    2 王健林：万达拥有超强执行力的秘密 / 264

十四、死地则战——无退路管理的谋略 / 269
    1 万连步赌命搏出奇迹 / 272
    2 俞敏洪：创业就是要置之死地而后生 / 275

十五、为将五危——管理者应克服的弱点 / 277
       从尹家绪砸车看危机意识 / 281

十六、将之六过——管理中容易出现的过错 / 284
    1 万科王石如何避免为将六过 / 287
    2 尚阳科技拿得一手好牌，却惨淡收场 / 289

十七、静幽正治——提升领导管理能力的四大要诀 / 292
    1 充满传奇色彩的中国香港企业家施祥鹏 / 296
    2 一家影视公司老板的"静幽正治" / 297

第三部分
兵经原典
——《孙子兵法》原文及注释

一、《计篇》 / 300
    篇题解析 / 300
    正文注释 / 301
    白话译文 / 303

二、《作战篇》 / 305
    篇题解析 / 305
    正文注释 / 306
    白话译文 / 308

三、《谋攻篇》 / 310
    篇题解析 / 310
    正文注释 / 311
    白话译文 / 314

四、《形篇》 / 316
    篇题解析 / 316
    正文注释 / 316
    白话译文 / 319

五、《势篇》 / 321
    篇题解析 / 321
    正文注释 / 322
    白话译文 / 324

六、《虚实篇》 / 326
    篇题解析 / 326
    正文注释 / 327
    白话译文 / 330

七、《军争篇》 / 333
    篇题解析 / 333
    正文注释 / 333
    白话译文 / 336

八、《九变篇》 / 339
    篇题解析 / 339
    正文注释 / 340
    白话译文 / 342

九、《行军篇》 / 343
    篇题解析 / 343
    正文注释 / 344
    白话译文 / 347

十、《地形篇》 / 350
    篇题解析 / 350
    正文注释 / 351
    白话译文 / 354

十一、《九地篇》/ 356
　　篇题解析 / 356
　　正文注释 / 357
　　白话译文 / 363

十二、《火攻篇》/ 367
　　篇题解析 / 367
　　正文注释 / 367
　　白话译文 / 369

十三、《用间篇》/ 371
　　篇题解析 / 371
　　正文注释 / 371
　　白话译文 / 374

后记 / 376

01

第一部分

商场如战场

——向《孙子兵法》学经营战略

一

竞争制胜的秘籍——《孙子兵法》

凡是写书的人，相信都有一个体会，那就是写出来的书有一百个人愿意看就不容易了，一代人能时常翻一翻更不容易，至于穿越时空、流传千古更是想都不敢想。更不敢想象的是，全世界都将其视为瑰宝，顶礼膜拜。然而，《孙子兵法》就是这样一本具有非凡魅力和强大生命力的书。

2500多年前，孙武将写出的《孙子兵法》呈献给吴王阖闾，被吴王阖闾视为珍宝，藏于密室，作为独家秘籍，以此指导创业，打拼天下。继任者夫差继续奉之为圭臬，最终使吴国成为"春秋五霸"之一。南方小国居然成为称霸中原的霸主，诸侯各国开始研究其制胜秘诀，发现孙武是其"主谋"，《孙子兵法》为其制胜法宝。于是各国君主和将帅开始研读这部神奇的兵书，到战国时期出现了中国历史上最早的"孙子热"。韩非子形象地描述其"热度"："境内皆言兵，藏孙、吴之书者家有之。"[①] 其中的"孙"指的就是《孙子兵法》，"吴"则是《吴子兵法》，"家有之"，即每个大家族，或者说各方政治势力、武装集团都收藏这两本兵书。可见其"热"的程度和广度。

令人不可思议的是，2500多年过去了，"孙子热"的温度和广度不仅没有降下来，反而不断升温和拓展。现在，走到任何一个国家的书店都可以发现《孙子兵法》，许多发达国家的政治家、外交家、军事家、企业家都热衷于学习《孙子兵法》。美国军人更是直接把《孙子兵法》中的谋略运用到战争实践之中。

1991年海湾战争中，美军先是对伊拉克进行了长达38天的空中轰炸，战斧式巡航导弹、空射式巡航导弹轮番精确打击，各种先进武器纷

---

① 《韩非子·五蠹》。

纷登场，让全世界的军人看得目瞪口呆。38天的轰炸，极大地摧毁了伊拉克的指挥系统、战争潜力和战略反击能力，为发起地面进攻创造了有利的条件。但是，地面进攻可没有高空轰炸那么轻松了。在万米高空，伊拉克的火炮够不着，美军飞行员几乎没有性命之忧，可以吹着口哨潇洒地摁电钮发射导弹。而地面作战则必将与伊军零距离接触，面对面厮杀。美军战前曾搞过模拟推演，推演的结果是，地面作战光是美军的伤亡就可能超过万人。这是美军承受不了的巨大损失。如何既减少自身的伤亡，又赢得战争的胜利？美国人想到了谋略。还在空袭进行过程之中，美军就将多国部队配置在科威特与伊拉克接壤的边境附近，并多次进行联合作战演习，摆出从科威特杀入伊拉克的架势。萨达姆就此判定美军的地面攻势将从科威特方向发起，于是将共和国卫队主力约8个师调集到伊科边境摆兵布阵，构筑了坚固的防御阵地，号称固若金汤。而伊拉克与沙特接壤的边境地区只留下一个师防守，几乎是国门洞开。这恰恰是美军期望的结果。2月24日凌晨4点，多国部队发起地面进攻。美军以第7装甲军为主攻、第18空降军为助攻，由科威特向沙特，即由东向西快速机动，然后由南向北从伊沙边境地区突然杀入伊拉克，围歼了50万共和国卫队。如此大规模的战役作战，仅100个小时就结束了。美国人称这次地面作战的战术为"左勾拳战术"。其实这个比喻并不准确，只说了左手，没说右手，美军实际上是左右开弓的。相比之下，孙子"远而示之近"的谋略更能说明美军的战法。他们其实早已确定从远处的伊沙边境下手，却有意营造在近处伊科边境开打的声势，把伊拉克共和国卫队都吸引到与科威特接壤的边境上严防死守，而远处的伊沙边境则一片空虚。于是，避实击虚，以小的代价赢得了大的胜利。

在这一方面，日本人也不含糊。阿里巴巴集团第一大股东，日本软银集团创始人孙正义就非常注重运用《孙子兵法》。他自称出自孙武家族，是从中国迁到朝鲜，又从韩国大邱迁到日本九州去的中国后裔，所以血管里流着孙子的血液。他坦率地说："如果没有《孙子兵法》，就没有我孙正义。"《福布斯》杂志称他为"日本最热门企业家"，而更多的人称他是将《孙子兵法》生动地运用到经营之中的具有代表性的日本企业家。仅从他投资阿里巴巴这一件事就可以看出他确实具有孙子所说的"知可以战与不可以战者胜"的战略眼光。马云回忆与孙正义初次见面的情景时说："我说了6分钟，孙正义给我3500万美元。"今天的软银占阿里巴巴34.4%的股份，是第一大股东，投资十几年升值数千倍。孙正义之所以在6分钟之内做出如此重大的决策，并不是头脑发热，而是在此之前的一次互联网大腕的项目评价会上，他一眼就看上了当时略见起色的阿里巴巴公司，预见到马云所提出的互联网将由"网友"时代向"网商"时代跨越的想法很有潜力，于是产生了强烈的投资意向。

类似的案例不胜枚举。我们仅从这两个案例不难看出"孙子热"不仅持续到今天，而且蔓延到世界，而保持其温度的热源，则来自于《孙子兵法》中所蕴含的丰富而深邃的智慧。智慧是人类历史长河中生产、生活经验教训的结晶和升华。智慧没有年限、没有阶级、没有国界，可以全人类共享。曾经有网友责问我："为什么要给外国人讲《孙子兵法》，这不是把老祖宗留下来的绝招泄露出去了吗？"其实，早在唐玄宗时期，公元734年，日本遣唐使吉备真备就已经将《孙子兵法》带回了东瀛，从此《孙子兵法》走出国门，一千多年来传遍世界，形成了世界范围的"孙子热"。你教或不教，外国人都在用心钻研这座智慧宝库，都在活用孙子的制胜法宝。

还有的网友不理解："你都贵为将军了，为啥还要这么辛苦地到处讲《孙子兵法》，甚至跟年轻人一样在网上搞音频、视频讲座？"坦率地说，这都源自于一种责任感和使命感。我参加过1979年的对越自卫反击作战，亲眼看到许多年轻的战友由于指挥员不懂兵法盲目指挥而牺牲的场景。所以，战争结束后我立志研究兵法，让更多的指挥员精通兵法，减少不必要的伤亡。30多年来，我一直在军队院校从事军事理论教学和研究，学员遍布全军营、团、旅、师、军等各级指挥岗位。每每从电视新闻上看到一批批曾经教过的学员授予少将、中将、上将军衔的场面，心中都有一种自豪感、成就感。同时，随着全民关注国防以及市场经济的发展，我也应邀在许多政府机构和北大、清华、长江商学院、上海中欧国际商学院等学府和培训机构讲授《孙子兵法》，政界、商界的学员也是遍布大江南北。

现在很多人喜欢《孙子兵法》，想学《孙子兵法》，但总是找种种借口没能真正坐下来学,形成了古人所说的数典忘祖的现象。嘴上说《孙子兵法》是我们的智慧宝库,头脑中却没有丁点儿孙子的智慧,遇事总是凭感觉、凭直觉,草率决策,鲁莽行事。然而,无论战场较量还是市场竞争都日趋激烈,我们的对手,尤其是学过《孙子兵法》的外国对手,却越来越聪明,这些新变化客观上要求我们养成"尚智"的思维和行为习惯,学会运用《孙子兵法》的智慧理智决策、灵活变化、巧妙运作。正是出于这一考虑,我与几位朋友研发了"向《孙子兵法》学经营战略"系列视频微课,并撰写本书。

这一课程的主线是将《孙子兵法》中有关决策思维、战略思维、战术思维的谋略思想提炼出来,与企业经营层面,诸如企业决策、全局谋划、各级执行、市场造势、资源联动、产品创新、顺应市场等方面的重要问题联系起来分析,目的是将《孙子兵法》的智慧引入企业管理者的头脑之中,使各位在企业经营过程中养成用智慧而不是拼体力、靠谋略而不是凭感觉的习惯,从而正确决策、理智经营,少走弯路,少犯错误。

经典案例

① 军人企业家的七大特色

我国从20世纪80年代到现在,一大批企业从小到大、从弱到强地发展起来,其中军人出身的企业家占了很大比例,像柳传志、张瑞敏、任正非、王健林、王石等,不胜枚举。为什么他们能够在市场经济的摔打中脱颖而出?这和他们身上军人的素质、气质、胆略、胸怀、抱负等密切相关。

市场就是战场,二者规律相通。《孙子兵法》中说,"胜兵先胜而后求战,败兵先战而后求胜",意思是战争开始之前要很好地分析对方的情况,有了把握才能打,打了就一定能赢。做生意也一样,要先做市场调查,知道消费者的年龄特点、受教育程度、收入水平、消费水平、当地的风土人情,从而进行分类,找到你的目标人群。

兵法中还讲"攻心为上，攻城为下""兵战为下，心战为上"。在战争中，要研究敌方将帅的心理，应用到现在的市场竞争中，就是要把握人心走向。对消费者，走进他们的心理世界，研究他们的需求；对企业员工，要调动他们的积极性，凝聚人心。

兵法中"专、集"的思想，军事上"集中优势兵力打歼灭战"等思想在企业发展中都有重要的借鉴意义。

在实践研究与接触中，我总结出军人企业家有七大特色：

（1）理想与抱负

企业家能成功，首要条件就是要有理想与抱负。

拿破仑说过，不想当元帅的士兵不是一个好士兵。到军队这样一个大都是男子汉的特殊地方，军人会不断对自己有期待、向往。正像高尔基说的那样，一个人给自己的目标定得越高，他的聪明才智也就发挥得越快，他对社会的贡献也就越大。商界也是同样的道理，杜邦公司在20世纪90年代制定了150年的企业发展战略；松下在20世纪中期曾经定下250年的企业战略构想。

军人企业家往往志存高远。

（2）坚决的行动力

很多人有很多优秀的想法，却很少付诸实施。晚上可以躺在床上想得天花乱坠、意气风发，第二天早上眼睛一睁，啥都没有。有人学英语，一辈子都在看第一册。

军人的特点就是勇猛果断、雷厉风行、作风顽强、特别能战斗。如果在军事领域拖拖拉拉，磨磨蹭蹭，只有死路一条！走近军人，立刻就能强烈感受到他们整齐划一的果敢作风。

其实这也是"知"与"行"的关系。孙中山早年认为知难行易，在革命多次受挫后，才认识到知易行难。我国著名的教育家陶行知，本名陶文濬，因欣赏王阳明"知行合一"，改名为陶知行；后来又认为"行是知之始，知是行之成"，遂改名为陶行知。两次改名，可见行动力的重要性。

军队的这种行动力，是任何其他组织都比不了的。军令如山，这对做企业的人非常重要。

（3）克服困难的勇气与决心

军人要面临很多挑战，甚至有生命危险，他们的生存环境恶劣，劳动条件艰辛。用经济术语讲,他们劳动的负效用是最高的。所以军人要有超人的克服困难的勇气与决心,一往无前。很多普通人无法想象的事情,在军人身上都奇迹般地出现了。

在市场经济中,企业发展不会是一帆风顺的,有高潮就必然有低谷。按照国际上的研究,如今企业的生命周期越来越短,企业存活的比例越来越低,市场的风险越来越大,所以企业家就必须有坚强的意志克服各种困难。

（4）团队精神

团队精神在军队里表现得最为充分。军队是最有战斗力的集体,这种战斗是生死的搏斗。这要求战斗人员必须团结一致,紧密合作,心往一处想、劲往一处使。军事文化的特点之一也就是高凝聚力的文化,一起当过兵的战友情是最铁的,一辈子都忘不了。

这种团队精神在企业文化建设中至关重要。企业文化建设的核心是加强企业凝聚力、向心力,充分调动员工的积极性。一个团队只有高度凝聚,才有可能战胜一个又一个困难,把企业做强做大,这已经被无数的成功企业证明了。

（5）勇于献身

一个新人到军队,首先受到的教育就是"全心全意为人民服务"。军队教育强调无私奉献、勇于献身、见义勇为的利他精神。

企业文化的核心就是企业价值观的定位,在物质和精神、个人和社会的价值高度上如何取舍。军人出身的企业家自觉地有一种很强的社会责任感,像柳传志等成功的企业家,钱已成为一个符号,企业作为一个工具,更多是为他人提供发展的平台,为社会提供支持帮助。

（6）遵守纪律的规范意识

服从是军人的天职,出门请假、回来销假,管理上整齐划一。军人骨子里有着很强的规范意识。

我国加入世界贸易组织,其中一个重要的要求就是遵守规范。市场经济是法制经济,是规范经济。然而现在由于中国的市场经济不完善,一些企业家乘机钻空子,漠视规则,追逐利益,也有一些人因此锒铛入狱,犯这些错误的军人出身的企业家则少之又少。

企业管理更要求每个员工遵守纪律,只有铁的纪律才有铁的战斗集体,很难想象一个没有规矩的企业能做成大事。在这一点上企业和军队的诉求是一致的。

（7）创造意识

服从的天性并不意味着军人缺乏创造力。在军事领域中有一个文化悖论，即顺从与创造。军人必须要服从命令，但军人也必须要有创造精神。《孙子兵法》中说，"兵无常势，水无常形"，世界上没有完全相同的战争样式，重复就意味着失败，像历史上的"马奇诺防线"。

这个道理同样适用于商场，商情变化多端，企业家要因地、因人、因事制宜，在服从规则与创新中找到平衡点，既按规范办事，又有新的活力。

以上特点都是军人在军旅生涯中潜移默化形成的，很多军人也许说不出这么多道理，甚至没有意识到，却在行动中不自觉地表现出来了。

中国企业的三面大旗：张瑞敏、柳传志、任正非全部是行伍出身！做着不同的领域，却拥有惊人的相似性！①

| 案例分析 |

军人企业家现象不仅中国有，美国也有。西点军校作为美国陆军军官学校的代名词早已闻名世界。自1802年建校以来，它成功地培养出了一大批出色的人才，其中有叱咤风云的政坛领袖、有战功卓著的军事将领，也培养出一大批商界精英：如世界知名的可口可乐公司、通用公司、杜邦公司的总裁都出身西点军校；英特尔公司中国区总裁简·瑞杰、国际电话电报公司总裁瑞德·阿拉思科、美国东方航空公司总裁法兰克·波曼、全美最大零售商西尔斯的总裁罗伯特·伍德、康巴斯集团的总裁约翰·克利斯劳等都是西点军校的毕业生。有人做过粗略的统计：第二次世界大战以来，西点军校培育出几千名董事长、副董事长、总经理，企业精英数字超过很多美国一流商学院。

无论中国还是美国，为何军人企业家成功率相对高一点？人们大多关注理想抱负、坚决执行、团队合作、纪律意识、献身精神、勇敢顽强等因素。有的分析出七种，有的分析出十种。毫无疑问，这些都是他

---

① 摘录自李哲贤博士《运营管理实战手册》。

们成功的关键性要素。但是，有一点人们言之不多。而恰恰也就是因为具备这一要素，才能把上述诸多要素汇聚于一身，转化为综合能力。这一要素就是战略智慧。军队是一座大熔炉，热血男儿一旦投身于其中，必然领略大集体生活，经历大规模集训，接受大理想教育，树立大事业理想，形成大视野眼光。这些经历和体验随着兵龄的增长，逐渐转化成智慧和能力。从班长到排长，从排长到连长，从连长到营长，从营长到团长……每一任职阶段考虑的紧要问题都是如何统筹全局、带好队伍。职务越高，队伍越多，促使军人的思维能力从战术向战役、战略逐步发展，战略智慧悄然增长。战略，即筹划战争全局的方略。通常具有全局性、长远性、谋略性三大特点。综观中外军人企业家，事业规模相当巨大，如果没有具备这三大特点，没有高超的战略智慧，恐怕难以驾驭企业的航船。

❷ "滴滴"的神速崛起

滴滴出行，是中国一款知名的打车平台，称为手机"打车神器"，是受用户喜爱的"打车"应用。目前，滴滴已从出租车打车软件，成长为涵盖出租车、专车、快车、顺风车、代驾及大巴等多项业务在内的一站式出行平台，占有全国网约出行市场87%的份额，2018年估值近600亿美元。这个数字虽然远远比不上马云的阿里巴巴，但是其创始人程维作为一个1983年出生的年轻人，短短五六年时间就开创如此宏伟的事业，确实堪称神速。

程维毕业于北京化工大学，2005年进入阿里巴巴旗下B2B公司从事销售工作，后因业绩出色晋升，成为当时阿里最年轻的区域经理。在这六年里，程维主要销售互联网产品，其间进行了大量的客户拜访，提升了自己的销售能力，积累了扎实的销售经验。2012年6月，程维从阿里巴巴离职并创立了小桔科技，公司的创业项目是做智能出行的打车应用滴滴打车。

在程维看来，中国城市交通正面临困境，现有的出租运力无法满足日益增长的庞大需求，而通过移动互联网的技术和模式将人与人、人与车的信息快速联结，可以大大提高出租车等交通工具的运行效率，解决城市交通之困。

作为一家移动互联网公司，程维在创业之初，就做出"反其道而行之"的战略——以线下驱动为首要策略——通过"地推团队"邀请并帮助出租车安装滴滴打车客户端，迅速建立起了一支庞大的司机队伍，并通过促销等手段激活用户使用滴滴打车。

与此同时，滴滴在线建立了一支强大的技术开发团队，滴滴打车APP在短时间内进行了多次的完善升级，不断推出新的改进版本，这帮助滴滴打车迅速成为各大应用分发平台下载排行榜中的热门软件。这一独特的战略决策，使滴滴打车仅用不到一年的时间，便成为打车市场中的领先者，并不断得到资本市场的认可和青睐。

2012年12月，滴滴打车获得了A轮金沙江创投300万美元的融资；2013年4月，滴滴打车获得了B轮腾讯公司1500万美元的融资；2014年1月，滴滴打车获得中信产业基金6000万美元、腾讯3000万美元、其他机构1000万美元共计1亿美元的融资，成为首个获得C轮融资的打车软件。

当中国打车软件市场通过残酷的竞争，只剩下为数极少的竞争对手胶着对峙时，滴滴打车果断地发起了一场让业界轰动的"打车补贴大战"，这场大战彻底拉开了与竞争对手的差距，并实现了一次国内外罕见的卓有成效的"市场教育"目标。根据最终披露的数据，大战持续至2014年3月底，滴滴打车用户数增加了7800万人。大战结束后，滴滴打车成为补贴大战最大的赢家。

2014年5月，滴滴打车在微信平台中率先发起了新一轮的红包营销——针对打车用户给予线上红包奖励，同时鼓励用户将红包在微信朋友圈中分享。这一带有趣味性和激励性的玩法迅速激发了用户的使用和分享热情，无论对于老用户留存还是新用户的激活都带来了极大的提升，"滴滴红包模式"也开创了企业红包营销的先河。至2014年9月9日，滴滴打车上线两周年，覆盖城市近300个，出租车司机用户超过100万，乘客用户超过1亿，日成交订单超过500万，滴滴打车由此成为全球最大的智能移动出行信息平台。

滴滴打车还实现了许多滴滴人的梦想：每天，滴滴打车为出租车节约的油耗达到320万～400万升；减少的汽车空驶相当于创造了600公里以上城市一级公路；减少的尾气排放相当于全年再造了1200万亩原始森林。

出租车司机的工作与生活状况得到有效改善："寻客"范围大幅度提高；减少空驶50%以上；减少油耗，节约了成本。最终实现收益提高20%左右。同时，每天增加100分钟以上的宝贵休息时间，工作总时长也有所缩短。乘客通过滴滴呼叫，缩短了等车时间，提高了叫车的成功率，方便了打车出行。

但程维并未止步。2014年8月，滴滴在北京启动滴滴专车业务公测，并开始加速在全国范围推进。至此滴滴除了出租车业务之外，专车成为其另外一个重要的业务板块。程维认为，移动出行信息平台的建立，是时代赋予滴滴打车的历史使命，它不仅将极大地改善城市交通的现状，也将给人们的出行方式带来根本性的变革，并给中国城市交通的格局带来深刻的影响。

| 案例分析 |

程维的成功，既得益于时代提供的难得的创业机会，又得益于信息技术赋予的能力，而两者之所以在他身上完美地结合，则得益于他高超的智慧。程维酷爱军事，看过许多有关战争史的书，喜欢谈论战争，曾多次用中外历史上的经典战役给公司的战役命名。战争是人类竞争最激烈的领域，程维在研究战争史的过程中自觉或不自觉地把战争智慧转化为竞争智慧，又用竞争智慧指导创业实践。

他独具慧眼地发现，中国城市交通面临的困境，现有的出租运力无法满足日益增长的庞大需求，而通过移动互联网的技术和模式，将人与人、人与车的信息快速联结，可以大大提高出租车等交通工具的运行效率，解决城市交通之困。于是，率先推出智能出行的打车网约平台。这一战略性的决策，可谓深得孙子的"避实击虚"之道。紧接着"开门头三脚"也踢得非常智慧：一是突破互联网公司的传统做法，采取"反其道而行之"的战略——以线下驱动为首要策略——通过"地推团队"邀请并帮助出租车安装滴滴打车客户端，迅速建立起了一支庞大的司机队伍，并通过促销等手段激活用户使用滴滴打车。二是与阿里巴巴和腾讯联手，"合谋合交"，借用它们的资金合力展开一场业界轰动的"打车补贴大战"，迅速占领市场，彻底拉开了与竞争对手的差距。三是建立了一支强大的技术开发团队，滴滴打车APP在短时间内进行了多次的完善升级，不断推出新的改进版本，这帮助滴滴打车很快成为各大应用分发平台下载排行榜中的热门软件。

程维被人们视为善于洞察商机和具有开创精神的创业家，毫无疑问，他敏锐的洞察力和神奇的创新力均来自于高超的智慧。

二

先计后战——经营决策的重要前提

中华大地自夏朝开始，部落之间凡遇纷争战事，都要告于祖庙，在祖庙厅堂聚首议事进行"庙算"。君王在庙堂上以小竹棍作为计算时记数的筹码，分析胜负条件，占卜吉凶，祈求神灵护佑，以巫术假托神的旨意，驱使人们进行战争博弈，这就是"庙算"的原始形态。

春秋战国时代，"庙算"已发生了革命性的变化，成为君臣在祖庙厅堂上聚首，研究克敌制胜方略的代名词。这就是《计篇》所说："夫未战而庙算胜者，得算多也；未战而庙算不胜者，得算少也。多算胜，少算不胜，而况于无算乎？"就是说，凡遇到战争决策之类的重大事项，有关首脑和人员聚在一起，分析计算、判断预测一场即将到来的战争厮杀的胜算概率。分析判断计算较多的一方，获胜的概率较大；较少的一方，获胜的概率较小；不去分析判断计算的，会败得一塌糊涂！这里的"算"字有三层含义：首先是指计算与分析；其次是判断与预测；再次是谋略与对策。

用现代语言方式来讲，"庙算"就是高层的战略决策。战略决策的关键就是"慎重"，所以孙子开篇即言："兵者，国之大事，死生之地，存亡之道，不可不察也。"其中鲜明地体现出高度重视战争，慎重对待战争的思想，人们简称为"重战""慎战"思想。

重战也好，慎战也罢，关键要落实到一个"察"字上。"不可不察"说的是在重大决策问题上绝不能想当然拍板，更不能激情决策，而要慎重考察，深入研究，仔细权衡。这是正确决策的前提和基础。离开这个前提和基础，必定是鲁莽的决策、错误的决策。当然，谁都希望能够慎重考察，可现实生活中有不少人往往就是事到临头又草率决策了。要想克服这种毛病，有必要从三个方面吸取孙子的智慧：

其一,"先计后战"。任何一个竞争集团,在决策中都要对敌我双方各个方面、各种资源进行归纳计算,并通过这些计算判断,搞清楚敌我双方状态,把握形势发展,预见战事凶吉和胜负。多算胜,少算不胜,不算失败,这就是孙子提出的决策方法。

其二,"先谋后定"。在了解和掌握敌我双方竞争态势后,再根据自己的任务目标,把握任务方向和发展时机,然后下决心,想计谋,定对策,部署行动。

其三,"先静而动"。无论是计算还是谋划,都不能情绪化,"不可不察",强调的是冷静考察。只有冷静才能够算得清楚,谋得巧妙。所以,整个决策过程一定要防止激情决策、盲目决策、惰性决策。

2017年7月27日下午媒体上传出一个重磅消息:"一代鞋王"百丽公司正式宣布退市!百丽的两位创始人——董事长邓耀和CEO盛百椒,宣布出售全部百丽股份。一代鞋王,黯然退出激烈的竞争市场!

曾为香港十大富豪之一,今年84岁的创始人兼董事长邓耀,出生在香港一户普通人家,年少时在香港一个皮鞋厂做学徒,之后拥有了一个小型皮鞋厂。20世纪80年代,中国内地的改革开放,邓耀看到并把握住了内地发展的大时机。当时,他是唯一跟内地工厂做鞋子生意的香港人。2009年百丽在香港上市。2011年百丽鞋业股价大涨,邓耀以40亿美元名列香港富豪榜第9名,全球排名第281位。最辉煌的2013年,其市值更是一度超过1500亿港元,成为中国最大鞋业零售商。

百丽品牌覆盖各个年龄层,因此成了百货商场的青睐对象。现在国内绝大部分的百货商场,都有百丽品牌。百丽CEO盛百椒曾豪气地说:"凡是有女人的地方,就有百丽!""只要有百货商场的地方,就有百丽!"

为什么这样一个庞大的鞋业集团,就这样黯然退出曾经令他们豪气万丈的历史舞台?

据业内人士称,百丽的退市,表面上看是市场变化,电商模式兴起,面对电子商务的出现,百丽鞋业没有认可这种渠道模式,缺乏新观念,缺乏学习创新能力。但从战略和技术层面看,邓耀和盛百椒的失败,关键在于他们经营决策一连串的失误。

一是激情决策。自2009年百丽在中国香港上市,2011年百丽鞋业股价大涨，百丽鞋业也情绪高涨，在虚荣心的驱使下，在媒体和别有用心集团的吹捧下，百丽一口气收购了好几个驰名女鞋品牌，背上了资金包袱，为今天的轰然垮塌埋下伏笔。

二是盲目决策。其实，经过1997年的亚洲金融危机和2007年的美国次贷危机，亚洲制造业受资金影响，已经是一地鸡毛，特别是2007年美国次贷危机，席卷了美国、欧盟和日本等地，其滞后效应严重影响中国。而邓耀无视经济形势的变化，仍然按惯性思维进行投资决策。

三是惰性决策。到2013年，就在百丽传统销售渠道达到巅峰的时候，电子商务开始悄悄崛起。这种商业模式，颠覆了传统商业的线下模式！2014—2015年，百丽受到了来自电商模式的巨大冲击，让80多岁的邓耀遇到了前所未有的挑战。但是，邓耀一方面继续投资扩张，兼并收购代理其他品牌，一方面继续以传统门店线下渠道为王，也不去招募电商新渠道经营人才。

在新的经济形势下，百丽公司的这一系列决策让其付出了惨重的代价！

2015年，百丽鞋业绩效首次出现大幅下滑。此后，百丽公司虽积极转型，但仍未能改变其关店、业绩下滑的颓势。直至2017年7月27日，"一代鞋王"百丽公司的两位创始人——邓耀和盛百椒不得不宣布出售全部百丽股份，黯然退场。

在2017年5月16日的发布会上，65岁的盛百椒沉痛地说："最近两年，每次开业绩会都难受。""我们一方面大肆投资扩张品牌，一方面却忽视互联网的时代技术。"他表示，百丽未能转型成功，是自己价值观及决策思维能力跟不上时代发展的步伐。董事长邓耀老先生却连连说："决策失误！决策失误！"

无数事实证明：一个企业的经营决策正确，能达到"胜兵先胜而后求战"的决胜境地；一个企业的经营决策失误，则必定导致全局的坍塌和失败！从这个意义上来说，在战略决策失误的情况下，往错误的方向上投入越多，葬送越大。所以，我们不妨把《孙子兵法》的第一句话稍微换个词："决策者，企业之大事，死生之地，存亡之道，不可不察也。"请各位牢记这句话，但凡在做重大决策的时候不妨反复品味其中的韵味，力争慎重决策、理智决策、智慧决策。

经典案例

❶ 新零售板块的先计后战

零售,是贸易的终端环节,是商品生产者或经营者通过服务把商品卖给最终消费者的交易活动,其特点是:每笔商品交易的数量比较少,交易次数频繁,消费者购买后直接用于生活消费。

新零售,即企业以互联网为依托,通过运用大数据、人工智能等先进技术手段,对商品流通领域的各个环节进行升级改造,特别是对交易终端环节进行重塑,搭建新的业态结构和生态圈。新零售特点是:整合传统零售资源,对线上服务、线下体验以及现代物流进行深度融合。线上是指互联网云平台,线下是指生产经销商和实体门店,现代物流就是减少囤货量,实现目标零库存。线上、线下、物流三结合,才会产生新零售。

2012—2016年,生鲜电商市场规模从40亿元猛增至950亿元,预计2020年有望达到6000亿元。这种庞大的"蛋糕",谁不垂涎?

我国有20多万亿的零售市场,又有像马云、马化腾等一批科技应用领军人物,所以也是世界金融巨子垂涎的投资之地。

因此,在中国上演争夺新零售板块成为这几年的大戏。

前几年,中国的电子网络风起云涌,各路诸侯云集互联网,相互搭建各式各样、五花八门、无所不及的网络平台,由于只见信息不见实物,有一段时间中国老百姓称它为"虚拟平台",名声很不好。在中国,"虚拟"就意味不着地儿。

后来,网络平台确实为人与人沟通,政务、公务、商务之间沟通,各社会单位和企业信息孤岛之间的沟通中做出了革命性的巨大贡献,因此社会上给它正名为"电子平台"。在一系列的电子平台中,"电子商务平台"因最具社会经济的涵盖性、模型结构变化性、追求盈利竞争性而受到业内人士青睐。

于是,在2016年10月的阿里云栖大会上,"电子商务平台"领军人物马云在演讲中第一次提出了新零售,他说"未来的十年、二十年,没有电子商务这一说,只有新零售"。

马云的否定之否定,震撼了电子商务平台,拉开了以互联网为依托、以经济实体为立足的"新零售"大戏的帷幕。也就意味着,如B2B模式的阿里巴巴,B2C模式的亚马逊、京东商城、天猫商城、苏宁易购等,C2C的淘宝、O2O的唯品会等将分散消失,每个人、每个企业都有自己的电商平台,不再入驻大型电子商务平台,他们都会利用互联网云平台、生产经销商或实体门店、现代物流搭建自己的零售形态。

很快,阿里巴巴推出对线下完全重构的新零售超市业态——"盒马鲜生"。"盒马鲜生"是超市,是餐饮店,也是菜市场,但这样的描述似乎又都不准确。"盒马鲜生"多开在居民聚集区,消费者可到店购买,也可以在"盒马鲜生"APP下单。而"盒马鲜生"最大的特点就是快速配送和支持支付宝付款:门店附近3公里范围内,30分钟送货上门。

阿里巴巴2016年底在上海开出第一家"盒马鲜生"后,至2017年陆续开了22家门店。后来,业内人士发现,为了"新零售"概念,阿里陆续投资了苏宁、银泰、百联、三江购物等传统零售企业,直至它连续收购联华超市、高鑫零售的股权。最引人注目的是:2016年11月底,阿里巴巴投入约224亿港币,直接和间接持有高鑫零售36.16%的股份。股东则是大润发和法国欧尚。人们蓦然发现,马云的阿里巴巴3年已经怒砸2000亿元,正在扩大阿里巴巴今后的格局!

2018年1月2日,阿里巴巴旗下天猫宣布:天猫超市百件货物商品在华东地区20个城市167家大润发超市和欧尚大卖场上架,涉及休闲零食、家清家居、收纳日用、洗护美妆等快消品类。这标志着天猫和大润发的新零售融合进入实质性阶段。与天猫供应链的合作将使高鑫零售终端的服务效率大大提升。天猫1小时达服务是天猫与易果、安鲜达共同打造的新零售"试验田",目前拥有500多种SKU,提供29元包邮的1小时达服务。未来将上线超过2000个SKU,在北京、上海、成都、武汉、杭州、重庆6个城市开设近百个前置仓,基本覆盖上述6城的主城区消费人群。消费者在线上下单,系统自动将订单信息发送到最近的前置仓和便利店,完成包裹拣选打包,全程1小时之内送到消费者家中。

至此,大家忽然认识到:马云这几年为"新零售业态"进行的布局开始发力。它就是一匹黑马，正满怀激情地冲击庞大顽固、充满生机的中国零售市场。

紧接着，又有几匹黑马也从斜刺里冲杀出：

永辉的"超级物种"是2017年1月推出的，核心概念是"超市+餐饮"，为消费者提供新鲜、安全、性价比高的全球优质食材。餐饮占据70%的门店面积，目前已经融合了鲑鱼工坊、波龙工坊、麦子工坊、咏悦汇、生活厨房、健康生活有机馆、静候开花艺馆等8个类种。鲑鱼工坊主打各种日本料理，三文鱼刺身、寿司，应有尽有！2017年"超级物种"完成了从诞生到全国四大区域、九大城市的版图拓展，一年开出了26家门店，超过"盒马鲜生"。"超级物种"已布局落子北京、上海、深圳、福州、成都、厦门、重庆、南京、杭州等城市，其中福州作为永辉超市"超级物种"的大本营，门店数量最多。2017年12月，永辉超市解决了与京东股份纠缠后，马化腾的腾讯重金入股永辉，携手永辉超市旗下生鲜超市"超级物种"，宣布"超级物种"在2018年将保持高效的扩张速度，至少达到100家，并称会不断升级优化，在更多城市开出新店。

随即，2018年1月4日，京东宣布：其首家线下生鲜超市7FRESH在北京开业。这家7FRESH门店总面积超过4000平方米，属于前店后仓模式，整个门店的SKU超3000件。相比阿里巴巴的"盒马鲜生"面积更大，店内商品品类包括鲜花、日百、快餐、烘焙、海鲜、肉类等，生鲜产品占比约为75%。京东7FRESH总裁王笑松表示，2018年，7FRESH将覆盖北京，未来3~5年，7FRESH将在全国铺设超过1000家门店。

而苏宁精品超市"Su Fresh苏鲜生"也称在2018年将新开50家门店。2017年4月，苏宁在徐州推出了全国首家"Su Fresh苏鲜生"精品超市，主营蔬果、牛奶、肉类、海鲜、鲜花等商品。与阿里的"盒马鲜生"类似，苏宁的"Su Fresh苏鲜生"超市也提供3公里范围内半小时闪送服务。

零售业是向最终消费者提供所需商品及其附带服务为主的行业。零售业是一个国家最古老的行业之一，也是一个国家最重要的行业之一。零售业的每一次变革和进步，都带来了人们生活质量的提高，甚至引发了一种新的生活方式。零售业也是反映一个国家和地区经济运行状况的晴雨表。国民经济是否协调发展，社会与经济结构是否合理，首先在流通领域，特别是在消费品市场上表现出来。

为中国零售业目前的万马奔腾、气象万千、领军世界叫好！

| 案例分析 |

在中国，零售20多万亿元的庞大市场就摆在那里，20多万亿元的零售份额中向电商市场的转化也放在那里。2012—2016年，生鲜电商市场规模从40亿元猛增至950亿元的现实摆在那里，预计2020年有望达到6000亿元的趋势也在呈现。

原来，不仅阿里系的马云看到了，而且腾讯系的马化腾、京东系的刘强东、永辉超市的张轩松也都看到了。于是，2017这一年的暗战风云，你争我夺，排兵布局就是这些新零售诸侯的大戏。这场大戏的名称就叫"新零售板块的先计后战"。通过2018年开年的纷纷亮相，人们蓦然发现，阿里、腾讯、京东、苏宁、永辉一直在暗暗较劲，争夺新零售板块。

孙子强调"先计后战"，就是要求决策者，首先通过计算判断，弄清楚敌我双方竞争状态，预见战事凶吉和胜负，然后再下决心、想计谋、定对策。

"先计后战"这是古往今来的战争原理，也是当今世界各个竞争领域的生存法则。可以预见，未来两年，中国新零售市场必将会有一番搏杀。计谋以实力为基础，决策以预见为依据。中国古老兵法的智慧在未来竞争之中必将焕发时代光芒。中国新零售板块的"先计后战"，是中国电子商务的成熟表现。中国新零售板块的谋篇布局是实力加智慧的结晶，将影响各领域竞争！

中国新零售业态竞争必将影响全世界。

❷ 英国百货巨头玛莎百货（M&S）全部退出中国市场

2017年11月8日，英国最大百货公司玛莎百货（Marks&Spencer）对外宣布，退出包括中国在内的10个亏损的国际市场。在玛莎百货宣布退出的10个亏损的国际市场中，中国是其中最大的一家，涉及玛莎百货关闭门店10家。

玛莎百货，始创于1884年，是英国最著名的服饰和食品零售商，总部位于伦敦，已有超过128年的历史。目前，玛莎百货是英国最大的跨国商业零售集团，是英国老牌零售商，亦是英国代表性企业之一。它在英国零售商当中有较好的口碑和较高的盈利能力。一直以来，玛莎百货出口货品数量也在英国零售商中居首。从某种意义上来说，它是绝对的实力派。光在英国就拥有840多家店，并同时在欧洲、中东及亚洲的59个地区拥有超过480家门店。

从1988年起，玛莎百货即逐步入驻中国香港和澳门市场，比中国内地早20年。

2007年初，玛莎百货又在中国台湾发展，先后开设了3家门店，然而不到两年，就于2008年撤出了台湾市场。

2008年，玛莎百货在上海开设了中国内地的第一家门店。而在2015年底，玛莎百货才入驻北京。在2014年4月，曾有媒体报道玛莎百货将在中国关闭多家门店，但随后玛莎百货做出澄清，表示不会关闭中国门店，将重点发展中国现有的旗舰店和中心店。

但在2017年11月8日，玛莎百货宣布全部退出中国内地市场。紧接着，2018年1月3日中国香港多家媒体报道，玛莎百货在2017年12月30日发布声明，表示公司已经出售了香港、澳门市场的全部门店。此举意味着，2018年以后，玛莎百货完全放弃了大中华市场，只保留采购部门。

玛莎百货进入大中华市场20年，进入中国内地也达8年之久，却一直是"水土不服"，似乎始终没有找准"什么时间做什么事"的商业节奏。

为什么会走上这样的路，玛莎百货像一个谜。

玛莎百货历史上在百货行业之所以成功，区别于其他公司的最大特点是其"商品品牌自主模式"，而不是现在亚洲百货行业里的"商品品牌代理模式"。

"商品品牌自主模式"在许多百货商业案例中，也许成为评价玛莎百货的"成功法宝"，这个"法宝"在中国市场乃至亚洲市场却失灵了。

主要体现：玛莎百货的传统自主经营形态不同于亚洲百货公司专柜式经营形态，即开放的陈列方式，代销代售及半自助的采购商品模式。有业内人士评论说，玛莎百货"自主品牌价格昂贵，服装虽然有英伦风尚，但款式单一，尺寸较亚洲人偏大，款式更新也非常缓慢，半开放式陈列，这种'英国血统'成为消费者不屑接受的主因"。因为,在中国市场乃至亚洲市场,百货公司只是一个实体平台而已。

因此,英国最大跨国零售集团玛莎百货全面退出中国,原因让人唏嘘不已!

| 案例分析 |

《孙子兵法·计篇》强调一个思想,就是"先计后战"。

"先计后战",是一切竞争领域的基本法则,也是经营决策的重要前提。

现在,让我们来看看这家在英国享誉已久的百年老店为什么在中国全面惨败。

一是对中国市场心中无数,不了解中国市场特点,照搬英国模式,完全不考虑中国消费者需求。例如,玛莎百货的自有品牌从款式上直接沿用了英国市场的流行款式,没有根据亚洲人的体型设计产品,严重缺乏对中国市场做出创新,而且店内品类分区全部使用英文标识,没有对应中文。衣服尺码上也没有变通为中国消费者熟悉的S、M、L这种分类,而是坚持用6、8、10、12这种欧码标签,给消费者带来很多不便。孙子提出,未"开战"前(即进入市场前)要进行市场调查分析计算,并明确指出:"多算胜,少算不胜,而况于无算乎?"从玛莎百货进入中国市场的状态来看,它几乎属于"无算",这哪有胜之可能?

二是情况不明,决策混乱。例如,外资品牌进入中国市场时,一般都会遵循先在上海试水,然后进入北京、广州等一线城市,成功后再向二、三线城市扩张的思路。但"玛莎老阿姨"偏偏任性地在青岛、宁波、温州、苏州等二线城市选点发展。玛莎百货对海外市场了解太少,一线城市都还没有站稳脚跟和打响口碑,就往更复杂的二线城市跳。它的区域布局奇怪,管理模式混乱,这些绊脚石拦截了玛莎的发展。加上这几年的反复调整,已经给人留下混乱的品牌印象。

三是定位"清高"。玛莎百货在中国依然保持着英式严谨、稳重的风格,其目的本来是吸引中国中产阶级的顾客,但现实却是:生活滋润的中国人对那些普通的外国货压根就不感兴趣,甚至觉得玛莎百货卖的那些东西不如国产。因为玛莎百货的服装过于严肃拘谨,颜色单一以灰色、咖啡色为主，它的品牌定位和服装差距太大，"老气！"这是很多中国消费者对玛莎的评价。没有ZARA的时尚，没有H&M的低价，没有优衣库的好料，甚至没有中国国产的亲民，玛莎的命运可想而知，被要求高的中国消费者抛弃是必然的。

可能在玛莎百货离开中国时，自己也想不通这个问题。就像诺基亚CEO在记者会上公布同意微软收购时，他最后说了一句话："我们并没有做错什么，但不知为什么，我们输了。"在玛莎百货身上，估计也是这样，一错再错，要么你远离顾客，要么顾客远离你。

孙子曰："夫未战而庙算胜者，得算多也；未战而庙算不胜者，得算少也。多算胜，少算不胜，而况于无算乎？"——这就是玛莎百货在中国市场失败的原因。

三

五事七计——经营决策的基本要素

孙子告诫人们：但凡决策一定要先计而后战，谋定而后行。可是作为指方向、引道路的重大决策，往往涉及经营管理的方方面面，身处复杂环境中的领导者究竟应当怎样"算"？"算"什么？孙子指出了一种思路和方法："经之以五，校之以计，而索其情。"

其中有三个动作："经"是度量、分析；"校"是通假字，通"较"，是较量、比较；"索"是求索、探索。"经之以五"就是分析研究作战双方的"道、天、地、将、法"五大要素。"校之以计"则是比较对照作战双方的"主孰有道，将孰有能，天地孰得，法令孰行，兵众孰强，士卒孰练，赏罚孰明"七个方面的具体状况。相对来说，"五事"是对基本要素的宏观分析，"七计"是对关键要点的微观比较，或者说是对五大要素进一步深入细致的分析。比如，"七计"中的"法令孰行，兵众孰强，士卒孰练，赏罚孰明"都涉及法规制度的问题，是对"五事"中"法"的展开和细化。通过这样一番扫描和透视，把双方上至国君，下至士兵，左至精神，右至物质的强弱得失看得清清楚楚，从而"索其情"，即获得对实际情况的正确认识和对胜负之情的理智预测。"经""校""索"是一个完整的推理判断过程，是对掌握的情况经过去伪存真、去粗取精、由此及彼、由表及里的连贯思考。

有的企业家之所以盲目决策，估计一是不会算，二是懒得算。不妨学习和借鉴孙子提供的这一抓要素、抓要点的科学思维方法。

孙子的谋略思想往往有多重含义。"五事七计"既是决策之际的计算方法和内容，又可以看作平时经营的思路和重点。只有平时从这些方面稳步建设，提升实力，才有可能在面临战争时处于有利地位、强势状态。所以，企业家平时经营管理企业也不妨把"五事七计"作为管理重点，紧抓不放，从这些方面苦练内功。

孙子所说的"道、天、地、将、法"看上去好像比较抽象，表面上看似乎与企业经营管理不搭界，其实仔细分析就不难发现，这些要素和要点与企业的生存发展息息相关。我们不妨分析一下其内涵：

孙子将"道"排在第一位，"道者，令民与上同意也，故可与之死，可与之生而不诡也"，也就是上下同心同德，同生共死，没有二心。强调"主孰有道"看哪方君主更多地获得民众支持。对一家企业而言，总裁、董事长就相当于一国之君，要想得到全体员工的认可，必须至少从三个方面下功夫"修道"：一是在道德品质、敬业精神、工作能力等方面严格自律，令人敬佩，吸引骨干和员工紧紧追随；二是延揽杰出人才，用科学的人力资源管理机制使用人才，使各种人才自觉自愿地增强执行力和忠诚度；三是善于营造良好的企业文化，在全员心目中树立共同追求的愿景和凝聚人心的精神。

得"道"固然至关重要，但光有"道"是不够的，还要想办法获取天时地利。孙子讲"天地孰得"，这个"得"字，则充分体现了主观能动性，也就是看哪方更善于积极营造有利的时间空间环境。企业在经营决策时，不能消极等待，而是要积极作为，塑造内外环境，才能赢得天时地利。

孙子对"将"提出五条标准，俗称"为将五德"：智、信、仁、勇、严。惟智能谋，惟信能守，惟仁能爱，惟勇能战，惟严能治。孙子强调的是"将孰有能"，不看谁的背景硬、谁的军衔高，而看谁的综合能力强。企业家除了要从这五个方面自查自修外，在选人用人方面也要注意组建一支综合素质高、能力过硬的人才管理方队，找到能辅佐自己打拼的"能将"。

对于"五事"中的"法"，有的人简单理解为"军法"，那是不够的，它包括军队的编制体制、军队将吏的职责划分、军需物资的供应制度等方方面面。在企业的经营管理中，这个"法"是最复杂也是最容易出问题的。无论是人事、财务、仓库、培训、产品研发等，都要有一套适应自身发展的制度，尤其重要的是一个"行"字，强调要在实际运行过程中操作易行，落到实处。

2012年1月19日，拥有131年历史的影像巨头柯达公司在纽约依据《破产法》申请破产保护，公司市值仅剩不到2亿美元。然而柯达的传统老对手富士的发展则如日中天，市值将近120亿美元。为何这两家公司会出现截然不同的命运？

柯达曾是胶片时代毫无争议的霸主，但"成也胶片，败也胶片"。胶片曾给柯达带来巨额的利润，导致他们迟迟不愿走出"安乐窝"，对数码影像反应迟钝以至于被市场抛弃。其实，柯达是全球首台数码相机的发明者。早在1975年，柯达工程师史蒂文·赛尚就成功研发出数码相机，但是当他把喜讯上报时，管理层的反应却相当冷淡，决定对他的数码相机采取秘密措施，以免影响胶片销售。在胶片影像技术向数码影像技术过渡的绝佳时期，柯达拥有史蒂文这样出色的工程师，拥有巨大的市场优势，可谓占尽了"天地孰得""将孰有能"的良机，然而事态的发展就是那么富有戏剧性，柯达决策者恰恰犯了"五事"中最为重要的"道"之大忌，主要领导不得经营之道，不知行业发展大势，使得上下不能齐心，错失了再创辉煌的机遇。

反观富士在业务转型之路上却走得相当坚决。与柯达一样，富士的胶片业务也遭受数码冲击，但迅速调头。2004年开始，富士大规模收缩胶片业务。为了拓展数码相机市场，他们大力研发SuperCCD技术，将相机制造从日本仙台转移到中国苏州，以降低成本。富士还进军利润丰厚的医疗市场，包括药品研发、放射器械、医疗光学仪器，甚至还利用原来胶片的抗氧化核心技术进入化妆品市场。

如果用"五事七计"的思考方式给这两家昔日胶片产业的霸主做一个对比分析就会发现：在数码大潮的冲击下，柯达对员工的发明采取保守态度，只顾眼前利益，从"道"上没有"上下同欲"，从"将"上没有保护研发人员的积极性；本来已经占据技术和市场优势却不敢自我革新，丧失了"天时地利"；靠不断出售专利度日，缺乏将创新研发成果尽早转化为产品的机制和法规，没有"修道保法"。而富士却具有前瞻性，顺应科技发展潮流，及时进行业务转型，从"道天地将法"各方面夯实自身，赢得了先机。

这两家企业的经验和教训告诉人们，成败看起来似乎是一瞬间的事情，其实"气数"早已蕴藏在平时的经营之中。今天的企业家们思考决策和经营的问题涉及的因素更为复杂，但是"五事七计"仍然可以借鉴，作为我们进行战略决策和战略经营的基本着眼点。

现在，"云物大"①技术带来的新一轮信息技术革命又将对传统产业和原有商业模式带来无法预知的变革和影响。但是，至少有一点是明确的，企业要想立于不败之地、要想不重蹈柯达公司的覆辙，必须保持对新技术、新模式足够的敏感性，把握"五事七计"、正确决策、系统实施，才能实现永续经营。

经典案例

① 中融集团海外找油的"道"

随着全球能源供应不足状况的出现，很多有实力的投资公司把目光投向了能源领域。中融集团就是其中之一。

中融集团是一个投资性企业。他们在近10年间通过开发杭州高档住宅和上海浦东陆家嘴的三栋高级写字楼，不仅完成了原始积累，而且跻身中国富豪之列。2004年，感受到能源紧缺的中融集团开始构思进军能源领域。

经过公司内部研讨，中融把能源投资的第一个目标锁定为"铜"。中融集团的团队在全世界主要的产铜国进行走访调研，重点是加拿大和智利的著名富铜区。

中融集团考察的首要目标是投资铜矿的天时与地利，但他们在考察中却没有找到适合开采的铜矿。后来他们见到了加拿大中部省区一位能源部长，意外的是这位部长非常欢迎国外投资者来开发。

随后的几个月，中融的团队在加拿大学习当地法律，了解投资环境，很多加拿大政府官员及专家都来给他们讲课。这样一来，中融的团队对加拿大的自然资源，政府对投资者的支持，如何规避风险，如何招投标等都有一定

---

① "云物大"指云计算、物联网、大数据。

的了解。

回国之后，在2005年，中融接到了加拿大发来的一份正式招标邀请书，其中一封为加拿大萨斯喀彻温省能源部长的亲笔信，邀请中融参与加拿大萨斯喀彻温省威利斯顿盆地的投标。2005年8月，中融集团终于通过公开投标取得了加拿大15万亩区块的永久石油开采权，中加石油专家评估认为，油源丰富，储盖层发育、油气运移、储集条件都很好，油层埋藏浅，原油性质好，附近有多个油田已投入开发，很有发展前景。2006年11月，中融成功在加拿大打出了第一口油井。

| 案例分析 |

投资离不开"道"，"道者，令民与上同意也。"孙子的这句话也正是中融集团海外投资的法则之一。在海外做任何事情，都需要双方国家的支持，而且要选择投资环境非常好的地区。

中融集团海外投资的第二条经验是"用钱如用兵"，投资决策要在研究和比较规避投资风险方面下功夫，不因热情而盲目。中融集团指出，参与投标时，用的是自有资金，不是借贷的。而且中融参与的是对勘探权的投标，而不是已经探明的油田。中融集团负责人说："很多企业为了规避风险，去购买别人已经探明储量的油田，虽然风险较低，但是购买价格却要高几十倍。中融则是自行研究勘探，这样我们就能以较少的钱参与进来，然后去开发。"

中融集团海外投资的第三条经验是"人才是保证投资质量的重要因素"。中融集团将其成立的加拿大能源控股有限公司的总部设在加拿大温哥华。虽然目前这个公司只有几十个专家，但这背后却有一个数百人的技术团队为他们提供支持。中融还聘请了20多位当地有勘探经验的地质工程师，他们对当地的地形地貌都有研究。

中融集团在海外找油的过程中，每一个环节都体现了"道、天、地、将、法"所包含的精神实质。当有人问起加拿大的油田区块会不会倒手卖掉时？中融集团董事长很肯定地说："我们要做实实在在的投资者，不是倒手赚一把就走。"长线投资所蕴含的"道"，不正是最大的财富吗？

② 麦当劳PK肯德基，谁在中国胜出？

麦当劳和肯德基作为洋快餐里领头的两个品牌，可以说"孟不离焦，焦不离孟"，经常是相伴而生，有的时候汉堡王还会来凑个热闹，而当这三家凑在一块的时候，一个商圈就形成了。在许多中国人的眼中，肯德基要比麦当劳更受欢迎，很多人以为肯德基是世界上最大的餐饮企业。实则不然。

麦当劳是在1955年由雷·克罗克在美国成立，而肯德基要早于麦当劳3年，1952年由哈兰·山德士上校创建。两家同时代、同类型的餐饮企业，在常年的发展中，麦当劳凭借强大的文化理念和统一的管理系统，在美国及全球市场上占据了上风，在美国快餐排行榜中，麦当劳稳居第一，而肯德基仅仅排名第七。在世界餐饮排行榜中，麦当劳依然领先于肯德基。麦当劳小丑和肯德基爷爷的快餐之战似乎小丑占尽了上风。然而在中国，迄今为止，肯德基在中国已经拥有门店5300家，而麦当劳门店数量仅仅2400家。

为什么相较美国和世界其他国家，两家公司的商战在中国这片土地上却出现了如此的反差？肯德基到底因何制胜？

1985年，中国改革开放初期，肯德基的总经理迈耶就已经敏锐地意识到世界第一人口大国——中国市场的无限潜力，他已经做好了一切进军中国市场的心理准备。而迈耶面对巨大的机遇，并不冲动，而是冷静地思考、分析、等待，最终将市场开拓前的试点基地选在了与中国有着相似语言和生活习惯的新加坡。之后，又果断地任命出生于中国、在美国求学多年、又在肯德基当过中层管理人员的王大东为肯德基东南亚地区副总经理，开始对中国市场进行长达一年的市场调查。1987年11月12日，在北京前门中国第一家肯德基餐厅的成立，开启了肯德基在中国餐饮市场的远征之路。肯德基下好了这步漂亮的先手棋，开业的时候用了中国人节日欢庆最常用的大红色，而且还有扭秧歌和舞狮助兴，这些非常有中国特色的东西，一开始就彰显了肯德基拥抱中国的决心。

接下来，肯德基将自己的中国总部设在了上海，而且对之后的所有门店选址进行严格的科学分析，因为选址成功也大大提高了肯德基门店的效益。再有，肯德基将市场精准地定位在了二三十岁的年轻人群体，并喊出了"做中国餐饮第一品牌"的口号，在不断地摸索中进行改进，开发出了一系列符合中国人口味和习惯的餐饮新产品，在保留肯德基自身口味的基础上，不断地在为满足中国人的饮食习惯和口味而努力。

相反，麦当劳则一直坚持着国际化的统一标准，没有因为中国的特殊性做太多的调整，而且很长时间，总部一直设立在他们认为带有浓重国际化色彩的中国香港，麦当劳品牌也一直坚持着自己独特的美国文化形象。有本写麦当劳的书，名字叫《标准化的偏执狂》，正如这本书的名字一样，麦当劳能在全世界扩张，就是因为它近乎偏执的标准化。偏执到什么程度呢？它号称全世界的汉堡包都是一个味道。麦当劳有本手册，里面几乎全部是数字，一个卖快餐的工作手册，搞得像高数课本一样。比如说：消费者掏出钱的最佳位置是92厘米，所以柜台高度是92厘米；薯条必须用芝加哥炸法，先预炸3分钟，临时再炸2分钟；可乐保持4摄氏度，口感最佳。窥一斑而见全豹，麦当劳在订货、采购、配送、销售等流程上也做得很细。这样做的好处就是全球统一，方便管理，但问题在于容易变得死板，不适应中国人的口味，也不想为适应中国人的口味而变化。

最终证明，肯德基5000多家门店，大幅领先麦当劳，取得了中国战场的全面胜利，麦当劳是美国的，而肯德基却做到了改变自己，在践行"做中国餐饮第一品牌"的道路上继续前行。

| 案例分析 |

肯德基在美国战场和世界其他地区战场皆落后于麦当劳，在中国战场却翻了盘而且全胜，其中的成功奥秘让我们用孙子兵法中的"五事七计"阐述：《孙子兵法·计篇》中的"五事七计"讲的是"道天地将法"，"主孰有道，将孰有能，天地孰得，法令孰行，兵众孰强，士卒孰练，赏罚孰明"。

肯德基总经理迈耶敏锐，有眼光，并喊出要做"中国餐饮第一品牌"的口号，真心想为中国人的口味而服务，尊重中国消费者的口味，占了"主有道"；在改革开放初期，通过进入与中国文化背景相似的新加坡过渡进入中国市场，迎合了改革开放初期人们对洋快餐的好奇心，占据了"得天时"；总部设立在中国上海，全国布局，占了"得地利";用具有跨两国文化,专业素质强的肯德基内部培养起来的中国人王大东,占了"将有能";再有,肯德基早期完善清晰的加盟制度,易于中国投资人接受,占了"法孰明";可见肯德基在中国战场,占尽了优势。反之,麦当劳,后知后觉,不愿改变,处处失去了优势,结果可想而知。

/ 四 /

三非原则——理智决策的三大原则

毛泽东一生中最难做的战争决策，莫过于新中国成立一年之际开始的抗美援朝战争。从1950年10月1日深夜接到金日成希望中国出兵的请求，到19日晚志愿军渡过鸭绿江，这两个多星期是一个极为漫长复杂的历程。尽管毛泽东对出兵已有思想准备和相应的军事部署，但是真要做决策使一个刚从战火中获得新生的中国再次面临血与火的考验，同世界头号帝国开战，这是何等的勇气和气魄！在党中央决策层，对是否出兵也是存在分歧的。有些同志认为革命刚成功，和平来之不易；新中国百废待兴，打仗影响经济建设；面对的敌人实力强大，害怕打败仗；等等。在这种外有强敌大兵压境，内有种种反对意见的情况下，毛泽东经过反复慎重权衡，毅然决定出兵朝鲜。他说："参战利益极大，不参战损害极大。"① 有人指责说，毛泽东这是在赌博、冒险。

其实，毛泽东是再三权衡利弊之后才下定决心的。他反复考虑了三个方面的重要因素：抗美援朝所捍卫的利益，是国家民族的长远利益，获得未来中国能够建设社会主义的和平环境和国际地位；尽管美军在武器装备上占据优势，但美军"钢多气少"，中国军队"气多钢少"，我军在正确的指挥下是可以战胜它的；当时战火已经烧到鸭绿江边，东北边境的安全受到严重威胁，要搞和平建设完全不可能。可以说，毛泽东的分析和决策充分体现了《孙子兵法·火攻篇》中提出的战争决策"三非原则"——"非利不动，非得不用，非危不战"。所谓"非利不动"，就是强调在没有涉及国家根本利益时，不要轻易调动军队参与战争；"非得不用"，则是强调如果没有取胜的把握，也不要动用军队投入战争；

---

① 胡海波：《朝鲜战争影像全记录》，广东经济出版社，2016，第55页。

"非危不战",更是强调如果没有到危及国家生死存亡的关头,就不要急于出战。

透过"三非原则",我们可以清楚看到在战争决策问题上有三点是至关重要的:一是以利为本。"合于利而动,不合于利而止"。但是孙子讲的"利"绝不是眼前的蝇头小利,而是长远大利,以维护和拓展国家利益为决策根本原则。二是慎重决策。战争如野火,一旦燃烧起来势必造成巨大破坏,所以要慎之又慎,要"先胜而后求战"。三是临危敢战。孙子讲"非危不战",并不是一概避免战争,而是说如果没有危及核心利益,就不要轻举战端。但是,如果形势的发展危及核心利益,该出手时就出手。孙子崇尚"慎战"不假,但他绝不是"不战主义者"或"避战主义者",战争是火也是剑,在关键时刻要敢于亮剑。

在战争决策问题上,孙子还特别提醒国君、将帅们力避主观、力求客观,不要感情用事。孙子语重心长地指出:"主不可以怒而兴师,将不可以愠而致战;合于利而动,不合于利而止。"国君不可以因一时愤怒就轻率地发动战争,将帅也不可以因愤懑而贸然致战,符合国家利益才行动,不符合就停止。这正是决策"三非原则"的核心所在,告诫将帅不能感情用事,而是要在充分细致地分析调查之后,审慎地根据核心利益的得失做出决策。

开战与否,是"国之大事",那么经营决策也无异于"企业之大事,死生之地,存亡之道"了。对于企业的核心管理层来说,做此类重大决策,必须要考虑是否对企业长远发展有利,是否具备或能够创造使决策获得成功的充分条件,是否处于企业的重要转折点或危及企业生存发展的紧要关头。

2015年10月,习近平主席访问英国,在陪同的企业家名单上,有一个人非常引人注目,他不虚此行,一举拿下价值6.6亿英镑(合约65亿元人民币)的合作协议,这个人就是比亚迪集团总裁王传福。在中英国家领导人和全球媒体的共同见证下,比亚迪把绿色环保的纯电动双层公交大巴车带到了伦敦,这距比亚迪生产的首辆汽车F3上市仅仅10年。比亚迪本是做手机电池起家的,却在2003年决定进军汽车行业。从电池到汽车,看起来没有任何交集。但王传福不这么看,他认为比亚迪已是电池专家，一旦学会了造车，就可以打造新能源汽车，"造块大点的电池装到汽车上去"。王传福还有一个更大的梦想，就是在国际上打造比亚迪这一品牌。然而，作为一个门外汉想要进军汽车行业谈何容易，比亚迪选择的办法就是收购当时的秦川汽车，这一选择不仅获得了汽车生产的准入证，还大大缩短了比亚迪技术和设备准备时间。

但凡企业在选择未来发展方向时，都有两种途径：一是谋取本行业或相关行业的更大发展，形象地说，就是在根据地干老本行，一点一点地向外扩张；二是进行转型跨行业发展，外线作战，开辟新天地。后者毫无疑问具有挑战性，做出这样的决策对于企业家来说是一个巨大考验。比亚迪从电池行业迈向汽车行业，这个重大决策并不是拍脑门做的。

首先，比亚迪抓住了世纪之交汽车行业发展的契机，取得骄人的销售量和销售额。比亚迪为摆脱"代工"厂商的命运，成为令人耳熟能详的品牌，就要从手机电池的幕后走向整车自主研发的台前。转型不仅给企业带来丰厚的利润，还创造了巨大的品牌价值，走在了新能源汽车的前列，为企业的长远发展赢得了先机。其中既有经济上的利益，又有企业未来发展的长远利益，可谓是"非利不动"。

其次，比亚迪从投资收购、技术准备、生产研发到销售等各个环节都进行了精心安排，为了第一辆F3的上市足足准备了2年时间，打了有准备之仗，正是"非得不用"。

再次，手机电池行业空间有限，王传福发现电池业务做得越大，就越摆脱不了对手机厂商的依赖。当时的比亚迪电池业务基本已经到达顶峰，发展的"天花板"触手可及，危及了企业的发展，比亚迪遂下定决心进行转型，是谓"临危必战"。

值得一提的是，企业在秉承重大决策的"三非原则"时还要注意避免三个误区：一是不要贪图眼前小利，不要"见利就上"，项目越搞越多，摊子越铺越大，资金越来越散，人员越来越乱，而要紧盯核心利益，以长远大局利益作为取舍的根本依据；二是不要打无准备之仗，不冒险、不侥幸，"预则立，不预则废"，创造了胜利的条件再决策和行动；三是既不要见危就逃，也不要遇到危机就轻举妄动，要正确判断危机程度和性质,既要有战略定力,又要该出手时就出手,辩证地看待危机问题。

不少企业中途夭折,分析其原因,往往就是因为忽略了这三个要点。请各位牢记孙子提出的"三非原则",培养戒怒慎决的习惯,确保理智决策,避免冲动型决策。

经典案例

❶ 奥克斯空调:巨头激战中的制胜法宝

宁波奥克斯空调公司是宁波三星集团的下属子公司。1993年,三星集团与美国奥克斯集团合资,进入空调市场。最初,奥克斯生产空调高档机,但是这一定位并没有得到市场响应。1996年开始,奥克斯改变发展方向,开始走优质平价的路子,事实证明这一决策是正确的,奥克斯空调销路大增。像大多数创业企业一样,奥克斯起初并没有急于宣传自己的战略,而是稳扎稳打,一方面加大内部整合力度,压低生产成本,另一方面,继续"只做不说"的市场开拓运动,稳步提高自己的市场份额。从2000年开始,奥克斯大力宣传自己的"优质平价"战略,主要在三个方面聚焦发力:

一是对品质的坚守。经过20年的发展,奥克斯成为整个空调产业最耀眼的一颗"明星"。在中国家电协会、国家信息中心联合主导的2016—2017年空调行业高峰论坛上,奥克斯第三次斩获空调行业最高奖——品质标杆大奖,稳坐空调行业"品质代言人"宝座。如果说,一次摘得空调业"品质标杆"大奖也许是偶然,那么,连续3年斩获这一荣誉,在奥克斯看来就是必然。这意味着,奥克斯围绕"品质是基石、创新是灵魂"的战略已经在空调行业"落地生根"。

在2017年电商行业一次最大规模的"6·18"大促中,作为空调四强之一的奥克斯实现"弯道超车":当天创下全网3亿元销售新纪录,并连中三元分别摘得京东、天猫、苏宁易购三大电商平台空调品类零售"三冠王"。来自行业权威市场监测机构数据显示,奥克斯自2015年至今持续保持行业三项第一：电商量额双双第一、内销出货增长率排名第一、外销出货增长率排名第一。

从品质三连冠、电商平台三连冠，再到增速三连冠，这意味着，奥克斯产品品质已经深入人心，并完成对线上、线下用户群体的立体化影响。

二是致力于商家与顾客双赢。 随着2017年市场大幕的全面拉开，奥克斯空调面对新一轮的市场竞争和行业变革，率先面向商家和客户开启一场以"最强产品、最大获利、最高周转、最轻库存"为主题的深度转型战略，其初心正是要在企业和用户之间打造一条"高速公路"，将最好的产品以最快的速度实现对用户需求和痛点的满足，从而打破传统的"夺货式"营销，构建厂家、商家和用户三方得益新平台。

从2013年中国南北极科考察队指定专用空调的雪龙系列，到将平板、超薄、多域送风、极致静音融为一体的极客系列，再到全球首款用IP模式打造的AYA系列新品，以及重新定义空调的"倾国""倾城"系列新品，奥克斯已经在巨头激战的空调市场上成功找到一条独立发展的通道。

在手握"精品"这一利器后，奥克斯再度面向用户打通精品普及的"最后一公里"，推动渠道的全面"用户化"变革，建立面向用户最扁平、最高效、最可靠的线上、线下一体化平台，最终让商家从中实现"最高周转、最轻库存"下的最大获利，从而真正将用户的利益与商家的利益全面打通，开启一个属于空调产业从大批发到大零售的新模式。

三是注入智能化新动力。 随着2017年空调市场竞争全面引爆，一个属于格力、奥克斯、美的等行业巨头的新战役已经全面打响。面对呼之欲出的空调智能化新风口，奥克斯确立"变频机，定频价"新定位，并将智能作为新一轮变频空调普及战役的新动力。

面对正在掀起的这股空调智能化风暴，奥克斯早在三四年前便已经展开系统布局，相继与360、小米、京东智能等巨头展开围绕智慧家居下的智能空调研发与创新。在奥克斯空调国内营销总经理徐重眼中："真正的智能就是以用户体验为核心，并非要有很多前沿技术，而是要给人们带来更舒适、快捷、极致的用户体验。"

| 案例分析 |

《孙子兵法·火攻篇》中提出的战争决策的"三非原则"——"非利不动,非得不用,非危不战",是企业在经营转型或市场定位时应该考虑的原则,其本质就是企业在重大问题上进行决策时应以本企业的长远利益为根本出发点。奥克斯空调本来是宁波三星集团的下属企业,三星是世界上最大的电能表生产企业。在与美国奥克斯集团合资后成立宁波奥克斯空调,最初生产国内很少见的高档机,但是却遭到市场的冷遇。奥克斯及时调整战略,决定在空调市场掀起一股平价飓风。但是,奥克斯的平价并不是一味走压低成本路线,而是在品质上也下功夫,这就是看到企业长远发展利益,在质量和价格之间找到了最佳平衡点,而不是只注重眼前的利益,为了降低成本而牺牲口碑。

奥克斯作为中国空调市场传统强势品牌的挑战者,成为推动空调市场重新洗牌的主要力量,通过差异化的产品定位,进攻性的价格策略,再配以一系列的营销热潮保证了自己的持续成长。对品质的执着让奥克斯收获的不只是空调业"新的品质代言人"这一荣誉,更多的还是在行业发展身陷寒冬之际,获得更多用户的认同,打出自己的发展节奏,走出一轮逆势增长的新通道。奥克斯商家和顾客双赢的销售模式使其在面对格力、美的等行业巨头深度下调的同时,却走出一轮"逆势上涨"独立上扬新通道。由于感受到奥克斯在科技创新方面的魅力,越来越多的年轻消费群体也开始接纳这家空调业最年轻、最时尚的"冠军企业"。这也给转型变革中的家电产业指明新的方向,那就是"越是寒冬、越是要加大对技术研发和产品创新的投入",敢于在危机中亮剑。只有高品质、新技术的竞争力才能让产品真正进入用户家中。

❷ 迪士尼乐园选址巴黎的决策

法国迪士尼乐园是继美国加利福尼亚、佛罗里达和日本东京之后世界上第四个迪士尼乐园,也是欧洲最大的文化娱乐度假中心,位于巴黎以东32公里,马恩河谷境内,于1992年4月12日正式对外开放。但是法国迪士尼最初的经营却遭遇了失败,甚至一度关闭歇业。

当初为了建园,迪士尼公司先后考虑了200个选址方案,最后选中了法国。为了保障乐园能一炮走红,决策者们充分吸取了前三个乐园的经验和教训。

在经验方面,旅游胜地、便利交通是加利福尼亚乐园成功的重要因素,法国同样是世界知名的旅游胜地,也同样有四通八达的交通体系;日本乐园的火爆在于保持了原汁原味的美国特色,法国乐园也同样在这方面精益求精,力求保持美国特色。前三个乐园在定价方面,都是遵循"撇脂效应",采取高定价来迅速回笼前期资金投入,法国乐园也依此制定了成人51美元的高价。

此外,迪士尼高层们还充分吸取了其他乐园的教训。例如,加利福尼亚乐园面积过小,当准备扩张时,才发现周围的土地早被精明的投资者们抢占了,为了扩大面积,迪士尼只能被迫高价买地。法国迪士尼乐园的决策者吸取了加利福尼亚乐园的教训,一口气取得了19.43平方千米的土地。佛罗里达乐园虽然面积够大,可是由于低估了消费者对旅馆的需求,因而痛失依靠酒店业发财的机会。法国乐园为此建造了一个拥有5200个房间的大酒店,预计76%的房间将被彻夜不归的游客租用。

既借鉴了成功经验,又弥补了失败教训,当所有人都预计迪士尼神话将在法国延续的时候,结果却大跌眼镜。

开业第一年,迪士尼就亏损了9.6亿美元,而且营业损失还在以每天100万美元的速度增加。相比其他乐园的火爆,法国乐园显得相当失败。

| 案例分析 |

《孙子兵法》中提到的"非利不动,非得不用,非危不战"决策,在军事领域是将帅决策是否开战的指导原则,在商业领域则是企业高层做重大决策的主要依据。巴黎迪士尼乐园是美国本土之外的第二座迪士尼乐园,本来被寄予希望能再续东京迪士尼的辉煌,而且其决策是充分考虑了前面三座乐园选址及运营的经验和教训。事后分析,当初支撑选址和其他决策的所有经验和优势,都被证明其实是软肋或缺陷。

首先,法国四通八达的交通原本以为是选址迪士尼乐园的优势,没想到却成了劣势。原来,乐园距处处美景的巴黎只有70英里(1英里≈

1.6千米），因此游客为了能观光更多的地方，往往只把迪士尼乐园当成巴黎游的其中一站而已，很少会选择在这里过夜。与美国相比，法国的公共交通更为便利，因此游客很自然地选择在公园进行一日游，正好省去一笔昂贵的酒店住宿费用。

其次，乐园距离巴黎这个欧洲文化中心过近，又加上极其鲜明的美国特色，引起巴黎塞纳河左岸的那些欧洲传统知识分子的反感和排斥，他们把迪士尼看作是美国文化对欧洲文化的侵略，因此在媒体上对迪士尼乐园大肆攻击，使得乐园的声誉受到很大影响。

此外，51美元的高价完全忽视了欧洲正经历严重经济衰退的事实。当时，欧洲很多家庭开始压缩开支，因此对法国迪士尼乐园只能望而却步。同时，由于法郎的坚挺，美元的虚弱，使得去佛罗里达旅行并不十分昂贵，结果美国迪士尼乐园反倒成为巴黎迪士尼乐园强有力的竞争对手。为了避免其他乐园的教训，巴黎迪士尼乐园购置的大片土地，以及修建的酒店，结果成为乐园的沉重负担。由于游客过少，且不喜欢在此处过夜，导致酒店的空置率过高，再加上乐园面积过大，使得乐园的维护费用居高不下，侵占了很大一部分利润空间。

曾有人明确指出过这一危险，但是选址法国的支持者没有给予充分的考虑，而是使用了并不准确的预计来证明计划的合理性。对乐园和酒店的游客量的估计过分乐观，掩盖了计划潜藏的危险。既没有充分考虑各种因素的影响，又犯了经验主义的错误，巴黎迪士尼乐园在很长一段时间之后才逐步走出困境。

/ 五 /

知彼知己——经营战略的基本主线

1935年春季,毛泽东领着刚刚经历第五次反"围剿"失败和湘江之战惨败的3万中央红军,在国民党40万大军围追堵截下,四次渡过赤水河,最终渡过金沙江,与红四方面军会合,彻底粉碎了蒋介石企图围歼红军于川黔滇边境的狂妄计划,使红军取得了战略转移中具有决定性意义的胜利。如果我们穿越历史,设身处地想想当时的实际情景,在强大敌军重重包围之中,随时可能全军覆没的情况下,四渡赤水,那是何等艰难的事情。无怪乎,1960年,当来访的"二战"名将英国蒙哥马利元帅在毛泽东面前盛赞他指挥的解放战争三大战役时,毛泽东却说:"四渡赤水才是我的得意之笔。"①

从形式上来看,四渡赤水时红军是被敌军追着跑,三大战役却是解放军追着敌军跑,为什么毛泽东反而认为四渡赤水才是得意之笔?因为三大战役时敌我双方力量对比已经发生显著变化,全国的政治和军事形势对我军都十分有利,而四渡赤水则是在极其艰难曲折的生死关头进行的,能够杀出一条生路,实属不易。所以,后来更有人称赞是"神来之笔"。当然,也有人不以为然,认为不过是盲目乱窜、侥幸逃脱罢了。

究竟是天意,还是侥幸?

首先应当肯定的是,毛泽东所说的"得意之笔"绝非自我夸耀,确实是因为在那生死关头毛泽东灵活的战略战术发挥到了极致,让兵力十倍于己的国民党军队东奔西跑,让出云南,使红军得以安全北上。但是,要知道毛泽东灵活的战略战术并非神授,也非天意,而是建立在知彼知己的基础之上的。徐向前元帅曾说:"毛主席用兵确有过人之处,

---

① 双石:《毛泽东的神来之笔》,解放军出版社,2007,第1页。

他是以情报作基础的。中央红军四渡赤水河时,中央负责情报工作的是总理、刘伯承、叶剑英、李克农和陈赓、曾希圣、王铮等,对敌情了如指掌。红军之所以敢在云贵川湘几个老军阀的防区穿插往返,如鱼得水,就是因为我们在龙云、王家烈、何健的内部安插了我们的人,并且我们破获了他们的密码。因此,我们掌握了战争的主动权。"胜利到达延安后,毛泽东在撰写《中国革命战争的战略问题》这篇纲领性文献时感慨地说:"中国古代大军事学家孙武子书上'知彼知己,百战不殆'这句话,是包括学习和使用两个阶段而说的,包括从认识客观实际中的发展规律,并按照这些规律去决定自己行动克服当前敌人而说的;我们不要看轻这句话。"① 由此可见,毛泽东四渡赤水过程中之所以能够领着红军在敌人重兵包围中如游龙般穿行,前提条件是掌握了蒋介石调兵遣将的指令和敌军各部队的动向,从而得以避实击虚、声东击西。

毛泽东的得意之笔,很好地诠释了孙子在《谋攻篇》中所说的一个真理:"知彼知己,百战不殆。不知彼,而知己,一胜一负。不知彼不知己,每战必殆。"孙子把知与不知和战争的胜与负直接对应起来,充分说明"知彼知己"是一切战略决策和军事行动的基础。正因为如此重要,所以孙子将"知彼知己"作为一条红线贯穿十三篇始终。《计篇》分析计算是为了弄清双方的实际情况;《谋攻篇》阐述知胜的五种方法后,直接道出这句经典名言;《地形篇》在"知彼知己"的基础上又前进了一步,强调还要"知天知地";最后的《用间篇》强调用生间、死间、反间、内间、乡间五种间谍了解敌情,还是为了"知彼知己"。可见,"知彼知己"的思想是贯穿《孙子兵法》的一条主线。难怪毛泽东呼吁:"我们不要看轻这句话。"

也许有人会认为,不就是要搞清楚敌对双方的情况吗?有什么必要小题大做?不错,文字上看起来确实很简单。但是,大道至简。仔细分析其中蕴含的道理:在军事领域来说,直接关系到战争的胜负、军队的存亡;在商业竞争领域来说,则直接关系到企业的生死存亡。其中有四

---

① 毛泽东:《中国革命战争的战略问题》,《毛泽东军事文集》第一卷,军事科学出版社,中央文献出版社,1993,第702页。

个要点值得我们高度重视：

一是彼己兼重。孙子始终把彼和己连在一起，只有同时做了"知彼知己"两个方面，才能"百战不殆"。如果只做到了"知彼"，而忽略了"知己"，那就碰运气了，有可能胜，也有可能败。战场上败一次，往往就没了生存之地，不可能有第二次了。如果既不了解对方，又不了解自己，两眼一抹黑，这种情况之下的决策和行动必败无疑。

二是突出难点。人们习惯于说"知己知彼，百战不殆"。乍一听，好像没什么问题。但是仔细核对一下原文，你会发现不对。《谋攻篇》和《地形篇》两次说到这句话，但都是"知彼知己，百战不殆"，与人们的习惯说法顺序不一。习惯说法是先知己，后知彼，孙子则强调先知彼，后知己。这种顺序并非要区分出孰重孰轻，两者都很重要，缺一不可。但相对而言，知彼更加困难。因为，战场上双方都是聪明人，斗智斗勇，制造了各种真真假假的现象，如云雾一般，很难透过云雾看清真相，然而我方的决策、行动都必须准确针对敌方的想法和状况而定。经营企业也是如此。产品研发、市场开拓、竞争策略，都必须建立在对客户需求、市场趋势、对手状态的了解的基础之上，才能下手准，路子对。因此，在"知彼"问题上要舍得下更大的功夫。

三是视线开阔。孙子明明写的是"知彼知己"，但是查阅各种外文版《孙子兵法》，除日文版是一千多年前日本遣唐使从中国直接带过去的，不存在翻译问题外，英、法、俄等版本几乎皆将之译成"知敌知己"。反过来又导致有些中文版的《孙子兵法》白话译文中也将之写成"知敌知己"。孙子那个年代已经有"敌"字，《作战篇》中也有"因粮于敌""务食于敌"等表述，为什么不直接说"知敌知己"，而非要绕一下，说成"知彼知己"？孙子是一位打过仗的将领，他深知交战双方很少只是两个孤立的对手单打独斗，往往是两大阵营、两大集团的斗争。如果写成"知敌知己"，很容易将人们的目光聚集到单一对手身上，而忽略其他潜在对手，以致决策和行动出现漏洞。而写成"知彼知己"，一个"彼"字则很可能使人们分析决策时眼界开阔，既了解当面主要对手，又兼顾侧翼或身后潜在对手，从而避免出现盲区。

四是知胜有五。无论彼方，还是我方，需要了解的情况纷繁复杂，不能眉毛胡子一把抓，必须了解重点，抓住要点。因此，孙子提出了五个观察重点："知可以战与不可以战者胜，识众寡之用者胜，上下同欲者胜，以虞待不虞者胜，将能而君不御者胜。此五者，知胜之道也。"

"知可以战与不可以战者胜"，看看双方将领战略判断的对错。强调的是将领对双方整体情况、综合实力是否心中有数，能打还是不能打，能胜还是不能胜，是否有一个清醒的判断。只有判断正确的一方，才能正确决策，赢得胜利。

"识众寡之用者胜"，其中的"众寡"是指人马众多与寡少、大部队与小部队、主力部队与突击分队。"识众寡之用"则是看是否精通兵力运用的方法，或者说是否善于灵活指挥。作战指挥既讲究量力而行，又讲究力量配合。只有灵活运用大小力量，并且注重主次配合，才能赢得胜利。

"上下同欲者胜"，与《计篇》中"令民与上同意"基本上是一个意思，主要指思想意志是否上下一致，同一个愿景，同一种精神。就战略指挥而言，"上下同欲"还包括将领与国君之间要统一战略意图，从思想上实现高度集中统一的指挥。

"以虞待不虞者胜"，其中的"虞"，通"预"，意为有准备。看看双方军队作战准备的疏密程度。以己方的有备对待敌方的无备，方能取得胜利。

"将能而君不御者胜"，其中的"御"，意为驾驭、控制。军事领导体制上，国君对将领统得过死，势必束缚将领指挥才能，每战必败。相反，将领有指挥才能而国君不加牵制，将领往往能够放开手脚，灵活指挥，赢得胜利。

孙子以非常肯定的语气强调："此五者，知胜之道也。"意在说明，要想通过谋攻之法、用兵之法，赢得战争的胜利，首先必须从这五个方面实施战略预测和战略判断。而且，这是一组多面镜，从五个不同角度分析判断，五位一体，既看重点，又看综合。建立在这样基础之上的谋攻之法和用兵之法，主观臆断成分降到最低，针对性、准确性、灵活性达到最高，赢得胜利的可能性最大。

管理学上有个兰德定律，由美国兰德公司提出，指世界上每100家破产倒闭的大企业中，85%是因为企业管理者的决策不慎造成的。我想再追加一句,这85%中又有90%是因为管理者没有做到"知彼知己"而导致决策失误的。比如,1954年世界杯足球赛,阿迪达斯因其生产的球鞋鞋底的塑胶鞋钉能帮助运动员提高运动速度,增加稳定性而一举成名,当时世界上有85%以上的运动员穿的是阿迪达斯公司的产品,三叶草标志成了成功的象征。面对骄人的战绩,阿迪达斯公司的决策者们没有重视1972年才成立的耐克公司迅速成长这样一个严重的事实。决策者们认为自己拥有85%的市场占有率,即便对手抢走一部分市场,仍有大半个天是属于阿迪达斯公司的。因此,没有采取切实有效的对策去扼制竞争对手对自己的威胁,造成今天眼巴巴地看着对手在全球同类产品的市场占有率以18个百分点领先自己,并在运动服装市场独领风骚的残酷现实。这就是阿迪达斯管理层决策的失误,由于轻视彼方的发展生机,无视己方的产品老化,未能及时调整战略而使自己丢掉了市场。

所以说,别看"知彼知己"几个字好像非常简单,其实关乎企业生死存亡,值得企业领导者好好地品味。

经典案例

① 牛根生在商战中的知胜之道

1999年7月,郑俊怀和牛根生这对一起打拼的亲密战友,因为对伊利集团内部管理问题意见不统一,董事长郑俊怀一怒之下给牛根生来了个"杯酒释兵权",撤销了他伊利副总裁兼冷饮事业部总经理的职务。失掉"兵权"的牛根生,重新以1000万元注册成立了"蒙牛"公司,开始了另起炉灶的创业历程。当时伊利的固定资产已达几十亿元,二者实力不可相提并论。

时光荏苒,仅仅数年间蒙牛已从初建时的"三无"(无市场、无奶源、无厂房)状态,到2006年年销售额超过100亿元,在全国同行排名由第1116位上升到第2位,摇身变成一个敢和伊利叫板的大集团。在2008年北京奥运会上,来自全世界的宾客大都记住了那头"汇聚13亿人的力量"的"中国牛"。蓦然回首,蒙牛势头业已逼近伊利。

| 案例分析 |

纵览蒙牛起家历程，其运营战略中的制胜之法，处处体现了牛根生的商业智慧。仔细观察蒙牛和伊利在竞争中的优劣条件，应该说蒙牛的崛起是可以"预见"的。

第一，在蒙牛的成长过程中，其企业运营谋略几近达到"知可以战与不可以战"的境界。蒙牛在创建初期，在整体战略上对伊利采取守势，并且奉行间接路线战略，力避同伊利正面冲突，先是通过开发新产品、寻求可靠的合作伙伴，一步一步地扩大自己的地盘和声势；而在时机渐渐成熟之后，蒙牛凭借自己在冷饮和乳品市场上的人力、能源、地利等优势，与伊利打起了全面的价格战、质量战。

第二，现代化的管理模式和规章制度塑造了蒙牛"公平、公正、团结、进取"的企业文化，蒙牛的人才，只要有能力就能被提拔，并且在薪金待遇方面远远超过伊利，进而形成"上下同欲"的凝聚力。蒙牛在招揽人才方面尤其舍得投入。在呼和浩特，蒙牛职员的薪酬在同行业中名列第一。一个中层管理者的年薪就高达10万元，管理层的普通员工月薪最低也在1600元左右，公司还担保给员工分房。因此，迄今为止，每年都有伊利集团员工投奔蒙牛。

第三，从一个洗碗工成长为伊利副总，牛根生深深懂得财与势的"众寡之用"，他不仅知道在财势优越条件下的运营战略，而且深谙在财势弱小境况下的经营之道。蒙牛开始启动市场的资金仅有1000多万元，在伊利和草原兴发这两个资本大腕面前显得非常弱小。在身处明显弱势的情况下，蒙牛采取"弭兵"政策、徐图发展，同时不放松在有利情况下实施"战术"反击。在2008年北京奥运营销大比拼中，蒙牛借助非奥运借势营销手段，从奥运合作伙伴伊利手中抢夺行业影响力和消费者影响力，其中足见"识众寡之用"的蒙牛智慧。

第四，牛根生知道，财势弱小的企业只有通过百倍努力才能同伊利、草原兴发这样的同行大腕相抗衡，因此，在市场调查、运营筹划、营销策略等各个环节都力求精心准备，主动营造一种"以虞待不虞"之势。为了提高自身竞争力，蒙牛与中国营养学会联合开发了系列新产品，并且积极与国内的乳品厂合作，以投入品牌、技术、配方，采用托管、承包、委托生产等形式,将所有产品都打出"蒙牛"品牌。

第五,牛根生的管理风格与郑俊怀不同,他懂得知人善用,能够做到"将能而君不御"。就拿蒙牛营销团队主管孙先红来说,他就是一个在蒙牛旗下大放异彩的传奇人物。在牛根生大胆放权之下,孙先红率领营销团队具体策划了中国乳都、申奥助威、中国航天员专用产品以及超级女声等多个深受群众好评的项目。只要在晚间打开电视,你就可以在多家电视台的黄金时段看到蒙牛广告……凭借奇特的营销广告,蒙牛在老百姓心中的民族品牌被牢牢树立起来。从孙先红率领的团队创造出一个又一个经典的营销案例来看,足见蒙牛高管之间彼此信任、团结协作的团队精神。

② 知己不知彼,削足难适履

2006年,沃尔玛这个驰名全球的最大零售商在总结十年来在中国内地的销售业绩时感到无比惆怅,种种数据表明沃尔玛在中国的十年充其量算是积累经验教训的"学徒"阶段,而造成这一尴尬局面的主要原因在于,沃尔玛在进入中国市场之前没有对中国国情、信息化程度、消费行情、本土文化以及风俗习惯等做出充分调查,在没有充分"知彼"的情况下,就以一种外来的强势政策鲁莽地闯了进来,不免在中国市场上受"冷遇"。

| 案例分析 |

概括地说,沃尔玛总结出以下三个经验教训:

第一,成本难降,物流配送的规模效应成为无源之水。在美国,沃尔玛借助高度自动化的物流系统、高效的信息系统,以及3000多家门店与布局合理的配送中心,能够最大限度地降低商品库存和在途时间,有效压缩营运成本,配送中心从收到订单到向生产厂家进货和送货,仅需两天时间。但是进入中国市场之后,沃尔玛才恍然大悟:中国高速公路运输线要到2035年才能达到美国1950年初的89万公里的水平,这令沃尔玛配送能力大打折扣。目前,沃尔玛在中国的配送中心只有深圳和天津两家,设立分店50多家,无法利用配送中心规模效应降低物流成本。

第二，信息受阻，系统连锁的本土优势成为无本之木。沃尔玛借助自己的商用卫星，能够在一小时内将全球4000多家门店的各种商品库存、上架、销售量全部盘点一遍，内外部信息系统的紧密联系使沃尔玛能与供应商每日交换商品销售、运输和订货信息，实现销售、订货与配送保持同步。自从1980年起，沃尔玛就主动开始与其供应商进行信息系统对接，使沃尔玛信息系统能在美国任一城区发挥重要作用。而在现阶段的中国，特殊的商业环境束缚了沃尔玛这一优势的发挥。中国大多数供应商信息化水平还比较低，只能和沃尔玛进行简单的数据交换。另外，受政策限制，沃尔玛的卫星通信系统在中国无法发挥作用，导致其全球采购系统、全球物流系统的有效共享在中国市场大打折扣，跨地区连锁配送无法实现，大大影响了沃尔玛在信息连锁中的营销优势。

第三，文化不服，国际化经营模式难以"入乡随俗"。有经济学家认为：沃尔玛在中国运营过程中显得水土不服。沃尔玛试图通过它在世界各地分店中所采用的一贯经营模式和企业文化打开中国市场，结果却屡屡碰壁。问题就在于：沃尔玛企业文化中缺乏中国元素，难以融入本土文化圈。现代管理学认为：海外企业最核心的战略就是实现本土化，其实质是公司将生产、营销、管理、人事等诸多方面完全融入当地社会的过程，这有利于跨国公司降低跨国经营和海外派遣人员的高昂费用，有利于同当地社会文化融合，以减少当地社会对外来资本的危机情绪，有利于东道国经济安全，增加就业机会，推进管理变革，加速与国际接轨。沃尔玛的亚洲负责人霍利说过："很多人误以为沃尔玛一到来我们就会建立起与别的地方一模一样的系统，其实我们要利用自己的长处为每个市场量身定做一套系统。"言下之意，企业文化难以"入乡随俗"，正是沃尔玛在中国市场出现困惑的症结所在。

对于许多中国企业来说，当前正面临着经济全球化和从竞争激烈的国内市场中"走出去"的百年境遇。我们要善于从沃尔玛的困惑中吸取教训，必须在"知彼知己"的前提下，对资金和产业转向的东道国市场及流通渠道做好充分调查研究，在资源、生产、营销、管理、人事、企业文化等各个方面做好充分准备，在此基础上开疆拓土，创造商界"百战不殆"的光辉业绩。

六

不战而胜——战略指导的核心思想

曾经有网友争论一个问题：企业竞争究竟是打倒所有对手，一家独大好，还是和平竞争，共同发展好？两种观点都有赞成者和反对者，莫衷一是。究竟哪种策略更符合竞争规律，更具有竞争艺术？我们不妨看一看《孙子兵法》中与此相关的谋略思想是怎么说的。

《谋攻篇》中有一句经典名言："百战百胜，非善之善者也，不战而屈人之兵，善之善者也。"估计有很多人不理解："百战百胜"为什么不是最好的将军？现在如果打一仗，获得胜利的将军立刻就会赢得大量鲜花、颂歌、勋章、提拔纷至沓来。如果能够百战百胜，必定连续提拔，甚至可能直接进军委了。孔子曾说："学而不思则罔，思而不学则殆。"强调的是读书不能光看文字表面，还要思考深层内涵。表面上看，"百战百胜"固然是好，但是闭上眼睛想一想，一百仗打下来，哀鸿遍野、十室九空，杀伤破坏何等巨大。算一算战果，杀敌一千自损八百，获利极小，得不偿失。再则，一个将军需要打一百仗才能最终征服敌人，意味着只擅长斗力，不擅长斗智。这种费劲大获利小、长于斗力短于斗智的将军当然算不得"善之善者也"。相比之下，"不战而屈人之兵"，没有经过大规模杀戮，对于交战双方都没有造成巨大的杀伤破坏，巧妙地征服了敌人，可谓以小的代价获得大的胜利，其效费比最高，利益最大，最为智慧，当然是"善之善者也"。

孙子"不战而屈人之兵"的观点，体现了中国人崇尚和平，崇尚智慧的思想文化传统。在这个问题上，东西方思维差异很大。西方军事理论家克劳塞维茨认为，战争有"三无限"的特点：一是目的无限，以消灭敌人为最终目的；二是暴力无限，只要能够消灭敌人，有多少军力就使用多少军力；三是手段无限，为了消灭敌人，有什么置人于死地的手段就采取什么手段。在这种思想指导下，西方近代以来的战争规模越打越大，死伤越来越多。由德国人发动的第二次世界大战就是最好的例证。从1939年开始至1945年结束，参战国由中欧几个国家发展为遍布全球61个国家，战场范围由欧洲扩大到亚、非陆地和大西洋、太平洋、地中海等广阔海域，作战手段由常规战争上升为使用原子弹的战争。与克氏为代表的西方思想相反，中国人虽然也高度重视战争，但是反对暴力制胜，主张谋略制胜。或者说，反对大规模杀戮，主张和平征服。正是基于这种民族思想文化传统，孙子提出："百战百胜，非善之善者也；不战而屈人之兵，善之善者也。"

这一思想充满智慧，符合人们追求和平的美好愿望，因而深受世界各国人们的青睐和赞誉。精通《孙子兵法》的日本企业家服部千春说："《孙子兵法》不是打仗的，《孙子兵法》是教人和平的，是和平主义，是不战主义。"[1]其理由就是因为孙子以"不战而屈人之兵"为用兵打仗的最高境界。美国总统里根也认为："2500年前，中国的军事家孙子说'百战百胜，非善之善者也；不战而屈人之兵，善之善者也'。真正成功的军队是这样一支军队，即由于其力量、能力和忠诚，它将不是需要用来打仗的一般军队，因为谁都不敢向他寻衅。"[2]简单地说，只需要威慑对手，而不需要实际打击对手。

但是，曾经有人批判孙子这一思想，认为这是唯心主义的观点。因为从古至今，征服敌人最终都是通过战争，哪有谋士动动脑筋，使者要要嘴皮，失败的一方就将政权交出来，把江山让出来了？几乎没有过。所以，不经交战就使敌人屈服不过是一厢情愿的主观想象而已。

究竟应当如何理解？恐怕还是应当回到原文，原汁原味地品读，而不是拘泥于字面。在原文中孙子紧接着又说出了一段名言："故上兵伐谋，其次伐交，其次伐兵，其下攻城。"其中的"上兵"，即用兵作战的上策。上策是追求最理想的状态，伐谋伐交，不战而胜；中策是谋求比较理想的状态，在伐谋伐交的基础上"小"战而胜；下策是立足最现

---

[1] 摘自服部千春《孙子兵法校解》（中文版）自序。
[2] 摘译自杰伊·谢弗里茨编《关于战争的言论》。

实的状态，伐谋伐交伐兵多手并用，"巧"战而胜。这里的"上""其次""其下"等字眼并不是割裂关系，也不是多选一的关系，而是主次、先后的关系。一般是先斗智，伐谋伐交，然后再斗力，伐兵攻城。伐谋、伐交、伐兵、攻城多手并用，打组合拳。一个"故"字说明，这四句话实际上包含的是如何不战而屈人之兵的系统办法。回顾一下和平解放北平的过程，可能有助于我们清楚理解"不战而屈人之兵"的真正含义。

1948年11月初，辽沈战役胜利。毛泽东分析，随着辽沈战役的胜利和淮海战役的顺利发展，位于平津地区的蒋系部队向南撤退的可能性增大，一旦蒋系部队南撤，傅系部队亦必将西逃。如果蒋介石采取撤退方针，人民解放军虽可不战而得平、津等大城市，但国民党军加强了长江防线，对于之后的渡江作战不利。于是，毛泽东面临的首要问题是如何"伐谋"，打消蒋介石、傅作义逃跑的念头。

11月18日，毛泽东命令刚刚取得辽沈战役胜利的东北野战军停止休整，提前入关，在华北军区主力协同下，提前发起平津战役。12月11日，毛泽东指示平津前线领导人：为了不使蒋介石、傅作义下定迅速放弃平津向南逃跑的决心，在两星期内的基本原则是"围而不打"，如对北平西面的新保安、张家口等地；有些则是"隔而不围"，即只作战略包围，不作战役包围，如对北平以及北平东面的天津、唐山等地，以稳住华北地区的国民党军，避免迫使其狗急跳墙。局势的发展，正如毛泽东所预料。12月中旬，傅作义将华北"剿总"司令部由北平西郊迁入城内，放弃唐山、芦台，加强塘沽的防守。东北野战军和华北野战军的步步逼迫，封闭了傅作义集团西逃和南逃的一切道路，这只"惊弓之鸟"变成"笼中之鸟"，欲逃无路。"伐谋"取得了成功。

其次是伐交（交，既可指外交，也可指两军相交，还可指交往），动员社会各界力量劝傅作义走和平道路，让北平地下党组织对傅作义展开一系列"伐交"。12月中旬，傅作义邀请许德珩、徐悲鸿等20多位知名学者、社会名流到中南海座谈，分析时局。与会者一致认为，只有和平才是唯一出路，纷纷呼吁傅作义走和平起义道路。与此同时，平津前线指挥部也派专人与傅作义谈判。"伐交"也取得了一些成效。

再次是伐兵，以战促和。与傅作义的和平谈判进展并不顺利，傅作义自以为尚有55万大军，要价很高。在谈判陷入停顿期间，毛泽东命令西面部队发起攻击。12月22日，我军首先攻占了新保安，歼灭敌主力35军军部和两个师。24日，又解放张家口，全歼守敌第11兵团所属的1个军部7个师。两仗下来，傅作义吃到苦头，赶快叫停，继续谈判。

最后是攻城，最终解决问题。1949年1月14日，为了让傅作义集团彻底丢掉幻想，人民解放军对天津警备司令部发起总攻，主力从东西两面实施对进突击，兵锋直指天津中部。进攻发起前，国民党华北剿总副司令邓宝珊与人民解放军代表谈判时声称，解放军不可能迅速攻占天津，还反问林彪："你们计划打几天？恐怕三十天也打不下来！"然而，没想到，如此固若金汤的城市防御，只经过29小时激战就被攻克了。

天津失守，北平就完全成了一座孤城。北平剩余的20万守敌，在我军严密包围之下完全陷入绝境。经过各方艰苦努力，1月16日，双方达成了北平和平解放的初步协议。傅作义最终接受我军的和平条件，率部出城接受改编。1月31日东北野战军第四纵队在人民群众的欢呼声中进入北平接管防务，古都北平宣告和平解放。

显然，和平解放北平的胜利成果，既是谈出来的，也是吓出来的，更是打出来的。如果不是拥有超过傅作义一倍的兵力，没有打下新保安、张家口和天津，完成对北平的全面包围，傅作义恐怕也不会轻易打开北平大门。由此可见，实现"不战而屈人之兵"，不仅需要伐谋、伐交、伐兵、攻城多种手段，而且需要综合运用。所谓"不战"，不过是夸张的说法，或者理想的说法，需要动态地理解和运用。如果伐谋、伐交等相对温和的手段征服了敌人，则不必展开实际的军事打击；如果伐谋、伐交削弱了敌人，但未征服敌人，那么寻其要害，小范围内予以致命一击。无论历史还是现实，第二种情况更为实际、更为普遍。总之，想尽一切办法以尽可能小的代价赢得尽可能大的胜利。

经营企业最为看重的也是如何投入小产出大，争取最佳效费比，而不在于打垮所有对手，一家独大。所以，孙子"不战而屈人之兵"作为企业经营战略总的指导思想未尝不可。我们不妨深入理解其思想体系，按照其内在灵魂的指引，制定企业自身的发展战略、竞争战略。

经典案例

❶ 不战而胜：达能在中国的并购战略

孙子的"上兵伐谋"思想在商战中也被广泛运用。法国达能集团在中国的发展策略，就是以强大的实力为后盾，通过不断并购竞争对手，不战而胜成为行业老大的。

1987年进入中国后，达能逐渐从自行生产饮料和食品产品的生产型企业向投资型企业转型。1994年，与光明先后合资建立了上海酸奶及保鲜乳两个项目，达能占45.2%的股份。1996年，收购武汉东湖啤酒54.2%的股权；与娃哈哈成立5家合资公司，达能获得41%的股权；收购深圳益力食品公司54.2%的股权。2000年，达能收购乐百氏92%的股权。2001年，达能参股光明乳业，比例为5%。2004年，收购梅林正广和饮用水有限公司50%的股份。2005年，达能增持光明乳业股权至11.55%，成为该公司第三大股东。2006年，增持光明股权达到20.01%；同年7月，达能以持股22.18%的比例成为中国汇源集团的第二大股东；12月，达能与蒙牛组建合资公司，达能持股49%。

| 案例分析 |

达能这一系列并购活动，重构了中国饮料市场的竞争格局，给内资品牌带来了很大的压力：一是并购使达能控制了内资饮料品牌。无论是乐百氏、光明乳业，还是汇源、娃哈哈，这些曾经红火的品牌，被达能或合资，或控股，达能成为这些企业的老板。二是并购扩大了外资的市场份额，压缩了内资企业的市场空间。从销售量来看，2007年达能拥有的各种品牌共占据了中国饮料市场16.3%的份额，位居第一。三是并购为外资消灭了竞争对手，使外资不战而胜。多年来，达能在中国的思路基本是"打得赢就打，打不赢就买"，通过在中国的"斩首行动""掐尖行动"，最直接的后果就是让竞争对手消失。

根据公开资料，2006年达能集团销售额超过140亿欧元，亚洲销售额超过24亿欧元，其中瓶装水和饼干产品均在中国市场排名第一。

2006年，达能在亚洲市场的同比增长高达20.6%，远高于欧洲市场5.1%，以及全球其他市场16%的增长率，这成为其全球业绩强劲增长的最大动力。

❷ 神舟电脑的"谋攻之法"

孙子提出"谋攻四法"同样适用于经济竞争，明智的企业家总是善于将这几种手段组合起来，根据形势的变化灵活出招，在商场竞争中左右逢源，游刃有余。近年来，神舟电脑在PC市场上异军突起，并迅速以其低廉的价格在市场占据了一席之地。神舟电脑的"一路飙升"，被业界誉为电脑版的"深圳速度"。神舟电脑的成功，与它灵活运用孙子的"谋攻之法"有很大关系。

| 案例分析 |

伐谋，做好市场调研。2002年，神舟集团进入PC市场之际，尽管全球PC市场萎靡不振，但国内PC市场发展强劲，销量保持了20%以上的增长率。当时P4CPU的价格大众化，中国的PC格局正进入重新组合的阶段。据估计，中国的PC市场预期成熟容量在3000万台左右，与当时1000万台总量相比，市场的上升空间很大。同时，消费PC市场的形态将发生变化，消费PC将由投资品走向消费品，消费群体将由贵族化转向平民化。总而言之，PC行业仍然是下一个不断增长并且极具发展潜力的行业之一。然而，当PC作为消费品走入寻常百姓生活的时候，PC的高技术面纱已经扯下。今天，对于中国的PC厂商而言，重要的使命就是立足PC的普及，降低产品的价格门槛，利用企业技术的进步和管理的进步将成本实实在在降下来，做中国老百姓买得起的产品。在调研的基础上，神舟电脑找到了一条符合市场趋势的发展之路。

伐交，整合资源优势。神舟电脑具备独特的资源优势。上游方面，神舟电脑母公司——新天下集团是电脑DIY领域的龙头老大，占据了国内近三分之一的市场份额。下游方面，神舟电脑采取了分公司加连锁加盟店的模式。神舟电脑在北京、上海、广州、南京等9个大城市设立了子公司，又在全国各地创立"麦当劳"式的加盟体系，即以加盟连锁店的方式，在全国征集了一千多家代理商，建立起一千家专卖店。而分公司可以说是区域的桥头堡，可以针对当地消费习惯、行政政策制定相应的销售策略，成为总部与专卖店间沟通的纽带。资源的有效整合，使得神舟在价格变动、新品推广时，能够及时做出反应，迅速将信息传达到神舟各个卖场。这种模式成本低，便于管理、覆盖面广，可以快速扩展渠道，成为神舟电脑的营销利器。

伐兵，低价竞争策略。价格战的实质就是成本领先战略，成本最低的企业在市场运作中具有较大的市场空间。神舟电脑在其快速发展的进程当中，低价格便成了其最大的卖点。神舟董事长吴海军将神舟的价格优势归功于三大因素：一是产业链的优势。神舟电脑的母公司新天下集团具备研发和生产主板与显卡的能力，神舟电脑可以降低成本。二是私营企业的优势。私营的企业性质决定了神舟电脑不会浪费，在每个可能的地方都"很用心地控制成本"，这为神舟电脑带来5%~10%的成本下降。三是渠道的优势。神舟电脑在各地成立的子公司，大多是脱胎于原来新天下的子公司，这样一来，建立子公司的巨额成本就又节省了很多。吴海军在谈到自己的企业在竞争日益激烈的市场中争取主动时，底气十足地表示，"神舟电脑虽然市价比对手便宜约两成，但我们仍有合理的利润空间"，因为"我们是靠自主研发，靠采用新技术不断降低成本"。2002年2月，神舟在央视推出"四千八百八，奔四扛回家"的广告，广告一出，不久便在市场上刮起令人惊叹的旋风，神舟电脑每台售价比同类型的品牌机低了几百元至两千元不等。

攻城，夺取市场份额。新天下依托自主研发所形成的总成本领先同业的独特优势推出了价位5000元左右的多款主流型神舟P4电脑，一举打破国产PC多年来牢不可破的价格坚冰，从而确立了神舟电脑的"新一代PC"的领先地位。神舟电脑在成立不到一年间，月销量便突破2万台大关，占据3.7%的市场份额，跃居家用电脑第5名。

七

以镒称铢——谋求经营实力的优势

在军事博弈上，各方都喜欢以"实力"作为力量对照比较。在市场竞争中，对手间也都以"实力"来衡量经营的优劣态势。孙子是非常强调实力的。他认为，要取得胜利，谋略固然重要，但基础还是实力，最后打倒对方的还是拳头。他在《形篇》的结尾，以34个字形象地提出了著名的"以镒称铢"论，即"故胜兵若以镒称铢，败兵若以铢称镒。称胜者之战民也，若决积水于千仞之谿者，形也"。

"镒"和"铢"，是古代的两个重量单位。"镒"是比"两"大的单位，一镒等于24两；"铢"是比"两"小的单位，一两等于24铢；一镒就相当于576倍的铢。"称"，即对比、对付。"胜兵若以镒称铢"，这是何等的优势呀？一旦拥有500多倍的绝对优势，部队必然力量倍增，士气高涨。孙子做了一个比喻，这种状态之下部队的力量犹如"决积水于千仞之谿"，即掘开八千尺高峡中的湖水，让其奔腾而出，飞流直下，势不可当。

美国人近些年打的海湾战争、科索沃战争、阿富汗战争以及伊拉克战争，几乎都以自身极小的伤亡代价赢得了军事上的胜利，并不是他们的谋略水平有多高，也不是他们的军人多么勇敢，而是在于美国专找弱者打，拥有比对手绝对优势的军事实力。与机械化战争时期不一样的是，美军的绝对优势并不体现在参战人数上，而是体现在军事技术和武器装备上。比如，1991年海湾战争期间，美国的70多颗卫星在海湾上空组成了侦察、监视、情报、通信、导航、定位以及气象保障系统，使美军得以掌握制信息权、制电磁权、制空权、制海权，战场对美军来说变成了单向透明，他能清清楚楚地看到对手，对手却看不到他，所以能够做到发现即摧毁。2003年伊拉克战争期间，美军进一步增加信息技术优势，91颗卫星在海湾上空部署了庞大的"天网"，实现对整个伊拉克战场的全实段、全天候监控，并向作战部队提供情报、通信、导弹预警、侦察监视、空间导航和气象保障服务。空间系统已经和导弹发射以及陆、海、空军的联合作战构成了一个不可分割的整体，从而使得美军打得更为顺手，仅仅21天就攻下了伊拉克首都巴格达。除了军事技术和武器装备的绝对优势之外，美军动手之前往往还非常注重从政治、外交、经济上孤立对手、瓦解对手、制裁对手，同时强化自身的政治势力、外交阵营和军事联盟，形成整体力量优势，从而开战之际就形成一种"决积水于千仞之谿"的巨大势能，势不可当。

当然，孙子所说的"以镒称铢"，是用夸张的手法强调力量优势的重要性。但是它更深的含义在于：强调综合态势的营造与控制，而这种综合势能务必经过一系列谋略运用、控制管理、精神倡导方能逐步营造而成。

对于企业而言，"胜兵若以镒称铢"，就是要把企业的势能力量最大化地激发出来，形成一种不可阻挡之势。如何发挥好企业实力，如何让企业实力发挥到优势状态，可以从以下几个方面吸取孙子的智慧：

1. 要有数量优势。从军事上讲，数量就是兵力；从经济上讲，数量就是GDP；从企业经营上讲，数量就是资金投入，形态就是产品对市场的覆盖能力和绩效比。总之，数量是最基本的，没有数量，就不可能达到孙子所说"以镒称铢"的势态。例如，这几年，各大城市迅速兴起的"共享单车"，就是预测到中国有近100亿"共享单车"的市场需求，投资方在短期内大量投资的结果。一时间，我国一线城市的大街小巷布满上百万辆单车，这就是现代资本"以镒称铢"抢占市场的态势，很好地解决了广大市民"出行最后一公里"的难题。

2. 打造质量优势。保持优势状态不能只靠数量取胜。孙子讲"兵非多益"而在于"精"，讲的就是注重兵员的质量和组织结构的精练。企业在市场竞争中靠的是产品和服务，因此产品和服务的质量就是市场口碑，市场口碑就是企业生存的基础，也是形成企业核心竞争力的基本条件。质量优势需要数量支撑，同时也需要管理打造。比如"共享单车"虽然在投入上采用了"以镒称铢"抢占市场的办法，但不到一年，就有数家"共享单车"企业崩盘垮掉，其中最快的是南京本土的町町和酷骑两家共享单车企业。2016年底它们一瞬间涨潮般覆盖了南京城区，可是不到半年就在南京崩盘。据报道，由于町町、酷骑两家的共享单车在街面占用盲道，影响交通，车辆乱停乱放情况严重。南京各区城管人员便清理街面上所有乱停乱放、无人管理的町町单车、酷骑单车。由此可见，没有质量管理的"以镒称铢"投入，不能叫实力，而是危害！

3. 发挥综合优势。现代社会的科技发展，日新月异，它让人的认知观念、生活劳动及应用手段发生了翻天覆地的变化。全球化视野、资讯数据化、制造力升级、资本控制论等，给企业经营提出了革命性挑战！在新形势下，如何才能让企业经营实力保持优势状态？成立于1991年的中国格力电器，在20多年的发展中，先后打垮三菱、松下、大金、西门子等巨头，目前已经成为全球最大的集研发、生产、销售、服务于一体的空调企业。"格力"品牌空调成为中国空调业唯一的"世界名牌"产品，业务遍及全球100多个国家和地区。格力空调已经连续17年产销量、市场占有率位居中国空调行业第一；家用空调产销量连续7年位居世界第一；格力电器全球用户超过2亿。格力空调在资金投入和产品数量上，以科技创新、质量优能、全能服务三种理念高度融合，在全球空调行业一直保持"以镒称铢"的竞争势头，形成了格力企业的核心竞争力。一个企业有了全球化视野、制造创新、大数据运用，就会获得资本；一个企业有了自己的核心竞争力，就会获得资金和市场。中国格力用它的发展轨迹，对《孙子兵法》揭示的"胜兵若以镒称铢"的规律做了最好的实战注释！

总之，实力是取得胜利的基础！

孙子所说的"胜兵若以镒称铢"是对实力取胜的生动比喻。经营企业无疑要善于营造和运用这些优势，才能发挥出各种资源应有的能量。管理出效能。管理，既要对资源和装备，也要聚焦人员层面，还应该放在如何让人和生产资料有效结合和效能发挥上——这就是企业经营管理的作用，也是谋求"以镒称铢"优势的巧实力。如果仅有优势实力，而不善于综合高效灵活地运用，优势反而会成为劣势。企业经营管理得好，才有可能达到"以镒称铢"的有利状态；管理得不好，各种原本有利的资源分散配置,或者互相掣肘,势必变优为劣,"以铢称镒",以绝对劣势与绝对优势的对手竞争,必败无疑!

经典案例

❶ H&M全球挤压快时尚

H&M是瑞典的服饰品牌。H&M品牌名是由"Hennes女装"与"Mauritz男装"合并Hennes & Mauritz(海恩斯&莫里斯),各取第一个字母而成。"二战"结束后,创办人Erling Persson(老皮尔森)于1947年在瑞典市区Stora Gatan大街上开了世界上第一家H&M廉价服装专卖店。

H&M一直坚持低价位特色。在当时服装趋于高端的欧洲,H&M一亮相就走红。低价位是H&M执着选择的经营路径。

现任董事长Stefan Persson(皮尔森)在1972年加入公司,他倡导公司在唯一标榜的低价位之外,能再加入流行及品质的特色。1982年他接替他父亲老皮尔森后,大力推行"低价+流行+质量"的服饰哲学,四处标榜"以优惠的价格提供时尚和品质"的经营理念。

H&M从此横扫欧洲街头,德国成了它的主市场。此后,H&M采取积极扩张的政策,又把这种三合一的成功方式,大量复制到欧洲、北美、东亚等其他市场。

2003年春天,H&M在纽约时代广场的第一家旗舰店开业,人潮拥挤空前。

2007年4月12日,H&M品牌专卖店正式在上海淮海路开业。矛头直指刚进入中国市场的西班牙快时尚服饰品牌ZARA。其间,ZARA刚刚击败法国百年女装品牌Etam。据称,H&M上海淮海路两层楼的专卖店,其单店营业额单日最高已经达到200万元。

H&M的盛况让全球服装业的神经更加紧绷。它的撒手锏是:H&M在保持对流行时尚快速反应的前提下,服装价格比ZARA便宜了30%~50%。

很快,H&M品牌专卖店在中国分区快速开店。不到三年时间,开店数量已经超过ZARA。

之后，H&M挥戈日本、韩国，业绩颇丰。

至2013年，H&M在全球各地已经有1800家专卖店了。

在中国，H&M风头已经领先ZARA、优衣库、C&A、热风等快时尚服饰了。

而在美国，H&M已经是家喻户晓的快时尚服饰品牌了。现在只要是在美国主要城市的商业区，基本上都有H&M的门店。在纽约时代广场，围绕世界最大面积的梅西百货公司的四周，就有6个H&M超大型专卖店将它团团围住，最邻近的不到一千米，基本都是两层楼经营。此外，2014年7月，H&M又在号称豪华奢侈品聚集的纽约第五大道开了H&M超级旗舰店，面积达到5300多平方米，门店共有五层楼面，拥有超大的橱窗立体展示区，超级大的LED显示屏，几层楼聚亮的橱窗绝对吸引人眼球。

H&M是斯德哥尔摩纳斯达克OMX交易所的上市公司。目前，除了H&M品牌，公司旗下还拥有Cheap Monday、COS、Monki、Weekday和H&M Home品牌。若以销售量为衡量标准，H&M已经是欧美最大的连锁服饰零售商。即使在经济萧条的情况下，它的业绩仍能保持持续上升。

据《福布斯》（*Forbes*）杂志报道，1982年，当皮尔森从父亲手中接管公司时，H&M当时还只有一百多家分店，而且大部分都在瑞典和德国。如今公司已经从欧洲燃烧到东亚和美洲，营业额80%来自国外市场。从2003年H&M进军美国时起，H&M过去6年全球新开门店扩张率约75%。其后目标是每两年进入一个新国家。

2016年，H&M集团在全球54个市场（包括特许经营市场）已有3200多个专卖店，主要销售服装、鞋帽、墨镜及配饰，另外附带销售化妆品。美国《商业周刊》曾经评论，H&M"重新定义了平价流行"，印证了H&M公司认为价格、流行、品质能够同时存在的可能性。在《2016年度BrandZ全球最具价值品牌百强榜》公布中，H&M排第79名，位于轻工纺织成品类第一。

2017年12月15日H&M宣布与中国著名网络商阿里巴巴开启战略合作。这是H&M集团在中国唯一的官方线上营销渠道。而通过与著名电商平台天猫的合作，"H&M还在试图加快其快时尚品牌的发展步伐"。

H&M的发展战略和执行策略，让同是业内巨头的西班牙ZARA、日本优衣库、日本无印良品、德国C&A、中国上海热风、中国珠海威斯曼等新生快时尚服饰品牌颇感压力。

除了策略，H&M的细节执行也是成功不可或缺的因素。伦敦的零售业分析师考克若（Nathan Cockrell）说："H&M的经营方式是锱铢必较。"

如位于斯德哥尔摩的H&M设计采购部，他们挖掘灵感，灵感源自报纸、杂志、旅行、街头时尚和多种多样的展销会，其拥有的超过100位设计师专注于不同的系列、主题、颜色、材料、小样……制订主流服装趋势计划，主持新的时尚季节。又如，H&M认为流行服饰的平价，才能让消费者负担得起每一年甚至每一季都去店中购买新推出的产品，在这理念下的产品多元化适合年轻男女以及儿童，H&M众口美誉的价格优势执行到位，其主力店服饰平均售价只有18美元。再如，H&M利用强大的全球终端网络，控制着全球21个国家的900多家制造厂商，它与生产供货商间密切合作，严格控制整个过程，它的服装从设计到上架的时间压缩，最短只需三个星期，速度在业界数一数二。H&M从生产单位给销售商店供货到销售商店的反馈，能使正确的产品以正确的数量、在正确的时间运抵正确的销售商店，其物流组织运作系统迅捷高效。此外，H&M利用已经形成的全球品牌力、强大融资能力和高效的组织运作执行能力开始扩大经营带宽，向快时尚流行豪华拓展，其快速化发展，正在全面挤压全球高中低快时尚服饰市场空间。

| 案例分析 |

孙子说"胜兵若以镒称铢"，就是要有一种压倒性的气势，达到"若决积水于千仞之谿者"，以绝对优势力量战胜对手。

可是，孙子说的"以镒称铢"的绝对优势是怎样形成的呢？

孙子在总结以前的军事思想时，提出了"善战者，先为不可胜，以待敌之可胜"的谋略思想，就是说，善于用兵作战的人，首先要为自己创造不可战胜的条件，并等待可以战胜敌人的机会。他进一步指出"不可胜在己，可胜在敌。故善战者，能为不可胜，不能使敌之必可胜。故曰：胜可知，而不可为"，是说，使自己不被战胜；敌人能否被战胜在于敌人是否给我们以可乘之机。所以，善于作战的人，只能够使自己不被战胜，而不能使敌人一定会被我军战胜。所以说，胜利可以运用谋略预见，却不一定是非这样不可的。

怎样才是"为自己创造不可战胜的条件,并等待可以战胜敌人的机会"呢?

孙子再次提出了他的著名军事思想,即"胜兵先胜而后求战"。就是说,要打胜仗的军队一定要具备了必胜的条件之后才去交战。

因此,孙子提出了为全面创造必胜条件需要估量的五要素,即"一曰度,二曰量,三曰数,四曰称,五曰胜"。就是指:度,估算国土面积;量,推算物资资源的容量;数,统计兵源的数量;称,比较各方的综合实力;胜,得出胜负的判断。然后是"地生度,度生量,量生数,数生称,称生胜",就是说:国土面积的大小决定物力人力等资源的容量,资源的容量决定可投入部队的数目,部队的数目决定双方兵力的强弱,双方兵力的强弱得出胜负的概率。最后得出结论:"胜兵若以镒称铢,败兵若以铢称镒。"

H&M这些年的表现,不能不说它在为自己营造一种"先为不可胜,以待敌之可胜"的条件,它正在形成一种"以镒称铢"的胜兵之势,逐渐露出称霸全球快时尚市场的野心。

目前,它还在积蓄力量,如2018年以后与世界级网络商阿里巴巴合作,弥补它的线上不足,以便它面临未来线上线下的竞争,在行业中再形成"以镒称铢"的绝对优势。

我们用孙子的话寄语H&M:"是故胜兵先胜而后求战""胜兵若以镒称铢""称胜者之战民也,若决积水于千仞之豀者"!

❷ 一年狂开上万家的潮汕牛肉火锅

若是评选2016年度最火的餐厅,潮汕牛肉火锅店必当位列其中。

在潮汕当地,类似门店有近3000家;在上海,一年内开了2500家;在北京,店数过千家;在厦门,几个月内开了400家;在杭州,一个说法是2公里路段内开了11家;在火锅之都重庆,潮汕牛肉火锅也一度颠扑掉"外地火锅无法立足"的宿命,门口排起了长队……

潮汕牛肉火锅,其门店的第一个显著特点就是"后厨前移"。它颠覆传统后厨,以半开放式的全透明厨房,把各式未分解的大块鲜牛肉在你眼前悬挂着,旁边还围着几个大厨用熟练的刀工快速、娴熟地处理着各个牛肉的部位。它让消费者先看到新鲜实物,用强烈视觉感官刺激消费者的新鲜感。另外是吃法显得专业。为让消费者清楚知道吃的是牛的哪个具体部位,店家会在菜单上贴一张详细解读牛各个部位的图,让人一目了然。因此,吃一顿潮汕牛肉火锅,就像吃一顿全牛宴,增加了消费者的味觉和好奇心。除此之外,切肉师傅的刀工也了得。潮州牛肉火锅很注重刀工,其中最重要的要求是,不能用机器,要用手。手切的要点也有很多,如果切得不好,肉的纤维太长,要么吃起来粗糙,要么根本不好嚼。薄片切得好,这样的肉吃起来轻、嫩;厚片切得好,吃起来就很有满足感和成就感,用潮州话讲叫作"饱喉"。

这一切,让潮汕牛肉火锅一派新意,给消费者营造健康、精细而且很科学的感觉,这样别具一格的形式,使它赢得了消费者。

于是,仿佛一夜间,大街小巷,四处都溢漫着潮汕牛肉火锅的气息。

然而,这个"忽如一夜春风来,千树万树梨花开"的餐饮新物种,也同样没能逃过一阵风的魔咒,甚至比其他快速火爆的餐饮品类熄火更快。

"倒闭得也太快了"!在上海,2017年上半年,就已经有40%的潮汕牛肉火锅店关闭。上海业内普遍认为,关店数应该会在60%以上。在大众点评上搜北京地区的潮汕牛肉火锅,更是惊呆了我们,一个页面上就有五家潮汕牛肉火锅属于暂停营业状态……

毫不夸张地说,2017年闭店最高的餐饮品类也非潮汕牛肉火锅莫属。

潮汕牛肉火锅来得快去得也快。业内究其原因：

一是供应链问题。"一天一头牛"是潮汕牛肉火锅对外主打的口号，而且，它着力体现"现宰现卖"的卖点。为确保牛肉的品质，在潮汕当地，一头牛从屠宰到餐桌的时间需控制在6小时以内，来确保牛肉的最佳口感。而一头牛从幼崽到出栏，平均需要1年左右，最快也要8～10个月。市场上一时间涌现出成百上千家潮汕牛肉火锅店，平均一家店1头牛，一天的牛消耗量也是几千头，但潮汕地区本身却并不盛产牛。当初，在潮汕，很多火锅店就开在屠宰场附近，甚至都有自己的牛场，牛肉火锅的整个供应链条布局相当完整。但潮汕牛肉开到外地，店多了，潮汕牛肉根本供应不过来，即使运过来，品质也不能保证那么原汁原味。而有很多店，为节约成本，干脆直接从周边地区进货，这些地区的牛吃的是饲料，和川贵地区农民散养的牛，品质显然无法相提并论，潮汕牛肉火锅的质量受到严重质疑。

二是表面上看潮汕牛肉火锅几乎没有技术壁垒，可讲究现宰现切的潮汕牛肉火锅看似标准化门槛低，却对切肉刀工有严苛的要求。潮汕牛肉火锅，切工师傅等同厨师，正宗潮汕牛肉店的合格切肉师傅，要对牛的每个部位都了如指掌，刀工达到每片肉厚薄均一，下水不超过10秒必熟的程度，没几年工夫上不了台。而潮汕牛肉火锅的火爆，使切肉师傅工资一年内飙升了4倍，月薪上万已招不到熟手，这就导致了人才瓶颈。

三是盲目跟风开店。跟风者开店毫无计划，见利就趋之若鹜。为捞上一笔，跟风者良莠不齐，疯狂加入潮汕牛肉火锅开店浪潮中，这是压倒潮汕牛肉火锅的最大力量，甚至也是导致上面这些问题产生的最大原因。从供应链到人才，从品质到品牌，罪魁祸首都是由于太多的人为了趁机捞一笔，毫无顾忌地闯进来，最后让整个行业秩序全无，甚至败坏了整门生意。现实中，这的确是很多行业无法摆脱的宿命。这种案例无数次地上演过。同样，潮汕牛肉火锅也没能逃过这一劫。

| 案例分析 |

孙子在《形篇》中说"胜兵若以镒称铢，败兵若以铢称镒"。就是说，保持数量多的优势就能取胜，数量少就会败。

通过以上案例可以看出，数量多不一定就能胜。

首先，数量多的前提是组织整合。如例，一年之间，竟有上万家以潮汕牛肉为卖点的火锅店开张，数量不能说不多；一年左右，就有400亿元资金投入以潮汕牛肉为主题的火锅市场中，"镒"也不能说不多。但是为什么不会赢得市场呢？其实，孙子的"以镒称铢"是有前提的，就是要让这些数量的"镒"处于"积水于千仞之谿"的状态，形成一种"势能"，即"若决积水于千仞之谿者，形也"。因此，没有组织整合的数量，就是一盘散沙，投入再多也是失败。

其次，数量要质量保证。竞争场上，孙子提倡把数量转化为质量上的优势，即"胜兵若以镒称铢，败兵若以铢称镒。称胜者之战民也，若决积水于千仞之谿者"，这"若决积水于千仞之谿者"就是讲数量形成质量的条件。辩证法说，没有一定的数量就没有质量，同样，没有质量保证的数量，也毫无意义。一年狂开一万家店，不能说没有数量，但却失去了供应链的质量保障，岂有不崩塌之理？

最后，竞争发展的胜败，之前是需要"庙算"而决策的。孙子曰"夫未战而庙算胜者，得算多也；未战而庙算不胜者，得算少也。多算胜，少算不胜，而况于无算乎？"潮汕牛肉火锅一年狂开一万家店，毫无"庙算"，纯属盲目跟风。跟风而起，跟风而死。潮汕牛肉火锅开店狂潮一开始就死于"无算乎"！

八

势险节短——营造有利的经营态势

人们去山区游玩的时候，会看到山涧如果在河道变得狭窄，水流湍急的时候，石头会在水面上翻滚；看《动物世界》电视节目中，老鹰在捕食猎物时，先是飞到离猎物比较近的斜上方，凌空而下，以利爪和尖喙快速啄击猎物，甚至能让小动物躯毁骨折。这两种现象，在《孙子兵法》中有一句话："激水之疾，至于漂石者，势也；鸷鸟之击，至于毁折者，节也。"孙子用这两种自然界的现象生动地解释了"势"与"节"这两个古代兵法中重要的概念。孙子又进一步强调："故善战者，其势险，其节短。势如彍弩，节如发机。"善于作战指挥的将帅营造出"势险节短"的战场态势，就像张满的弓弩一样，蓄势待发；他掌握的行动节奏，犹如触发弩的扳机一般，短促猛烈。

"势"，指态势，就是依据战场环境，通过合理的兵力配置和部署，形成有利于己、不利于敌的作战态势。"势"的特点在于"险"，"势险"则蕴含着超常的能量，或者说是能量的倍增器，就像本性至柔之水，本身并不具备漂起石头的力量，却能在陡峭湍急之处漂起石头移动；又像敦实的圆形巨石，在千仞高峰滚落而下时所向披靡，产生比石头本身重量大千百倍的冲击力，势不可当。"节"，指时间、距离、速度、节奏。"节"的特点在于"短"，"节短"则能释放巨大的力量，就像猛禽捕食，迅猛快捷，猝不及防。客观物质力量是静止的，一吨重的石头，其重量就只有一吨，本身难以产生百吨、千吨的效能，需要通过人的主观能动性将客观物质力量放在最佳位置，处于最佳状态，才能充分发挥其作用，倍增出千百吨力量。军事力量本身犹如水流和圆石，运用高超的谋略营造有利的态势，在合适的时机集中力量快速行动，才能最大限度发挥其效能。经营企业，如何将有限的人力、资金等客观实力，成倍地发挥出效能，也是一个值得研究的重要问题。

从《孙子兵法》全篇来看，孙子从三个方面提出"造势"的方法，经营企业可以从中得到某些启示。

首先，要因利而制权。《计篇》中讲："计利以听，乃为之势，以佐其外。势者，因利而制权也。"意思是，既然双方利害得失分析已经明晰，决策已定，就要采取相应的行动策略谋势以作为辅助条件。所谓造势，就是根据有利条件，朝着有利于己的方向，制定随机应变的谋略以获得主动权。

其次，要择人而任势。《势篇》提出一个有价值的观点："故善战者，求之于势，不责于人，故能择人而任势。"善于指挥作战的将帅，着眼点是营造和利用有利态势，而不是苛求属下，因此能够选择合适的人才，驾驭有利的态势。有利的态势是通过人们主观努力而营造出来的，那么能否获得有利态势，关键在于人。经营企业可以借鉴孙子这一思路，建立一个明确区分责权利的机制，选择合适的人才，灵活把握商机，在有利的时机中充分发挥企业资源效能，营造企业经营大势。

再次，要谋形与造势相结合。在《孙子兵法》的哲学概念中，"形"是运动的物质，"势"是物质的运动；"谋形"讲的是军事综合实力的积累，"造势"讲的是主观能动性的发挥。正确的战略决策和作战指挥能够形成有利的作战态势，成为军事力量的倍增器，就如圆形巨石是"形"，将其放置于千仞之高山，就产生了"势"，将其推下则能产生"四两拨千斤"的效果。"谋形"，就是谋求胜利的力量基础；"造势"，则是为这种力量基础搭建用武的平台。做企业也不能偏执于一端忽略另一端，光想着如何造势，却不苦练内功抓产品或服务质量，要想发展，应该在谋形和造势上一起下功夫才行。

企业要根据自身特点、市场需求、发展前景等综合考量，营造有利的经营态势，比如"置之死地而后生"的无退路经营战略、"众人拾柴火焰高"的资源整合经营战略、"只此一家别无分店"的差异化经营战略等。营造了良好的态势，在具体执行层面还要注意"节"的问题。市场如战场，瞬息万变，要想把有利态势真正转化为战斗力，就要做到"节短"，也就是说集中力量，短促突击，切忌拖拖拉拉、懒懒散散，贻误时机。

现在，北方供暖后由于气候干燥使用加湿器是非常普遍的。20世纪80年代末90年代初，亚都牌超声波加湿器通过赠送涉外宾馆、广告营销等手段打开了北京市场，销量节节攀升。但非常奇怪的是在仅隔100多公里，同样也是直辖市的天津市场却受到冷遇，连续3年，总销售量仅400台。亚都在进行广泛的市场调查后，推出了"亚都加湿器向天津市民有偿请教"的促销活动。1991年11月15日、16日，连续两天，天津的各大报纸最显著的广告位置被"亚都有偿请教"的广告占据，其广告一反常规商业语言，充满着人情味、知识性。广告中用了一连串的设问句，大致意思是："亚都加湿器产品虽然处于行业领先地位，但是在天津销售却不理想，是天津市冬季室内气候不干燥吗？是天津市的老年人不了解湿度对益寿延年的重要性吗？是天津的婴幼儿不需要更接近母体湿度的环境吗？是天津市民情愿自家乐器、家具、字画等名贵物品在冬季干裂变形吗？不！都不是！面对上述困惑，国内规模最大、专业性最强的人工环境科研开发高科技机构——北京亚都人工环境科技公司决定向聪慧的天津市民虚心请教，请热情的天津市民为北京高科技企业指点迷津。"

"亚都"一下子成了天津人议论的话题。短短10天，1200多封天津消费者的来信寄到了"亚都"，他们在信中提出各种建设性意见4000余条。"亚都"热有两个因素不可忽视：一是选择11月15日、16日推出广告，是用心良苦的。15日是天津市统一供暖的日子，16日是周末。这样容易引起人们的注意，激发人们产生购买念头。二是11月17日星期日，40多名经过专门培训的"亚都"公关人员，一大早就从北京赶往天津各大商场，向过往顾客散发各类宣传品，回答人们的咨询。连续四个星期日，共散发宣传品14万件，直接接触了60万人次天津顾客。"亚都"同时向所有1200名来信者邮寄了"感谢函"，并附上"感恩卡"，凭卡可特价购买"亚都"加湿器一台。这次促销活动取得了显著效果，之后两个月内在天津市场销量就达4000台，相当于过去3年销量总和的10倍。

"亚都"选择恰当时机通过具有科普性和人情味的广告充分造势，并在形成天津消费者普遍关注的有利态势后，马上跟进采取快速有效的行动,派驻训练有素的促销公关人员到市场一线与消费者面对面接触,连续作战,这就达成了"势险节短"效果,一举打开了天津市场。

商场的风云变幻、供求余缺、消费结构变化,既是挑战也是机遇,既可能令企业面临竞争压力,同时也可能形成拓展业务的有利时机,各位企业家务必根据市场需求和自身发展,在打牢经营根基的同时,任势、趁势、谋势、造势,拥有"势如旷弩"的张力,在真正执行时方能"并力一向""动如雷震",收到"节如发机"的效果。

经典案例

❶ 中美史克在"PPA危机"后的涅槃重生

成立于1987年的中美天津史克制药有限公司(简称中美史克),是最早在华设立的外商合资药厂之一,旗下耳熟能详的品牌有新康泰克、芬必得、舒适达、宝丽洁、必理通等,都与我们的生活息息相关。中美史克注重以人为本,有着引以为豪的"3T"企业文化:相互信任(Trust)、开放透明(Transparent)、积极主动(Take initiative)。

2000年11月15日,是个让中美史克永远无法忘记的日子。这一天,我国国家药品监督管理局发布了《关于暂停使用和销售含苯丙醇胺的药品制剂的通知》。根据此项通知,国内15种含有苯丙醇胺(PPA)的感冒药被停止使用和销售。中美史克公司旗下的康泰克作为国内感冒药的第一品牌,首先被绑上了媒体的审判台。当时康泰克几乎成了PPA的代名词,而这无疑将康泰克判了死刑。康泰克作为王牌品牌,当时在国内已经占有了80%~90%的市场份额,一旦康泰克有什么闪失,必然产生连锁效应,对中美史克的其他品牌产生严重的负面影响。很多药厂都打出无PPA的广告,跃跃欲试要在这个危急险要时刻趁机打败中美史克。中美史克一下子陷入了重重包围的险地。

中美史克高层迅速做出反应,成立危机管理小组,采取一系列应对措施:

11月16日,也就是禁令发布的第二天,中美史克迅速通过媒体刊发了给消费者的公开信，表示坚决执行政府法令，暂停生产和销售康泰克，并公开承诺："为切实保障人民群众的用药健康，我公司愿意全力配合国家药政部门的有关后续工作。"这表现出了真诚负责的态度。

11月17日，中美史克公司在全体员工大会上通报了危机事件的具体情况，并且表示企业不会裁员，赢得了员工空前一致的团结。

11月20日，中美史克公司在人民大会堂召开新闻发布会，宣布将全部回收市场上价值一亿元的康泰克，这扫清了各地经销商的后顾之忧，降低了经销商的损失，并许诺会对他们做出相应补偿。同时也通过媒体传达了这样的事实：在中国销售康泰克的十多年中，还从来没有出现过目前大家最担心的能引起脑中风的副作用报道。同时，对于落井下石的竞争企业保持沉默，不做过多解释和对抗，让外部影响尽量缩减到最小。

11月21日，中美史克公司的15条消费者热线全面开通，数十名训练有素的接线员耐心解答公众的各种询问。

几天后，中美史克公司宣布将全部销毁价值一个多亿的回收及库存康泰克。

中美史克的一系列举措，树立了企业勇于承担社会责任的良好形象，赢得了公众和媒体的同情和信任，也为日后重整旗鼓奠定了良好的基础。

在经历了10个月的蛰伏研发，中美史克于2001年9月3日突然隆重推出一款取代康泰克的新产品——新康泰克，使用盐酸伪麻黄碱（PSE）代替了PPA，同时保留了扑尔敏，新产品更加有效，更加安全。据统计，"新康泰克"上市第一天，仅在华南就拿下37万盒的订单。

在这危机四伏的292天中，很多媒体和机构都唱衰"康泰克"，大家都认为会有新的公司、新的感冒药将"康泰克"取而代之。所有人万万没有想到的是，"康泰克"确实被取代了，而公司依然是中美史克。中美史克的一位高级管理者说："一个企业越规范，就越不会发生公关危机，即使遇到危机也是来自企业外部的，而不是来自内部的"，此话足以体现对公司文化和管理的自信，事实也证明中美史克"互相信任""开放透明""积极主动"的"3T"精神引导公司在局势险峻的商业危机中化险为夷，凤凰涅槃。

| 案例分析 |

《孙子兵法·势篇》有云:"激水之疾,至于漂石者,势也;鸷鸟之疾,至于毁折者,节也。故善战者,其势险,其节短。势如弩弩,节如发机。"虽然中美史克并没有刻意制造险峻的态势,却因外部危机在公司置身于险势后,积极谋势,不仅化解了危机,还塑造了良好的负责任的企业形象。而难能可贵的是,中美史克懂得把握节奏,蓄势待发,在推出"新康泰克"之前,通过各种渠道化解内部和外部矛盾:内部稳定军心,外部取得信任,将不利之势全部转化为有利的态势,这为之后的反击战奠定了基础。从早先国家药品监督管理局发布政策出台后跌落到谷底,到后来积极谋势迅速地爬到了高高的险峰之上,占据了有利的局势,而"新康泰克"的问世恰恰犹如战场上高空落下的滚木礌石,还未等你回神,就已经再次占领了市场,完成了势不可当的再次辉煌。

中美史克,在PPA之战中在不利的态势下打出了稳健,打出了气势,打出了节奏,暗合了《孙子兵法》中的"势险节短"。任何企业都会遇到动荡危机,乃至生死存亡,如何转危为安,将不利变为有利?如何发现或营造态势?如何在危机之时,不乱阵脚,打出短促有力的节奏?这些都是我们现代企业家必修的功课。

❷ "搜狐"是如何失去互联网"大势"的

"不是我不明白,这个世界变化快",中国摇滚音乐教父崔健的一首《不是我不明白》中的这句歌词唱出了当下我们生活的世界飞速发展的现状。互联网作为世界变化的助推器,已经成为我们生活中不可或缺的组成部分,网上购物、网上支付、即时通信、在线教育、在线医疗,无不与互联网息息相关。而真正操纵着中国当前互联网格局的当属BAT(百度、阿里巴巴、腾讯)三家互联网巨头,它们的当家人李彦宏、马云、马化腾也被公认为业内的大佬级人物。遥想20年前,第一代互联网创业领袖中有一个人,张朝阳,在互联网界可以被称为教父级的人物,马化腾就是听了张朝阳的演讲之后,激动不已回去做了OICQ,张朝阳作为早期的成功互联网创业者,1998年成立搜狐,当年广告收入就达到69万美元;2000年,公司成功在美国纳斯达克上市；2005年拿下奥运官方网站，搜狐可谓风光无二。在鼎盛时期，搜狐集团拥有搜狐门户（曾经最大的媒体）、搜狗输入法（曾经的三级火箭，输入法+浏览器+搜索）、搜狐畅游、搜狐视频、搜狐焦点、搜狐汽车、搜狐新闻客户端、搜狐微博社区等一系列板块。2008年还一度拿下北京奥运会赞助商的资格。一夜之间，全北京的地铁站，公交站都是"看奥运，上搜狐"的广告。搜狐的业绩和股价也超越了新浪，张朝阳成了当时互联网界的真正王者，他的个人声望达到顶点。

盛极必衰，物极必反。随后的几年里，公司的人才大量流失，COO王昕、CFO余楚媛、搜狐视频CEO邓晔、搜狐网总编辑刘春等高管相继离职。视频业务旗下大将古永锵离职创办优酷网；龚宇创办爱奇艺；李善友创办酷6网；韩坤创办一下科技，旗下有小咖秀、秒拍等产品。当时的张朝阳并没有选择投资它们，让它们成为搜狐系。至2013年，互联网界已经发生了翻天覆地的变化——腾讯企鹅势如破竹，人人都在用微信，阿里巴巴马云当选为全球互联网治理联盟理事会联合主席，其他互联网公司也都风起云涌，如雨后春笋。

互联网战场的格局已经改写，截至今日，互联网格局两超（腾讯、阿里）多强，小米、京东、美团、滴滴、ofo相继登场，融资的融资，上市的上市，资本少则几十亿元，多则上千亿元。而相比曾经的王者，搜狐市值仅17.25亿美元。新浪市值相当于4.94个搜狐，网易相当于25.37个搜狐，百度相当于51.20个搜狐，阿里巴巴相当于272.73个搜狐，腾讯相当于329.62个搜狐。可见，搜狐连强都算不上了。搜狐失去了互联网黄金发展的十年之机，失去了"势"，留下的只有英雄迟暮的感叹。

| 案例分析 |

《孙子兵法·势篇》有云："激水之疾，至于漂石者，势也；鸷鸟之疾，至于毁折者，节也。故善战者，其势险，其节短。势如彍弩，节如发机。"1998年诞生的搜狐，可以说引领了中国的互联网时代，在互联网领域发展中，占尽了先机。两年时间便做到在纳斯达克上市，有了充足的资本；发展出了门户、视频、游戏、搜索四个板块，有了布局，可以说势头一片大好。对于快速发展、波谲云诡的互联网领域，搜狐几

乎占尽了优势。在当时，张朝阳所引领的搜狐就像湍急的流水，展翅的大鹏，拉满的劲弩，造出了险峻逼人的态势，好像他就是《孙子兵法》中所说的善战者。但所有的一切却在蓄势待发的时候戛然而止。站在山顶制高点手握满弓的张朝阳因为骄傲自满而从山顶飘到了云端，丢掉了所有优势，让自己一步步进入险境。而那些曾经让他看不上眼的对手们开始势险节短，迎头赶上。当张朝阳如梦初醒的时候，大势已去。搜狐的故事，让我们的企业家们时刻要谨记：经营企业犹如打仗，有的时候必须营造好的势头，这本来就不是容易的事情，一旦成了势，一定要以排山倒海之势将力发出，让势发挥到淋漓尽致，切切不能蓄势不发，失去战机。

九

先胜后战——经营战略的物质基础

每年全国人大会议引发国外关注的热点之一是中国的国防预算问题。近些年来,中国的国防费用一直呈增长趋势,2017年增幅在7%左右,首次突破万亿元,因此又有人开始说三道四,渲染"中国威胁论"。从绝对值看,中国的国防费用仅次于美国,排在世界第二位。但是,中国的军费开支水平与发达国家相比依然差距很大,中国的国防支出占GDP的比重只有1.3%左右,且多年来一直处于这个水平。世界主要大国国防支出占GDP的比重在2%~5%之间,美国基本在4%左右,俄罗斯保持在4%~5%。平摊到人头上,中国人均国防费用水平只有美国的1/18,英国的1/9,法国的1/7,俄罗斯和日本的1/5。随着综合国力的进一步发展,中国已经成为世界级的大国,军费的合理增长实际上是对我们大国地位的回归,也是对自身的尊重。而且我们的和平发展仍然面临各种威胁和挑战,台湾问题、钓鱼岛问题、南海问题、中印边界问题等历史遗留难题也需要一个强大的国防力量来支撑。一定要牢记一句话:备战方能迎战,能战方能止战。

这也从另一侧面说明一个问题,虽然战争是在战场上一决胜负的,但是战争胜负往往不取决于交战的过程,而是取决于备战的过程,交战只不过是对和平时期获得优势的一种公开检验罢了。因此能否打得赢,关键不在于"打",而在于"备"。先备则具备了打赢的基础,无备则必输无疑。因此,孙子在《形篇》专门论述了"先胜后战"积累军事实力的问题,他在该篇最后用一个非常生动形象的比喻总结,做好战备的力量就像"决积水于千仞之谿"一样,也就是说实力的积累就有如千仞高山上的堰塞湖中的积水,一旦决堤,力量势不可当。"先胜后战"这一思想在企业经营战略的物质准备问题上是非常具有借鉴意义的。孙子讲的"先胜",重要的就是"先备",即预先做好充分准备,预先具备取胜条件。在此前提下进入激烈的商场竞争中方可立于不败之地,并赢得胜利。

孙子的"先胜"备战主要体现在三个方面:

一是"先为不可胜,以待敌之可胜"。先创造我方不可被战胜的条件,并等待敌方可能被战胜的机会或条件。这里的关键是"先为"二字,即要积极作为。想要立于不败之地,不靠别人,而要靠自己主观努力,全方位谋求有利条件,消极等待是等不来的。在企业经营战略上,也要做好"先为"之功,积极主动谋形造势,在物质上做好积累。战争领域讲究"养兵千日,用兵一时",但是企业经营则讲究"养兵千日,用兵千日",养兵与用兵同时进行,万万不可临时抱佛脚,在平时就要注重谋求实力的综合优势。

二是"无恃其不来,恃吾有以待也"。这里面的"恃"就是"有恃无恐"的"恃",即"仰仗,依靠"之意。依靠什么才能在危机时刻不恐惧呢?自然也是准备。除了心理上和战术上的准备,还要做好物质上的准备。这就要求将帅有忧患意识,在平时就严阵以待,不可怀有侥幸之心。企业经营,也要在硬实力上苦练内功,夯实实力,方有能力迎接商场上的变化和挑战。

三是"胜兵先胜而后求战,败兵先战而后求胜"。古往今来的战争大多遵循这样一条铁律:打胜仗的一方,将帅往往在作战前做好充分的准备,从多方面努力营造取胜的条件,然后再同敌人交战;而打败仗的一方往往是先同敌人交战,然后寄希望于侥幸取胜。因此,在战前创造条件,积蓄军队的作战力量,使自己立于不败之地,是战胜敌人的前提条件。要做到这一点,需要有强大的军队、精良的武器、先进的技术、英明的指挥、有胆有识的人才、严明的纪律、充足的后勤保障、坚固的工事等。只有具备这些条件,才能立于不败之地。"空城计"只是《三国演义》中的文学杜撰,即使历史上曾有过的"空城计"战例,也是不得已而为之的下策。如果经常指望靠"空城计"一类的计谋侥幸,则必败无疑。

伊利集团目前是亚洲乳业第一,世界乳业前八的乳制品企业,也是中国唯一同时服务于奥运会和世博会的大型民族企业。作为乳制品企业，最重要的问题是奶源和消费者，也就是产品的来源和去向。于是，伊利高度重视以"先胜"思维解决供应链——奶源的问题。20世纪90年代，伊利公司组建之初奶源最初主要是呼和浩特市及其附近地区的奶农，采用的是"公司+牧场小区+奶户"基本供应模式，主要产品为液态奶和冷饮，销售渠道仅仅覆盖内蒙古以及周边省区。但是伊利总裁潘刚及高级管理层致力于打造中国第一乳业品牌，甚至走国际化路线，而不仅满足于做区域型企业。伊利预见到一旦销路打开，生产规模扩大就会由于现在的奶源局限而影响到产品多元化、质量控制、运输成本、目标市场开拓等。

　　基于上述考虑，潘刚着手以奶源为主的供应链改造。一是对现代乳业生产基地进行收购和兼并。为了达到降低物流成本、增强食品安全保障的目的，伊利一边提前布局，一边开拓市场，通过实行收购和兼并，逐步在全国十多个销售大区建立起现代化乳业生产基地，从而形成了一个庞大的网络体系。二是采用系统管理机制与奶农建立经济合作的利益共同体。伊利改变原来的经营模式所带来的农户、奶站、企业三者之间利益无法共享、风险不能共担的局面，建立"养殖小区+牧场园区"的紧密型模式，根据企业发展步伐适度投入加强奶源基地的建设，使奶牛养殖规模与品质得到提高，以达到伊利集团用奶需求的满足。三是进行信息化改造优化供应链管理。伊利集团一直比较重视信息化问题，2001年与用友合作开发了量身打造的SAP[①]系统，2005年伊利又对伊利各事业部进行整合，建立了一套能进行集中控制、统一管理的物料需求计划系统，以适应不断向深度广度拓展的业务。在采用信息系统后，伊利集团对代理点—子公司—事业部—总部这四者间完成了全天候数据的实时输入与查询，改变了原先伊利集团逐级汇报的方式，由之前的几十个小时减缩至能够忽略不计的几秒。这样把事后控制转变成了过程控制，从而有效地降低了运营成本，将百万元级的产品过期损失降低到了十万元级。

---

① SAP系统：企业管理解决方案。

从20世纪50年代仅有95户养牛专业户组成的"呼和浩特回民区合作奶牛场"发展到今天中国乳业举足轻重的龙头企业,伊利已经成为中国乳业的一面旗帜。伊利对于自身企业发展定位明确,做好"先为不可胜"之功,在业务不断拓展之时,它并没有着急过度开发市场,而是对供应链最重要的一环——奶源积极进行优化改造。同时怀有忧患意识,对于信息管理、供应管控、物流等通往市场的其他环节也预先改造,做到"有恃无恐"。做好充分的准备,"胜兵先胜而后求战",从奶源、生产线、包装、运输、区域销售等多方面为全国化乃至国际化市场营造条件。这样,一旦展开大规模营销,就不会因物质准备得不充分而降低乳制品的质量或者出现供货不足等情况。

预先布局,"先胜后战",在物质上做好积累,这是伊利能够从内蒙古一隅走向全国乃至世界的秘诀。伊利的成功印证了孙子揭示的"胜兵先胜而后求战,败兵先战而后求胜"不仅是战争胜负规律,而且也是企业成败的铁律。任何一个企业要想取得成功,务必高度重视夯实内功,预先打牢物质基础,方能应对激烈市场竞争和自身的发展壮大。

经典案例

❶ "小罐茶"的精品主义

2017年7月,央视播出了一个三分钟长的茶叶广告,"小罐茶,大师作"的口号和八位茶文化大师们竞相出镜,引起大量关注。12月,正式上市一年半,"小罐茶"实现零售额破10亿元,投资15亿元的现代化智能工厂也在黄山破土动工。

和北京马连道上的众多茶店相比,"小罐茶"是个很年轻的品牌:2016年7月上市,加上此前一年的市场验证期,再加上自2012年开始的调研时间,杜国楹和他的团队进入茶业市场只有短短几年的时间。此前中国的茶企很少在央视这样的平台做宣传,也正是因为如此,"小罐茶"一宣传,很快点燃了消费热情。

应该说，"小罐茶"很善于营销。对于如何定位市场、找到目标用户，如何激发并满足其消费需求，快消品出身的杜国楹自有一套打法。不过比起营销，杜国楹似乎更看重产品。在消费升级的浪潮下，产品质量变得尤为关键。营销做得再好，如果质量不过关，产品也很难持久留住用户，这已是一个普遍的共识。

"小罐茶"的产品质量如何保证？对于这个考题，杜国楹用了四年来解答。在决定进入茶产业后，杜国楹就带领团队深入全国产茶区寻找好茶。他们发现，中国缺的不是好茶，而是好茶的认知标准：如何让消费者便捷简单地买到真正的好茶。为此，他们用近四年时间，行程40万公里，找到并最终打动了中国八大名茶中堪称行业标杆的八位大师。这些大师或是国家非物质文化遗产传承人，或是世代制茶大家，代表了中国制茶技艺的至高水准。应该说，杜国楹团队的入行诚意是足够的。

由此开始，杜国楹团队开始搭建起"小罐茶"的产品体系：普洱熟茶、武夷大红袍、西湖龙井、安溪铁观音、黄山毛峰、茉莉花茶、福鼎白茶、滇红，共八类茶品。这些茶叶的共同特点是：覆盖中国茶叶的主流品类，市场认知程度较高；产区、原料、加工工艺和成品质量，都是对全国各产区茶叶的优中之选。杜国楹团队很聪明，考虑到很多消费者并不懂茶，对"小罐茶"的选品水平可能不放心，于是他们邀请了多位制茶大师深度参与。"小罐茶"的每个单品，都有全国公认的制茶大师把关。这种精益求精的态度值得称赞。

以"小罐茶·普洱熟茶"为例，精选西双版纳核心产区百年以上古树的春茶原料拼配，采用中国普洱茶终身成就大师、勐海茶厂原厂长、总工程师邹炳良先生自创的渥堆发酵技术精制而成。成品金毫满披，含芽过半，冲泡时茶汤红浓明艳，陈香高显。

再譬如对包装细节的洞察。杜国楹一开始就明确了"小罐茶"的精品战略。而对于消费者来说，精品与否是直接通过产品形象传递的，一个小小的包装，面对的是成千上万个消费者。当产品包装直接与精品战略关联时，包装就不是战术级细节，而是战略级细节。这样我们才不难理解，杜国楹为什么对包装细节这么用心了：专门邀请日本知名设计师，历时近3年，修改13稿，最终才设计出精致的铝制小罐包装；历时2年多，打造出世界第一台全自动直线型铝罐茶叶灌装封口机,解决了自动化封膜过程中充氮保鲜的问题;为了"密封性和好撕"之间的最佳平衡,宣称进行了3万次人工撕膜测试。

可以看到,杜国楹团队打造的"小罐茶"从原料、采摘到加工、包装等的完整流程,都有严苛的标准控制,体现出"小罐茶"对产品质量的极致追求,也就是杜国楹所称的"精品主义"。

| 案例分析 |

想到喝茶,很多人脑海中只有一种场景——几个人围坐在茶台旁,文火慢煮,经过少则几道、多则十几道工序后,举起茶杯,轻吹慢品。而在快节奏的现代都市中,品茶如何做到既有仪式感,又不这样慢节奏?而且,中国的城市化还将持续深入,中产阶级的大量增加,中国需要再多一些茶和场景的选择,火爆的"小罐茶"正迎合了这一变化趋势。虽然有些人认为小罐茶的走红只不过是善于营销的杜国楹大打广告的结果,但是如果用《孙子兵法·形篇》的"先胜后战"的思想来分析,我们会看到现象背后的实质。

孙子认为做好作战准备的力量和效果就像"决积水于千仞之豁"一样,也就是说实力的积累就有如千仞高山上的堰塞湖中的积水,一旦决堤,力量势不可当,这就是"先胜后战"的思想中对于积累军事实力的重视。如果在现代企业经营管理中,不妨将其类比为为打造精品产品而进行的物质准备的问题。"小罐茶"的创始人杜国楹及其团队确实善于营销,但是在铺天盖地的营销策略之后,不为众人所知的是这个团队为了推出为市场所接受的走精品路线的品牌所做的努力。杜国楹经历过多个行业,多次成功,形成了一套务实的方法论。譬如说,作为茶产业的外行人,为了入行,杜国楹带领团队深入全国各核心产茶区,和茶农、茶企、茶专家、茶文化大师广泛交流,了解茶叶的种植、加工、流通、销售、消费情况,这一钻进去就是近4年时间。杜国楹声称,前期在资金上的投入有7000万元。企业各板块的重要性,他认为"营销是术,产品是道"。资金上的投入无法验证,时间上的投入却是有目共睹,所以说这是个有耐心的团队。

> "先胜后战"这一思想在企业经营战略的物质准备问题上是非常具有借鉴意义的。"小罐茶"在推向市场之前的充分准备,为进入并占领高端茶市场创造了充分的物质条件,有备而来方可立于不败之地。

❷ 欣隆科技有限公司电池分部采购经理的难处

欣隆科技有限公司(简称"欣隆公司")是一家中型中日合资企业,公司主要生产电子元器件、机电设备以及手机板电池和蓄电池等。按照不同的产品类型欣隆成立了三个产品分部,三个分部总经理直接向执行副总裁汇报工作。各产品分部总经理分别对利润负责,而且各自拥有独立的生产设施、内部营销机构等。三个产品分部的产品有所不同,但基本用料都是类似的共同性物料,尤其是一些化工原料和工装模具,耗量都很大。但由于采购方面职权的分散,一直以来他们相互之间都独立进行采购运作。

电池分部是欣隆公司生产手机板电池和蓄电池的产品分部。按照业务流程,该产品分部的生产部门有三个生产车间,分别是电极制造车间、化成车间和装配车间,另外设备部和采购部也归属在生产副总的管理之下。

电池分部老总顾远征是主管生产出身。在他看来,采购经理的主要职责就是"及时保证生产线上物料的供应",只有生产副总才直接对降低整个分部生产成本负责。所以在分部成立时他将采购部设置在生产部之下,并认为采购只是一个辅助部门。其实由于产品的特点,电池分部的材料成本占销售收入的比重接近50%。所以每一份采购成本的节约就等于一份利润的增加,况且采购成本的降低要比销售收入的增加相对容易得多。采购部的运作绩效直接影响生产部成本和盈利能力的高低,可是在实际操作中,电池分部采购部遇到的问题还真不少。

采购经理高翔能力很强,拥有十多年的生产、工程和采购方面的经验。但自从来到欣隆公司电池分部就一直有很多怨言,觉得工作不好开展。一方面,电池分部没有设专门的物流部门,所以库存管理工作也由采购部负责。仓库管理员赵阳主要进行原材料和在制品的接收和库存记录等事务性工作。一旦原料出库,就由提取原料的生产部门负责了。因为有些材料是直接从货车车厢运到生产车间而不通过仓库的,所以在生产车间也设置了专门的收货处，由生产车间计划员临时接收货物。但由于计划员和采购部缺乏直接的沟通，使得采购部门无法及时得到采购成本和库存状况的信息反馈。

另外，由于生产部门总是临时改动生产计划，要求采购部进行计划外的紧急采购时常发生，紧急采购不仅在价格上使得采购部很被动，而且最重要的是由于没有充足的时间进行供应商的选择，质量上难以得到保障。采购经理高翔当然不想这样，可他是归生产部管的，作为下属，总不能批评上司对计划的临时修改。况且主管生产的副总李文军又是非常独断专行的人，最容不得别人挑他的毛病。所以为了保证生产顺利进行，高翔总是将原料和各类库存都尽量多地预先采购进来，存放在仓库，以免造成缺货以及紧急采购的发生。这就导致了欣隆公司的库存成本总是居高不下，库存周转率也极低。

| 案例分析 |

作为一个生产性的企业，欣隆科技有限公司根据产品类型设置了3个产品分部，但是对于原材料的采购和库存没有很好地整合资源。由于产品各自的生产工艺、流程、技术和销售渠道等不同，分部各设总经理对产品生产、质量检测、销售等负责，这是没有问题的，但是要注意的是各分部基本用料都是类似的共同性物料，而且耗量都很大，但由于采购方面职权的分散，一直以来他们相互之间都独立进行采购运作，从没有过协商，有时甚至还出现过一起和供应商进行抬价的情况，结果损失的还是公司的整体利益。作为企业总部应该分析产品的原材料采购和库存成本，这是关乎企业经营和发展战略的物质基础。企业想要达到《孙子兵法·形篇》中讲的"先胜后战"的境界，就必须在"谋形"上下功夫，做到夯实物质基础的"形胜"。欣隆公司电池分部采购经理面临的难处也许其他两个分部采购经理也会有。由于原材料采购成本居高不下，以及原材料在制品和产成品库存周转率都非常低，库存成本占总成本的比重越来越高，这会提高企业生产成本，占用企业大量周转资金，降低产品的竞争力。欣隆公司总部应该认识到这种分部独立采购以及库存管理方面存在的弊端，在做好物质准备的"先胜"上下功夫，从上游降低采购成本，夯实基础，以提高竞争力。

欣隆公司的问题在于各部门独立性过强，配合性较差，各自为政，这大大降低了企业发展的效率。同时，采购流程的问题也加大了企业运营的成本。可见，欣隆的管理看似有形，实则混乱无形。《孙子兵法·形篇》中讲"先胜后战"，欣隆应该在内部管理上下功夫，先优化管理，再图谋发展之道。

十

抢占先机——快速抢占市场制高点

"制高点"通常是指某一局部范围内的相对最高点、最优位置。在战场上，往往指在某一范围内可居高观察敌情和压制敌人火力的最高地形、地物；占有制高点的一方更有利于掌握制胜的把握。在商场上，制高点可以是商场的趋势、行业的巅峰、渠道的枢纽等。如同战争作战一样，在竞争激烈的商场上，谁抢先控制了这些制高点，谁就拥有主动权、自由权、决定权。那么如何争夺市场制高点，在竞争中把握市场、渠道、客户、产品等先机，《孙子兵法》从三个维度给我们提供了很好的启示。

首先，《孙子兵法》中说"凡先处战地而待敌者佚，后处战地而趋战者劳"。注意，一开始就用了一个"凡"字，意味着这句话说的是打仗都必须遵循的规律，即抢占有利战场。但凡先进入战场摆好阵势的一方往往处于以逸待劳的状态，而后进入战场的一方不得不仓促应战，势必处于疲劳应战的状态。显然，前者是坚实而主动的，后者是虚弱而被动的。这句话虽然只是讲到争夺战场，其实意在揭示一条规律：激烈的军事较量中，一切都是创造来的，争抢来的，不仅要抢先夺取战场，而且道路、战机、粮草、人心等，都要先敌一步，才有可能掌握主动权。主动权是军队在战争中行动的自由权，行动自由是军队的命脉，失掉了这种自由，部队运转不灵，谋略运行不畅，整个军队就有被打败或被消灭的危险。商场竞争也是如此，只有先行一步，才能快鱼吃慢鱼，掌握市场主动权，海阔天空。

全球互动视频媒体巨头Netflix（网飞）公司，也就是这几年热门美剧《女子监狱》《纸牌屋》等作品的发行公司，当前估值接近700亿美元。之所以能够迅猛发展，主要原因在于企业发展过程多次在关键时刻先行一步占领趋势制高点。

一是把握未来创新技术的先机：Netflix诞生于1997年，当时美国家庭娱乐市场上的龙头老大是Blockbuster（百视达），模式是大家熟悉的录像带租赁，而且这家公司在线下有8000多家实体门店，超过5000万用户，势头不可阻挡。Netflix则避实击虚，从未来技术发展的角度另辟蹊径，主推家庭DVD租赁，在那个年代DVD虽然在家庭市场上还比较少见，但是Netflix看好DVD的未来发展趋势，存储容量大，电影视频质量清晰。正是由于预有准备、预先布局，等到DVD全面爆发的时间点，Netflix以绝对优势成为当时市场上的领先者。

二是颠覆式的产品和用户体验：百视达由于有大量的实体店，店面租金、服务人员薪资等成本压力大。Netflix再一次把握了对未来先机的敏锐洞察，选择了不开设实体店，而是走全网上运营，20年前互联网还不发达，可见其预见之准确。同时Netflix通过网络运营，获取了大量用户租赁偏好数据，为内容精准运营提供了坚实的基础。

正是因为Netflix充分把握市场未来，通过技术和产品革新，才能在趋势还没完全爆发前占领了先机，并且通过灵活多变的执行力实现了一连串的突破。

三是《孙子兵法》中说"善战者，致人而不致于人"。在一般人心目中，要想抢先就得快跑，使出浑身力气跑在前面才能"先处战地"。然而，战场上的情形并不总是那么称心如意。一旦对方先行一步，另一方无论如何拼命奔跑也难以超越。显然，这种情形下拼体力、抢速度是无济于事的。孙子历来不主张简单地拼体力，而是主张巧妙地拼智力。体力斗不过的时候，就斗智力。孙子提出了一个妙招，"故善战者，致人而不致于人"。"致人"，即调动敌人，"致于人"，即被敌人所调动。如果敌人已经跑在了前面，难以追及，可以用"利而诱之"的办法，引诱他们跑到其他方向；或者用"出其所必趋"的办法，迫使其放弃已有阵地，转身驰援不得不救援的地方。如此则让出大道，让出机会，任我独行，抢先占领有利位置，从而夺得战争主动权。

还得接着说Netflix这家创新型企业如何先发制人的成功案例。

当时行业老大百视达有8000多家线下连锁店，对社区用户来说也非常便利，可能只要十几分钟车程就能找到百视达门店，服务也很好。面对如此劲敌，Netflix不是步其后尘，而是力推DVD网上租赁运营服务，这是一种轻资产、低成本的网络运营模式。百视达对这种新生态模式既不屑一顾，也难以追赶。因为如果转型到线上网络经营模式，线下的加盟连锁店就会出来反对，这就使得百视达很难转型到未来的先进互联网模式，不得不让出大道，使Netflix独得网络经营的先机。

家庭娱乐租赁行业有个租赁滞纳金模式，而且当时百视达的滞纳金实际占公司年收入的15%左右。Netflix又一次避实击虚，果断采取进攻谋略，推出了用户租赁后，没有到期日、没有滞纳金、免邮费的"三无"会员制。每次用户最多可以租4张DVD碟片，没有指定的归还日期；如果归还后，Netflix还会根据用户的喜好再次推荐4张邮寄到用户家里，通过匹配用户的需求，获取用户的口碑，产品的租赁率和周转率大大提升，同时"坏账率"也有效控制。

四是还需要集中力量，扬长避短，才有能力和优势占领先机。孙子受中国传统智慧的熏陶，从水的特性中看到了智慧的光芒，发现了兵法与水性的天然共性。水无形，兵也无形；水多变，兵也多变；水走低，兵也讲究避实击虚；水柔韧，兵也要求持重坚守。孙子正是因为看到了"兵形"和"水形"的相似性，才多次以水喻兵。比如《虚实篇》中说："夫兵形象水，水之行，避高而趋下；兵之形，避实而击虚。水因地而制流，兵因敌而制胜。故兵无常势，水无常形；能因敌变化而取胜者，谓之神。"这段话犹如一幅写意画，气势磅礴，神形灵动，把水的柔软性、灵活性与兵法运用过程中的多样性、应变性有机地融为一体。一要学习水的柔性，二要学习水的韧性，三要学习水的活性。水总是由高处流向低处，用兵打仗也应当避实而击虚，出乎敌人的意料。水总是聚集而有韧劲，用兵打仗，也应当集中兵力；水总是依据地形趋利避害，用兵打仗也应当根据敌情灵活变化、扬长避短，使敌人不知如何应对。总之，用兵打仗没有固定不变的战场态势，如同水没有固定不变的形态一样，只有那些能够根据敌情变化而避实击虚、扬长避短，随时调整战法的人才称得上用兵如神。

商场上抢占先机也是如此。要善于聚焦优势基因，在千变万化的商场中扬长避短、适时调整和优化战略战术。

在Netflix的发展过程中，有高峰也有低谷，在每个关键点Netflix都能自我颠覆，集中优势快速转型。比较有代表性的：

1. 2008年Netflix自我革命，降低DVD租赁比例，快速推出"在线流媒体"视频服务，会员可以直接在线观看电影电视剧。要知道在当时Netflix DVD业务还保持30%～40%的年增长，效益相当可观。但是Netflix敢于自我革命，放弃稳妥的巨额效益，力推"在线流媒体"视频服务。后来的事实证明，这一革命性决策是正确的。2012年Netflix平台流媒体用户突破2500万，在线视频对成本来说更轻，边际成本为零，而且平台更大，资源更广，效益更加多元化。

2. 2013年《纸牌屋》的成功，也吹响了Netflix引领自制剧的兴起，同时Netflix有非常好的大数据分析团队，根据大数据对用户线上观看行为进行挖掘，从而指导剧情的发展。当前Netflix继续集中力量寻求突破，在商业竞争中占领先机。

抢占市场制高点是个系统工程，需要多种谋略综合运用。除了上述三个方面的谋略之外，《孙子兵法》中还有多种思路值得我们借鉴，比如，设置障碍阻止对方前进，我方就可以抢在前面；打击对方必须前往救援的地方，调动对方奔跑，不断变得疲劳、虚弱，便无力与我抢先；再比如，我方团队自身要精干、团结、神速，才有能力超越对手，抢占先机等。这些都是我们抢占市场制高点，需要关注的问题和运用的办法。

经典案例

❶ 永利"抗"洋货

范旭东先生不但是一位化学家，还是一位足智多谋的企业家。当第一次世界大战爆发，西欧各国纷纷忙于战争，输入到当时中国的"洋碱"（即肥皂）数量大幅萎缩，从1914年的31500吨下降到1916年的21000吨，中国的碱市场出现了供需的真空期，市面上严重缺货。一向从事盐业生产的民族资本家范旭东把握这个有利的时机，于1918年创建了中国第一个制碱企业——永利制碱公司。

第一次世界大战结束后，一直独占中国碱市场的英国卜内门公司重返中国市场。不料，与竞争对手永利制碱公司"短兵相接"，遭到永利公司的顽强抵抗，尽管软硬兼施，但仍不能纳入自己的控制之内。经过一番策划和准备，卜内门公司依托其强大的实力基础，实施价格战，企图击垮新生的永利公司。他们调来了一大批纯碱，以原价40%的低价在中国市场上倾销。永利公司怎么可能抵抗得住？要不了多久，永利公司要么就会因财枯力竭而垮台，要么就卖不出去产品，收不回资金，再生产无以为继。如果甘拜下风，岂不前功尽弃？

忽有一日，范旭东不禁回想起自己青年时代因"戊戌变法"失败受株连，不得不避开清政府的锋芒，东渡日本的政治遭遇。永利公司得以顺利创立，不也是趁卜内门公司因第一次世界大战而无暇东顾之时吗？今天是否也可以借"东渡日本"之机，暂避卜内门公司咄咄逼人的势头呢？况且，现今日本工业较发达，公平竞争环境好，也是卜内门公司在远东的最大市场。卜内门公司能在中国市场气势汹汹，是欺负中国无强手，来个大鱼吃小鱼。但在日本市场上，它未必有这个能耐。况且，第一次世界大战刚结束，百废待兴，卜内门公司的产量必定很有限，供应远东的纯碱更不会太多。这样，它敢在中国超低价倾销，销量必定特别巨大，势必导致它在日本市场的纯碱相对吃紧。范旭东决定迂回到卜内门公司的侧后——日本市场，来个"攻其必救"，迫"乖其所之"。

| 案例分析 |

当时，日本商界老大是三菱和三井两大财团。它们相互间竞争异常激烈。范旭东发现三菱有自己的碱厂，而三井没有，完全依赖进口。这正是突破口：范旭东可以"借船出海"，抢占市场先机。

范旭东迅速与三井财团首脑协商，联手抗击卜内门公司，委托三井财团在日本以低于卜内门公司的价格代销永利公司生产的"红三角"牌纯碱。三井财团首脑想到这可是"双赢"的好招：一不要自己的资金，二有利可图，三解了燃眉之急。于是，两公司一拍即合，很快达成协议。虽然"红三角"牌纯碱的销售量相当于卜内门公司在日本销量的1/10，但它却像一支奇兵，依托三井财团遍布全日本的庞大销售网，旋即在日本碱市场掀起了巨涛骇浪。质量与对手不分伯仲，价格却很低廉的"红三角"牌纯碱很快在全日本造成了碱价大跌。卜内门公司不得已也随之降价。

因为销售量差10余倍之巨，再加上在日本的最低价还高于中国市场的最低价，所以，永利公司损失一点点，卜内门公司就要赔上一大笔。这样，卜内门公司在日本市场的"牛鼻子"被永利公司牵着了。卜内门公司深知长此下去的严重后果。

在权衡利弊之后，卜内门公司不得不做出妥协，愿意停止在中国市场上碱价的倾轧，希望永利公司也能停止在日本的类似行动。范旭东趁机提出，卜内门公司今后在中国市场上的碱价如有变动，必须事先征得永利公司的同意。此后，不可一世的卜内门公司再也不敢越永利公司的阵地一步。

❷ 梅西百货公司变中求胜

美国梅西百货公司是世界上最大的百货公司之一，创立于1858年美国纽约门14号街。美国梅西百货公司历经一个多世纪盛行不衰的诀窍集中到一点就是：适应市场和顾客心理的变化，大胆创新营销方式，抢占市场先机。

| 案例分析 |

自创立以来，梅西百货公司针对市场竞争的风雨突变，果断地实施了四次营销战略大转变，而且都是在见别之所未见的情况下，率先发现商机萌芽，抢先占领市场，赢得客户青睐。

第一次战略转变，推出"用现款买便宜货"方案。梅西百货公司创立之时，正值百货公司大力发展时期，市场竞争压力不小。梅西百货公司针对当时美国正处于经济发展时期，人们的购买力水平有限，多数顾客有一种求廉的心理状况，抓住其他公司"一本正经"做生意的弱点，便对外宣传"用现款买便宜货"。因此，受到吸引的顾客像潮水般地向梅西百货公司涌去。

第二次战略转变，推出"信用卡购物"方案。进入20世纪，随着美国经济的发展，顾客中拥有银行存款的人渐渐多起来，他们喜欢能像邮件或打电话订货那样，不必先付款就可以提货。因此，记账买东西的方法成为普遍受欢迎的购物形式。根据这种变化，1907年梅西百货公司捷足先登，建立了一家梅西银行同时创立一种制度：顾客只要把一笔钱存入梅西银行，便可得一张信用卡，持此信用卡，可以在梅西百货公司的任何一家商店自由购物。顾客购物的余款，还可以照样享受利息。这一新方法方便了顾客，大受欢迎。

第三次战略转变，推出"用时再付"方案。1939年，梅西百货公司发现到它的商店购物的顾客日渐减少。原来，梅西的竞争对手采取了向顾客提供分期付款的措施，从而抢走了梅西百货公司的生意。为了适应这一变化，梅西公司迅速做出反应，推出新的应变销售方式——"用时再付"。他们为顾客的信用定了一个限制，在限制的条件下，顾客可以先取出货物试用一段时间，如果决定买下，然后再给18个月的时间，分批付完贷款。这样，梅西公司的老顾客们又通通跑回来了。

第四次战略转变，推出"延期付款"方案。20世纪60年代，美国社会进入了信用卡时代。顾客开始对一个月付一次账单的购物方式感兴趣，于是梅西百货公司旧有的购物方式不再受人欢迎了，生意开始节节下降。梅西百货公司立即采取措施，很快，他们宣布了公司新的购物方式：顾客可以凭信用卡在梅西购物，在收到账单后10天内付钱，不收服务费用。如果顾客希望延长付款期限，只需先付1/5的数额，而后分期慢慢付，公司只略收服务费。结果，梅西百货公司的生意又节节攀升了。

同时，梅西百货公司紧盯顾客心理需求，创新营销策略，引领市场潮流之先，超越对手。很久以来，家具制造商们大多将精力集中到如何造出样式新颖的家具，不讲究家具的售卖方式。梅西百货公司发现，如果能把家具摆在屋内的效果让顾客了解，他们会更方便地选择，也更容易引起他们的购买欲。梅西百货公司立即行动，把原来陈列家具的大厅

向《孙子兵法》
学经营管理

设置出一个一个的房间（模拟家庭房屋），由搞装潢的专业人员负责设计摆放家具。结果，家具的销量大增。梅西百货公司还把这种陈列方式进一步地扩展到房屋布置，包括小孩、公寓、单身汉、新婚夫妇等特殊的模型屋。在这些模型房屋里，既有大件家具，又有灯具、地毯、墙上饰物等各种小物件。这样在家具销量增加的同时其他家庭装饰品及各种用品的销售量也随之上升。此外，梅西百货公司为方便顾客停车，在每个楼层旁边设置停车场；为减少顾客带物赶回家的麻烦，梅西百货公司还开展送货到家的服务；考虑顾客中有许多人有看戏剧、电影的习惯，公司商场内设置了购票亭；还赞助举办音乐会、跑马比赛等；设置娱乐中心和活动广场，举办当地居民聚会、时装表演等活动；商店附近还建起自动供应汽车修补中心，顾客到店里买东西，可以把汽车寄下修理，购物完毕，汽车也修好，开了便走。所有这些，都增加了梅西百货公司的吸引力。

十一

守正出奇——突破经营瓶颈的绝招

大凡作战，都是两军对垒，在正面排兵布阵交战，摆开阵势，你攻我守，或我攻你守；之后再用奇招，打破僵局，出奇制胜，战胜敌人。

这就是《孙子兵法·势篇》所说的："凡战者，以正合，以奇胜。"不少人将其中的含义概括成"守正出奇"，虽然不是孙子的原文，但也较好地反映了孙子这句话的谋略思想。

据《三国志》记载：三国时期，孙刘联军抗击曹操军，两军在赤壁摆兵布阵列。大战前夕，双方进行了一连串计谋和谍战。最后，吴国老将黄盖向吴国主帅周瑜献"火攻"奇招。黄盖"先书报曹公，欺以欲降"，然后以北方曹军对冬天季风的认识偏差，借助南方地形地势局部形成的东南风出奇兵，"取蒙冲斗舰数十艘，实以薪草，膏油灌其中，裹以帷幕"，"曹公军吏士皆延颈观望，指言盖降。盖放诸船，同时发火。时风盛猛，悉延烧岸上营落。顷之，烟炎张天，人马烧溺死者甚众，军遂败退"[①]。老将黄盖借助东南风诈降出奇兵，驾利舰轻舟至曹军水营抵近实施火攻，风助火势，演绎了历史上一场著名战役——火烧赤壁。这一场历史著名战役，很好地诠释了孙子的"凡战者，以正合，以奇胜。故善出奇者，无穷如天地，不竭如江河"之兵家绝唱！

孙子进一步感叹："战势不过奇正，奇正之变，不可胜穷也；奇正相生，如环之无端，孰能穷之？"即作战中军事实力的博弈方式不过"奇""正"两种，而"奇""正"的组合变化，永远无穷无尽。奇正相生、相互转化，就好比圆环旋绕，无始无终，哪能穷尽呢？

孙子这一段话，概念简明流畅，思维逻辑生动，比喻颇有文采，流

---

① 《三国志》。

传千古。我们认真品味孙子这一段话，会发现其中含有三层意思：一是战事双方摆明博弈阵势，依循常规，准备开战，是谓"正"。二是在博弈过程中，不墨守成规，而是用奇招、出奇兵制胜，是谓"奇"。三是在博弈过程中，"奇正"运用要善于组合变化，"奇正"相生、相互转化，是谓"变"。纳结起来，总的要求是"守正出奇"。

在今天激烈的市场竞争中，企业经营也有个"守正出奇"的问题。守正，就是生产和经营商品必须遵循市场常规；出奇，就是在市场上既有遵循的规律，又有灵活的运作，以独特的手段，达到出其不意的效果。

企业在市场最基本的原则就是要盈利赚钱，其常规就是通过管理摸寻一种可行的盈利模式。如果没有可行的盈利模式，企业的投入经营是注定会失败的。

目前中国最大家电经销商苏宁电器，在创业初期，当时业内遵循的盈利模式是：销售价－进货价＝销售毛利，销售毛利－费用－税金＝经营利润。其墨守成规的方法就是：一笔笔账单单清，不允许亏损。苏宁在开店初期，也是遵循这种方式，因此在经营上步履艰难，在家电产品同质化经营过程中，突破不了它的发展瓶颈。

后来，苏宁发挥了民营体制优势，想方设法从四个方面下手突破瓶颈：

第一，围绕市场需求，找准企业定位，按照专业化、标准化的原则，不声不响举债广泛建立营业网点。其后，便形成了旗舰店、社区店、专业店、专门店4大类，16种店面形式，以新的视觉塑造了全新的家电经营企业形象。

第二，突然转变墨守成规的经营方式，以低价位冲击原有的在家电市场上一统天下的国有公司。虽然笔笔销售几乎都不赚钱，甚至价格倒挂，让人费解。当时同行都断言，苏宁这样经营支撑不了多久。但苏宁咬紧牙关，以坚强的意志和强大的心理，先声夺人，凌厉攻势，夺取市场份额！到年底，业内才发现，顾客和销售都到苏宁去了。

第三，苏宁电器以销售网点规模数量、以市场占领份额比重集中向各家电生产厂商摊牌谈判，按在苏宁电器各品牌销售业绩，向各生产厂商索要全年业绩返点！这个返点，就是苏宁的经营利润。苏宁就靠这一招获取了当年收益。这一招在当年堪称奇招。当时，在全国家电行业同质化经营的情形下，它用这一招在全国连连击败各省市属地化的国有五交化公司。而这一盈利模式，当时各省市国有五交化公司都看明白了，但是受国有体制制约，无法模仿苏宁模式，眼睁睁看着苏宁电器壮大。

第四，当苏宁电器有市场、有利润、有形象、有资产后，利用其良性盈利模式与银行金融业谈判，抓住机会进一步扩大融资，并进一步抓住机遇成功上市，获得了更多资本与资金，从此在战略上与其他电器经销商拉开差距。

因为突破了发展瓶颈，苏宁电器从1990年一家门店起步，到2004年上市，在中国家电市场上，一举击败全国所有家电竞争对手，成为家电龙头老大！2014年中国民营500强发布，苏宁电器以2798.13亿元的营业收入和综合实力名列第一。用《孙子兵法》的观点来看，苏宁的这种变化，可谓成功地运用了"守正出奇""奇正相生"的谋略。

类似于苏宁电器这种成功案例还有很多，难以一一列举。从中不难发现，企业经营中"守正出奇"有必要高度关注三个要点：

首先，正确把握"奇正"的本质内涵，正如毛泽东在读《后汉书》的一则批注中所说："正"是原则性，"奇"就是灵活性。①在市场竞争中，企业"守正"，就是遵守法律，按市场规律与对手接触，寻找对手缺陷与失误。市场竞争中搞活生意，需要持久，需要耐心，需要对峙中的灵活变化。"凡战者，以正合，以奇胜"，讲的是竞争状态下的一种哲学思想。所谓"奇"，并不是歪门邪道、损人利己的邪招、歪招，而是指出人意料的办法。这个字有两种读音。与偶数相对，作为单数，读作"jī"；作战中主帅掌握的预备队，也读作"jī"。对于反常规思维，出人意料的办法，则读作"qí"。从谋略学上来说，与"正"相对应时，还是读作"qí"更为符合战争实际。

其次，在"奇正"变化中，寻找突破机遇。"战势不过奇正，奇正

---

① 中共中央文献研究室：《毛泽东读〈后汉书·皇甫嵩传〉》，《毛泽东读文史古籍批语集》，中央文献出版社，1993，第134页。

之变，不可胜穷也"，讲的是竞争态势或战术不外乎"奇""正"变化两种。"奇正"虽然灵活万变，但万变不能违背市场盈利法则。竞争手段无穷无尽变化的目的：一是把对手变糊涂，二是把自己变安全，三是在变中寻找有利战机。竞争中，往往是变化产生机会，变化导致胜利；"奇正"一旦固化下来，形成某种定势，就容易走向僵化，被对手抓住要害。

再次，找准机遇后，巧出奇兵，一举扩大战果。孙子讲："奇正相生，如环之无端，孰能穷之？"说的是奇正变化的内在机理，正可变奇，奇可变正。孙子不厌其烦地用六七个比喻说明奇正之变的永恒性、相互性、多样性和综合性，形象地说明"奇正相生"是"守正出奇"的关键，或者说"守正"与"出奇"有机结合，常法与变法相互转化，才能达到出奇的效果。

其实，无论是治国、治军，还是治理企业，甚至是为人处世，都应当有正有奇，奇正相生，守正出奇。

经典案例

❶ ZARA击败Etam（艾格），成中国快时尚服装业领军

2017年8月，法国百年女装品牌Etam在巴黎证券交易所黯然退市。

其实，业内人都知道，第一个把Etam击垮的，就是万里之外的西班牙品牌ZARA。

ZARA成立于1975年，既是服装品牌也是专营ZARA品牌服装的连锁零售店，是西班牙Inditex集团旗下的子公司。Inditex集团在西班牙排名第一，它超越了美国的GAP、瑞典的H&M、丹麦的KM成为全球排名第一的服装零售公司。其中的ZARA品牌，在全球87个国家拥有超过2000家专卖店。尽管ZARA品牌的专卖店只占Inditex公司所有分店数的1/3，但是其销售额却占总销售额的66%左右。

2014年，进入中国仅8年时间的ZARA以超越对手销售额2倍的姿态，将盘

踞中国快时尚宝座20年的Etam拉下马来。

2006年，中国快时尚江湖座次已定：Etam稳居老大。

此时，业内传出ZARA掌门人奥尔特加将派出维克托·阿米戈出任ZARA中国区总裁。得知此消息的Etam中国总裁立即向Etam法国总部报告，全球总裁比埃尔却很淡定，他认为：中国市场，Etam早已扎根数十年，何惧之有？

Etam中国总裁一直密切关注ZARA在中国区的竞争策略。当他得知ZARA首攻上海，反而松了口气。因为Etam专柜遍布上海各大商场，甚至有的专柜面积超过700平方米，ZARA无论进入哪里，都没有优势。Etam还可以组织先入为主的各路服装品牌老大，在各大商场封杀，只要ZARA一出现，大家就会在其周边租赁更多柜台，甚至以包围的姿态进行围剿促销——没人欢迎这位不速之客。

Etam做了迎战的准备，没想到，ZARA的阿米戈却绕开了商场专柜，以自营直营方式，在南京西路悄悄签下了一个1200多平方米的2层楼店铺。很快，ZARA服装品牌亮相，数万种最新秋冬系列统一呈现，且款式仿佛如奢侈品牌香奈儿、迪奥等，但价格不足它们的1/10，价位又比Etam贵30%左右。

紧接着，在上海另一个黄金之地——淮海路，ZARA又选准了超过1500平方米的三楼店面。

Etam方面组织拦截阻击洽谈，淮海路、南京路寸土寸金，他们破局心切，愿意支出更高的房租。但是Etam的卖场多是加盟商自行经营模式，叫板小店尚可，要拿下如此大店，加盟商纷纷胆怯。Etam中国总裁又紧急求助于法国总部，却未得到明确支持。他心急如焚，迅速指挥Etam在ZARA南京路东西方向和南北方向的北方西藏路再开设三家店专柜，形成南北夹击势头，半道上拦截消费者，甚至自筹资金开出过超过300平方米的Etam旗舰店。

但是，没过不久，ZARA日销售额几乎超越Etam在整个上海一半的销售额。

ZARA一炮打响，Etam感到危机来袭，一个不同于以往的强手出现了。他们意识到Etam由众多中小加盟商组成的遍布中国百货渠道的专柜模式将遭遇挑战。

而ZARA的阿米戈呢，他把登陆首要目标对准上海：一则是因为上海是中国时尚的最前沿，辐射华东、华北，影响北京，关系全局；二则更为重要的是，上海是Etam的大本营，如果这仗打好，ZARA不但立稳脚跟，还能动摇Etam在中国的根基。

阿米戈终于成功了！

紧随着ZARA淮海路时代广场专卖店的开业，Etam在上海的业绩首次下滑。ZARA借助上海战役的成功，2007年11月，ZARA猛然转道杭州。随后，快时尚服装H&M、优衣库也纷纷进入中国内地，参与抢夺服装市场。这年，Etam南方市场宣告失守。

很快，ZARA进军北方市场，实现其突破整个内陆市场的战略需求。北方市场的代表就是北京。ZARA在北京市中心世贸天街的大店一开，Etam接近1/3的消费者流失。

上海的失守，加上北京的不利，终于让法国总部的比埃尔意识到自己低估了对手。比埃尔走马换将，派出自己的重臣马雷·富森。

在服装业浸淫近40年，曾服务顶级品牌阿玛尼的马雷·富森确实不是吃素的！他抓住"快时尚"服装以快为命，与ZARA的阿米戈展开生死搏杀！顿时，中国服装业上演了一出硝烟不断、令人窒息的大战，这给中国服装业界上了一堂大课！2009年春夏之交，Etam继续主动出击，ZARA仍然寸土不让。眼花缭乱的产品，快似闪电，看得中国大地上所有服装品牌目瞪口呆，无所适从。

有马雷·富森的Etam，依靠不断设计出的"爆款"，把全国专柜猛然扩展到2300多家，依靠群狼战术，基本遏制住了ZARA汹涌的大专卖店攻势。2009年12月，已经拥有数百家上千平方米大店的ZARA，在销售额上，只与Etam打了个平手。

被遏制住的ZARA，冷静下来后，开始打起Etam零售渠道的主意。大专卖店虽然气势逼人，但难以超越对手的覆盖面。新世界、SOGO、百盛、茂业、银泰等数十个知名时尚百货店都是ZARA的目标，却早已是Etam的地盘，任何异动都难逃其眼睛。

Etam一方面依靠先入优势，迅速扩大商场专柜招商。只要加盟商愿意加盟，Etam就提供内场基础装修，加盟费个位数即可，要求只有一个：ZARA出现在哪里，Etam就跟进哪里。并且Etam答应商场经理的一切促销要求。

Etam对百货的战术吃得死死的，ZARA却极为尴尬。ZARA所有店铺都是自营，从不加盟。数量上还是赶不上Etam。更重要的是，为确保政策统一性，为塑造品牌的尊贵性，ZARA产品极少打折。而促销打折却是百货商场销售离不开的手段，无奈之下，ZARA只能放弃百货商场零售渠道。

ZARA同时意识到，自己远没有达到一呼百应的霸主地位，Etam的平民大牌形象已经占据相当大的市场，打破Etam的大牌地位成为ZARA下一个突破点。

时尚潮流看影星，服装潮流看模特。ZARA开始了打破Etam的大牌形象的秘密战役。

ZARA签下风头最劲的德裔90后超模托妮·伽姆出任ZARA品牌代言人，Etam当年便邀请了足以与之抗衡的时尚风向标纳塔利·沃佳诺娃作为Etam代言人；ZARA邀请到世界最新的超级女模萨斯奇雅，Etam随即瞄准了超模阿什丽·古德和时尚秀霸卡洛琳·内尔森。但是，就在Etam准备与两位准代言人谈判时，却突然发现，ZARA早已先人一步签约两人！甚至抢签下好几位刚刚走红的超模。

不知何时，世界一线名模几乎全部效力ZARA！

原来，ZARA每年上新产品有一万多种，需要强大的模特阵容来壮大声势，所以，ZARA派出人员在世界各地关注T台走秀时，也会密切关注模特走向。一旦发现哪位模特有潜质，并且符合品牌调性，会立刻与经纪公司签订培养协议，甚至出资培养模特直到其走红。

这样一来，Etam虽然在百货零售渠道"不战而屈人之兵"，却因为品牌代言人的失守，被ZARA拉开了品牌形象档次。在消费者心中树立起了平民大牌形象的ZARA，销售额却飙升至8亿元。2013年，Etam的店面虽已经2800多家，却亏损了8000多万元。

再经过一系列的价格战，特别是2014年的血拼打折厮杀，Etam挑起的价格战，却砸了自己的脚。更重要的是，Etam日后的更多变局和致乱源头也因此役而生。价格战的失误加失控，最终，Etam轰然倒下！

| 案例分析 |

这场影响世界快时尚服装界惊天动地的生死时速战,颇为经典。

势态是:两军公开叫板,对阵攻防。ZARA处于攻势,Etam处于防守,且Etam早已在中国内地布局多年,市场稳固。

孙子曰:"凡战者,以正合,以奇胜。故善出奇者,无穷如天地,不竭如江海。"

世界快时尚新生力量ZARA在攻占老牌Etam的市场时,从谋略、对垒、出击、绞杀上看,是"守正出奇"的经典范例。

首先,ZARA不按服装业在内地的常规方式出牌,另辟蹊径,以自营直营大型专卖店方式登陆,绕开了Etam遍布全国百货商场专柜模式的严阵以待,撕开了Etam长久经营的防线。

其次,当双方面对面厮杀,各有胜负时,ZARA悄悄找准了"平民大牌"形象定位,在双方酣战时,暗地里挖了Etam的"形象大使",出奇兵夺了Etam在内地定位"平民大牌"形象帅旗,抄了Etam的后路,使其乱了方寸。

最后,ZARA利用Etam价格战判断及结盟政策上的失误,一举将其击垮。一是利用Etam发起价格战的误判。Etam为了解决库存,决定利用ZARA款式多数量少的供应链打折促销,且料定ZARA不会跟进,谁知ZARA因为连续邀请世界级名模,以及大店的管理运营全部是自营,库存也有增长,因此ZARA也跟进打折回笼资金。二是在竞争压力形势下,Etam居然让加盟商再出2%的资金以巩固其资金链,结果众叛亲离,加盟商纷纷撤退,釜底抽薪,致使Etam轰然崩塌!

② 杯装奶茶之战:优乐美去哪里了?

杯装奶茶争霸的香飘飘和喜之郎旗下的优乐美,如今香飘飘已经上市,优乐美去哪里了?

2005年8月,香飘飘奶茶成立,之后杯装奶茶大热,两三年时间里香飘飘奶茶销售额迅速攀升。销量从一年3亿杯,到一年10亿杯,再到现在一年12亿杯……13年时间,草根起家,全靠自有资金滚动,迅速过亿。现在,香飘飘单凭一杯奶茶销售额即突破24个亿。2012年香飘飘成立全国首个奶茶研究中心，秉承匠心，钻研工艺，研究适合中国人喝的健康奶茶。其间不仅推出了多种口味的奶茶，更进行健康升级推出了香飘飘原汁奶茶、兰芳园奶茶等。2014年到2016年期间，香飘飘广告费用高达9.5亿元，甚至2016年的广告费就达到3.6亿元。是产品升级和广告轰炸把优乐美打死了吗？想当年，喜之郎的优乐美实力体量是香飘飘的几倍啊！

我们仅从广告定位的角度来分析两大奶茶之争。

（1）广告定位无效的优乐美

优乐美广告定位有问题，它不是没有定位，有，只是定位无效。

优乐美主打广告"你是我的优乐美"，拍得非常感人，打动无数少女的心。优乐美广告消费群体是从初中到大学的学生，尤其是女生，这本身没有问题。

问题就出在周杰伦的广告打得太好了，"你是我的优乐美啊"，很感动暖心的。但是仔细想想，实际上它没有有效传达任何"商品定位信息"，即使有的话，可能也只是暗示"恋人专用"这种定位。它让人们相信"买优乐美，就是为了给自己爱的人"。

然而，事与愿违，如果有更好的选择，比如校门口8元一杯的奶茶或其他更好的饮品，有几个男生会给自己的女朋友买3元一杯的速溶奶茶？

请问你想被谁捧在手心里？难道一杯3元的速溶奶茶就可以感动恋人？这就是很尴尬的局面。

虽然，情感本身是无法直接用价格来衡量的，但正常生活中绝大部分情况下，只能是这样的常态："明明有那么多好喝的饮料，你为什么要给我3元一杯的优乐美？""因为周杰伦是我偶像啊""因为广告拍得很感人，我想感动你啊"……

显然，优乐美自己也不能回答这个问题。

然而，又有几个单身人士会给自己买一杯优乐美？

因为"优乐美"就是3元的速溶奶茶。一杯3元的速溶饮品只能被定义成用来解决自己口渴或小饿小困的产品，而不是暖心的东西。

（2）定位与广告成功的香飘飘

香飘飘一开始就把自己定位为一杯3元的奶茶，就是一杯有味道的水而已。它将自己定位成其他刺激类饮料的竞争对手，比如可乐和红牛，毕竟从字面上理解，"奶"和"茶"都是明显对身体有益的，既能提供营养和能量，还能提提神，有什么不好？所以，"一杯3元有味道的水""小饿小困，就喝香飘飘"。

再来看看香飘飘"绕地球N圈"的广告语吧。相比"你是我的优乐美"，"绕地球N圈"的广告显得恶俗了些。但是这广告的意思是：这款产品卖得很好，一年卖这么多亿杯，估计没人比它卖得更好了吧！"销量遥遥领先"这种话本身能对消费者的购买决策产生多大影响呢？这句话主要是说给那些经销商听的，毕竟，在购买一杯3元速溶奶茶这件事上，普通消费者为什么一定要参考别人的购买经验呢？买一杯无所谓，但买一车就是另一回事了。经销商们如果发现自己进的货不好卖，那可就亏大了。所以"既然你的奶茶一年能卖这么多，那我应该不用担心卖不出去了吧"，经销商就会这样想，然后把更多货架空间留给了香飘飘，于是市场上，消费者也看见了更多的香飘飘。

| 案例分析 |

孙子兵法提倡"守正出奇"。出奇，强调的是"善出奇者"。显然，在与香飘飘的现实战役中，优乐美的"出奇"很尴尬。要知道，商品经营在定位问题上不清晰，任何巧技也难以弥补战略上的不足。文案写得再感人，代言人找得再热门，广告打得再铺天盖地，就算消费者都被你感动哭了，产品也不见得卖得好，因为策略本身就有问题，给了自己一个无法达到的目标定位。

而有的产品和广告，虽然没那么温情感人，但给消费者（包括经销商）传递了明确合理的购买理由，所以能在同类产品的竞争中取胜。

孙子讲的"守正出奇"的"奇"，是明确战略下的战役战术导向。

优乐美本身想针对细分市场（学生和情侣）来做推广是对的，但是很可惜，请年轻人喜欢的周杰伦代言，本就是一种"奇"，它也达到了快速引起年轻受众体的关注。但是，它没有理清产品定位与广告定位的关系，它细分市场的策略在产品和价格层面并没有真正落实。在消费者心中，它和香飘飘没什么差别，仅仅是一杯3元的奶茶而已！

在"香飘飘"和"优乐美"的两军对弈中,"香飘飘"就是"守正",而"优乐美"则是"出奇",但"奇"出得过猛过偏了,致使市场导向不利于自己,反而给笨拙的"香飘飘"占住市场的机会。"香飘飘"的广告语"一杯3元有味道的水","小饿小困,就喝香飘飘"做到了"守正",而"绕地球N圈"恰恰又做到了"出奇"。所以,"香飘飘"在"守正出奇"上完胜"优乐美"。

十二

避实击虚——迎战强劲对手的理智办法

《圣经》上讲过这样一个故事：以色列的大卫王在少年时期就显示出过人的机智与勇敢，当时正逢腓力斯丁人入侵以色列，两军对阵于犹大的梭哥。腓力斯军队派遣一个叫歌利亚的巨人在阵前挑衅。歌利亚力大无比，头戴铜盔，身披铠甲，肩扛铜矛，一连数日叫阵，以色列军队中人心惶惶，无人敢于应战。一天，大卫给当战士的哥哥送食物，恰逢歌利亚在阵前谩骂，大卫于是向扫罗王请战。扫罗王喜出望外，立刻赐予他铜盔战甲。大卫拒绝了扫罗王的美意，在路上捡起几个鹅卵石，走向战场。当大卫来到阵前，歌利亚一阵大笑：这样一个瘦弱的少年居然敢跟我较量？大卫迅速奔向对手，说时迟那时快，用弹弓将鹅卵石又准又狠射向歌利亚没有防护的额头，歌利亚猝不及防，俯面倒下。大卫迅速奔到歌利亚身边，把歌利亚的刀拔出来，割了他的喉咙将其杀死。

一位小有名气的教授曾说"以弱胜强"是个伪命题，真的是这样吗？弱小的大卫战胜强大的歌利亚给予了很好的回答。诸位在企业经营中，难免要与强劲对手较量，如何通过谋略的运用以及实力的积聚改变竞争态势？《孙子兵法》关于虚实的论述会给大家带来解决问题的思路。

虚实是军事领域的重要问题，唐太宗李世民与其大将李靖以问对的形式探讨兵法时，曾感慨地说："孙武十三篇，无出虚实。"[1]认为，整部《孙子兵法》核心就在"虚实"二字。这一概括确有一定道理。通观十三篇，孙子确实把"虚实"看得很重。《虚实篇》中说："夫兵形象水，水之行，避高而趋下；兵之形，避实而击虚。"这显然是从规律

---

[1] 《唐李问对》。

上阐明用兵打仗的常规模式。从字义上看：实，即坚实，就像"硬骨头"；虚，即虚弱，就像"软肋"。二者相辅相成，内涵丰富。例如：在部署上，兵力多者为实，部署周全为实，得天时地利者为实，反之为虚；在敌我状态上，士气高涨、军纪严整、供给充足、休息充分为实，反之为虚。用兵打仗的常规是"避实击虚"。优秀的将领往往是经过缜密调查和反复研究，准确判断敌人虚实布局，在攻击方向上避开敌人的坚实之处，攻击敌人的羸弱之处，保证战争取得胜利。从表面上看，"避实击虚"的道理非常简单，谁都能说出一大通，但是要吃透其内涵，并娴熟运用，绝非易事。

首先，要在判断己方和敌方虚实之处的基础上，避实击虚。在商战中，规模小、实力弱的后起企业要采取"强而避之""实而备之"的策略，绕开强势企业和饱和市场，集中企业实力，去攻占市场空位，努力开拓潜在市场。采取避强定位战略能够避开强大的竞争对手，在无竞争或少竞争的市场部分进行经营，这是一种"见缝插针""拾遗补阙"的定位方法，其优点是能够使企业远离其他竞争者，在市场上迅速站稳脚跟，树立企业形象，从而在市场上取得领导地位。

七喜公司初创时，是独立于百事可乐的。相对于可口可乐和百事可乐来说，七喜是后起之秀。为了增加销量，七喜不断投入广告支出，大量增加销售人员，但依然亏损。一天，七喜公司的CEO魏茨曼在翻阅《消费者导报》时看到一篇文章提到，美国人民非常关心咖啡因的摄取量问题，有66%的成人希望能减少或完全消除食品中的咖啡因含量。看到这里，魏茨曼灵机一动，计上心来。他立即安排公司的研究人员去调查可口可乐和百事可乐中的咖啡因含量。研究人员给他的答复令他信心大增：12盎司（1盎司=28.3495克）的可口可乐含有34毫克的咖啡因，同量的百事可乐含有37毫克的咖啡因。而作为非可乐饮料，七喜汽水的咖啡因含量则为零。魏茨曼毫不犹豫地发动了"无咖啡因"战役，开展了"七喜从来不含咖啡因，也永远不含咖啡因"的宣传攻势。"无咖啡因"宣传取得巨大成功，七喜营业额大幅提高，一举扭亏为盈。将饮料划分为可乐和非可乐两大类，这是七喜广告的独到之处，它利用人们对咖啡因的畏惧心理，从美国的可乐型饮料主流中撕开了一个突破性的缺口，避开强大对手，打出非可乐饮料这一概念并大力宣传，可谓是避实击虚，走的是避强定位战略路线。

其次，要摸清市场，分析需求，做到"人无我有，人有我新，人新我变"，实现错位发展，这也是一种避实击虚的方式。这样可以避开其他追随而上的对手模仿性竞争战略，一旦对手慢了半拍，便无法与你直面竞争。差异化定位战略的核心就是企业将提供的产品或服务差异化，树立在全行业中具有独特性的东西。

邯郸市康创电气有限公司在创业初期面临众多难题：企业规模小、资金投入少、市场知名度低。这些不利因素使得企业初期发展举步维艰，竞标屡屡失败，不得不采取"曲线救国"的方法。康创初期通过给知名厂家做代理商，为它们的产品提供售后服务。通过优质的服务和过硬的技术，逐渐建立了与各大煤矿的联系，打出了自己的品牌，获得了市场认可。矿井通风机监控系统原本不为行业重视，全国也没有形成此产品的规模化生产。但是康创瞄准了该产品的市场空缺及发展前景，总经理李长刚说："市场没有的，我们可以引导市场消费，做到人无我有，人有我新。"康创研发的矿井通风机监控系统填补了市场空白，实现了对煤矿通风机设备各项参数的实时监控，通过对电机温度、风机温度、风机风量等参数的监测，实现了实时报警信息记录及数据报表查询等功能，极大地降低了矿井瓦斯爆炸之类的危险系数。其他电气企业看到这一市场蕴藏的巨大利润，也纷纷投入生产，导致市场竞争逐渐加剧。面对跟随而至的竞争者，康创在大抓产品质量和售后服务的同时，加大技术研发的力度，开始了"人新我变"。李长刚认为，随着物联网时代发展，煤矿企业正在进行"减员增效"，"无人值守"很快将是矿业生产的常态。于是康创电气研发抓住这一重点，力求实现每个设备单元与互联网的联结，以适应矿业发展的趋势。"人无我有，人有我新，人新我变"的实质就是让自己永远处于产品需求的前端，让跟随者永远被自己牵着鼻子走，这样的避实击虚不失为以小代价赢得大市场的重要策略。

再次，强者和弱者并非固定不变，原本是强者，通过有针对性的谋略运用可能使之由强变弱，由实变虚。而原本是弱者，如果在初期避免与强者正面交锋，同时不断夯实自己，谋形造势，也可能由弱转强，由虚转实。

对于全国众多的乳品生产厂家来说，北京市场是商家争雄之地，当时面对北京市场中"和路雪""雀巢"等实力雄厚的合资企业，伊利人深感正面营销竞争的困难，无法与之抗衡。然而为了使伊利系列冷冻食品尽快打入北京市场，伊利人经过调查和精心的策划，决定采取避实击虚的战略营销方案，侧翼进攻，迂回包围。针对合资企业产品价位高、档次高、消费层有限的问题，避开消费水平高的闹市区，在三环路以外有意识地发展销售网点，产品定位以中低档的产品为主。经过不懈的努力使伊利的产品以"星星之火，可以燎原"之势，从三环以外的地区逐步打入了市中心，销遍了北京城。

市场如战场，虚虚实实，变化无穷。小公司初涉沙场，生存的立足点就在于要避开和一些大企业进行正面竞争，专找市场的空档进攻，以100%的合力攻击大企业1%的弱点。只要善于了解市场的消费结构、消费趋势、消费变化、消费心理，以及竞争对手的商品信誉、销售手段、商品价格、市场覆盖面等方面的虚实，提出应对之策，避实击虚，往往能够开辟一番新天地。

经典案例

今麦郎的崛起

今麦郎面品有限公司本部位于河北省邢台市，以方便食品为主业，是集生产、销售、研发于一体的现代化大型综合食品企业集团。说起"今麦郎"，我们不得不说其前身——华龙。华龙方便面凭借在农村市场取得的巨大成功，1999年终于与来自中国台湾的"康师傅""统一"形成三足鼎立的市场格局，奠定了不可动摇的品牌地位。时至今日，很多70后、80后的人们都对它的广告语"华龙面，天天见！"记忆犹新。

近10年的市场沉淀使"华龙"在整个中国农村市场的老大地位得以确立。但此时的"华龙"感到了深深的危机。一方面，"华龙"中低端农村品牌的消费印记非常明显，在城市市场，"华龙"方便面仍是一片空白。与此同时，"康师傅""统一"等大品牌却从"华龙"身上看到了中低端方便面市场的巨大潜力，有大举渗透农村市场的倾向。另一方面，农村市场利润低，已经没有了增长空间。而且，在农村市场，"华丰""白象"等仅次于"华龙"的方便面品牌，也有与"华龙"一争高下的雄心壮志。前有大鳄，后有豺狼，巨大的危机感迎面袭来，让"华龙"深感不安。

其实农村包围城市是必然的过程，"华龙"深知这个道理。提高企业的社会地位，在企业自身的发展和时机成熟的条件下，转到城市已经是刻不容缓的事情。"华龙"面临第二次创业，急需从农村市场走出来，完成从地域性低端品牌向全国品牌的战略转型和品牌升级！

"今麦郎"横空出世！

既然决定进军城市市场，完成转城大计，进行最后的战役，华丽转身，"华龙"就必须制定出一套惊天地、泣鬼神的营销全案，独辟蹊径、剑走偏锋的市场战略，才能完成其进攻野心，才能令竞争对手措手不及。

当时，"康师傅"和"统一"所控制的高价方便面市场，产品口味一直是主要的卖点和优势，也就是产品"实"的方面，没有哪个方便面品牌能与这两个品牌争锋，而今麦郎如果也强调自己的口味，将出现"硬碰硬"的局面，以今麦郎当时的品牌实力绝对是凶多吉少。但是今麦郎将进攻的方向转移到对手的面饼上，对手的面条不筋道、不耐泡，这是对手产品的弱点，是"虚"的方面，以自己的"弹面"攻击对手的弱点，一举成功。

今麦郎弹面在北京、上海等样板市场正式上市，在短短一年之内，销售额近亿元，成为与"康师傅""统一"相抗衡的新产品力量。2002年、2003年，今麦郎弹面成为华龙销售主力；华龙在央视广告重磅推出"今麦郎"。2004年，今麦郎实现华龙第三次飞跃：华龙日清喜结良缘，世界最大的制面企业诞生了。

| 案例分析 |

面对强大的对手，到底应该如何应对，这是困扰诸多中小企业家的难题。避实击虚，确实称得上一个非常好的战术。《孙子兵法·虚实篇》的核心指导思想是，战争中兵力的布置是战争指挥者依照所掌握的

实际情况而定的,其兵力必定是有强有弱的。我方在作战中应该避开敌人兵力强大的部分,而重点进攻敌军兵力薄弱的部分,这样就能夺取战斗的胜利。而这些都在本篇中有着精辟形象的阐述:"夫兵形象水,水之行,避高而趋下;兵之形,避实而击虚。"可见,真真假假,虚虚实实,杀机隐藏,生死一线。

"今麦郎"2002年通过"弹面之役"将方便面江湖的"双雄相争",改写成了"三足鼎立",这就是避实击虚的典范。其具体策略有四:

一是大胆舍弃原有品牌,建立新品牌。这一举动是绝对聪明的,没有继续延续以前的品牌。"华龙"在消费者心中已经形成印象,华龙方便面等于便宜的方便面,走城市路线、走高端路线消费者一定不买账,"华龙"选择了改名换姓。

二是开创了新品类——弹面。依靠独特的市场地位和细分市场,进行差异化竞争,主打"弹面"概念。凭借这一新品类,2003年超过"统一",位居行业第二,直接威胁"康师傅"的霸王地位。至此"华龙"完成华丽转身。

三是营销渠道循序渐进。"今麦郎"首先稳固自家阵地——河北市场,以点带面,快速营销,而不是盲目全国布局。在自己的实力和市场还没有形成规模的时候,最好还是隐藏自己,不要锋芒毕露,暴露于强势之下。在这种情况下,"今麦郎"采用一种"怀柔"的推广策略为自己赢得在时间和空间的发展。经过深思熟虑,今麦郎选择了在社区附近和便利店及小卖部铺货,采取"散点包围重点"的做法。为后面进攻商超、卖场打下坚实的基础。

四是稳扎稳打,逐步进攻。面对新品,今麦郎没有急于求成,而是稳扎稳打。从一开始的北京、上海等样板市场,到后面的全面铺货,体现了其睿智营销,以及小心翼翼的推广策略。结合媒体,在与人们生活息息相关的都市报和具有权威性质的央视台频频现身,让消费者对这一新品牌有了更直接的了解和认识。

十三

诡道制胜——落实经营战略的妙招

毛泽东在其著名的《论持久战》中,曾狠狠批评过一个历史人物,他说:"我们不是宋襄公,不要那种蠢猪式的仁义道德。"① 为什么这样说呢?这还要从公元前638年的泓水之战说起。楚国进攻宋国,两军分别列阵于泓水两岸,宋军虽兵力处于劣势,但已在泓水北岸布阵。楚军渡河进攻,宋大司马公孙固建议宋襄公趁楚军渡河之际发起攻击,必会以少胜多。可宋襄公却认为,仁义之师,"不击半渡"。等楚军都过了河,尚未列阵处于混乱之时,公孙固又请宋襄公下令攻击,宋襄公再次拒绝,认为不能违背"不鼓不成列"的规矩。待到楚军布好阵势,才下令进攻。楚军背水而战,斗志高昂,勇猛冲杀,宋军不堪一击,一败涂地,宋襄公本人也身受重伤,不久就一命呜呼了。因此,毛泽东认为宋襄公是一个死搬教条、一战而为天下笑的人物。高明的战争指导者,不会搬教条地打堂堂之阵,空谈仁义道德,从而使自己陷于被动局面。对敌人讲仁义,就是对己方国家、军队和人民不负责。因此,孙子在《计篇》中提出"兵者,诡道也",在《军争篇》中也讲到"兵以诈立"。告诫将领要使用谋略,或者令敌人露出可以攻击的弱点,或者引诱敌人出现判断决策失误,从而战胜敌人。

但是,无论古代还是现实生活中都有个别学者抓住这两句话断章取义,认为孙子是中国讲欺诈之术的老祖宗,坑蒙拐骗的把戏由他开始,因此孙子讲的诡道是教人如何行骗,这显然是对《孙子兵法》的歪曲和误读。纵观十三篇,孙子不断强调的是谨慎对待战争,要以国家利益和

---

① 毛泽东:《论持久战》,《毛泽东军事文集》第二卷,军事科学出版社,中央文献出版社,1993,第321页。

百姓生命为重，以最小的代价去争取最大的胜利。在这样的前提下使用谋略，与不怀好意的欺诈有本质的区别。"诡道"的本质是因敌因势而变，在变化中通过使用谋略战胜对方。从战略层面上讲，这是基于维护国家利益指导对敌斗争的基本原则；从战术层面上讲，则是通过欺诈等多种手段用最小的代价战胜对手的途径。

在战场上对敌用"诡道"，在市场上能否借用"诡道"？回答是肯定的，但适用的范围和对象大大不同。商业中的"诡道"，更多是针对竞争激烈的市场，每一个企业都在市场这个大舞台上以变制变，这正是企业家要掌握的"诡道"。企业间的竞争，争市场、争客户、争资源、争商机，企业家们也要真正领会孙子"诡道"的内涵，从企业根本利益出发，为了企业生存与发展，"守正出奇"，既要踏踏实实"修道保法"，夯实企业内功，又要灵活机动地变化，"诡道制胜"，从而适应市场、占领市场、引领市场。

天下没有同一片树叶，解决问题也没有完全相同的谋略。孙子在旗帜鲜明地提出"兵者，诡道也"之后，一口气提出十二条设计用谋的"诡道"——"能而示之不能，用而示之不用，近而示之远，远而示之近。利而诱之，乱而取之，实而备之，强而避之，怒而挠之，卑而骄之，佚而劳之，亲而离之。"人们通常将其称为"诡道十二法"。看起来挺简单，没有一个生僻字，但意蕴深刻。这十二条"诡道"当中：前四条的基本思想是隐蔽自己的真实状态，用假象迷惑敌人，使其因分析判断失误而导致决策和行动失误；后八条的基本思想是强调从不同的角度主动搞乱敌方部队的状态，扰乱敌方将领的心理，创造有利的战机，适时予以打击，谋取胜利。

综合分析"诡道十二法"，我们会发现其中最重要最核心的问题无外乎八个字——"攻其无备，出其不意"。无论是迷惑敌人，还是扰乱敌人，目的都是为了令敌人失去戒备，麻痹大意，而营造出有利于我方先发制人的战机。做到这一点，就能改变敌我双方战略态势，甚至对敌形成绝对优势，以较小的代价战胜对方，这是将帅高超指挥艺术的体现。这种胜敌的艺术往往因人因时因势而变，无定法恰恰是其可贵之处。因此，孙子说："此兵家之胜，不可先传也。"克敌制胜的奥秘，是无法事先讲明的，如同岳飞所说："运用之妙，存乎一心。"

在市场经济条件下，严酷的经营竞争不会怜惜弱者，如何在竞争中胜出，雄厚的实力固然重要，但谋略的运用不容忽视。特别是在同等条件下，用奇兵，"攻其无备，出其不意"，才能锁定胜局。

提起农夫山泉，消费者脑海中首先闪现的是"农夫山泉有点甜"。那么农夫山泉是如何由名不见经传发展到现在与传统霸主乐百氏、娃哈哈在饮水市场三分天下的？

第一，农夫山泉广告定位是"有点甜"，这正是农夫山泉广告的精髓所在。农夫山泉对纯净水进行了深入分析，发现纯净水的弱点，问题就出在纯净上。由于过度净化，连人体需要的微量元素也缺失了，这与消费者的需求不符。这个弱点被农夫山泉抓个正着。作为天然水，它通过"有点甜"向消费者透露了这样的信号：农夫山泉才是天然的、健康的。这在消费者心理上抢占了制高点。

第二，为了进一步获得发展，它继续打了一套"组合拳"，把与纯净水的战争进行到底。1999年6月，农夫山泉在中央电视台播出衬衣篇广告说："受过污染的水，虽然可以提纯净化，但水质已发生根本变化，就如白衬衣弄脏后，再怎么洗也很难恢复原状。"广告一经推出，立即引起轩然大波，同时挑起了天然水与纯净水的争论。2000年4月，农夫山泉突然高调宣布"长期饮用纯净水有害健康"的实验报告，并声称从此放弃纯净水生产，只从事天然水生产，俨然成为消费者利益的代言人。紧接着，农夫山泉又做了"水仙花对比"实验，分别将三株植物放在纯净水、天然水与污染水之中，放在纯净水与污染水中的植物生长速度明显不如放在天然水中的生长速度。这一套组合拳打下来，引起了媒体和公众的兴趣，形成了轰动效应。农夫山泉则暗自庆幸，因为有更多的人知道了它含有微量元素而不同于纯净水。

第三，农夫山泉乘胜追击，拿下中国奥运合作伙伴的授权，拥有了中国体育代表团专用标志特许使用权，从此农夫山泉广告与奥运会挂上了钩，并邀请了孔令辉、刘璇做代言人，农夫山泉品牌形象再一次得以发扬光大。

农夫山泉一气呵成，这一环扣一环的广告策略，让人们领略了谋略的魅力。好的产品没有好的名声和口碑打不开市场，饮用水市场的竞争之大，让新品牌很难有立足之地。农夫山泉对市场和消费者进行了深入分析，抓住了消费者追求健康的心理，"利而诱之"，用差异性的诉求点去刺激消费者。在纯净水一统天下的局面中，抓住其不含人体微量元素的弱点，用广告、实验等方式造势，"乱而取之"，占据了市场。通过助力中国体育代表团参加奥运会扩大影响，占领市场。

总之，在市场竞争中，任何企业都不能墨守成规，而是要在通过分析找出客户或消费者诉求点的基础上，针对竞争对手的弱点"攻其无备，出其不意"，"以正合，以奇胜"，精心谋划取胜，这就是孙子所谓"诡道制胜"谋略思想的真谛所在。

经典案例

❶ "三只松鼠"奇迹背后的营销策略

三只松鼠股份有限公司成立于2012年，是中国第一家定位于纯互联网食品品牌的企业，也是当前中国销售规模最大的食品电商企业。"三只松鼠"主要以互联网技术为依托，利用B2C平台实行线上销售。凭借这种销售模式，"三只松鼠"迅速开创了一个以食品产品的快速、新鲜的新型食品零售模式。这种特有的商业模式缩短了商家与客户的距离，确保客户享受到新鲜、完美的食品，开创了中国食品利用互联网进行线上销售的先河。以其独特的销售模式，在2012年"双十一"当天销售额在淘宝、天猫坚果行业跃居第一名，日销售近800万元。其发展速度之快创造了中国电子商务历史上的一个奇迹。"三只松鼠"的营销方法与策略有什么独到之处呢？

一是在细节上做到极致。我们在朋友圈里经常会看到，朋友去哪里吃饭、买了什么东西很好用，分享自己的购物体验。但是不是说消费者什么样的产品都会去秀。消费者秀的东西都是代表自己的情绪，而通过朋友圈的传播，会影响到很多人的购买行为。因此，在这个消费者体验为王的年代里，网络的口碑建设将会起到重要的作用，而要能达到口碑营销的效果就需要

"在每个细节上都超越用户期望,创造让用户尖叫的服务,才是核心竞争力"。"三只松鼠"发现消费者购买坚果,肯定需要一个垃圾袋,于是,"三只松鼠"就在包裹里加上一个0.18元的袋子,虽然增加了额外成本,但是用户却会被"三只松鼠"的细心体贴关怀打动。附在包装盒上、做成松鼠尾巴造型的开箱器,盒内附带的用于吃后擦手的湿巾……"三只松鼠"在许多细节上超过客户预期的期待,连续地制造这种惊喜和感动,打动消费者。

二是售卖人文关怀和主流文化。"三只松鼠"有着自身精确的企业文化定位。首先是人为什么爱吃零食,因为要满足生理和心理的需求。而"三只松鼠"之所以能够得到人们的喜爱,是因为它能给人们带来生理和心理的满足,可以带给人们快乐。因此,"三只松鼠"成立了松鼠萌工厂动漫文化公司,希望可以创作出互联网动画片、动漫集、儿童图书,为消费者带来快乐。

三是使品牌形象人格化。大家对"三只松鼠"的印象可能就是那三只松鼠了吧——鼠小贱、鼠小酷、鼠小美,这三只可爱的松鼠会给顾客留下难以磨灭的印象。这三只萌萌哒的松鼠赋予了品牌人格化,让人们感觉像是主人和宠物之间的关系,这样替代了顾客和商家的身份,拉进了顾客和商家的距离。而客服则是以松鼠的口吻和顾客对话,客服可以撒娇,可以通过独特的语言给顾客留下生动形象的印象,这形成了良好的沟通关系。这样的策略,形成了"三只松鼠"自身的品牌人格化。让品牌不再那么高高在上,而是给人以亲切、真实的感觉,增强用户体验。

四是不断开拓消费场景。"三只松鼠"的团队一直在尝试思考,有没有其他的消费场景,能否针对二次元群体推出一个二次元群体的零食包,在看动漫的时候,应该想起的是吃点零食,首先想到"三只松鼠"。比如,出游的时候,你要想起"三只松鼠",你要带上"三只松鼠"一起去旅游,不然路上饿了怎么办?通过消费场景挖掘和设置,"三只松鼠"在不断拓展自身的消费场景。

| 案例分析 |

"三只松鼠"在电商食品销售领域创造的奇迹是《孙子兵法》中提到的"以正合,以奇胜"的典范。在商业领域,诡道制胜并不是在谋略

手段上无所不用其极，而是要在重视产品质量、重视为消费者服务的基础上细分市场、分析目标市场的需求，据此有针对性地采取不同寻常的营销手段。

"三只松鼠"的创始人章燎原，曾在安徽山核桃企业工作过10年，有着极其丰富的经验，他知道哪个产地的产品好、分量足，并且在自己的产品收购和入库又加了一道自己的质检环节。章燎原在这个行业10年，曾打造出安徽最知名的农产品品牌，长期处于营销一线，长期与消费者打交道，这为他的成功奠定了坚实的基础。其较强的品牌营销理念以及草根出身的背景，使他能够迅速掌握消费者心理，在电商业界素有"电商品牌倡导者"的称号。"三只松鼠"便是其组建的一个全新的创业团队，这个团队正在逐渐扩大，从最初的5名创始成员发展到700人的规模，平均年龄在23岁，是一支极具生命力和挑战力的年轻团队。这样一支富有创新精神和昂扬斗志的团队自然在竞争上具有人才优势，对于实施不同寻常的营销模式接受力和执行力也非常强。"三只松鼠"最初的成长是借助了互联网的优势，打了一套网络营销的组合拳。在以坚果为主打的食品品牌中抓住淘宝、天猫等平台，用奇兵，"攻其无备，出其不意"，阶段性地锁定了胜局。

② 10亿赌局的背后——两种销售模式之争

"中国经济年度人物"评选活动被称作中国经济界"奥斯卡"、中国经济的风向标，从2000年起每年评选出十位年度人物，奖励积极推动中国经济发展和社会进步的企业家、经济学家或者政府官员。2013年的评选主题为"转型升级的智慧与行动"，其中两位获奖者是董明珠与雷军。这两位所领军的企业分别是作为传统制造产业代表的格力与基于互联网迅速起家的新科技企业小米。

在颁奖典礼上，雷军向格力模式提出挑战："小米模式能不能战胜格力模式，我觉得看未来5年。请全国人民作证，5年之内，如果我们的营业额击败格力的话，董总输我一块钱。"董明珠也不甘示弱，回应道："我跟你赌10个亿。为什么？因为我们有23年的基础，有科技创新研发的能力。"

格力与小米代表着截然不同的企业发展模式，从2013年的数据显示小米与格力根本不在一个量级上。从工厂数量来看，小米是0，格力是9；专卖店数量来看，小米是0，格力是3万多；小米年营业收入300亿元，格力1007亿元。

4年多以后，"2017年中国经济年度人物"奖再次颁给了雷军。主办方给出的颁奖词是："他是手机行业颠覆者，从巅峰到低谷再强势反弹，凭借对品质和技术创新的坚持，2017年提前完成千亿销售目标，重回全球手机出货量前五。他战略布局新零售，高速推进小米之家线下大规模扩张，绘就全球化实体经济新蓝图。"

截至2017年10月，小米的营业额已经突破1000亿元，而格力截至当年9月30日的营业收入则是1120.3亿元。雷军与董明珠的赌局，已经进入最后的冲刺阶段。在过去的4年里发生什么了呢？格力稳扎稳打，于2015年进入了世界五百强。而小米却浮浮沉沉的，从一路高歌成为国产销量第一，挤进世界前五排名，然后急速下滑，2016年甚至没有公布营收数据。而2017年，手机触底反弹，重新回到世界第五的位置，IPO估值更是从1000亿元上升到了2000亿元。

4年多以前，格力的体量和小米的并不在一个层次上，大家对于这场10亿元的豪赌也只是看戏的心态罢了。事实证明，董明珠所领导的格力是非常有实力的，这5年，格力销量飞快上升。但是，5年即将过去，我们愕然发现，小米居然有一战的实力。诚然，格力在飞快地进步，但是小米已经不是以前的小米了。这场赌局，孰赢孰输，我们拭目以待。

| 案例分析 |

一场豪赌让我们不仅看到了两位企业家的勇气和信心，也见识了两种商业模式的PK。究竟是传统企业通过实体与电商结合走得更远，还是新兴科技企业凭借新技术新思路抢占更大市场份额？

《孙子兵法》在《计篇》中旗帜鲜明地提出，"兵者，诡道也"，在《军争篇》中也讲到，"兵以诈立"。小米横空出世时，没有在传统营销层面和苹果、三星等国际性品牌竞争，而是借助互联网这个大平台"兵行诡道"，将粉丝营销、饥饿营销、新媒体营销做到了极致。绝大多数的品牌都是先针对市场需求有针对性地开发产品，而小米是先有粉丝后有产品。小米最开始并没有做大规模的传播，而是建立了小米社区。小米社区的第一步就是根据产品特点，锁定一个小圈子，吸引铁杆粉丝，逐步积累粉丝。小米手机把用户定位于发烧友、极客的圈子，而这部分人群在电子产品的领域恰恰是自己生活小圈子的意见领袖。就是这部分发烧友和极客，成为小米第一批忠实用户，同时也成为品牌最强大的免费营销推广人员。

反观格力一直保持较高速度的成长，与其销售模式的优势是密不可分的，坚定了传统经销商与格力合作的信心。其销售模式主要有三大特点：第一，淡季贴息返利、年终返利，甚至不定期返利政策，能够很好地稳住经销商；第二，格力的"股份制区域销售公司"模式，通过相对清晰的股份制产权关系，很好地解决了利益的创造和分享的问题；第三，以朱江洪、董明珠为主导的诚信践诺、制度严谨、执行到位的企业文化，聚拢了一批大户经销商一起打拼市场。从本质上讲，营销模式不过是企业整体发展战略的一个组成部分。在发展战略上，除了格力一贯塑造的专业形象外，最突出的一点莫过于对品牌建设持之以恒，不像有些品牌那样急功近利。另外，与营销模式相比较，产品质量似乎更为重要。格力之所以在国内市场上能够持续处于强势地位，领先同类竞争品牌，最基本的是产品过硬。

因此在笔者看来，10亿赌局的结果并不那么重要。两种销售模式之争，印证了《孙子兵法》中的诡道制胜的实质——先"守正"，后"出奇"，"出奇制胜"要建立在"修道保法"的基础之上。只有夯实企业内功，做好过硬的产品才能灵活应变"诡道制胜"去适应市场、占领市场、引领市场。从这个意义上说，雷军和董明珠这两位都是伟大的企业家，值得尊重！

十四

战胜不复——跳出常规经营思路

战争是最富于变化的领域,一切皆可变化,时时皆可变化,因此战场上来不得墨守成规,更来不得生搬硬套。赵括自恃饱读兵书,长平之战中简单照搬兵法作战,导致40万将士被活埋;马谡以精通兵法自居,奉命防守街亭时,不顾战场实际情况放弃关隘,坚持按兵法将部队部署在"高坡向阳"的山坡上,结果丢失街亭。类似案例历代皆有,不胜枚举。饱读兵书,应当百战百胜,缘何败军辱将?用《孙子兵法》分析,其关键原因就在于不善于变化。一般情况下人们必须按照常规打仗,但是墨守成规又往往打败仗。孙子深谙其中的奥妙,因而在揭示战争常规的同时,非常注重强调变化,其经典表述是"兵无常势,水无常形;能因敌变化而取胜者,谓之神"。可以说,这是整部《孙子兵法》活的灵魂之所在。

灵活变化的重要性、必要性毋庸置疑,问题是怎样"变"。在这个问题上,孙子有两个方面的谋略思想值得关注。

一是"践墨随敌,以决战事"。这是孙子在《九地篇》中提出的一条谋略思想。其中的"践"是实践、履行的意思;"墨"即绳墨,古代木匠划直线的一种工具。"践墨",即指过去木匠下料时,总是要先量一量木料,根据木料扯开绳墨在木料上轻轻一弹,弹出一道墨线,然后按照墨线的长短和宽窄锯下所需的材料。这个比喻意在说明,作战中采用什么战法,必须根据敌情而制定决策。

第一次世界大战后,为防德军入侵,法国人在东北边境地区构筑防御体系,即"马奇诺防线"。防线从1928年起开始建造,1940年才基本建成,防线主体有数百公里,由钢筋混凝土建造而成,十分坚固,造价昂贵。防线内部拥有各式大炮、壕沟、堡垒、厨房、发电站、医院、工厂等，通道四通八达，较大的工事中还有有轨电车通道。战争爆发前，马奇诺防线是法国人的一个骄傲，因为欧洲这个最为庞大的战防工程，把筑城技术发挥到了极致！结果呢，1940年5月至6月，德军主力绕开马奇诺防线，通过比利时和荷兰进入法国，攻占了法国北部，接着进抵马奇诺防线的后方，马奇诺防线丧失了作用，成了笑话。此后，马奇诺防线用来喻指看似表面坚固，实际毫无价值的东西。其实，马奇诺防线真正失败的原因，是法国最高统帅部军事思想严重落伍，墨守成规，行为僵化，自以为是。而德国人以当时先进的军事战役战术思维，依据敌情，制定了进攻法国的战略战术，一举击败法国！

"践墨随敌，以决战事"这一朴素唯物主义军事思想，在这里正反都得到充分应验。

就企业经营来讲，"践墨随敌"，就是要依据外部环境的变化，特别是市场态势和竞争对手情况的变化，灵活地制订经营战略和营销策略。"践墨随敌"就是要随敌变化，因敌行止。"践墨随敌"的法则，也是企业在多变的环境中求生存、争发展的有效法则。

前文提到，2017年7月"一代鞋王"百丽公司宣布正式退市。百丽创始人董事长邓耀和CEO盛百椒宣布出售百丽全部股份，就是因为他们没有根据市场的变化制订相应的经营战略计划予以对应，没有跟随市场变化顺应而动，所以导致百丽公司无法在激烈竞争中"以决战事"，最终黯然退市。

"战胜不复，而应形于无穷"，这是孙子在《虚实篇》中提出的，意思是战胜敌人的战法战术每次都不一样，应当根据敌情变化而灵活运用。即每一次作战取胜所采用的战术都不是简单的重复，而是针对不同的敌情灵活运用、变化无穷。因为失败的一方也一定在总结失败的教训，其教训当然是直接针对胜利者的经验。如果胜利者照搬取胜的经验指导下一次作战，必然一头撞上对方早已准备好的利剑。

例如，在抗日战争时期，刘伯承师长在山西七亘村两次设伏袭击日军，都在同一个地点取得了胜利。第一次设伏，刘伯承选择日军不会料到此处会有埋伏；第二次设伏，刘伯承又料到日军认为我军不会重复设伏，从而不加防备。两次设伏，尽管地点一样，但敌人的心理状态不一样,刘伯承两次都料到了敌人的心理状态,这是典型的因敌而制胜,这是深得"战胜不复"的精髓并能灵活应用的战例。

在企业经营管理中,"战胜不复"常用在营销策略和方式上。

在营销方式上,应当灵活多变,每次取胜的方法都要有针对性,每次取胜的方法都不要重复。别人用过的招,特别是打胜仗的招,你不一定重复,但不能说不能复制。就是说,只要采用针对性强和灵巧的经营手法,就能取得胜利的成果。

马云最早搞电子商务,宣布上淘宝网的卖家免费开店,而他的竞争对手eBay是要收开店费的。卖家们觉得既然淘宝网免费开店,不开白不开,因此不管淘宝网上有没有流量,也愿意把店在淘宝网上复制一家。最后,淘宝网通过免费汇聚了大量的卖家。有了卖家,就会有买家。最初,马云宣布免费的时候,也未必想清楚了怎么靠免费来赚钱。最初他想的是仅仅免费三年,一旦大量商家在淘宝开店之后再让他们骑虎难下,不得不交费。但是腾讯的"拍拍网"虎视眈眈地也准备用"免费"来抢淘宝网的卖家。为避免商家流失,马云三年免费之后不得不继续免费,后来干脆永久免费。虽然有些无奈,但客观上还是做到了"因敌而变"。这是马云的第一招。

当中国几乎所有的商家都到淘宝网上开店的时候,问题又来了。页面堆挤,搜索一种面巾纸,会出来一千个结果。面对新情况,马云又想到了应对之策。那就是在淘宝网上免费开店没问题,但如果要想在搜索结果里排在前面,就要交增值服务费。淘宝今天成为中国最挣钱的互联网公司之一,实际上就是通过免费模式创造了一种新的收入模式。如果淘宝网不免费,那它大概既无法战胜eBay,也发展不出这样的收入模式。这是马云的第二招。

在eBay网上交易是收交易费的,而且eBay网特别担心买家和卖家共谋,因此eBay网严格规定卖家不许留自己的手机,不许留信箱地址。然而,中国人的购物习惯是不直接交流就没有安全感,可是买家和卖家直接交流的话,网络平台就可能收不到交易费。针对eBay的困境和消费者的习惯心理,马云又出奇招。他干脆把交易费也免了,买家卖家联系越多越好,还做了一个"淘宝旺旺"的聊天工具来撮合交易。这样,淘宝网又有了一个即时通信工具。既然全都免费了,那就好事做到底:淘宝网提供了一个方便交易的支付手段"支付宝"。为了解决信用的问题,"支付宝"又创造性地设计了一种让买家拿到货再通知付款的流程,所以"支付宝"又促进了淘宝网的交易。这是马云的第三招。

从淘宝网的发展来看,马云的经营竞争战略,虽然当时有一定的无奈,但他抓住了一点:灵活变化,反常规操作,能"践墨随敌",随对手的情况因情而变,设计并制定针对性非常强的竞争方案。在营销层面,他能根据竞争对手的情况,避免思路重复、流程重复,创新经营模式,创新服务方式,达到"战胜不复"的完胜境地!

孙子的"践墨随敌"和"战胜不复"思想,其实讲的是一个问题,那就是应当根据战场实际情况制定对策,根据战场实际进行灵活变化战法,反对习惯思维,提倡"应形于无穷"。变化,可以出人意料,掩敌耳目;变化,可以改善环境,创造战机;变化,可以避实击虚,出奇制胜。

战场如此,市场竞争莫不如此!

经典案例

❶ 优衣库在快时尚竞争中的跨界联谊

优衣库(UNIQLO)是由日本迅销公司于1963年建立的服装品牌,其服装风格是基础简约、舒服自在、时尚百搭,现为快时尚国际品牌。

优衣库是一种大卖场业态的服装销售方式,它通过独特的商品开发和销售体系来实现营运的低成本化,由此引发了优衣库的热卖潮。

其中最为特殊的是它的一种竞争手段,叫"跨界联谊营销"。

"跨界联谊"是指两种毫不相干的行业,通过企业联谊合作,使两种元素相互渗透、相互融合,目的是让品牌变得更有立体感,从而给客户带来一种不同于以往的体验。

优衣库和星巴克牵手联盟,火了一把。当在星巴克购一杯拿铁之后,人们发现星巴克的纸杯上竟印着百搭时尚的优衣库模特,都兴奋不已。纸杯曝光之后,网友纷纷惊叹其创意设计,赞不绝口。绝大部分网友表示,"想把杯子都集齐""能给杯子上的人穿衣服很好玩"……之后,不少人光临优衣库专卖店,找杯子上的衣服。

毫无疑问,两个品牌都赢了。

其实,不久前,优衣库与任天堂的合作款,未售先火。任天堂游戏对于80后、90后来说,是童年的一个回忆,是抹不掉的情怀。当任天堂游戏人物和优衣库碰撞在一起的时候,擦出的火花,是我们对过往的留恋。优衣库还专门给它的任天堂T恤办了个文化展。优衣库专门在旗舰店开设任天堂主题快闪店,地板打造成马里奥通关模式。不仅如此,20世纪80年代流行的红白游戏机也在优衣库登场了,这样顾客就既可以试衣服又能体验一把任天堂的游戏。优衣库和任天堂这次跨界合作,当时也吸引了不少80后和90后。很多顾客表示,优衣库这次跨界合作勾起了他们无数回忆,勾起了他们的怀旧情怀。总之,大多数顾客认为他们买的不是衣服,买的是情怀;打的不是游戏,是年少的回忆。

当然,除了这种跨界联盟,它在2017年度激烈的商业竞争中还采取了更多的手段。

如"双11"优衣库推出"免费改、轻松换"售后增值服务,实现线上线下品质与服务同步。因此在"双11"当天,消费者就在24小时内收到门店备货完成短信,可自行前往全国任何适用优衣库线下门店取货,即使跨省跨城也能享受该取货服务。

又有报道称,优衣库将在全球范围拓展可选择颜色花样等的服装半定制服务。男士衬衫首先提供服务,不同的颜色和样式组合为消费者提供800多种选择。半定制服装通过网上销售,下单后3~7日内即可到消费者手中,价格为29.90美元,与现有产品的价位相当。据了解,日本已正式提供该项服务,美国现已开启该项服务。

优衣库表示,在消费者偏好多样化的背景下,优衣库将确立新的商业模式,生产和销售符合每个顾客偏好的服装以推动增长加速。

2018年,或许优衣库能在体验服务上骄傲地对世界说"我们不一样"。

| 案例分析 |

优衣库在低价位、快捷时尚的服装业中能一直吸引人群的眼球，很大原因就是它在商业营运中的"战胜不复"。

其一，跨界联谊营销。每个行业都有每个行业的关注群体，美食行业吸引的是美食爱好者，服装行业吸引的是时尚达人，汽车行业吸引的是车迷。如果将两个没有任何关联的联合起来，吸引的群众就更加广泛了。优衣库把握住了企业的宣传都需要一些噱头来满足顾客的猎奇心理，将两个毫不相干的行业碰撞在一起，本身就很引人注目。它就是把跨行业这种反差感做成噱头，再加以传播，使顾客对其产生好奇心，最终达到营销目的，不同行业容易碰撞出火花。就像任天堂吸引的是游戏爱好者，但是这些人通过体验这些游戏，对优衣库有了更加深刻的了解。同样，90后大多喜欢星巴克，一旦星巴克和优衣库联合，这批90后军团又同时会把目光转移到优衣库的服装上，最后使两个品牌受众交叠，实现双赢。

其二，体验互补。企业跨界合作，为的就是在不同的产品上寻找到互补性，这里的互补并不是产品功能上的互补，而是用户体验上的互补。例如，被优衣库吸引的任天堂的游戏爱好者和星巴克咖啡群体能体验到优衣库"双11"的"免费改、轻松换"售后增值服务，体验到线上订货24小时完成备单，线下跨省跨城门店取货的便捷服务。因此，跨界联谊不一定要门当户对，快捷方便有幸福感就好。

其三，"战胜不复"的背后就是因时因宜的创新。跨界合作的成功背后都有创新的力量支撑。优衣库和星巴克仅仅只是在星巴克的纸杯上动动手脚，就能让无数90后狂热；优衣库只是为任天堂办了个文化展加T恤，就吸引了无数怀旧青年。它们之所以能合作得那么成功，品牌创意是最主要原因。

随着各个行业的发展，跨界玩法也越来越多，看似没有交集的两个行业也可以通过某种合作方式来碰撞出火花。一个企业，必须不断产生灵巧的营销手法，力求突破单一的营销模式，才能避免思路重复，才能做到"战胜不复"。

② 2018年零售革命全面爆发？

2017年，中国的实体零售、电商行业（B2B、B2C、C2C、O2O）的搏杀较量开始出现胶着状态，它们都开始面临巨大困境和机遇。

电子商务行业以2012年为始，前3年，电子商务行业经过精心布局，在技术、资金、物流、结算、买卖交易流程设计和调试等方面进行了革命性重建，并于2012年开始发力，连续3年爆发式增长，大力度撞击并直接大幅度分割实体零售的蛋糕。

而实体零售行业，从2012年起，在电商行业的狂猛冲击下，连续4年大幅度下滑，甚至一度是崩塌式溃退，实体店大量关店。实体零售，是商品交易的终端环节，自古以来被社会高度重视。中国改革开放40年，引进了现代商业各种实体零售业态，如百货商场、连锁超市、专卖店、大卖场超市、仓储式商场、购物中心、城市购物广场、折扣大卖场（奥特莱斯）、便利店等。可以说，中国的实体零售业态体系完备，大小均搭，互为补充，世界实体零售的各种版本，在开放的中国都能找到。就是这如此强大的实体零售体系，在电商的狂风暴雨冲击下，也是千疮百孔，苦不堪言。

两军一旦形成对峙状态，其战术及战役展开就立见分晓了。

第一招是价格战。价格是商品的核心。价格不等于价值。商品是使用价值在驱使人们购买。而价格却可以在使用价值基础上，利用市场和供求关系调整，以获得最大交易利润。价格是有泡沫的。而新兴的电商，一开始就是挤拧商品的"价格泡沫"，用价格战逆袭实体店。比如，传统的一种品牌，线上销售越好，线下关店越狠。价格优势就是关键因素，所以，只要做不到线上线下同价，实体商家就会被打败。

第二招是广宣战。电商利用自己跨域的信息手段和资源优势，大力宣传和鼓吹电商的好处和便利。如价格比实体店便宜多多；你坐在家都会购物，并直接送货上门；为解除购物者顾虑，建立第三方结算平台，满意后付款，不满意退货；还经常给以小恩小惠拉拢顾客。而实体店的营销就显得受局限、局域小、套路老、广宣苍白。

第三招是促销战。实体零售针对电商的价格战，奋起反击。实体零售以多年广集起的资源，抛弃以往"泡沫"，大幅度让利，让价格水平落在电商的水平上，大家在同一起点上，开始拼杀。而电商则还以颜色，以更大幅度的"双11"节点对实体店施展"吸星大法"，掀卷起吸资旋涡，狂搅交易终端，让各个零售商（包括电商）伤痕累累，电商自己也是"伤敌一千，自损八百"。每年下半年的"双11"，是消费者的狂欢日，是一般商家的诅咒日，是大商家的滞货推销日。

第四招是体验战。体验，是顾客需求的必要条件。试想一下，当我们漫步在大街上，如果没有一个个风格各异、错落有致的实体店家，那是一种怎样的街道？那又是一种怎样的城市？试想一下，一个新型产品我们只在图片上看到它，只是在虚拟的状态下感知它，你会去放心购买吗？没有体验，顾客只有一种不安全感和落寞感。实体店在体验上，永远高出电商一等。例如，网友一般在网上看到某新商品，都会去实体店看一下，然后再回来下单。如果实体店价格一样，又承诺有具体而实际的服务，如包退换、包送货上门安装、包上门维修等，那么这个顾客还会再去网上下单吗？

以上看出，将眼下实体店萧条的原因直接归结为整个经济形势的萧条，显然大错特错了。实际上，实体零售不是被电商打败的，而是败给了自己，败给了实体零售业的观念、视野和格局。

但是从2017年来看，有关实体店逆袭崛起的案例越来越多，有关电商网店割草般的此消彼长越来越多。

光大证券数据研究显示，2017年实体零售业释放出整体回暖信号，其中化妆品、金银珠宝、服装三大品类的传统销售额增速，都出现明显的提升。以全国限额以上企业化妆品类商品为例，2017年1～11月零售总额同比增长13.5%，增速较上年同期上升5.5%。由于这三个品类的销售额合计占百货行业的3/4以上，故实体百货商场的经营情况有较大改善。又据赢商大数据中心统计显示：国内50家百货上市企业2017年上半年营收总额约2100亿元，比2016年同期1979亿元增长6.11%；利润总额96.36亿元，比2016年同期59.54亿元增长61.84%。

而过去几年，电商行业以新理念、高技术、大布局、大资金投入，以不计成本的"烧钱"方式，对传统实体零售大举进行"围剿"，妄图将古老而传统的实体零售一举打趴在地，迅速占据现代交易的终端环节。确实，从

2012年后的3年，电商的凌厉攻势，将已经有千年的交易终端实体零售业态冲撞得跌跌撞撞，差一点倒下。但是，资本是要求回报的，3年求得回报，是一般投资人的底线。当实体零售经受住了电商的"三板斧"后，电商的窘境就体现出来了，即现在电商成本之高已不低于实体店，如天猫人工11%、扣点5.5%、推广成本15%、快递12%、售后2%、财务成本4%、水电房租2%，加上以后的税务（之前没税），如果没有50%以上的毛利率，电商根本没有办法持续经营。

而2017年底和2018年初，有关零售线上线下的整合互融的信息也越来越多！

2018年，实体店转型和电商大逃亡是中国商业的热门话题，也是世界零售行业的关注点。

中国实体零售、电商行业的变革与出路，将被业内人士关注。

| 案例分析 |

电商行业利用资金和新技术夺取传统零售的市场份额，是经过精心布局和准备的。孙子所言"先计后战"，电商行业已经占据了先机。因此，在战略上，电商行业就实现了"胜兵先胜"的目的。

但是，为什么经过几年的搏杀，传统的实体零售虽然被打得跟跟跄跄，但最终还是顶住了电商行业的狂猛冲击。分析起来，有多种原因，如地域习惯的、资金物流的、供应链延伸的、后续管理的等。笔者仅从战术的角度，探讨一下实体零售与电商行业角逐的得失。

孙子在《孙子兵法·虚实篇》提出"战胜不复，而应形于无穷"，意思是：战胜敌人所采用的战术每一次都不是简单地重复，而是应景应势，针对不同的舆情和竞争势态灵活运用、变化无穷。

现今在商业营销方面，价格打折是吸引顾客的永恒主题。但是，打折让利是一门战术，甚至可以说是一门艺术。一个产品一味打折就是"假打"，一个商业集合体组合打折就是艺术，一种有针对性竞争的打折就是战术。

电商行业以全面价格战逆袭实体零售，一举打破了实体零售商家与生产供应商的利益均衡，挤出了价格泡沫。这对广大顾客是利好消息，让实体零售措手不及。数百年来，资本主义的市场经济，商业口岸优势与新产品制造生产，都是资本垂涎的对象。当商业口岸能获得大利，资本就会向商业口岸倾斜，去占据商业口岸；当生产制造能获得大利时，资本就会向生产制造倾斜，去生产领域分羹。于是，资本就是在优势选择中获取最大利润。久而久之，资本就在实体商业与生产制造商之间形成一种默契，即利益均衡，经济学称为"社会平均利润率"。当电商以新业态挺进商品交易终端时，制造商已经烦透了口岸商家的"甲方态度"，因此暗地支持电商行业，对口岸商家进行逆反。

中国现代实体商业经过40年的发展，区域垄断趋势走强，经营同质化越来越严重，以至于连锁百强销售规模增长，绩效不断创新低。在电商的冲击下，实体零售店大量关闭，实体门面供求过剩，导致实体店的房租不断降低，而网店成本却在不断攀升，两者最终达到了同一水平。这样一来，电商的优势也开始消失，现在开一家网店的成本已经超过实体店房租了，例如对于淘宝来说，每引来一位顾客的成本在80元上下，但是很多商品的售价都不到80元。

价格战是一把双刃剑，激烈搏斗中在伤及对手时也会伤及自己。当实体零售以"服务体验"重新拾起价格战的武器时，价格战白热化，血光四溅，除了实力雄厚的企业，不管是实体零售和电商网店，都成片地倒下了。价格战导致零售行业走向无利润时代，电商在毁灭传统销售结构的同时，本身也陷入了沼泽，无法自拔。

其实，电商行业在战略布局占优势的条件下，它的战术手段是很多的，是用不着一味采取价格血拼战的。孙子曰"战胜不复，而应形于无穷"。从这个意义上讲，电商行业的竞争战术是不成功的。

近期，关于实体店逆袭案例越来越多，一些实体店在电商网店和传统实体店的竞争中开始悄悄崛起。未来那些同质化的经营将越来越没有竞争力，唯有那些能为用户提供独有体验的实体店，才能脱颖而出，看看ZARA、H&M、优衣库，同样是卖衣服，却使服装店重新焕发青春。如今线上线下同款同价的成功案例越来越多。

而很多电商经过大血拼之后，也被倒逼着从线上走到线下，开设实体店为消费者提供一个体验的场所，弥补自己的短板。这就是2017年底电商行业掀起的"新零售"运动!

  实体店就是商品终端交易的平台,是一种古老而新兴的传统平台;电子商务也是一种交易平台,只是一种局域广、信息快的电子技术新型平台,它们的共同点就是"平台",只是电商行业一开始仗着新装备把自己看得过高。我们可以看到,电商新型平台和实体传统平台经过激烈碰撞后,必是殊途同归。

十五

速战速决——市场竞争贵胜不贵久

被称为西方当代"孙子"的美国空军上校约翰·博伊德在20世纪70年代提出了"决策周期论",即OODA理论。"决策周期论"近半个世纪以来作为美军军队建设和战争实践的重要指导性理论发挥了重要作用。这一理论认为"观察、判断、决策和行动"四个环节是一个相互关联、相互重叠的循环周期。战争中谁能更快完成这一循环,并打乱敌方的循环,谁就能赢得主动和胜利。作为西方一种全新的军事哲学思维方法,"决策周期论"大量吸收东方哲学思想和军事思维精髓。博伊德尤其推崇《孙子兵法》的军事思想,他认为《孙子兵法》代表了东方近乎完美的战争哲学,他广泛吸收了孙子的上兵伐谋、避实击虚、速战速决等思想,彻底批判了西方传统的消耗战理论。"决策周期论"的核心就是在激烈的战场决策中要"压缩时间,化时间为盟友",防止敌人"以空间换时间",同时强调将信息优势变为决策优势。《孙子兵法》哪一篇为博伊德提供了这个灵感呢?看一看《作战篇》和《九地篇》,答案就不言自明了。《作战篇》中,孙子提出"兵贵胜,不贵久";《九地篇》中,孙子又说"兵之情主速"。在如今激烈的市场竞争中,无论是博伊德的"决策周期论",还是孙子的"速胜论",都强调速战速决,这一原则也应为各位企业家所重视。

孙子认为,战争"日费千金",消耗巨大,旷日持久的战争不仅会对国计民生产生严重的负面影响,而且会带来灾难性后果,因此他提出"兵贵胜,不贵久",即迅速达成战争目的的速胜原则。他还进一步说明违背这一原则的后果,"夫兵久而国利者,未之有也"。孙子认为后果主要体现在三个方面:一是旷日持久的战争会造成国家财力物力的巨大消耗,国家经济资源再丰富,也承受不起长期战争的巨大支出,"久暴师则国用不足";二是战争久拖不决会加重百姓负担,进而激化社会矛盾,既然消耗巨大,朝廷则会"急于丘役"增加赋税,进而导致"百姓财竭",最终导致尖锐的社会危机,历史上朝代更迭大多源于此;三是持久的战争容易使国家陷入多面受敌、多线作战的被动局面,"诸侯趁其弊而起",长期处于战争状态的国家国内防御空虚,实力锐减,必然会给其他对手可乘之机。因此,古今中外,高明的军事家都将在尽可能短的时间内实现预定战略目标作为用兵打仗的理想追求。

在商业竞争领域,时间也是制胜的重要因素之一。谁能根据形势变化快速调整经营策略,谁就能率先占领市场,雄踞市场制高点,赢得竞争主动权。美国著名未来学家阿尔文·托夫勒提出了"速者生存"的观点。商业竞争中"大鱼吃小鱼"的规律正在被"快鱼吃慢鱼"的法则取代。在当今市场经济的激烈竞争中,几乎所有的经营服务型企业都在用尽浑身解数抢占市场、抢占商机、抢占客户。俗话说"天下武功无坚不破,唯快不破",竞争的核心问题就是时间和速度的竞争。成功与失败都源于时间的得失、速度的快慢。

企业决策和执行也要遵循这一原则,一旦做好准备下定决心,就要雷厉风行,而不要拖拖拉拉,失去"时间敏感窗口"。孙子的"风林火山"或许能为我们提供一个非常生动但又有指导意义的谋略思路。"其疾如风,其徐如林;侵掠如火,不动如山;难知如阴,动如雷震。"其中的"如火""如雷"就是强调在运筹周密后,要以迅雷不及掩耳之势抢占商机、抢占市场。

2016年6月,蒙牛天猫旗舰店上线了一款电商专属新品"甜小嗨"。这款定位年轻消费人群的产品,光是外观就足够夺人眼球:分成男女两款卡通包装,搭配以柔和的马卡龙色,营销口号则是"开心都是自找的""喝点甜的,小嗨一下"。"甜小嗨"这款产品的诞生非常迅速,基于蒙牛长期的研发实验基础上,该产品从创意到正式上线不到3个月,虽然还没有正式投入大规模运营,但单月销售额已经达到三四百万元,一些线下门店也开始要求进货。

"甜小嗨"走红的秘诀在于它是依托大数据研究而产生的互联网牛奶。除了在视觉上和口号上的设计迎合年轻消费者之外,"甜小嗨"在营销上选择了更为流行的IP化运作，比如与阿里鱼、三只松鼠合作，植入明星生日直播等手段，从情感上与年轻消费者沟通，打造适合该群体的饮用场景。

值得一提的是，火速上线的"甜小嗨"并不是一个定型的产品。蒙牛与阿里调研团队一起用大数据做市场需求和人群调研，产品上市后，包装和口味仍通过消费者的数据反馈继续不断更新升级，最终对人群做出分类，不同的沟通内容触达不同的消费者，提高转化率。通过与电商合作，蒙牛打破了以前的新品研发模式：先通过一年时间做消费者问卷调研，然后分区域慢慢上线。现在这种利用互联网平台数据支持的产品研发，在保证食品安全的前提下，口味和包装的最终走向由消费者来定夺，既缩短了新品开发周期，也减少了试错成本，还可以再对口味做调整，开发出新的细分品类。

"甜小嗨"的研发秘诀正是借助互联网快速、高效、便捷的特点，利用大数据支持，针对精准消费人群定位，通过市场需求快速定制配方和产品，并且利用年轻人喜欢在互联网上互动的特点，不断收集信息改进配方，最终速战速决一举抢占互联网牛奶市场。

必须要注意的是，速战速决并不意味着仓促应战。能够做到"速胜"，一定是基于平时的积累和准备。只有苦练内功，夯实基础，"善守者藏于九地之下"，方能在决策和执行时有实力，"善攻者动于九天之上"。不动则已，一动惊人。以迅雷不及掩耳之势，令对手没有时间、没有准备应对，达到"攻其无备，出其不意"的效果。平时的准备越充分，力量积蓄越强，才能越迅速地战胜对手。

顺丰速度是很多快递公司无法比拟的：别人48小时到，顺丰就做到36小时；别人做到了36小时，顺丰就把速度缩短到24小时。这种优势的背后是强大的后台支持系统。在这方面，顺丰从来都舍得下本钱。顺丰总裁王卫为人低调，但在快递服务的物质准备上从来不含糊。对开拓市场的一线负责人一般不限成本，只要他认为可以做，值得做，哪怕收益很少，投入很多，他也会全力支持。一些负责人建立网点，想节约成本，只购买少量的电脑，但王卫认为电脑是办公必需品，数量不够没办法做好事情，随即主动拨钱购买。

2003年刚成立总部不久的顺丰，便遭遇了SARS，而且顺丰的大本营广东还是SARS重灾区。对于快递行业来说，SARS更像是一个机遇。因为很多人选择了足不出户，快件的投递量反而有所增加。在疫情期间，航空公司的生意非常萧条，空运价格大跌，顺丰于是顺势与扬子江快运签下合同，成为国内第一家使用全货运专机的民营速递企业。扬子江快运当时的5架737货机全部由顺丰租下，其中3架用于承运自己的快件。除了专机以外，顺丰还与多家航空公司签订协议，利用国内230多条航线的专用腹舱，负责在全国各个城市之间的快件运送。

顺丰在迈向全国的棋局中，通过不断夯实自身软硬件资源，既赢得了快件派送的速度，又赢得了口碑和市场。在强大的后台系统以及租飞机等优势的支持下，顺丰实现了全天候、全年365天无节假日派送。凭借革命性的服务，2003年之后，顺丰货量激增。每年增速都在50%左右。迅速增长的货量形成的规模优势抵销了包机增加的成本，这种良性循环，又进一步巩固了顺丰在速度方面的优势。从地方性的快递公司成长为仅次于EMS的国内第二大快递巨头，顺丰速度的奥秘就在于平时的积累和准备。该藏时藏于九地之下，隐忍不发；该动时动于九天之上，速战速决。

经典案例

❶ "江小白"——一匹红遍大江南北的"黑马"

在近几年白酒市场不景气的背景下，除了领军的茅台、五粮液不断刷新交易记录之外，二线、三线的品牌普遍低迷。但是作为传统酒品，最近一款单品售价只有20元的白酒品牌——"江小白"，却以黑马之势席卷而来，公司年销售保持着100%的增长，做到了一年3亿元的销售额。

"江小白"很年轻。这家2011年刚刚成立的公司，跟那些几十年历史的老酒企业一比，好像太嫩了些。然而，正是这家青葱公司，在2013年下半年实现盈利，2013年全年达到综合收支平衡，销售额为5000万元。从成立公司到在业内打响名声，"江小白"这个品牌仅用了一年的时间。"江小白"是如何做到在白酒行业普遍低迷的时候快速崛起，占领市场的呢？

2013年是整个白酒业的冬天，"挣惯懒钱"的白酒企业在冷风中日子不好过，在这一年中，14家酒企的市值蒸发2490亿元。与一般的白酒公司不同，"江小白"有自己具体的形象：黑色头发略长，发型比较韩范，戴着黑框眼镜，标准漫画的大众脸型。打扮是白T恤搭配灰色的围巾，外套是英伦风的黑色长款风衣，下身配的是深灰色牛仔裤和棕色休闲鞋。小白的第一层含义是"小白痴"，寓意涉世不深的人，具体表现为不守礼节、不守秩序、不会自我规范；第二层含义是"菜鸟、新手"，是当代新青年群体向往简单生活，做人做事追求纯粹，标榜"我就是我"，自信自谦的一种表现。

除了具象化的形象与容易记住的名字，"江小白"为媒体赞许最多的，是它O2O的营销模式。既然品牌是一个人物，人物就应该赋予他故事。在这个全媒体时代，"江小白"是一个近乎完全依赖社交媒体造势出来的品牌。2011年12月27日，江小白发布了自己在新浪上的第一条微博：我是江小白，生活很简单！到目前，江小白发布微博已超过10000条，粉丝数超过21万。

"江小白"几乎不在主流媒体做广告，利用最多的是免费的社交媒体。除去地铁广告，"江小白"基本没有传统的营销方式。"江小白"绕开在传统媒体上投放广告，一是因为贵，二是因为传统媒体是单向传播。在"江小白"的创始人陶石泉看来，传统媒体"既不能反馈意见，又不能点赞，也不能批评。而社交媒体不一样，永远都是互动的，所以是建立快消品牌最好的一种方式"。

对于利用互动性很强的社交媒体，"江小白"的微博营销显示出几个鲜明的特点。首先，长于文案植入，将有意思的话题与"江小白"的产品联系在一起。譬如，利用在微博上流传甚广的《来自星星的你》里"都教授"与张律师PK植物大战僵尸的PS图，植入"江小白"语录"两双筷子两瓶酒，两两相对好朋友"。其次，对应自己的品牌形象，将微博的运营完全拟人化。在所有的热点事件时发声，表明自己的态度。几乎在每一个热点事件发生时，都能看到江小白的表态。最后，利用微博互动作为线上工具，组织线下活动，并与线上形成互动，以增强粉丝黏性。比如"寻找江小白"，是要求粉丝将在生活中遇到的"江小白"拍下来，回传至互联网。除了微博，微信也成为"江小白"的营销渠道之一。相比微博,微信的传播速度更快、转发强度更大、私密程度更高。"江小白"公关总监舒波表示,除了微信公共账号,江小白还运营着"小白哥"的私人账号,该账号由专人负责维护。

定位于年轻一代,让"江小白"很快脱颖而出,成为白酒市场上的一匹"黑马"。

| 案例分析 |

"江小白"的走红不仅反映了互联网时代年轻人的态度,还让大众见识到了利用互联网全方位立体化宣传的自我复制以及传播速度。如今商场上的竞争对市场的争夺也讲究速度,正如《孙子兵法·作战篇》所言,"兵贵胜,不贵久",时间是制胜的重要因素之一。谁能快速寻找到消费目标群体,并迅速占领消费者的心理,谁就能率先占领市场,赢得竞争主动权。

现代企业的广告宣传不能过多依赖原有的传统媒体,因为传统媒体的优势正在逐步丧失。当年的秦池酒,以一掷千金的广告效应,短时间内急剧膨胀,最终却"成也萧何,败也萧何"。大部分主流白酒每年仍然投放巨额宣传资金在电视、报纸等媒体宣传上。但是,"江小白"却反其道而行之,走出一条面向都市年轻人和创业者细分市场的路。"江小白"研究了一项针对25~30岁年轻人对白酒态度的调查,有95%左右的年轻人聚餐第一选择不是白酒。他们普遍认为:白酒口味太冲,不适合自己;场合有限,觉得太过正式;度数高,容易醉酒;给人感觉不够时尚。而出尽风头的"江小白"看中并着力发掘的,正是这群对白酒用脚投票的年轻人。要想获得这些年轻人的青睐则必须在他们经常光顾的媒体上用他们的语言说话。"江小白"正是利用了互联网传播的优势来竭力打造白酒的另类形象,迎合了这些年轻人对于情绪释放的需求,速战速决快速占领了个性化市场。

❷ 一个创业失败者的自述

我之前在一家比较知名的外企上班,已经做到了中层的位置,积累了很多管理的经验体会,看了很多商业成功人士的书籍,再加上在公司受过一些专业的培训,自认为已经悟到了经营管理的真谛。因此2000年春天,我决定辞职开始创业。我注册了一家公司,经营电脑配件,是典型的中关村模式,抓到什么就卖什么。一段时间下来,虽积累了一笔资金,但同时也丧失了很多做大的机会。

我认真对市场进行了分析,认为以前丧失的最大机会是没有成为一个大品牌的代理商,而计算机以后的应用趋势将是网络化,因此网络产品的需求将是一个很大的空间。为此,我决定将业务重点转移到网络产品上来,并争取成为一个大品牌网络产品的经销商。

为了面对新的形势,我对公司进行了整改。按照准事业部的形式建立了四个独立核算的部门。在产品分销的部门后面还设置了网络培训部门,以及系统集成部和当时很热的互联网业务部。在确定组织架构以后,我开始招兵买马。开始的时候还是小心翼翼的,只招聘了八个人。在人员不多的时候,公司的管理还是有序的。

由于是代理商,这也就决定了我们公司的业务是以销售为主。刚开始时,销售任务根本没法完成。对成本控制经验的不足,使得我们的产品总是比别人的要贵,而竞争对手在市场决策的质量和速度方面表现却非常出色。由于销量不足,厂家对我们的支持也明显不足,而缺乏厂家的支持,销量也就上不去,这就形成了一个恶性循环。

为了能够完成销售任务,摆脱这种局面,我决定打价格战,有时候甚至以低于成本价进行销售。赊账在我们这一行是非常普遍的,一般下家拿货都不会先付款的,直到卖出去后才付款,这要求商家要严格控制赊账的额度和期限,不然会有很大的风险。可是当时,在一切以销售为中心的思想指导下,我没有重视赊账的限度风险。三个月以后销量是上去了,可利润率却远低于行业的平均水平。

我被公司表面的繁荣场面和快速增长的销量所迷惑了,虽然心中知道公司潜在的风险。公司盈利能力和资金控制能力不足是最需要进行改善的，但改变这些需要承担很大的风险，在主观上我已经不愿正视了，因为我对股东承诺过每月要有高达2.5倍的销售成长率。

为了得到更好的销售成长率，我选择招收更多的新员工，以增强促销力度，提高销量，并通过各种短期的手段刺激销量的增长。我不断地通过制定低于成本的售价，放松赊账控制这些方法来促使销售量进一步增长。本来公司还有系统集成、技术培训这些能够赚取很高利润的业务方向，但由于它们的成长速度明显不如做产品分销。在产品分销压力越来越大的情况下，我对具有高利润的业务不再关注，这些业务也渐渐地萎缩了，这使得整个公司的发展缺少足够的利润支持，我也渐渐放弃了对公司整体的思考和把握。

一年后，公司因为销量的高速增长，获得了产品厂商颁发的全国最佳成长大奖，但那一刻也成为一个转折点，公司经营由此加速失控。此后仅仅三个月的时间，公司就因为付不起货款而倒闭。

| 案例分析 |

《孙子兵法》指出"兵贵胜，不贵久"，但是速战速决并不意味着仓促迎战。本案例中的创业者一味地追求销售额的增长，而忽视了成本控制、利润率测算以及业务平衡，单一快速增长带来的不是公司的变强变大，而是最终拖垮了公司。

企业发展需要适当限制速度，因为高速的增长在带来繁荣的同时，也会带来大量的问题。如果对这些问题的来临没有做好准备，那么高速的增长只能是巨大的风险。要仔细分析商业机会，有些看起来很好的机会，但如果企业管理者营运不当，实际上是企业未来的一场噩梦。如果这位创业者看到表面繁荣后的风险，提前采取举措加以防范，比如加入能够提供更高利润率的产品，或者修订付款流程加快资金流动等，就会避免因过度追求销售成长率而造成的资金管理不善。《孙子兵法》告诉我们如何做到"速胜"，一定是基于平时的物质积累和训练准备。如果没有苦练内功，夯实基础，在决策和执行时就没有实力，就无法达到"攻其无备，出其不意"速战速决的效果。

企业在创建以后，成长是一个必经的过程，然而过分追求成长的速度，不注重成本控制、风险防范、人员管理培训、拓宽业务、保证售后服务质量等其他方面的建设是无法支撑企业快速发展壮大的。这位创业者忽视了这些，没有想到成长过快会是导致企业经营失败的根源。当他因此遭遇失败之后，才真正体会到企业均衡发展的重要性。

十六

攻心夺气——企业经营中的心理战法

在成都武侯祠诸葛亮殿堂大门两侧，悬挂着清人赵藩在1902年写的一副对联：上联曰"能攻心则反侧自消，从古知兵非好战"，下联曰"不审势即宽严皆误，后来治蜀要深思"。游人来武侯祠必来读此联，并起名为"攻心联"。毛泽东也十分推崇此联，1958年他来武侯祠时，在此联前驻足沉思良久。古今中外，优秀的军事家除了高超的战场指挥艺术外，都非常重视敌我军队精神的力量。一方面，不断培养我方军队的武德，提升自身的士气；另一方面，想尽一切办法用攻心之法扰乱敌军将领思维，瓦解敌军的士气。像孙膑在马陵之战时利用"减灶"法对庞涓制造了心理暗示，诱敌深入；韩信在垓下一战中使用的"四面楚歌"，使陷入困境的楚军官兵丧失斗志，加速项羽的失败；刘伯承利用日军错误判断和骄狂心理两天之内在七亘村重复设伏，沉重打击日寇；伊拉克战争中，美军通过电子邮件、无线广播、空投传单等途径削弱伊军高级军官的意志，瓦解伊军士气，使得萨达姆14万精锐的共和国卫队土崩瓦解。

2500年前，《孙子兵法》就告诉我们心理战的巨大作用："三军可夺气，将军可夺心。"对敌作战，不仅包括打击敌人有形的物质要素，而且也包括摧毁、动摇敌人无形的精神要素，相比之下，打击后者所付出的代价要小得多。这里的"气"指士气，即士兵的战斗意志和同仇敌忾的气势；"心"则指的是指挥员的战斗决心和必胜的信心。士气是构成军队战斗力的精神要素，信心和决心则是将帅指挥战争的精神支柱。商战既是经济战，也是心理战，善于"心战"的企业家，能够在激烈的市场竞争中像诸葛亮所云："攻心为上，攻城为下；心战为上，兵战为下。"①

---

① 《诸葛忠武书·南征》。

有一个比较经典的企业竞争案例，那就是可口可乐与百事可乐之争。百事可乐晚于可口可乐12年问世，当时可口可乐已经畅销世界150多个国家和地区，销售额占世界汽水销售额的47%，雄踞世界软饮料榜首。百事可乐如何与其抗争？除了众所周知的广告营销，把产品塑造成代表时代潮流和青春活力的象征以赢得美国年轻一代之外，百事可乐还发动了心理攻势。它举行大规模"蒙目品味测验"，表明大多数消费者喜欢百事可乐，并大肆宣传这一测试结果，给可口可乐高层造成"失败"的心理压力。口味测试导致可口可乐的美国市场占有率稳中微降。于是可口可乐高层坐不住了，首位外籍CEO古巴人罗伯托·郭思达在1981年宣称：可口可乐已没有任何沾沾自喜的东西，公司必须全面进入变革时代。他以为"蒙目品味测验"的结果是因为可口可乐的口味，于是匆忙改用新配方。然而，这却伤害了老顾客的感情，在全美范围引发抗议，表示不接受新可乐。百事可乐又开始新一轮的"攻心夺气"攻势，制作了一个30秒的广告。一个神情急切的妙龄女郎问："有谁能来告诉我，可口可乐为什么要改变配方呢？"一声"咔嚓"引起观众注意后，一个男士画外音说："他们变了，因为我们开始喝百事可乐了。"百事可乐利用攻心夺气的心理战，使得可口可乐高层误以为自己产品口味出了问题，草率更改绝密而经典的可口可乐配方，乱了自己的阵脚。改配方事件使其元气大伤，也让百事可乐赢得了更大市场，能够与可口可乐分庭抗争。

必须要注意的是，不仅敌方的军心士气有可能被我方动摇或削弱，我方的军心士气也有可能被敌方动摇或削弱。因此，善战的将领自身加强修养，头脑清醒、保持冷静，同时想办法让敌人气虚，而让我军气实。在企业经营和商场竞争中，诸位也要重视心理因素，知彼知己，从心理意志上战胜对手，同时也要加强自身团队意志品质的培养，以免被对手误导利用。为此，不妨学一学孙子提出的"四治之法"。

孙子提出"三军可夺气，将军可夺心"之后，紧接着就告诉人们从四个方面"攻心夺气"："是故朝气锐，昼气惰，暮气归。故善用兵者，避其锐气，击其惰归，此治气者也。以治待乱，以静待哗，此治心者也。以近待远，以佚待劳，以饱待饥，此治力者也。无邀正正之旗，勿击堂堂之陈，此治变者也。"这里的"治"，是"掌握、控制"的意思。

治气，即学会掌握和运用军队士气的方法，争取主动。军队的士气就像太阳早出晚归一样，"朝气锐，昼气惰，暮气归"。因此，避开敌人初到战场时的锐气或兵力占优势之时，待其士气低落、优势丧失，再去攻击它，这样就能获得主动。

治心，即学会掌握和调整军队心理状态的方法，争取主动。战争中，心理因素往往对胜负有很大影响，因此，运用心理战术，使自己的军队保持沉着镇定，使敌人的军队陷入恐慌和混乱，这样就能在心理上战胜敌人。

治力，即学会掌握和使用军队作战力量的方法，争取主动。战争既是力量的拼搏，更是智慧的较量，善于争取主动权的一方需要能够巧妙运用自己的战斗力，避免一上战场便使尽全身力量。因此，创造对自己有利、对敌人不利的态势，削弱对手的力量，增强自身的力量，才能以小胜大、以弱胜强，以小的代价换取大的胜利。

治变，即学会掌握机动应变的方法，争取主动。战场情况复杂多变，既有可争之利，也有不可争之害，只有善于正确判断战场情况才能趋利避害。因此，抓住有利战机，避实击虚，打敌要害，一举战胜敌人。

归结起来看，"四治"之法，核心在于夺敌军之气，乱敌将之心，同时养我军之气，定我将之心。

驰名世界的瑞士表，其优势在于机械表。日本精工想要战胜瑞士表，就必须避开机械表这一充满锐气的领域，向钟表业的新领域——"石英表"进军。经过技术研发与改进，精工石英表已经在准确度等性能上优于瑞士机械表，但是精工认为与气势正旺的瑞士机械表一决雌雄的时机还未到来，因为精工在技术、人才、资金、品牌等方面都不是瑞士机械表的对手。因此，精工将其质优价廉的石英表投向瑞士以外的市场，以免"打草惊蛇"。到1990年，精工手表的产量已经跃居世界第一，人才济济、技术先进、资金雄厚，精工认为向瑞士机械表发起进攻的时机到了。于是，精工集团以重金买下日内瓦"珍妮·拉萨尔"手表销售公司,以实用的中高档手表、钻石宝石镶嵌的超高档手表和黄金装饰的"珍妮·拉萨尔"牌新型超级手表,全力扑向丧失警惕性的瑞士机械表。当瑞士机械表清醒过来,并多次展开反击时,日本精工表已经进入瑞士市场,在世界上占领了钟表市场的主要地位。

日本精工手表大战瑞士机械表,是"四治之法"的综合运用:它先是避开了机械表这一充满锐气的领域,是为"治气";专心致力石英表这一新兴产品做好做精,是为"治心";在没有足够实力时不与瑞士机械表在其本土发生正面较量,而是以迂为直占领其他市场,是为"治力";最后待实力强大,态势发生变化后,全面迅速进入瑞士发起正面攻击,是为"治变"。

日本精工手表的经验告诉人们,在经营企业和市场竞争中也完全可以活用孙子的"四治"之法,如果能够综合运用,便有可能扰乱并削弱对手,稳固并强壮自身,从而谋求竞争优势,取得商场竞争的胜利。

经典案例

① 两家公司总经理之间的心理"持久战"

A公司是一家位于上海新区的知名教育咨询公司,该公司的管理高层大部分有着海外留学以及海外大公司工作经验,管理中层中也有一部分人具有海外留学背景。公司拥有着丰富的美国教育资源,与美国数家著名教育机构有着密切的合作关系,并代理国外非常多的优秀教育产品,凭着过硬的产品以及优秀的团队协作,A公司在国内建立了丰富的渠道商和经销商。

B公司是一家位于北京教育资源集中的海淀区的教育服务公司,是A公司的合作者之一,与A公司常年合作,代理并使用着A公司的拳头产品,而且公司90%的业务来源都和A公司的产品有着很大的关系。

A公司的总经理赵总是一个精明强悍的四十多岁的女性,毕业于英国杜克大学商贸专业。而B公司的老板李总则是一名不到三十岁的青年,大学毕业后拒绝家人安排的稳定工作,拉着自己的同学好友注册了公司,开始创业。和A公司的精英团队相比，B公司从管理层到员工，整个团队更像一个草台班子，没有海外留学背景，没有大公司工作经验，但是每个人都有着昂扬的斗志和对李总的信任。

由于主要代理A公司的产品，B公司从初创开始就一直跟随A公司的节奏发展。在发展的过程中，由于客户的交叉，两个公司之间的业务人员不时会出现抢单的现象，所以两家公司既有合作，也有竞争。A公司的赵总出于拓展分销渠道以及制约B公司在北京一家独大的考虑，开始在北京地区寻找并支持新的合作者。因此，没过多久在北京就出现了好几家与B公司竞争的代理公司。

在这样的格局下，每当李总感觉到来自A公司或周边竞争对手的压力时，都会乱了阵脚，不得不向A公司赵总示好妥协，继续在A公司的下面做好自己小弟的角色，市场格局和主动权仍然由A公司的赵总主导。B公司团队虽然不像A公司的员工具有良好的职业素养，但是出于对李总的信任，一直保持良好的士气，这给李总吃了一颗定心丸，年轻的李总也在残酷的商场竞争中迅速成长，逐渐养成了临危不惧、处乱不惊的心态。在没有寻找到替代A公司产品之前，B公司稳扎稳打做好售后服务，逐渐积累客户资源，有些老客户还会介绍新的客户。与此同时，李总也一直寻求新的教育产品，拓展业务增长点。随着引入新产品的口碑以及因为做好服务而带来的业务增长，B公司逐渐摆脱了对A公司的依赖，李总也越来越气定神闲，走出了自己的节奏。他利用北京的教育中心优势、政策资源和其他的资本资源，寻求了更多更广的合作，慢慢从实力上提升，开始宣传造势，通过网络、媒体、软广告全方位宣传，业务迅速拓展。逐渐地，A公司扶植的其他公司被甩在后面，但李总仍然保持着和A公司赵总的良好私人关系，并向赵总传递自己逐渐强大的信息。在同A公司其他管理层和员工的业务往来中，李总及其公司的员工也注意不卑不亢，稳健行事。

局势在不知不觉中产生了变化，赵总撇开原来高高在上的态度，越来越重视与B公司的合作，将产品和服务资源不断倾斜给B公司，甚至两家公司形成了南北分而治之的局面。B公司，依然还是原班人马，但在业务上有了飞速的拓展，知名度也有了很大的提升，李总不再因为A公司所培养的竞争对手而心烦意乱，委曲求全，更多的是在平心静气地思考公司的未来，理性分析自身的优劣势，为公司谋求更为长远的方向和目标。

| 案例分析 |

《孙子兵法·军争篇》所提到的"三军可夺气，将军可夺心"，在任何竞争中都是值得注意的。"战胜对手有两次，第一次在心中"，[①]一旦竞争某一方的心理被攻破，那对手的进攻如履平地一般。攻心夺气，在历来战争实例中都有体现，明朝心学圣人王阳明曾经在云南剿匪的时候，大量使用了攻心夺气之术，将盘踞多年的匪患在短短的数月内荡平。

同样，A公司和B公司之间也有着交替出现的"攻心夺气"之战。首先，B公司的李总由于在创业初期迫切需要有好的产品站稳脚跟，这恰恰被A公司的赵总所捕捉到，由于A公司与B公司实力相差悬殊，A公司的赵总占据了主动权，而B公司的李总由于势单力薄，自身经验和实力都不足，在合作中心理上也一直处于弱势。在之后的合作过程中，但凡有竞争性的事件或关系出现，A公司的赵总抓住B公司的李总的软肋，利用区域竞争对手，扰乱李总的情绪和步伐，让B公司继续跟随A公司，持续不断地购买或使用A公司的教育产品。而在之后的双方发展关系中，年轻的李总在团队的支持下，自身也逐渐成长，稳扎稳打，抓住自身优势发展。更重要的是他也稳住内心，不被对手扰乱，在与赵总和她的团队业务往来中，潜移默化造势、攻心、夺气，一系列的战术，完成了一个漂亮的反击战。

❷ "春都"的陷落与"双汇"的崛起

2014年12月8日，中国第一根火腿肠的生产者，洛阳春都以一种决绝的方式，辞别了火腿肠市场，甚至是肉类加工行业。洛阳新春都清真食品有限公司商标权通过洛阳市公共资源交易中心公开挂牌转让。转让标的包括公司15个类别28个注册号的"春都"及其相关注册商标权，挂牌价仅为282万

---

① 金一南《心胜》扉页。

元。让人唏嘘的是,就在当年同一天,双汇集团在漯河华丽举办30年庆典,群贤毕至、冠盖云集。而且2017年"双汇"以品牌价值606.41亿元再次上榜中国品牌价值500强,连续多年保持中国肉类行业第一。

今天的双汇与春都,无疑是云泥之别。但30多年前,它们都在同一起点上,1984年,河南省商务厅将十大肉联厂下放给地市,这里面诞生了后来名动天下的春都、双汇、郑荣。1986年,洛阳肉联厂引进了一台日本的火腿肠灌装机,投资上马火腿肠生产项目。1987年,中国第一根被命名为"春都"的火腿肠在洛阳诞生,并迅速在市场走红。时隔5年后的1992年,双汇才上马火腿肠生产线。当年,双汇火腿肠进京销售的时候,春都一位高管说,"河南某一个不知名的小肉联厂生产的火腿肠,在北京四道口四处叫卖,无人问津"。"双汇"是如何后来居上,抢占了"春都"大部分市场的呢?原来,"双汇"精心策划了一场精彩的心理争夺战。

有一段时间,两家的广告都做得非常大。然而,当时消费者普遍反映"春都"火腿肠不如"双汇"好吃,"春都"集团断然否定了这种说法。"春都"认为同等价格的火腿肠,"春都"要好于"双汇"。而经销商和顾客之所以产生"春都"不如"双汇"的印象,是什么原因呢?原来,"双汇"请"春都"入瓮,"春都"掉进了坑里。

"春都"高层曾痛心疾首地回忆这场惨烈的价格战:

火腿肠市场的竞争愈演愈烈,"双汇"就打起了价格战,把100克火腿肠中的猪肉成分,由85%调低到70%,价格也随之由每根1.1元调低到每根0.9元。中国式竞争总是不缺"无间道","春都"与"双汇"都在对方互设了"探子"。于是"春都"立即也调低了自己的火腿肠猪肉比例以及售价。"双汇"一看"春都"上钩了,紧接着又往下调,价格最低至一根火腿肠0.5元!双汇每调一次,"春都"都忙着跟进,最终,"春都"牌火腿肠的价格也降到了0.5元一根。但是"春都"怎么也没想到:"双汇"火腿肠里的猪肉成分每调低一次,这种档次的火腿肠产量就减少一些,最后当它的价钱降到0.5元一根时,这种品质的火腿肠仅占10%,其他90%的火腿肠仍然维持在85%的成分比例及原来的价格上。双汇集团在广告中大力宣传这种低价、低质的火腿肠,但是你进超市一看,各种档次、价格的"双汇"牌火腿肠都有,你想吃便宜的就买0.5元一根的,想吃好的、贵一点的,你的选择余地也会很大。而"春都"火腿肠却全部降到了这种品质和价位上，顾客拿起一根一吃："呸！"再拿起一根，一吃还是"呸！"很快就倒了胃口。买"双汇"牌火腿肠，10个顾客顶多有一个说不好，而买"春都"牌火腿肠的顾客，10个人有9个说不好！后来"春都"醒悟过来了，赶紧恢复"高质高价"火腿肠的生产、销售，但为时已晚——顾客已经不吃"春都"牌火腿肠了！经销商也不进货了！"春都"和"双汇"掉了个过儿："双汇"是10%的低质低价产品，90%的高质高价产品，"春都"是90%的低质低价产品，只有10%的高质高价产品，"春都"的市场就这样被"双汇"夺去了。

| 案例分析 |

现如今，关于商场竞争的营销心理学的书比比皆是，这是因为这些书在争夺产品市场上对消费者心理研究起着非常重要的作用，但是在商业对手的心理对于企业经营决策的作用方面，则相对不够重视。实际上，《孙子兵法》就告诉我们心理战的巨大作用："三军可夺气，将军可夺心。"对敌作战，既包括打击敌人有形的物质要素，也包括摧毁、动摇敌人无形的精神要素，而打击后者所付出的代价要小得多。在激烈的商战中，善于"心战"的企业家，会研究竞争对手决策者的心理，以攻心取胜。本案例中"双汇"把火腿肠中的猪肉含量和价格同时降低，"春都"乱了阵脚，怕失去市场而盲目跟进打价格战，几乎所有的产品都降下了含肉量。殊不知"双汇"留了一手，仅少量生产低价产品，并以广告宣传而转移"春都"的视线，大部分仍然是含肉量多而价格维持不变的产品。结果，"双汇"的顾客，10个顶多有一个说不好；而"春都"的顾客，10个有9个都说不好！"双汇"搭了个梯子引"春都"上了楼，"春都"上去后，"双汇"却抽掉了梯子，导致"春都"口碑砸了锅。

"双汇"的攻心夺气可谓精彩，0.6元的降价空间加上虚虚实实的广告就乱了对方的阵脚，夺了顾客的口碑，一战便将"春都"推到了死亡线上，再无还手之力。可见，对于艰苦创业的企业经营者们，无论企业做得多么大，都要让自己做到不动如山，难知如阴，只有这样才能不给竞争对手攻心夺气的机会，才能在激烈的市场竞争中立于不败之地。

十七

上智为间——高度重视商业情报

"用间"这种事情似乎很敏感，总让人有点偷偷摸摸见不得人的感觉。但是，古往今来人们又都在用。用好了，决策正确，打仗胜利；用不好，则是决策错误，打仗失败。古今中外，概莫能外。所以，孙子认为，用间之事，"主必知之"，强调"明君贤将，能以上智为间者，必成大功，此兵之要，三军之所恃而动也"。提醒人们注意，贤明的君主、将领，如果能用智慧超群的人为间谍，必定能够成就一番大的功业。这是用兵作战至关紧要的问题，因为整个军队都要依靠间谍提供的情报而决策和行动。正是因为如此重要，孙子专门写了《用间篇》，集中分析间谍的重要价值、间谍的分类、各类间谍的任务，以及使用间谍的方法等问题。虽然他讲的用间的某些具体方法已经过时，或者相对简单，但是其中高度重视情报、巧妙获取情报的思想观点，无论是对现代战场较量还是商场竞争，都仍有很强的参考借鉴价值。

首先，重视一线情报，反对主观想象。孙子从战争实践中发现一条规律：那些英明的国君和贤良的将领之所以一采取军事行动就能够取得胜利，而且胜利成果特别巨大，超过众人，概括起来就三个字"先知也"。行动之前预先把敌情、地形等情况了解得一清二楚，而且是抢在对手之前，因而能够"先下手为强"。

问题是，竞争中的双方或者多方都想做到"先知"，我们怎样才能真正抢到这个"先"？不论是古代还是现在，不少人主要靠瞎蒙和胡猜等主观想象的办法去"先知"。孙子坚决反对这种办法，他的名言是："先知者，不可取于鬼神，不可象于事，不可验于度，必取于人，知敌之情者也。"其中，孙子连用了三个"不可"。第一个是"不可取于鬼神"，即反对用祭拜祖先、求神问鬼之类的办法猜测战事成败；第二个是"不可象于事",即反对用简单的事情类比复杂的战场情况;第三个是"不可验于度",即反对巫师用观测日月星辰运行位置之类的方法来推验战事的吉凶祸福。这些方法都是唯心主义的瞎蒙胡猜,很不靠谱。孙子用了一个"必"字,强调"必取于人"。不是一般的人,而是深入战场一线,或者潜入敌人内部,切实掌握第一手情报的间谍,即"知敌之情者也"。现在电视屏幕上有关"商场谍战"的连续剧比较多,诸如《猎场》《防火墙5788》《太阳的陷阱》《第一种危机》《远期的合约》等,虽然客观上商场上确实不少谍战。但是,我并不主张打商业间谍战,这并不是虚伪,或者迂腐,因为老实经营,诚信做事才是根本。但又确实不能闭上眼睛瞎忙活,还得睁眼看市场、看对手、看客户,才能先知先行,成为市场竞争中的"快鱼"。

市场竞争中做到"先知"至少有四个方面的效应:第一,有利于为企业的决策和调整策略提供客观依据。第二,有利于企业发现市场机会,开拓新市场。第三,有利于准确的市场定位,更好地满足顾客的需要,增强竞争力。第四,有利于企业建立和完善市场营销信息系统,提高企业的经营。这就需要有专人或专门的机构做市场调研,随时掌握一线市场的动向和信息。当然,与战场一样,"不可取于鬼神,不可象于事,不可验于度,必取于人",必取于深入市场、深入对手、深入客户,了解真实信息情报的人。

其次,用最聪明的人了解情报,确保为决策提供可靠的依据。情报工作说难也真难,说容易也很容易。如果仅仅满足于应付差事,随手便可以搜罗一大堆真真假假的情报,然后交差了事。但是,这种情报至少有三大问题:一是真假难辨,一旦根据假情报决策,很可能导致全军覆没。二是价值不大,随手可得的情报,要么是过时的,要么是无关紧要的,无助于正确决策。三是情报太多、太杂,反而难于选择,贻误战机。

有一家软件开发公司曾经对杀毒软件进行过应付差事的市场调查,错误的结果导致公司决策和长期发展部署的失败。这个公司的董事长感慨万分地说:"如果不是调查偏差,我们公司现在会发展得更好。"原来,该公司当时请了一所大学的几位专业人员来做网络人群对杀毒软件需求的调查,这几位专业人员将调查对象错误地锁定为当时上网的单机版人群，所以调查结果都是对于单机版软件的市场需求状况，这类用户大多注意电脑的安全维护，对杀毒软件需求不是十分强烈。企业因此认为杀毒软件的市场需求不大。结果证明这是一个战略方向性的错误。因为，简单调研忽视了另外一个巨大的用户群体，那就是网络版用户。这个群体最容易受到病毒侵害。所以，应当将调查对象设计为两大群体：单机版用户群和网络版用户群。这样，调查结果必然会显示网络版的用户需求更大，而单机版用户群会逐渐向网络版用户转变。

这家企业钱花了不少，但由于负责调研的专业人员业务不精，结果事情却搞砸了。孙子早就告诉我们："能使上智为间者，必成大功。"这里的关键词是"上智"，上等智慧，绝顶聪明的人。用这样的人从事情报工作，必定能够成就大功。因为这种人眼力独特，嗅觉敏锐，思维缜密，还非常敬业。无论战场还是商场，无不是虚实混杂，瞬息万变，只有那些"上智"之人才有可能从中辨别信息真伪，准确捕捉最有价值的信息。因此，经营企业一定要以"上智"之人用于市场调研，作为企业的眼睛和耳朵，随时透视市场，准确把握信息。在这方面既不要省钱，也不要省事。不要随便找业务不精的咨询公司，也不要随便安排反应迟钝的业务人员，一切以"上智"为标准。

再次，厚待调研骨干，珍视一线情报。我们从影视上看到的间谍似乎都比较潇洒，出入酒会、舞会，还可以假扮夫妻谈情说爱，其实间谍是一份要命的工作，一句话说错，一个眼神不对，就有可能暴露身份，丢了性命。所以，真实的社会生活中一般人大多不敢从事这项工作。常言说：重赏之下必有勇夫。孙子把这一常理引入到了用间问题上。孙子提出："三军之亲，莫亲于间，赏莫厚于间，事莫密于间。"强调整个军队中，国君最为亲近的是间谍，奖赏最为厚重的是间谍，谋事最为机密的是间谍。三个"莫"，相当于现代的三个"最"，最亲、最厚、最密。如此方能鼓励间谍出生入死，想方设法获取最有价值的情报。

孙子这一思路值得企业领导高度重视。企业负责调研的机构和人员整天坐在办公室是不行的。虽然现在网络发达，足不出户便可知晓天下。但是，许多潜在的信息和情报在网络上还是查不到，或者能查到的通常也是众所周知的过时信息。所以，调研人员必须走出办公室，深入市场、深入对手、深入客户之中，才能获得第一手资料，发现最有价值的商业情报。可是，一旦走出去，便不能天天在老板面前出现，如果老板忽略了他们的存在，甚至将他们视为可有可无，那么势必让他们产生被边沿化的感觉，也就没人愿意走出去了。因此，企业老板要像孙子所提倡的那样，特别关注、超常重赏那些勇于走出去全身心从事市场调研工作的骨干。

间谍和情报固然十分重要，但是相比而言，运用间谍和需求情报的国君将帅更为重要。所以，孙子接着对国君将帅连说了三个"非"："非圣智不能用间，非仁义不能使间，非微妙不能得间之实。"第一个"非"，讲的是国君将领要非常智慧，才知道怎样巧妙用间；第二个"非"讲的是国君将领要非常仁慈，才知道怎样有效地保护间谍；第三个"非"讲的是国君将领要非常敏锐，才知道怎样辨别情报的真伪，利用情报的价值。

一家日本保险公司进入中国市场之前，委托某调查公司为其做前期市场调研。调查公司做出全面调查之后，这家日本公司的老板对几百页的数据都进行了仔细研究，对每个环节都细细加以琢磨，以至于还没进中国时对中国保险市场的了解就超过了中国自己的保险公司。相反，我们国内很多企业，领导收到调查报告后只是大致翻看一下结论，就匆忙审批或束之高阁，对调研结果利用不足，让调研人员白忙活。可见，企业领导对待调研结果的态度不同，在很大程度上影响着企业的生存和发展。

有一点必须提醒一下，孙子只是讲了如何用间，没怎么讲防间。我们有必要主动拓展这方面的思维。一般来说，有攻就有防，有防才能攻。2009年7月轰动一时的力拓商业间谍案就很值得我们警醒。当时中国钢铁企业与世界三大铁矿石寡头——英国必和必拓、澳大利亚力拓、巴西淡水河谷的铁矿石价格谈判陷入剑拔弩张的对峙局面。力拓集团上海办事处总经理、力拓铁矿石部门中国业务负责人胡士泰及另外三名中方雇员，采取拉拢收买、刺探情报、各个击破等手段搜集中方情报，将有关钢铁企业或业内重要的机密数据及中方谈判团队的底线泄露给了力拓等铁矿石谈判对手，结果迫使中国钢企在近乎讹诈的进口铁矿石价格上多付出7000多亿元人民币的沉重代价，相当于全国钢铁行业同期利润总和的一倍多！类似案例不胜枚举。还是那句老话："害人之心不可有，防人之心不可无。"商场上尤其如此。

在商业竞争的领域，我们一方面要积极搜集商业情报，建立竞争优势。另一方面也要积极防范自己核心商业情报的泄露。像力拓公司这样的商业间谍案只是冰山一角。随着我国市场经济的发展，市场规模和市场交易额不断增大，越来越多的商业间谍开始将目光瞄准我们的企业。如何防范商业间谍的入侵，是摆在中国企业面前的新的课题。

我们应该从三个方面去思考这个问题。第一，我们要积极防范，做好保密工作，依靠国家法律、企业制度、内部管理去避免自己商业机密的泄露。第二，我们要加强与重要的合作伙伴、供应商、客户建立结构性联系，增强互信，实现双赢的目标，减少企业间相互恶意窃取情报。第三，要重视人才、留住人才，甚至能够吸引竞争对手的人才。我们在进行商业情报工作的同时，要注意防止触犯法律，违背道义。商业竞争毕竟不同于军事战场上你死我活的剧烈对抗，我们的商业情报工作要在合理限度内展开。与此同时我们要防止竞争对手触犯法律，违背道义，窃取我们重要的商业情报，侵害我们的经济利益。商业竞争毕竟也是残酷的，企业多年发展积累的竞争优势，有时候就像隔着一层窗户纸。窗户纸不破，别人就是不知道，窗户纸一破，就没有什么价值了。因此对于核心技术、重要的经营数据、秘密配方等信息，要做好保密工作，防止泄密事件的发生。

经典案例

1 TCL跨国并购频频失利的原因

TCL集团是我们大家所熟知的一家特大型国有控股企业，业务涉及家电、信息、通信、电工四大行业，集研究、生产、销售于一体。但TCL集团几次跨国并购的失败却举世瞩目，有人窃喜，有人扼腕。第一次是TCL集团收购德国施耐德公司，第二次是收购法国汤姆逊公司，第三次是牵手阿尔卡特公司。事实证明，TCL集团国际化之途已步入泥潭且难以自拔。无论怎样分析总裁李东生的失误都可以，但有一点需要注意：作为一个企业组织，TCL集团缺乏起码的商业情报机制和流程，导致决策的战略、战术都失去了依据。最终致使TCL集团在跨国并购过程中如盲人骑瞎马，夜半临深池。结论自然而然，成功是侥幸，失败是必然。可以说，企业信息情报沟通是企业沟通的核心部分，表面上似乎看不清楚，但常常是决定竞争胜败的主要因素。

| 案例分析 |

　　TCL集团在德国收购施耐德后不久，就突然冒出一个大问题：施耐德在一些国家的品牌使用权和当地的代理商存在纠纷，当TCL集团重新要做这些国家业务的时候，发现面临的首先不是市场问题，而是法律问题。如果TCL集团做过商业情报收集和充分尽职的调查，应该是可以避免这种情况的。可是，TCL集团却没有提前了解真实的商业情报。TCL集团在同汤姆逊谈判合并时依然没有吸取教训，仍然没有去做详细的调查，不了解对方的情况。汤姆逊公司和TCL集团进行并购前，年亏损额为1.3亿欧元。对其现存资产的估值中，3.4万余项专利、所谓的技术优势（在传统显像管电视领域）的价值占很大比重。TCL集团对并购对象的行业技术价值、市场价值等情况根本就没有去进行认真的情报收集和调查研究，用事后一位专家的话说，TCL简直是在隔山买牛。实际上，汤姆逊把彩电业务转手给TCL集团后，很快把自己定位为一家数字媒体和视频流公司。他们在交易时，已经对产业前景和自身方向有了清醒认识。TCL集团没有经过严格的尽职调查，未能准确地评估收购对象的核心技术并确定其风险，判断收购其已知和潜在的负债，也未了解欧盟相关的法律法规，最终造成签订后的合同对TCL集团非常不利。例如，在盲目乐观和急功近利的收购观念指导下，TCL集团甚至没有获得汤姆逊的电视销售渠道，这给新公司拓展市场带来了诸多不便。为此，2005年春节过后，TCL集团与汤姆逊重新谈判，直到2005年7月，TCL集团才真正全面接管汤姆逊原在欧洲、北美地区的全部销售网络。

　　TCL集团屡次并购失败的真正原因在哪里？经济学家胡泳的《TCL并购之败》中，分析得很明白——在于它的情报功能弱化。

❷ "蓝色巨人"的反间计

IBM是世界著名的大企业，在计算机行业一直处于领先地位，被称为"蓝色巨人"。正因为如此，它成了同行业中众多企业的竞争对手。日本的日立公司一向是靠仿造别人产品生存的，所以这就要等到对方的机器问世后才能着手仿制。如果能事先获取新机种情报的话，就可大大缩短仿造时间。为此，日立公司私下采取了行动。

| 案例分析 |

1980年11月，由于日立公司重金引诱，IBM雇员坎迪特在辞职前暗自照相复制了IBM十册生产指导手册，并交给日立公司。但不久，这件事被日立公司神奈川工厂计划部主任林健治无意中透露给了马科斯维尔·贝利。在IBM工作过21年的贝利出于对自己国家和IBM的忠诚，立即通知IBM。得知机密被窃，IBM大为震惊。负责全监视的头号"灭火"专家理查德·阿·卡拉罕立即着手调查工作。为了能接近日立公司的林健治，IBM请贝利出面充当双重间谍。

贝利给林健治发电报说，他能提供更多关于IBM的资料，并约定在东京会面。不久，他在卡拉罕的陪同下飞抵东京，给林健治看了IBM生产指导手册的手抄目录，并要求看一看日立公司需要哪些资料。林健治一口答应。几天后，林健治亲自带着三本IBM的生产指导手册来到贝利住处，并带来了日立特别希望"购买"的清单。贝利将生产指导手册给卡拉罕一看，卡拉罕一眼便认出这就是IBM被窃取的资料。

为了把日立公司的丑事公之于众，IBM决定协助美国联邦调查局的搜查人员开始代号为"彭杰姆"的诱捕行动。1981年11月，卡拉罕乔装打扮成退休律师，经贝利介绍会见了林健治。接着，卡拉罕又把化名为"阿尔·哈里逊"的美国联邦调查局老手凯莱德逊介绍给林健治，说他是IBM的专家，进一步刺激日立公司的胃口。林健治不知是计，很快便和其同事与美国联邦调查局的搜查人员及贝利讨价还价。

但究竟是哪位日立公司的领导人在策划窃取IBM的情报呢？为了弄

清这一问题，卡拉罕和凯莱德逊对林健治说，IBM又有两个高层领导人即将退休，通过这两个人，任何绝密情报都能弄到。林健治大喜过望。老谋深算的凯莱德逊和卡拉罕说不仅希望得到相当于两三年工资收入的现金，而且要求日立公司派出地位相当的人物亲自出面，并向他们保证严守秘密才行。林健治表示同意。

为了让日立中泽喜三郎博士与凯莱德逊和卡拉罕接头，林健治制订了周密的计划。林健治和中泽在旧金山饭店与卡拉罕会面。为了解参加日立阴谋的其他人员，卡拉罕特意请中泽画了一张日立的组织结构图。

随着诱敌深入计谋的推行，涉及此案有关人员都已暴露无遗，美国联邦调查局和IBM决定采取最后的行动。于是，卡拉罕和凯莱德逊向日立发出了信号，说有录制了电子计算机新软件标准的录像带要交给日立。日立付给卡拉罕等人25万美金，同时派计算机软件工程师大西勋专程去美国取回录像带。就在大西勋如愿以偿，准备打道回府的时候，包括他以及林健治等在内的日立职员一起被美国联邦调查局的人员逮捕了。

日立公司丑闻被曝光，公司被起诉，体面大伤。IBM协同美国联邦调查局采取的"反间计"，虽然付出了一定的代价，却取得了意想不到的战果，进一步巩固了自己在同行中的领先地位。

02

第二部分

治产如治兵
——向《孙子兵法》学管理谋略

一

智慧管理的法宝——《孙子兵法》

中国古代有一位公认的"商神",司马迁在《史记·货殖列传》中称其为:"治生之祖",即经营民生之鼻祖。宋真宗曾封他为"商圣",民间又称他为"治生祖""商祖"和"财神",这个人就是战国时期担任过魏惠王臣相的白圭。后来,白圭弃政从商,经过一番打拼,建立了自己的商业帝国。白圭从政客到巨商华丽转身,为什么转得那么成功,那么漂亮?他曾经自己总结了其中的关键原因。他说:"吾治生产,犹伊尹、吕尚之谋,孙吴用兵,商鞅行法是也。"这句话中提到的五个人都与军事有密切的关系。伊尹和吕尚是商周时期著名的谋臣,伊尹用计用谋帮助商汤灭了夏桀;吕尚即姜太公,长期谋划帮助周文王、周武王灭了商纣王;孙子即孙武子,是春秋末期的著名兵家,所著的《孙子兵法》是目前现存世界上最早的兵书,也是东方军事理论的经典之作;吴起是战国时期著名的兵家,战功累累,著有《吴子兵法》;商鞅则是战国时期著名的军事改革家,是大秦帝国崛起的奠基人。这几位影响中国历史进程的人,都有一个共同的特点,那就是精通兵法。

还有一个有意思的现象,中国古代其他几位"商神""财神"也都是带兵打仗的人。"商神"范蠡,春秋末期帮助越王勾践打败吴王夫差;"财神"关羽,三国时期过五关斩六将,协助刘备打天下。由此看来,经营活动与战争搏杀确实有很多相通、相似之处。所以,我把白圭的经商秘诀改造了一下,概括成"治产如治兵",即治理一家大的产业,其经营理念、管理艺术很像治理一支军队。

众所周知,当今发展如日中天的华为,其创始人任正非不仅有过从军的经历,也确实按照"治产如治兵"的理念,在华为的经营管理中全面向军队学习。比如:学习军队的制度流程,包括"军政模块流程"和

"军令模块流程";学习军队的组织编制,陆海空各军兵种分别编组,又彼此融合;学习军队的选拔机制,采取精英模式、优中选优;还学习军队的危机意识,居安思危,时刻备战。这些制度、理念和方法,无疑与企业管理密切相关,有力地提高了企业管理的效率。

《孙子兵法》其实是一本很薄的小册子,总共13篇,6000字左右。我们可以通过一个很简单的办法来记住13篇的篇名以及先后顺序。请记住两句口诀:"计作谋形势虚争,九行地九火用孙",一共14个字,读起来还有点韵味。其中前13个字,出自于13篇每一篇篇名中的一个字。计,是《计篇》;作,是《作战篇》;谋,是《谋攻篇》;形,是《形篇》;势,是《势篇》;虚,是《虚实篇》;争,是《军争篇》;九,是《九变篇》;行,是《行军篇》;地,是《地形篇》;九,是《九地篇》;火,是《火攻篇》;用,是《用间篇》;最后这个"孙"字,就是指《孙子兵法》十三篇的作者孙武。我们研究《孙子兵法》,最好要了解他生活的年代和生平事迹。仔细分析十三篇,其先后顺序有讲究,不是胡乱排列的。比如,第一篇讲战争决策,第二篇讲战争准备,第三篇讲战争谋划,第四篇讲作战力量,第五篇讲作战态势,第六篇讲战场变化,第七篇讲争夺战机等,最后一篇讲用间谍获取情报。这样就像剥竹笋一样,一层一层把国君或将领思考战争全局问题的主要步骤,或者说战争的几个阶段逐步展开分析。

古人说:孙子尚智。确实,孙子非常崇尚智慧,整个兵法十三篇,贯穿始终的一个重要思想,是反对硬碰硬、拼实力、打恶仗,强调以谋制敌、以智取胜。从现代企业管理的角度来看,孙子的这些智慧无疑有助于丰富我们的管理思路,提高管理艺术,增强管理效果。

有的人说,《孙子兵法》不好学,也不好用,还有的人则是相当自信,认为很简单,无师自通,不用学就会用,这些都是学习的误区。我认为学好、用好《孙子兵法》需要从两方面下功夫:一是真学,二是真用。当年张良就是因为真学、真用而成为大谋略家的。刘邦在得天下之后,曾经在咸阳宫召开庆功盛宴,席间他提出一个问题:各位说说,我为什么得了天下,项羽为什么丢了天下?大臣们议论纷纷,各说其是。刘邦觉得大家都没有说到关键点,洋洋自得地道出了一番经典名言:

"夫运筹策帷帐之中，决胜于千里之外，吾不如子房。镇国家，抚百姓，给馈饷，不绝粮道，吾不如萧何。连百万之军，战必胜，攻必取，吾不如韩信。此三者，皆人杰也，吾能用之，此吾所以取天下也。项羽有一范增而不能用，此其所以为我擒也！"

一句话，他主要是靠子房、萧何、韩信等杰出人才帮衬才赢得了天下。而项羽则是因为失去了人才的支持，所以丢了天下。刘邦所说的三位杰出功臣，第一位就是著名谋士张良，字子房。事实上，张良并非天生足智多谋，相反，年轻时还有点鲁莽。

张良出身于贵族世家，战国时其祖父连任韩国三朝宰相，父亲亦继任韩国两朝宰相。到张良这一代，韩国逐渐衰落，最终被秦国所灭，张良也被迫流落他乡。张良结识了一个大力士，为他打制一只重达120斤的大铁锤，并差人打探秦始皇东巡的行踪，伺机报仇。

公元前218年（秦始皇二十九年），秦始皇东巡，张良得知这一消息，带着大力士埋伏在秦始皇必经之地——古博浪沙。不多时，远远看到36辆车队由西边向古博浪沙处行走过来，前面鸣锣开道，紧跟着是马队清场，黑色旌旗仪仗队走在最前面，车队两边，大小官员前呼后拥。见此情景，张良与大力士确定是秦始皇的车队到达。但所有车辇全为四马驾车，皇帝一般乘六驾，因而分不清哪一辆是秦始皇的座驾，只看到车队中间的那辆车最豪华。于是，张良指挥大力士向豪车冲去，120斤的大铁锤一下将乘车者砸倒在地。大力士被冲上来的卫兵乱刀砍死，而张良则趁乱钻入芦苇丛中，逃离了现场。

秦始皇因多次遇刺，早有预防准备，坐在其他车上，被大力士击中的只是替身。秦始皇十分震怒，下令全国缉捕刺客，但张良跑得快，得以侥幸逃脱。从这件事可以看出，年轻时期的张良根本谈不上什么谋略，侦察不细，计划不周，行动鲁莽。

那么，这样一个鲁莽的年轻人，后来如何成了帮助刘邦打天下的得力谋臣呢？这一转变源自于一次奇遇。

有一天，张良在一座桥头闲逛，遇到一位穿着粗布短袍的老翁。这个老翁走到张良的身边时，故意把鞋脱落桥下，然后，傲慢地冲张良说："小子，下去给我捡鞋！"张良愕然，但还是强忍心中的不满，违心地替他取了上来。随后，老人又跷起脚来，命张良给他穿上。此时的张良真想挥拳揍他，但出于好奇，强压怒火，膝跪于前，小心翼翼地帮老者穿好鞋。岂料，老者非但不谢，反而仰面长笑而去。张良呆视良久，只见那老翁走出一段距离又返回桥上，对张良赞叹道："孺子可教矣。"并约张良五日后的凌晨再到桥头相会。张良更是奇怪，于是将信将疑地答应了。

五天后，鸡鸣时分，张良急匆匆地赶到桥上。谁知老者已等在桥头，见张良来到，愤愤地斥责道："与老人约，为何误时？五日后再来！"说罢离去。过了五天，张良再次晚老者一步，又一无所获。第三次，张良索性半夜就到桥上等候，这次终于赶在了老者前面。于是老者从怀里掏一卷书送给他，嘱咐说："读此书则可为王者师，十年后天下大乱，你可用此书兴邦立国；十三年后济北谷城山下的黄石便是老夫。"说罢，扬长而去。这位老人就是传说中隐身岩石穴洞的高人黄石公。

张良惊喜异常，天亮时分，捧书一看，乃《太公兵法》。从此，张良日夜研习兵书，观察天下大事，逐渐改变鲁莽的习惯，成为一个深明韬略、文武兼备，足智多谋的"智囊"。正是因他的谋划，刘邦才得以打败强大的西楚霸王项羽，开创西汉王朝。可见，人的思维是可以通过主动学习和实践而不断进步和优化的。

我们如果希望将孙子的智慧引入企业管理，内化为我们的管理方法和领导艺术，就得像张良那样"日夜研习"，下一番真功夫，而不是翻一两页就浅尝辄止。同时，还得像他那样在实践中灵活运用，越用越有感觉，越用越有心得。

千万别学战国时期的赵括。读死书，死读书，一用就砸锅。长平首战，居然全军覆没，四十万大军被秦军打败，惨遭坑杀。现在有些企业领导也犯有与赵括类似的毛病，简单地把军队管理那一套引入企业，把企业管得过死，没有活力。关键就在于缺乏悟性，没有理解军事管理的精髓，不善于理论联系实际，更不善于在实践中灵活运用。我们不能当现实版的赵括，而要融会贯通，学以致用，方能得其主旨、得其神韵。

经典案例

① 美国和日本企业家如何学习《孙子兵法》

《孙子兵法》虽然诞生于中国，但是从20世纪70年代起，在日本和美国的企业界都兴起学习和研究"《孙子兵法》热"，时至今日经久不衰。在2017年《财富》评选出的全球500强企业之中，美国企业有132家，中国企业有115家，日本企业有51家。为什么美国和日本有那么多企业进入世界500强，为什么会在美国和日本掀起"《孙子兵法》热"？

在美国著名的大学中，凡教授战略学、军事学课程的无不把《孙子兵法》作为必修课。据不完全统计，美国民间有近百个研究《孙子兵法》的学会、协会或俱乐部。1987年陶汉章所著《孙子兵法概论》在美国出版，被列为20世纪80年代最畅销的军事理论书籍之一。2500多年前，当中国军事家孙子写《孙子兵法》的时候，他不可能想到今天《孙子兵法》在美国的运用。早在20世纪70年代，《孙子兵法》就已经成为公司主管和投资者的"圣经"。美国著名的管理学家乔治在《管理思想史》一书中告诫读者，你想成为管理人才必须去读《孙子兵法》。美国著名营销大师菲利普·科特勒博士说："如果凯马特、AT＆T、施乐和通用汽车公司以前的CEO读过《孙子兵法》的话，他们就会避免自己数以亿计美元的损失。"美国国际科技应用公司近年来专门制定了"孙子科技发展战略"，受到美国国防部、能源部、总统科技顾问委员会的高度重视，认为《孙子兵法》在同西欧、日本等地区和国家的科技竞争中很有参考价值。美国著名的哈佛大学和哥伦比亚大学的商学院，都把《孙子兵法》列为未来经理人员的必读书，并要求背诵部分章节。

在日本，据《人民中国》杂志社日本专家村山孚先生介绍，日本中小企业的经理们特别重视中国古典思想的研究，尤其是《孙子兵法》的研究。日本企业家为了使企业生存与发展，都要依靠两根支柱。在生产经营景气时，依靠美国现代管理这根支柱；在生产经营不景气时，依靠中国的古代军事思想，就是《孙子兵法》这根支柱。万事开头难，从创业到兴起到不景气，东山再起更难。当他们遇到这种困境时，《孙子兵法》可以帮助摆脱困境，使之东山再起。这是日本很多企业家的亲身经历和体验。

日本"《孙子兵法》经营学派"的创始人大桥武夫将《孙子兵法》运用于经营，使一家濒临倒闭的企业起死回生。他写的《用兵法经营》一书，曾引起工商界的巨大反响。几十年来，他为企业做了数千场次专题演讲，撰写并出版了30多册关于用兵法指导经营的图书，后来又编著了一部长达10卷的《兵法经营全书》。全书详细论述了在经营管理中如何进行"庙算""料敌""任将""出奇"等。他说："用《孙子兵法》经营比美国式企业管理更合理、更有效。"日本著名的经营战略学家大前研一说，经过长时间的思索和考证，终于找到了一部教科书，这就是《孙子兵法》，并称《孙子兵法》是最高水平的经营教科书，现有经营战略的内容全部都网罗其中了。日本松下电器公司的创始人松下幸之助说："中国古代先哲孙子是天下第一神灵，我公司职员必须顶礼膜拜，认真背诵，灵活运用，公司才能兴旺发达。"

从民间到高等学府、从个人到企业、从社团到政府，正是这种学习、研究、运用《孙子兵法》的炙热氛围，才使得日本和美国创建出这么多进入世界500强的企业，才使得两国的经济有今天的发展和强大。

| 案例分析 |

1986年朱镕基同志在清华大学经济管理学院对博士生的讲话中说："我们国家现在缺少的是博古通今，既懂外国的经营管理，又懂中国的《孙子兵法》，又懂《共产党宣言》的企业家，我们要按照'以我为主，博采众长，融合提炼，自成一家'的方针，吸收大家的优点，结合我们东方的特点和民族传统，在中国共产党的领导下，形成具有中国特色的中国企业管理道路。"朱镕基同志在讲话中提到的"三懂"，其中两懂是国外的、一懂是中国的，这一懂就是《孙子兵法》。可见他对《孙子兵法》的肯定和重视。朱镕基同志为什么强调企业家要懂《孙子兵法》呢？日本和美国的企业学用《孙子兵法》，使得两国经济有今天的长足发展就是最好的答案。这就是朱镕基同志强调中国企业家要懂《孙子兵法》的原因所在。

在中国，越来越多的企业家正在学习、研究、运用《孙子兵法》。

海尔集团总裁张瑞敏就是其中的佼佼者之一，他说对自己影响最大的有三本书：《道德经》帮助他确立企业经营发展的大局观，《论语》培育他威武不能屈、贫贱不能移、勇于进取、刚健有为的浩然正气，《孙子兵法》帮助他形成具体的管理方法和企业竞争谋略。

❷ 郑州亚细亚商场的风雨

1989年5月6日，郑州亚细亚商场宣告成立，成为我国最早的股份制商业集团企业。创业初期，亚细亚以其灵活的机制、"顾客至上"的服务理念和出奇制胜的营销战术，从一派萧条的商业氛围中脱颖而出。开业仅7个月，销售额就达到了9000万元，1990年上升至1.86亿元，实现利税1315万元，跨入"全国50家大型商场"行列，成为上升速度最快的一匹商界"黑马"。此后3年，亚细亚的营业额以每年5000万元、30%以上的幅度递增，向国家上缴利税逐年增加。一时间，"亚细亚现象""亚细亚冲击波"随着"中原之行哪里去"的电视广告传遍全国，引起各级媒体长期、广泛的关注，中央20多个部委的领导先后前往视察，并给予了高度的评价，亚细亚随之成为河南省最有魅力的商场和外来人员的必游之地。

| 案例分析 |

然而，天有不测风云。随着亚细亚知名度的提高，其管理体制中的一些致命弱点也逐渐暴露出来。

首先，干部选用唯亲是举。亚细亚某主要领导的表弟，原本是郑州郊区的农民，后被任命为北京一家大型商场的总经理；他的两个在家务农的妻弟，也一夜之间摇身变成了商场的中层领导；就连家中的一位小保姆，后来也被任命为亚细亚配送中心的财务副总监。与此同时，原初的创业人员却不断遭受排挤。1990年夏，在总经理的策划下，几位立下汗马功劳的副总先后被调至外地负责货源工作。第二年夏，当这几位副总随驻外办事处的撤销而返回商场时，他们才发现，自己的位置早已被总经理的亲属所取代。无奈之下，几位副总先后调离了亚细亚。

其次，人事管理随意混乱。1993年以后，亚细亚先后在省内外成立了10家连锁店。为援助新建连锁店，一批接一批有经验的管理人员被调往外地，而中心店又不得不重新招人弥补空岗。频繁的人事调动，严重影响了管理的稳定，同时造成管理层人满为患，互相掣肘。到1997年9月，1600人的郑州亚细亚商场，管理层人员就多达680人。

再次，管理费用浪费惊人。由于管理松散，亚细亚各项活动开支都十分巨大。每年场庆花费在70万元上下；中层以上人员出差多乘飞机，非三星、四星级豪华宾馆不住，出差5天就要报销几千元差旅费；主要领导每人拥有两台进口豪华小汽车；斥资900万元装修的一座楼，闲置两年之久；集团某股东从商场借出的800万元，因无借据，仅归还300万元，剩余款项被列为"工程款"，最后不了了之；另一股东1993年从商场借走57万元，也无人催要……由于经营管理不善，截至1997年，亚细亚商场仅管理费用就高达18.6%。

1997年，亚细亚销售额由郑州七大商场的第一位降居第六位，账面亏损700多万元，拖欠银行债务7000余万元，厂家货款1.3亿元，集团总负债6.15亿元，资产负债率高达168%。与此同时，亚细亚集团在省内外的大部分连锁店也都陷入入不敷出、濒临倒闭的境地。

二

主孰有道——管理工作重中之重

一支军队通常都是由成千上万的年轻人组合而成。这些年轻人正处于好动的年龄，多梦的年华，兴趣不一，追求各异，如何才能使他们团结一心，协调一致，在一个号令之下义无反顾地勇猛冲杀？这确实是一个很大的难题。估计这也是现在许多企业领导者希望解决，但又经常不得要领的一个问题。如何有效地激发员工的积极性，使员工更加忠诚于企业，尽心尽力地完成工作？

孙子撰写兵法十三篇时一开始就注意到这个问题，他提醒国君将领分析敌对双方国家实力强弱，双方军队能不能打仗，主要关注五大要素，他认为要"经之以五事"，这五事"一曰道，二曰天，三曰地，四曰将，五曰法"。

其中"道"排在第一位，首先看一看"主孰有道"。这里所说的"主"：对国家而言，是指国君；对军队而言，是指主将；对企业而言，是指老总；对团队而言，则是一把手。在孙子看来，各个领域中坐在"主位"上的人，能不能掌握整体，能不能带兵打仗，不在于国土面积大小，不在于军队人马多少，也不在于资金厚薄，关键在于得不得"道"。

在古代汉语中，"道"字有多种含义，道路、道德、规律、方法、艺术等，都可以用"道"来表述。孙子所说的治国之道、统军之道，显然不可能那么宽泛，主要有两层含义：

一是为人之道，以德服人。

无论在哪个领域，坐在领导岗位上的人，就如同部队中的一个班长。一个班的战友站一排，口令下达："向右看齐！"所有战友头一摆，眼角余光就瞟向了班长。班长军人姿态标准，其他战友个个笔直；

班长自身歪歪斜斜，其他战友可想而知。在企业管理中也是如此，不管领导者情愿不情愿，所有骨干和员工都看着你，都效仿你。你的一言一行影响整个集体。

柳传志有一段很有名的话说的也是这个道理："做人要正。虽然这是老生常谈，但确确实实极为重要。一个组织里面，人怎么用呢？我们认为每个人就相当于一个阿拉伯数字。比如说1000，前面的1是有效数字，带一个零就是10，带两个0就是100……其实1极其关键。很多企业请了很多有水平的大学生、研究生，甚至国外的人才，依然做得不好，是因为前面的有效控制不行，他也是个零。作为'1'的你一定要正。"柳传志是这么说的，也是这么做的，比如在联想的"天条"里，就有一条是"不能有亲有疏"，为防止出现这种情况，联想规定领导的子女不能进公司。柳传志的儿子是北京邮电大学计算机专业毕业的，与公司的专业完全对口，但是柳传志不让他到公司来，因为他怕子女们进了公司，将来再一结婚，大家的关系就会变得错综复杂，将来想管也管不了。

正是因为柳传志的这种以身作则，联想的其他领导人都以他为榜样，自觉地追随他，遵守着各种有益于公司发展的"天条"，使得联想的员工心服口服，事业得以蒸蒸日上。

那么，管理者如何做到以身作则呢？管理学理论中说了许多方面，比如：一要具备自我管理能力，能够独立思考、工作，无须严密地监督；二要忠于一个目标，除了关心自身，还应当忠于一项事业、一件产品、一个组织、一个工作团队或一个想法；三要培养自己的竞争力，竭尽全力以达到最好的效果；四要有魄力，讲诚信；等等。毫无疑问，这些都对。但我认为，最重要的还是要达到孙子对为将之道的一个要求，即"进不求名，退不避罪，唯民是保，而利合于主，国之宝也"。用企业的话来说，就是要做到一心为全体员工，努力为企业主体，才是值得上下信任，全员跟随的领导者。

"道"的第二层含义是管理之道，以道驭人。

孙子认为，作为领导管理者，光做到以德服人还不够，还要善于以道驭人。他指出："道者，令民与上同意也。故可与之死，可与之生而不诡也。"对这句话有必要先解释两个字。一个是"令"，这里的

"令"不是命令、指令，而是"使"。如同现在常用的令人深思、令人神往等成语中的"令"。通过得民心、合民意的方针政策和种种领导艺术，使军民自觉自愿地与上层思想意志趋于一致。"民"在先秦兵书中往往不是指民众，而是指官兵，后来才逐渐用于指民众。

这两个字一解释，这句话就比较好理解了。它实际上是规定了一条分析比较的标准，看敌对双方国君将帅得不得"道"，就看他们能不能使所统辖之下的军队和民众都能够自觉自愿地与上层领导的思想意志保持一致，即"与上同意"。上下一致，就是得了道，上下离心离德，就是不得道。这一条既是战争胜负的决定性因素，也是平时治国治军的首要问题。

当然，这也是企业管理工作中的重中之重。企业管理工作千头万绪，其中的关键就是要让员工之间产生一种强大的团结力量，增强企业内部的凝聚力；让员工对企业未来形成共同愿景，形成孙子所说的"上下同欲者胜"的精神力量，从而提升员工对企业的向心力和忠诚心。日本企业家中有不少人特别看重孙子这一句话，并把它作为企业文化的核心。

沃尔玛创始人山姆·沃尔顿，原本是美国俄克拉荷马州一个土生土长的乡下人，他用50年的时间，将一个小杂货店打造成为全世界闻名的商业帝国。其成功秘诀有这么几点：

一是把所有同事员工都当作合伙人，合伙人要分享利润；

二是敬业，以共同的愿景激励合伙人同心协力；

三是坦诚沟通，广开言路倾听员工的意见；

四是力争做得比客户期望的更好，以"为顾客节约每一分钱"的观念创造新的竞争优势；

五是成功要庆祝，鼓舞合伙人斗志，失败不必耿耿于怀；等等。

山姆·沃尔顿用这些经营管理秘诀，得到了沃尔顿家族成员和沃尔玛商业公司上下全体员工的认同，使这个庞大的商业公司能做到"上下同欲"，最终实现了具有传奇色彩的商业数字，打造了成功的商业模式。

沃尔顿的这些秘诀，其实也并不是什么独家绝活，查看一下松下、联想、海尔、阿里巴巴等企业的成长历程，都不乏这方面的经验，只不过是"令民与上同意"的具体方式、方法略有差异而已。归纳起来，其共性的方法，或者说以道驭人的基本方法，至少要注意以下三个要点：

1. 愿景规划上力争上下同欲。在制定企业的战略规划与战略目标时，要广开言路，汲取骨干和员工的智慧，博采众长；要从下至上，广泛讨论，使得我们制定的企业战略规划与战略目标是组织上下讨论，集众人智慧的结晶；要极力避免领导干部关在办公室里拍脑袋做决定，这极容易犯下战略方向性的大错误，或者做出不够民主的决策，这样便很难达到组织成员上下同欲的效果。

2. 战略执行上力求上下沟通。组织中的每一个成员都是人才，我们要向每一个人传达企业的战略规划与战略目标，不仅仅是表面上的传达，而是说清楚我们为什么要定制出这样的规划与目标的思考，提高组织成员的分析能力与思考能力，同时这也利于达成上下同欲的共同愿望。

同时，还要想办法促进不同职能部门的组织成员之间交流与沟通，互相了解其他部门的工作流程与基本职能，甚至于其他部门工作过程中的特点与难点。唯有相互了解与沟通，才更容易相互体谅，相互协调，发挥众智，上下同欲，去实现组织制定的工作目标。

3. 领导管理上力避官僚主义。领导管理者要俯下身子深入一线和员工群体中，切忌高高在上，自以为老大而远离员工。只有真正急员工之所急，想员工之所想，了解员工的心声，解决员工的实际困难，员工才会以心换心，才能与企业或组织同进退，共存亡。反过来，一旦真正激发出员工热爱企业，热爱岗位的热情，他们就会急企业之所急，想企业之所想，所产生的战斗力将是惊人的。正如孙子说，"故可与之死，可与之生而不诡也"。

可想而知，一旦全体员工都心甘情愿地与老总同生死、共命运，这样的企业便会拥有发展壮大的巨大潜力，想不做大都难。

经典案例

❶ 谈谈重庆"新世纪百货"的成功崛起

20世纪90年代中下段,中国的改革开放进入一个新的历史时期。

当时,香港《文汇报》用一定篇幅刊登了一则通讯:《口碑效应——重庆工薪族购物新天地》。文中介绍了中国内地刚刚成为中央直辖市的重庆,有一个当地市民十分喜爱的新型百货公司——重庆商社新世纪百货公司。

文中主要介绍了新世纪百货的三个新特点。

一是准确的经营定位。当时国内百货行业里,一般的百货商场十分杂乱,只有沿海一带外资港资百货商场经营定位明确,经营环境秀雅。在内地,忽然出现一个经营理念明确、环境优雅的百货商场,让人耳目一新。特别是它把服务对象确定为内地当时的广大工薪族群,定位鲜明。

二是温馨的优质服务。新世纪百货在西南方言地区率先推行"普通话服务",在全国百货行业中率先实行"15日不满意退货",在全国百货商场率先实行"商品质量先行负责制"。以上优质服务为广大市民津津乐道,赢得了市民口碑和喜爱。其中推行的"普通话服务",新世纪百货的代表曾在北京人民大会堂举行的"全国公共场地推行普通话大会"上做了大会发言,当时的人大副委员长许嘉璐莅临商场做了充分肯定,开了重庆地区服务行业讲普通话的先河。

三是先进的运营机制。新世纪百货在全国国有百货零售商场率先开发和运用计算机技术,开业就实现了计算机前台和后台一体管理,实行了商业信息化管理的实际运营和远程控制,大大提高了运行效率和降低了运行成本。率先在全国百货商场实现银行卡付款用一个POS机刷卡,协调解决了多家银行间利益联动,促进了全国首家银行联合协会组织成立(它就是全国"银联"的雏形),当时的国家商业部、中国人民银行在此召开了"三金工程"现场会。率先在全国百货商场实行预付款形式的"提货卡"方式,让顾客在重庆新世纪百货所属商场、超市跨区域自由选货购物。

就这样，重庆的"新世纪百货"，在当时，以全新的观念、全新的管理、全新的运营，步入激烈的百货市场竞争。它从消费者角度出发，以价值、品质、服务，以实际的行动和热忱，在重庆市民中获得了良好口碑，通过"口碑效应"赢得了市场。

20多年来，重庆这家"新世纪百货"从起步伊始，在惨烈竞争的行业中，它从无到有，从小到大，从弱到强，以与时俱进的企业理念和经营管理，在外资百货、港台百货、国内百货巨头的挤压下，先后击败了百盛百货、银泰百货、上海一百、家乐福、太平洋百货、新世界百货、王府井百货、茂业百货、SOGO等全国百货巨头，至今仍伫立于全重庆广袤差异的区域！

现今，新世纪百货与重庆百货重组上市。目前，它有百货商场54个，超市200多个，遍布重庆所有区县，还在四川等地占有一席之地。

近几年，它的经营业绩一直处于全国百货行业前三甲。

| 案例分析 |

在《孙子兵法》开篇中，孙子提出了一句流传千古的名言"主孰有道"。

《孙子兵法·计篇》就说"国之大事，存亡之道"之"五事"，即"一曰道，二曰天，三曰地，四曰将，五曰法"。他指出，通过进一步比较"主孰有道？将孰有能？天地孰得？法令孰行？兵众孰强？士卒孰练？赏罚孰明？吾以此知胜负矣！"

在这里不难看出，孙子的"主孰有道"是判断"胜"的第一个标准。

那么，孙子提出的"主"是谁呢？当然是登上历史舞台的"主角"；他提出的"道"又是什么呢？孙子提出："道者，令民与上同意也。"

"令民与上同意也"就是"主孰有道"的核心。

通观历史，在惨烈的角逐中，"主孰有道"就是一个利益集团的存亡基石，生存根本。

其实，现代市场机制，就是经济利益集团之间竞争生存的机制。因此，孙子提出的"主孰有道"的现代意义，也就成了企业参与市场竞争的首要。

中国企业如何实现"主孰有道"？

从重庆"新世纪百货"成功崛起至今，它至少给我们以下三点启示：

一是企业理念的实际性。即要求企业要有一种市场信念，并通过企业制度行动形成一种明确的管理理念。它也是企业的经营哲学、经营观念和行为规范，是企业参与市场竞争中的一种意识与自觉，一种见识与认同，一种态度与行动，一种愿景与追求。企业还要让自己的管理理念上下内外贯通和持续持久，即在企业内形成"令民与上同意也"的局面，对外形成一种老百姓的认可与口碑。

二是经营方略的准确性。企业是凭借生产经营产品和服务在市场上参与竞争的。如果说企业管理理念是"主孰有道"的精神层面，那么企业产品和经营服务就是"主孰有道"的物质层面。一个企业，找准市场竞争的定位，制定好周全的竞争方略，就能事半功倍，即孙子所说的"胜兵先胜"。相反，就是事倍功半，即"败兵先战"，只能跟在别人屁股后面，拼死拼活地去"而后求胜"，费力不讨好，即使胜了，也是惨胜或侥幸。

三是管理方式的合理性。再好的企业管理制度，都要靠人在各个层级和环节的联系完成。而企业的人员有三层：一是决策层，即老板；二是经营层，即骨干；三是执行层，即员工。在这些关系中，老板必须将企业理念通过管理方式贯彻于各个层级和环节，以保证企业管理流程的合理性与完整性。有些企业，在创建初期，对企业理念都比较重视，也很理解。但是，等到企业发展了，时间一长，员工们便将企业理念视为一种"口号"和形象摆设，而逐渐淡忘，意识懈怠，组织松散，得过且过，许多人只在意自己嘴巴上说出来的话，却不在意自己外在表现出来的行为，而老板和中层管理者也出现见惯不惊，停止思考，言行不一。所以，管理方式就是要在内容和形式上，防止这些"企业病"的出现，防止管理与现实脱节，防止理念脱离实际。要做到这些，管理者在处理具体事件和面对矛盾时，本身要将正确的观念做出传达，让员工感同身

> 受，言行一致，观念与行为合二为一。孙子认为"合军聚众"之要诀就是"治众如治寡"，完善合理的管理方式是企业存在的有效机制。
>
> 总之，企业在市场竞争中的"主孰有道"，一是实际的企业理念，二是准确的经营方略，三是合理的管理方式。有了这三"道"，就能判断这个企业在市场竞争中的位置和起点，才能预计"庙算"企业未来的业绩和社会价值，才能激发企业员工"上下同欲者胜"的行动与追求，在市场竞争中做到"胜兵先胜"，在未来的竞争中"而后求战"，进而击败市场竞争对手，赢得市场。

❷ 咖啡店的故事

去年底，我家小区旁繁华路口开了一家装修精致的咖啡店。

开业不久，我和两位朋友到这里聚会聊天，感到这家咖啡店的格局与调性不错。

这个咖啡店在门口立牌栏上有一个承诺，即下午茶期间，顾客只要点一杯咖啡就会有一份精美小点心赠送。

于是，我经常带朋友到这来坐坐。

但是，当这次送来咖啡时，却没有小点心送上来。我就问服务员，服务员回答说点心刚好用完，只跟我们说了声抱歉。我请她们履行承诺，想办法送上点心。服务员微笑答应而去，许久后，服务员回来告诉我们，今天小点心的份额用完了，确实没有多的储备，还是微笑着对我们说对不起。接着，我就让领班过来，重新告诉他我的需求。门店领班也带着微笑非常礼貌，但却毫不在意我的诉求，因为他只是打定主意来告诉我，就是没有小点心了。

当然，后来我也没有继续坚持下去。

但是，我还是经常来这里坐坐，因为环境调性还是挺惬意的，但是"小点心"赠送承诺，还是时有时无。我呢，心有想法，也不介意。

但有一次我看到的场景，让我很不舒服。

那一次，一位年轻女子牵着一个小孩进到店里，她左看右看，试探地问服务员："你好，能给我一杯白开水吗？孩子服一点药。"

服务员看她一眼，礼貌地说："我们这里只有咖啡和茶点。"

年轻女子指着柜里的饮水机，"那不是有白开水吗？"

服务员礼貌客气地说："那不是用于卖的，是我们工作所用。"

年轻女子说："给一小杯嘛，孩子就喝点药。"

"对不起，我们没这一条规矩。"服务员的回答客气而简洁。

"我付钱买一个杯子，行吗？"年轻女子继续说。

"真的不好办，你买一杯饮料吧。"服务员客气的声音中多了几分不耐烦。

"孩子不能喝饮料，就买一个杯子，给一杯水吧。"年轻女子继续恳求。

这一次，服务员没再理她，而转过头去，接待下一位顾客……

那位年轻女子弯腰哄着小孩，她牵着小孩失望地离开了咖啡店。

我看见这间咖啡店一角贴着色彩缤纷的"温馨""心情""顾客""上帝"等嘱语，而咖啡店的现场管理却让人很失望。

譬如下午茶承诺中的小点心，完全可以备足解决；譬如对待特殊顾客要求，也完全可以变通解决。但是，虽然该店在墙上贴满"客人至上"的观念，却没有落实这种理念，现场管理只注重门店的管理流程，却不够重视客人的感受；只注重管理环节，却忽略服务上细节的承诺。

我后来与领班和服务员聊天，问这家咖啡店老板是否在现场？他们说老板一天只来一次，或两天来一次，每次待上一两个钟头。我又问他们是否经过培训，他们的回答是：天天早上都在培训。难怪她们经营行为那么死板、回答方式也是那么一致！

我想，如果咖啡店的老板经常身在现场，这些问题可能会得到改进解决的。

但是没有，这些问题和细节都没有得到督改。

虽然咖啡店推出不少新措施：有奖积分、组合打折、赠送礼品等，但不到一年，这家装修精致的咖啡店从座客不少，到渐渐门可罗雀。

现在，它歇业了，挂上"转让"的牌子。

| 案例分析 |

"主孰有道"就是指一个领导者心中所持的观念,并通过观念影响行为。但是,再好的观念如果没有行动付诸,也是白搭。一个企业,一个老板,有了好的理念,就必须设置一套维护这种理念的制度和行动准则。

以上这个咖啡店的老板不能说没有一种顾客理念,也不能说没有管理制度,更不能说没有培训。但是,仅把管理理念当作一种迷惑人的口号,把行动作为每天必须完成的机械动作,把制度作为一种为己不负责任的行为借口,这种企业就会一步一步接近失败的边缘。

顾客是用"脚"说话的!大家想想,当经常去咖啡店的我和朋友下意识传播该店"不守承诺"的管理,当那个年轻女子带着小孩离开后,她如果逢人就说"一杯白开水"的经历,周围人听了她的遭遇,一定会感慨道:"太过分了,连杯水都舍不得""这家店太刻薄了""我是不会去了"。当这种负面效应扩大后,就不会有顾客光临了。当门店黯然关闭,老板和员工收拾东西离去时,他们想到没,这个不幸的结局,可能就始于一个承诺的遗漏、一杯水的冷漠。

因此,老板要将正确的观念传达,让员工感同身受,观念与行为合一,这才能"主孰有道"。行为影响习惯,最后,习惯将会决定命运或是结果。嘴上说千万次还不如一次的亲身示范,员工的行为是必须要被领导、被影响的,而我们身为影响者角色的人则更应该常常检查自己的言行举止。或许许多员工所犯下的错,其真正的原因并不是在员工身上,真正错误的根源是在我们自己的身上,他们只是有样学样而已。

优秀的领导知道怎样去打造一支优秀的执行团队。一些企业埋怨员工没有服务意识,其实真正对服务意识的理解在于领导者,在于服务意识与身体力行。如果领导要求员工要做到的同时,却老是在他们的面前做出错误的示范,那么再多的要求和埋怨都将无法改变服务质量不足的现状,即使换了又培训了一批又一批的新员工,最后的结果还是一样大同小异,因为根源没有变。许多管理者只在意自己嘴巴所说出来的话,管理理念挂了一墙壁,管理口号喊得震天响,却不在意自己外在所表现出来的行为。这种"主"就是"乏道"。

在企业管理中,"主孰有道"有两个基本点:一是领导力。这种领导力主要体现在凝聚企业人的共同愿景,体现激发"上下同欲"氛围,体现在如何管理驾驭这些人的能力,而不在于由老板本身独立完成事项的能力。二是老板做事为人,必应立身正信,身先士卒,以诚待人,"己所不欲,勿施于人",养成良好习惯和素质。

主孰有道,就是观念与行为要合二为一,这也是"主孰有道"最大的秘诀。

三

将孰有能——管理者的核心能力

古代兵家有言:"三军易得,一将难求。"[①]"置将不善,一败涂地。"[②]《孙子兵法》中也说:"将者,国之辅也。辅周则国必强,辅隙则国必弱。"把将领看作固定战车的辅木,辅木与车体衔接紧密,战车坚固牢实,行千里不散。反之,如果辅木与车体衔接有缝隙,战车松松垮垮,跑不了多远就散架了。国家犹如战车,没有忠诚的将领则寸步难行。正因为如此,孙子分析敌对双方"主孰有道"之后,紧接着就将目光投向了双方的将领,比较"将孰有能"。

将领才能的方方面面,骑马、射箭、投掷、摔跤、带兵、打仗、喝酒、赋诗,究竟孰重孰轻?孙子一言以蔽之:"将者,智、信、仁、勇、严也。"

我们有必要从两个层面理解孙子这句话。

首先,孙子提出的是分析评判双方将领能力素质高低的五个着眼点,或者说将领应当具备的五种核心能力素质。看谁的将领更加智慧、更加诚信、更加仁爱、更加勇敢、更加严谨。学者们将之称为"为将五德"。金无足赤,人无完人,一旦发现对方将领某一方面的弱点,便可避其所长,击其所短。

其次,这五个字同时也指出了将领带兵打仗过程中发挥领导力的五种途径。

第一种能力是"智"。将领不同于连排长,统率千军万马绝不是振臂一挥那么简单的事情,需要高超的智慧,以智慧筹划全局,以智慧驾

---

① 马致远《汉宫秋》第二折。
② 《汉书·高祖本纪上》。

驭战场，以智慧统领队伍。所以，作为将领，分析处理问题一定要注意"以智为上"。之所以概括为这四个字，缘自孙子对"智信仁勇严"的排序。"智"排第一位，自然是最重要的，应最先考虑领导的才能。

第二种能力是"信"，它不仅是一种品质，也是一种领导艺术。将领上有国君，下有官兵，凭什么让国君放心，靠什么令官兵跟随？关键在于诚信。其实，不仅军中将领要讲诚信，社会各个领域的领导者都应当讲诚信。

美国学者詹姆斯和巴里曾经在世界范围做过多次名为"受人尊敬的领导的品质"的调查，每次都有80%以上的人选择了"真诚"，在所有调查中差不多都是占据第一名的位置。这说明，"言必信，行必果"是世界性的共同要求，是带队伍、打胜仗的通用办法。因此，作为一个将领和领导者，如果没有真正想清楚的话，最好就不要做出决定；如果不想食言的话，最好不要轻易做出许诺，许诺的事情一定要做到。这样一种稳重可靠的行事风格，才能赢得上级和下属真正的信任和敬重。

第三种能力是"仁"。军队，对于国家来说是暴力工具，对于军人来说却是精神家园。千万官兵聚集军营，朝夕相处，生死与共，靠的不是说教，不是金钱，而是情感。

所以，孙子非常强调以情带兵，要求将领"视卒如婴儿""视卒如爱子"，以培养兄弟情、生死情。这个过程中，将领首先要有仁爱之心，注重体恤官兵所思所想。但是，要注意不要成为"闷葫芦"，藏在心里不表达出来。将领不仅要有仁爱之心，而且要主动"示爱"，把对官兵的关爱之情表达出来，让他们亲身感受。如果深藏不露，官兵们感受不到关爱，也就难以产生亲和力、凝聚力了。战国时期的著名将领吴起，仅仅一个为士兵吸脓疮的行为，便激起该士兵为他的决死之心。

第四种能力是"勇"。著名兵书《六韬》中曾提出将领"五种才能"之说，"所谓五才者，勇、智、仁、信、忠也"。与《孙子兵法》不同的是，《六韬》把"勇"排到了第一位。还原到真正的战场上，你会发现军人们常常会陷入一种无计可施的绝境，最后只能"玩命"。所以，克劳塞维茨曾说："战争在人类各种活动中最近似赌博。"当年在战场上我就被迫赌了一把。

那是自卫还击作战的第七天,即1979年2月23日,我随一支清剿队攻打一处山洞。此洞位于半山腰,约一个班的敌人躲在洞中,居高临下,对我们的战友造成较大杀伤力。我当时是喷火班班长。我背上一具喷火器,带上副手江流进,在三个步兵掩护下隐蔽地爬上山坡。可是,当我们爬到距洞口十几米处时,发现与洞口位置平行了,如果在这个位置喷火就会擦着洞口边飞过去。怎么办?已经到了敌人的眼皮子底下了,稍不留神我们五人将全都"报销"。当时真是无计可施了,既不可能退下去重来,又不可能搞什么包抄战术,只能再走近一点找个有角度的位置喷火。豁出去了!我挥手示意3个步兵在身后卧倒掩护,小声告诉江流进:"我死了你就上!"说完,双手紧握喷火枪,手指紧扣扳击,一步一步向洞口接近。万幸,走了七八步还没有惊醒敌人。距离洞口五六步时,我一个箭步冲到洞边,卧倒的同时架枪喷火。"轰隆"一声巨响,火龙冲出枪口,直奔洞壁,折进洞中深处。接着,第二枪、第三枪,全打进去了。喷火枪携带燃料有限,只能喷三枪。战友江流进冲上来,又补上三枪,洞中9个敌兵顿时葬身于火海之中。

这一幕已经过去30多年了,回想起来依然感慨万千。如果当时在洞口边犹豫不决,左思右想,肯定会贻误战机,恐怕早就没命了。如果没有身先士卒冲上去,跟我一起冲杀的战友们恐怕也就不会紧跟而上了。可见,勇还是不勇,不仅决定自身的生死,也直接影响着整个队伍的战斗精神。

最后看一看第五种能力"严"。"严"的含义有多种,严谨思维、严于律己、严格管理、严于执法等,都可容纳其中。统领成千上万的热血男儿,讲究的是一个"严"字。所以,军中流行一句话:"严是爱,松是害。"从严管理、从严治军,才能带出一支能征善战的铁军。

智信仁勇严,五个字说起来很简单,含义却相当丰富,它既是将领应当具备的五大能力素质,又是分析将领性格特点的五大着眼点,还是将领平时带兵的五大抓手。曹操在孙子这句话后边注释了一句:"将宜五德备也。"强调优秀的将领应当五德兼备,全面发展。不言而喻,在企业管理中,管理者如同军中之将,同样必须具备"五德",而且有必要综合运用"五德"管理艺术。

比如，我们现在提倡"智慧管理"，首先就要求管理者要有一双"慧眼"，自身智慧过人。一位管理者无论是经营企业还是带领团队，都要具备宏观的全局把控能力，不能一叶障目，要善于鸟瞰森林，才能够了解森林的全貌，从而制定出最佳的路线。因此，管理者之智首先表现在对事物的整体全局把握。

软银集团创始人孙正义最习惯使用的一种会议方法叫头脑风暴法，他习惯在一张空白的白板上写下上百个不同的想法，让与会者发表意见，集中众人的智慧，从而避免一开始思考时就进入垂直思考，忽视了整体。

思考问题要"杂于利害"，兼顾利与害两个面，在面对机会时，不仅要看到有利的一面，更要看到可能存在的隐患。面对危局时，不能畏惧当下的困难，要善于运用发展眼光从有利的角度来寻求新的突破。

古语云：谋定而后动。这也可以说是对管理者的要求，运筹帷幄，决胜千里。

再比如，今天很多企业所提倡的"团队建设"一词就蕴含着仁爱管理的思想，让团队感受到一种家的文化，一种亲情的温度。

不少人有些误解，以为只要平常多关心大家，生病了第一时间去看，多嘘寒问暖，就体现仁爱了。我认为，单纯嘘寒问暖是对于仁爱思想的狭隘理解，企业管理中的仁爱更重要的体现在"大爱"上。所谓"大爱"，就是要真正考虑到职员的长远利益，比如职业发展、能力成长等要素，这才是员工愿不愿跟你干，愿不愿长久跟你走的关键。一味地嘘寒问暖而忽视职员的能力培养及职业发展，和妇人之仁又有多大区别？

需要特别注意的是，施行仁爱管理并不等于一团和气。很多企业管理者仁爱过度，一味注重家文化的打造，带来的不利就是当一些职员的能力、价值对于企业而言已经处于负面消耗的时候，甚至有的职员公然违背企业的一些制度、原则时，管理者束手无策，不知道如何应对。担心如果惩罚过重，与家文化背道而驰，带来人心冷落，可是如果不处理，企业就缺乏了规则的约束，对于领导的威信和公信力而言就会大打折扣，长久下去严重影响执行的效率，执行力没有办法提升。

怎么破解这种难题呢？阿里巴巴处理"抢月饼"的故事给我们提供了解决思路。

2016年阿里巴巴管理层为了体现对员工的关心，中秋节之际在内部展开了抢月饼活动，四名程序员使用黑客技术，多刷了124盒月饼。根据内部决定，为了维护企业文化，阿里巴巴决定将该四名员工开除。当时这件事情在网上引起了很大的争议，有的人认为阿里巴巴惩罚得过了头，不是你让抢的吗？不就是几盒月饼吗？值得这么严重地处罚吗？

我们不妨换个角度来思考下，阿里的价值观强调诚信二字，而这几位职员刷月饼是小事，但违反了企业的价值观底线就算是大事了，必须予以严惩。

从这件事情中我们可以看出阿里巴巴这家企业管理层在维护规则上是没有丝毫马虎的，一律认真对待，严肃处理。阿里管理者恩威并施的做法告诉我们，一支优秀的队伍必然要建立在纪律与规则的基础上，对于违反规则的任何人，一律按照规则来处理。所以，既要仁爱管理，又要制度管理，两者结合，恩威并用。

请记住一句千年古训：慈不掌兵！

经典案例

eBay在中国由胜转败

2002年，世界电子商务巨头eBay通过收购易趣进入中国，并一度占据中国C2C市场80%的份额。那时候淘宝刚刚起步，面对强大的对手，淘宝承受着巨大的压力。当时eBay女CEO惠特曼信誓旦旦保证"中国市场eBay必须拿下"，易趣便拿着eBay的资金在各种渠道上广告轰炸。2004年，eBay易趣还与中国当时的三大门户网站——新浪、搜狐和网易签署了排他性协议，以封杀淘宝等拍卖网站在三大门户网站上打广告。按照当时惠特曼的预期，借此次封杀行动，中国拍卖市场的争夺战将于18个月内结束。但事实上eBay并没能阻止淘宝的崛起，而且输在了本土化上。

由于中国市场的重要性，很多管理人员都热衷于向惠特曼和其他高管报喜不报忧，呈现在PPT和电话会议上的内容和言论都是正面的、顺利的。eBay从圣何塞总部及全球其他分部将各种主管空降到上海，先不说这些人的能力如何，单就沟通技能来说，没人会说汉语就是一个扣分项。他们必须面对如何了解中国市场这一重大难题。易趣团队的关键人才陆续辞职，在离职面谈时，他们都坦言关键在于总部不再让他们参与重要决策。后来，eBay又派来了一些中国主管和华裔主管，但这些人中的绝大多数都已在美国学习和工作很多年了，与本地团队产生的摩擦和误解不断增加。

到了2005年末，eBay的市场份额已经滑得只剩1/3了，淘宝则接近60%。2006年初ebay的股票价格从逾46美元的高位迅速下跌，到了8月只剩下可怜的24美元。

虽然淘宝有很多优势，但阿里巴巴还是不敢相信自己的运气这么好：被认为享誉全球的大企业eBay竟然也有愚昧无能的时候。马云把反应笨拙的eBay比作喷气式飞机："全球化的技术平台听起来很棒，就像波音747那样，在天空飞着是很不错，但如果机场只有校园操场那么大，就根本没法降落。即使想修改一个按钮，都必须要向14个人汇报。"

8年后，当作为惠普新任CEO的梅格·惠特曼在面对过去的那场惨败时，仍对eBay在中国的失策深感懊悔："你必须有一套专为中国市场设计的产品。你不能拿适用于欧美的产品或系统来套用到中国市场。"后来，eBay的CEO写了一本书，中文名叫《价值观的力量》，里面有一段关于eBay在中国市场为什么败给了淘宝，eBay内部的反思是：最大的错误是放走了类似于邵亦波这样的本土管理人才。

| 案例分析 |

　　eBay的案例可以说明，一切商业的根本是人。商业管理人才是企业竞争中的关键要素之一。我们说"为将五德"指的是军事将领应该具备"智信仁勇严"这五种品质，企业管理人才也可以从这五个方面进行考核、选拔。但在企业竞争中，我们不仅要看企业管理人才是否具备"五德"，还要看"将孰有能"，就是企业双方谁的将领更加优秀，更加有智慧，更加有勇气、魄力和胆量。

商业竞争与军事斗争一样：一方面要有物质基础，要有先进的装备、钱粮兵马；另一方面，还是要靠将领或管理人才的运筹帷幄、审时度势、指挥调度、灵活应变。eBay在物质基础方面是具有压倒性优势的，进入中国的时机也很恰当，通过收购本土领先的易趣也占据了地利，并且已经占据了80%的市场份额。拥有"飞机大炮"的商业豪强是如何败给了"小米加步枪"的本土企业的呢？答案就是"将孰有能"，败在了管理人才，败在了管理人才对市场的正确认识和把握，败在了智、信、仁、勇、严的对比。eBay不重用本土人才，照搬照抄欧美成功经验，是为不智；eBay高管报喜不报忧，上下欺瞒，是为不信；急功近利，通过恶意竞争要将对手"赶尽杀绝"，是为不仁；不愿适应中国市场，不对产品服务进行适应性改变，是为不勇；知错不改，赏罚不明，是为不严。

eBay的案例已经成为跨国公司本土化失败的典型案例，而其中有关人才核心能力的理解用《孙子兵法》中的"将孰有能"来解释是再恰当不过了。

四

天地孰得——营造有利的管理环境

《易经》中曾提出一个"三才"之说，反映了我们先人的宇宙观和世界观。世界是如何构成，又如何运行的？在先人看来，无非是"天地人"三大要素联系和互动的结果。"天"是指万物赖以生存的空间，包括日月星辰运转不息，四季更替不乱，昼夜寒暑依序变化；"地"是指万物借以生长的山川大地以及各种物产资用；"人"是万物之灵，如果顺应天地以化育万物，便能最终达到"神于天，圣于地"的理想境界。孙子借用这一观点分析战争。他清楚地认识到，战争历来是在一定的时空中进行的，因此他在战略决策问题上，提醒人们不仅要分析"主孰有道""将孰有能"，还必须比较"天地孰得"。就是看交战双方谁得到了"天与地"的优势。

其中这个"得"字用得非常有讲究。他不说"天地孰大""天地孰好"，却强调"天地孰得"。有何讲究？

天和地都是客观环境和条件，交战双方无不想尽办法抢占天时地利。而天时地利始终自然存在，自然运转，不会自动地倾向哪一方。要想得到天时地利，只有一个办法，那就是看谁的谋略更巧，谁的办法更多，像诸葛亮巧借东风，不就把天时得到手中了吗？一个"得"字，提醒将领们一定要积极作为，主动争取和营造有利的时空环境，从而赢得天时和地利为己所用。

如何积极作为，赢得有利的天时地利条件？

一要"知天知地"。孙子在《地形篇》指出："夫地形者，兵之助也。料敌制胜，计险易、远近，上将之道也。知此而用战者必胜，不知此而用战者必败。"地形是用兵的辅助条件。判断敌情、考察地形险易远近是高明将领必须掌握的方法。任何作战行动和决策，都要建立在对自然条件的了解和掌握的基础之上。请注意，孙子在这里特别强调了一下，这是"上将之道"，即高明的将领必须掌握的方法。

二要通九地之变。孙子在《九地》中特别论述了多种地形条件下如何用兵的问题。比如："是故散地，吾将一其志；轻地，吾将使之属；争地，吾将趋其后；交地，吾将谨其守……"其核心强调的是，既要正视客观环境和条件，到什么山坡唱什么歌，有什么地形打什么仗；更要巧妙利用，甚至主动改造客观环境和条件，趋利避害，灵活应变。

孙子笔下的"天"与"地"，主要指的是气候与地理等自然环境，企业经营管理当然也离不开自然的天和地，选择一个好的地段，人气旺、资源多、效益好，员工也有积极性。但是，学习《孙子兵法》不宜过多地拘泥于字面含义，更重要的是发掘其思想，活用其谋略。

从这个意义上说，我们不妨把"天地"的含意扩展一点，引申为企业经营管理的外部环境和内部环境。外部环境可谓是企业经营管理的"天"，内部环境可谓是企业经营管理的"地"。有的企业领导两眼只盯着生产—销售—效益上，无视内部环境和外部环境的改善和塑造，其结果由于忽视管理，导致种种不良后果。

曾经，有关富士康员工跳楼的报道在网络上铺天盖地。为什么这样一家国际性的企业频繁出现这种恶性事件？

我们先看一看富士康的绩效管理办法：每个岗位的工作被分解再分解、细化再细化，每个在岗员工必须不间断地重复相同的动作。富士康的工作制度是每2小时可以休息10分钟，平均工作时间达到每天12小时。员工进入富士康首先就要签一份"自愿加班协议书"，即保证每个员工都"自愿加班"。而员工的底薪一般很低，如果要拿高薪，必须靠不断加班来获得。但这种"自愿"加班实质上并不是自愿的，因为协议上已经写明，如果选择加班，必须整个月都加班；如果选择不加班，那么整个月都没有机会加班。

有文章分析：富士康的这种绩效管理办法，使一线技工长期处于一种神经紧绷的高强度工作状态，还要忍受管理人员的辱骂甚至体罚，人几乎已经变成机器，自尊心几乎被忽视。公司一切以事为标准、以结果为导向，虽然造就了高效率、高绩效，但是员工将自己的时间和精力全用在了流水线上，也会因为缺少信仰与精神层面的建设而造成人文沙漠。所以，一旦精神过度紧张或者遇到想不开的事情，就会有精神崩溃的员工跳楼。

显然，富士康的这种管理方法既不知员工在这种工作环境和条件下的心理，又不善于根据生产线特点塑造有利于员工身心的环境和条件。

企业内部管理环境涉及组织制度、企业文化、激励机制、人际关系等，对于管理者来说，属于可控因素，可以积极作为。比如说，对于信息产业中的企业，加班是一种常态，这就构成了管理者和员工之间的矛盾，如果硬性要求加班，势必令员工反感。

在华为，从没有一个公开的条例鼓励员工加班，但是华为却一直在创造条件，让员工乐于加班。如果员工在公司加班到晚八点半以后，有免费的夜宵，加班到十点半以后，可以报销打车回家的出租车票。另外，华为为一部分员工在公司附近租了房子或宾馆，这样便于他们加班。华为内部还有设施良好的健身房和医院，以保障员工健康。虽说有人对于这样的"加班文化"持有异议，但不得不说这确实提高了企业的效率管理。华为就是利用福利制度优势，积极营造出有利于员工的加班环境，主动作为"得天地之利"，从而使员工增强工作积极性、获得认同感、产生归属感。据说，这一招现在也风行于腾讯集团的管理之中。

当然，在企业管理中营造有利的"天地"，不能仅仅诱之以利，更重要的还是晓之以理，从心理上凝心聚气。现在许多规模小但志向大的企业都注重规划自己的企业文化，请人精心设计企业logo，编写文采飞扬、对仗押韵的宣传语，并通过多种途径做宣传，这无疑是企业经营管理思想和方式的一大进步。但切忌"纸上谈兵"，仅停留在文案阶段。企业文化不能是玩文字游戏，而是要通过切实可行的制度管理使它成为一种思想灵魂、一种精神纽带，深入企业的肌体，融入员工的血液。有些企业，遇到困境就"树倒猢狲散"，部门经理要么迅速跳槽走人，要么乘机中饱私囊，不能不说这与企业没能培养好员工对企业的文化认同感和道德归属感有关。

我们再来说一说企业管理的"天"——外部环境，在企业管理学中主要指社会宏观环境系统要素，即通常说的PEST分析，四个英文字母代

表四大要素（P是政治politics、E是经济economy、S是社会society、T是技术technology），在分析一个企业所处的外部环境时，通常通过这四个要素来分析其面临的状况。对于企业来说，这些都属于不可控因素，只能利用和适应。

但是，这并不意味着面对外部环境企业就完全束手无策，消极适应，也完全可以活用孙子"九地之变"的思想，趋利避害，灵活应变。这就需要企业领导者主动"走出去"。一是走出去，全面了解国家的经济政策和市场发展的前沿状况，以及行业的发展趋势。比如，党的十九大制定了今后五年，甚至2050年前的政治、经济发展规划和相关政策，企业领导恐怕不能不主动了解，以便顺势而为，借势而为。二是走出去，通过多种形式主动与政府部门、社会组织、相关企业建立良好关系，整合各方面资源，以获得普遍认可及支持。三是走出去，主动采取社会捐助、义务活动、上门服务、联谊互动等形式，宣传造势，使各方面资源"心中有我"，关键时刻乐于主动联系，或积极相助。

企业在这样的外部环境中运行，麻烦事自然也就会少一些，既减少了经营管理阻力和摩擦，又增强了骨干和员工的自信心、自豪感。

总之，在"知天地之利害"的基础上，积极主动作为，"得天地之利"，营造有利企业管理的内部和外部环境，才能使企业与员工超越简单的雇佣关系，逐步形成"令民与上同意"的向心力和凝聚力，从而为企业在更广阔的天地中发展壮大提供坚实而强大的核心竞争力。

经典案例

❶ 2007年华为员工"主动辞职"事件

2007年9月，华为鼓励员工辞职的方案通过，10月前华为公司先后分批次与老员工私下沟通取得共识，10月开始至11月底实施。共计有超过7000名工作超过8年的老员工，需要逐步完成"先辞职再竞岗"工作。

按照华为公司的要求，工作满8年的员工，由个人向公司提交一份辞职申请，在达成自愿辞职共识之后，再竞争上岗，与公司签订新的劳动合同，工作岗位基本不变，薪酬略有上升。老员工辞职之后，这些有着华为最老的工号也将消失，某种程度上体现等级的工号制度取消，所有工号重新排序，排序不分先后，也不再体现员工工作年限长短。据华为员工透露，华为总裁任正非、副总裁孙亚芳在内的一批华为创业元老，也将进行"先辞职再竞岗"。任正非的001工号也成为历史。

此次"先辞职再竞岗"，所有自愿离职的员工将获得华为公司相应的补偿，补偿方案为"N+1"模式。相应的补偿条件为经济补偿税前总额=（N+1）×员工月补偿工资标准（税前）。（月补偿工资标准还包括员工上年度奖金月均摊值。N为员工在华为连续工作的工作年限，此外还额外支付一个月工资）打个比方，如果某个华为员工的月工资是5000元，一年的奖金是60000元，平摊给每个月就是5000元的奖金。假设他在华为工作了8年，那么他得到的最终赔偿数额就是10000元（工资+年奖金平摊）乘以"8+1"，共计90000元。

而此次自愿辞职的老员工大致分为两类：自愿归隐的"功臣"和长期在普通岗位的老员工，工作年限均在8年以上。其中一些老员工已成为"公司的贵族"，坐拥丰厚的期权收益和收入，因而"缺少进取心"。由于这些老员工的收入相对较高，华为公司为他们辞工支付的赔偿费，外界预测总计将超过10亿元。

在此次辞职事件之前，任正非曾在华为内刊上发表了一篇题为《天道酬勤》的文章。任正非在文章中写道："一个没有艰苦奋斗精神做支撑的企业，是难以长久生存的。而我们现在有些干部、员工，沾染了娇骄二气，开始乐于享受生活，放松了自我要求，怕苦怕累，对工作不再兢兢业业，对待遇斤斤计较，这些现象大家必须防微杜渐。不能改正的干部，可以开个欢送会。"

2008年1月1日起实施的《中华人民共和国劳动合同法》（以下简称"新劳动法"）中"规范劳动用工以及保持企业的竞争力采取的做法"对企业未来用人制度带来了挑战。"新劳动法"第十四条增补后规定：用人单位与劳动者协商一致，可以订立无固定期限劳动合同。有下列情形之一，劳动者提出或者同意续订劳动合同的，应当订立无固定期限劳动合同：（一）劳动者在该用人单位连续工作满十年的；（二）用人单位初次实行劳动合同制度或者国有企业改制重新订立劳动合同时，劳动者在该用人单位连续工作满十年且距法定退休年龄不足十年的；（三）连续订立二次固定期限劳动合同且劳动者在没有严重失职、营私舞弊等前提下，用人单位必须与其续订劳动合同的。

| 案例分析 |

此案例涉及企业管理的内部环境和外部环境。华为根据企业发展实际以及外界政策变化，2007年底及时调整用工制度，由于预先有相应的法律支持、有效的员工沟通以及丰厚的补偿条件做铺垫，华为此次行动涉及7000人，没有劳资纠纷以及投诉。

华为高层倡导"狼文化"，一向以勇于进取、不断创新著称。华为高速发展，员工多达十万人，其中"元老级员工"占有很大比例。在实行了20年的华为工号制度中，"20000"工号内的员工有着不同一般的待遇："20000"以内，代表资历（原来华为工号以进入公司先后为序），以及相应的职位和财富。原有的工号制度慢慢演化成"工号文化"，由于华为实行"全员持股"，每个老员工每年单股利就有十多万元，这就有可能造成很多老员工安于现状，而企业新员工则感觉层级固化，进取心受到很大影响。因此，此次华为要求老员工辞职后再竞岗，并通过重新编工号，就是破除原有"工号文化"，适应公司"狼文化"，鼓励老员工重新焕发积极进取的心态，新员工不受束缚锐意进取。

根据2008年1月1日起实施的《劳动合同法》，劳动者在用人单位连续工作满十年的，应当订立无固定期限劳动合同。虽然有关部门解释说，无固定期限劳动合同并不等同于计划经济体制下的"铁饭碗"，只要符合法律规定的情形，用人单位仍然可以终止劳动关系。但一些企业还是担心这项规定不利于长远发展，因而在法律实施前"突击行动"，先终止劳动合同，再以某种方式对员工重新雇佣。新劳动法的规定显然给企业用人加了一道紧箍咒。针对工作服务即将满十年的员工，企业将更为谨慎地考虑是否与之续签合约问题。

> 华为针对自身内部管理环境活力不足以及外部环境"新劳动法"的实施，对整个用工制度进行了巨大调整，暗合了《孙子兵法》对于天地环境的主动适应和营造，通过这次调整，华为既激励了新老员工的积极性，重新焕发了企业活力，又避免了未来在用工问题上可能出现的危机和纠纷，恰是主动"赢得"内外环境。

❷ 胜利钢铁公司骨干员工跳槽

胜利钢铁公司是一家全国有名的民营钢铁企业，在我国钢铁产业蓬勃发展的大好环境下，经过短短几年的发展已经从原来的一家小型炼铁厂发展成为一家在业界颇有声望的中型钢铁企业，并带动了当地焦化、轧钢、建材、矿产以及服务等一系列相关产业的发展，解决了当地4000余名职工的就业与再就业问题，为当地的社会稳定和经济发展做出了突出贡献，公司管理层也是踌躇满志，希望把握住钢铁产业良好的发展机会，争做我国民营钢铁企业的领先者。

但是，胜利钢铁公司却连续发生了好几起骨干员工跳槽事件，让公司的管理层坐立不安。随着钢铁产品市场形势持续看涨，钢铁投资浪潮一浪高过一浪，一边是新建的钢铁厂如雨后春笋般出现，一边是原有的钢铁企业纷纷扩建，这些新建的钢铁企业为了尽快进入市场，纷纷采取挖墙脚的方法来获取企业所需的人才。一时间，钢铁行业的技术人员和熟练技术工人呈现供不应求的局面，身价不断攀升，很多技术人员和技术工人禁不住外部高薪的诱惑，纷纷跳槽。胜利钢铁公司的员工也不例外，仅一季度离职的骨干员工就达到十几人。刚开始，管理层还算是比较镇定，觉得几千人的企业走十几个人很正常，对公司的正常经营生产不会有什么大的影响。但是，跳槽风波越演越烈，公司下属炼钢厂的两名技术非常出色的炼钢工被竞争对手给挖走了，更为严重的是去了之后又陆续带走了一些工人。

管理层知道这件事情之后异常恼火，责令人力资源部尽快采取措施来改变当前被动的局面。公司人力资源部在经过一番调查和研究之后，向公司领导递交了一个报告，报告要求公司把那些跳槽员工的还在公司工作的家人和亲戚全部开除，以防止事态蔓延。公司管理层很快就批准了人力资源部的报告,一星期之内,就有数十名员工因为与跳槽员工有亲属或者朋友关系被公司单方面解除了劳动合同。

但是,事情并没有管理层想象得这么简单,后来发生的一连串连锁反应令管理层始料未及:被开除的员工都为自己叫冤,纷纷进行抗议,并向当地的劳动主管部门上诉,要求维护自己的权利。当地劳动主管部门在经过现场调查之后,认定这样的"株连政策"是严重的侵权行为,责令胜利钢铁公司尽快恢复这些员工的劳动关系;当地媒体也为这些被无辜解雇的工人声援,纷纷谴责胜利钢铁公司;公司内部的员工一方面觉得公司的"株连政策"很不近人情,同时也担心自己会不会受到牵连;公司管理人员对此也纷纷发表意见认为"株连政策"很不人性,对于那些被解雇的"家人和亲戚"是非常不公平的。

胜利钢铁公司的"跳槽风波"迅速上升为公司的重大危机,管理层无奈之下只好撤销已经发布的"株连政策",恢复那些被开除员工的劳动关系,并且花了很大力气做劳动主管部门和媒体的工作才化解了这次危机,但是,"株连政策"的负面影响却很难消除,员工关系变得非常脆弱。

| 案例分析 |

胜利钢铁公司遇到的情况以及处理方式是我国很多民营企业都曾遇到过的。民营企业的主要优势还是体现在机制方面,管理状况却令人担忧。

我国民营企业不能实现长期持续发展固然有很多原因,但是急于求成,好高骛远,不注意内外管理环境建设是很多民营企业共有的痼疾,员工关系也是很多民营企业一个共有的管理盲点。民营企业大大简化了员工关系,认为企业与员工只是一种各取其利的金钱雇佣关系,以为员工拿到了应该拿的钱,别的事就不用管了。而且,民营企业的组织结构通常比较简单,缺乏一些专门的机构来协调和维护员工关系,大部分企业都没有工会,成立工会也往往是有名无实。

胜利钢铁公司由于对员工关系管理缺乏系统的认识,在处理员工关系过程中存在以下两个误区。

误区一:员工离职就是背叛公司。在现代劳动用工市场化的环境下,企业可以根据实际需要来选择合适的员工,员工也可以根据自己的职业特长和职业偏好选择自己合适的公司,从而实现整个社会的人力资源优化,所以员工离职是一种正常行为。胜利钢铁公司管理者对此缺乏正确的认识,认为员工离职就是背叛,不管什么原因,很少反思企业本身存在的问题。在他们看来,企业辞退员工是合理的,但是员工在合同期内如果要主动离职就是背叛。

误区二:员工关系管理就是防止员工流失。现代人力资源管理体系下"员工关系管理"的内涵非常丰富,包括实现人员与岗位匹配、员工发展、员工激励和有效沟通等工作。但是"员工关系管理"在胜利钢铁公司管理者眼里还是一个陌生的字眼,远远没有"工作计划""绩效考核"等工作那样受到重视,管理者甚至极端地理解为员工关系管理就是防止员工流失。

对外部管理环境变化可能带来的"挖人"威胁以及骨干员工可能因此而发生的流失,胜利钢铁公司并没有足够重视并采取相应沟通教育措施。在内部管理环境方面,在企业发展良好、员工队伍比较稳定时,没有想到还要做员工关系管理工作,等到发现下属员工积怨较多甚至纷纷离职的时候,才想起平时怎么没有重视员工关系管理工作。可谓是内外交困,"天地"皆失,企业管理者不仅平时要做好内部管理环境的维护,还要对外部管理环境保持敏感警惕,这样才能为企业发展营造一个良性的生态环境。

五

法令孰行——制度化管理成败的关键

管理大师德鲁克曾经说过，100多年前，当大型企业首次出现的时候，他们能够模仿的唯一组织结构就是军队。这与我们说的"治产如治兵"意思差不多。大型企业为什么要模仿军队？不言而喻，军队的组织力、执行力也是经营管理企业所需要的。骨干和员工都听老板的话，叫干什么就干什么，而且干得很好，这样的企业当然能够顺利发展。那么，军队这种强大的执行力和战斗力源自于哪里？其中一个重要的因素就是"铁的纪律"。在中国，出身行伍的企业家为数不少，比如说联想的柳传志、华为的任正非、万科的王石等等。他们的企业都有明显的军事化色彩。

早在2500年前，《孙子兵法》就一直强调"法"的概念。孙子认为，军队平时能够厉兵秣马，战时能够冲锋陷阵，就是因为做到了"法令孰行"。坚持贯彻法制，是提升军队战斗力，保证军队在战争中获胜的一个关键因素。而当代社会，企业管理者想要更好地管理企业，让企业运营顺畅，让市场销售人员如狼似虎地开拓市场，就一定要拥有一套适合企业自身发展的管理制度并使之贯彻执行。所以，今天我们就来聊一聊《孙子兵法》中的"法令孰行"，看看兵圣孙武的这"四字箴言"对于企业管理者在坚持制度管理、强化团队控制、强调规范秩序等诸多方面到底有哪些指导和借鉴作用。

对于孙子讲的"法令孰行"，有必要从以下三个方面来理解：

首先，有令必行。这里面"必"字非常关键，也就是说光建立起法令法规是不够的，必须要做到真正的贯彻执行，而不是让法令成为一纸美丽的空文。

其次，令必素行。在《行军篇》中，孙子说"令素行以教其民，则民服；令不素行以教其民，则民不服。令素行者，与众相得也。"其中的"素"字至关重要。"素"是"向来、平时"的意思。"素行"就是强调各级将士服从管理的关键在于上级是否坚持贯彻执行法令法规。法令法规一旦颁布，就必须坚决贯彻执行，决不朝令夕改或"看人下菜碟儿"，如果法令法规执行时紧时松，因人而异，那就得不到士卒们的敬佩和服从。

再次，三令五申。这个成语的出处与孙子经历直接相关，来自人们耳熟能详的"吴宫教战"的典故，这也是《史记》中对于孙子唯一详细记载的事迹。孙子以不惜被杀头的方式告诉人们，法令法规一旦颁发，要通过三令五申的方式强化认识，潜移默化，使得法令法规深入人心，以保证"令行禁止""令必素行"，这样就连手无缚鸡之力的宫女都会变成骁勇善战的战士。

企业管理者都想打造百年老店，做到基业长青。为什么有的如愿以偿，有的却昙花一现？其中一个重要原因，就在于是否建立了一套严格、健全，实用性和操作性都很强的管理制度，而且高度重视整个管理过程，在贯彻执行中下功夫。

大部分企业管理者的内心痛点，尤其是中小型企业管理者的困惑是：规章制度不健全，或者空有规章制度，却无法很好地贯彻执行，结果造成员工执行力低下，战斗力不强。长安集团有两句话说得很有道理："管理的灵活或许是一种艺术，而制度的灵活一定是一种灾难。"对于企业而言，需要订立符合自身特点和企业发展需要的规章制度。一个不重视公司制度建设的管理者，不可能是一个好的管理者。孟子说："不以规矩，不能成方圆。"①这句古话也很好地说明了规章制度的重要性。但是，相比之下，长期坚持贯彻执行制度则更为重要。

1987年，华为在深圳注册时还是一家名不见经传的小民营企业。但是现在，华为成为享誉全球的第一大电信设备供应商，这其中发展的奥秘在哪里？1995—2000年是华为成长最关键的6年，这6年发生了一件对华为具有深远意义的重要事件，也是华为成立10年的一个重要节点，就

---

① 《孟子·离娄章句上》。

是《华为基本法》的制定与颁发。华为从最初创立时的十几人到现在的十几万人,你能感觉到华为员工在一只看不见的手的指挥下,高效地工作和忘我地付出,而《华为基本法》就是这只无形的手。

《华为基本法》是在企业核心价值观基础之上,把公司经营目标、价值分配、经营政策、组织政策、人力资源、控制政策等都做了明确的定义。《华为基本法》出台后,华为通过各种形式的宣传和培训使得每一名华为员工都对基本法有了清晰的认知和了解,对大部分重要事情都有了结构性思维。

但是,立法容易,执法难。考察《华为基本法》的实施过程,我们运用"法令孰行"的思想,强化制度化管理时,有必要注意三个要点:

首先,要根据企业实际,做好调研工作,审慎颁布规章制度。1995年,处于第二次创业阶段的任正非,想要对华为过去的小胜利进行总结,更重要的是要对未来发展方向进行展望,于是根据自身特点和远大抱负而出台了《华为基本法》。现在许多企业也有规章制度,但是要么大话空话,要么复杂难懂,或是在电脑中存着,或是在抽屉里锁着,或是仅停留在墙上没人看。这些制度大多是请咨询公司制定的,而咨询公司不是从网上找的,就是从其他地方抄来的,这就无法做到"有令必行",究其原因是"法不适己"。

所以,一定要根据企业具体实际,制定解决具体问题的规章制度,就像解放军的"三大纪律,八项注意"那样,"一切行动听指挥,不拿群众一针一线",简单易懂,具有可操作性。

其次,一旦颁布规章制度,就要一以贯之,不能朝令夕改或者因人而异,"令必素行"。《华为基本法》一经确定,就成为华为企业内部的"宪法",坚决予以贯彻执行。任正非一再强调"高效执行力才是最终的生产力",这种价值理念为华为注入了很多具有军事化色彩的企业文化,比如"上层作势,基层做实""立即去做该做的事""保持良好的纪律"等等,一系列看似缺少人情味的管理理念。但就是这种看似强势的管理理念,才能使《华为基本法》得以有效贯彻执行,而不是变成一块束之高阁的牌匾。

再次,我们看看华为是如何通过"三令五申"令基本法深入人心的。华为从基本法第一稿发布起，就在各种场合动员华为的干部员工参与讨论。经过1997年一年的讨论修改，基本法改到第八稿。在即将交付审定之前，华为公司二级部门经理以上的干部每个人都认真写下自己最后的意见和建议。到1998年3月最后定稿，基本法前后经过10次删改，从筹备到成稿历时3年时间。这既体现了华为对基本法的重视，又在最大范围内得到集思广益和深入学习。而且每隔一段时间，要用一些手段方法强化各级员工对基本法的认识，使其内化于心、外化于行。

一般来说，企业文化在员工人数增多的情况下，容易被稀释，但《华为基本法》的颁布以及强化，是这种防止企业文化稀释的创造性措施。人们常说"罗马建成非一日之功"，纪律意识养成也不是一天建立起来的。毛泽东讲过："我们军队里头要经常进行三大纪律八项注意的教育。只要你空几个月不搞，就松松散散了。一年要鼓几次气。新兵来了，要进行教育。就是老兵、老干部，只要你不整风，他的思想也要起变化。"①回头再看，华为就是用研讨会、培训班等诸多形式实现了"三令五申"。由此可知，任正非一定熟知这则成语并深谙其背后的管理智慧。

诸葛亮曾说："有制之兵，无能之将，不可以败；无制之兵，有能之将，不可以胜。"②强调经过训练纪律严明的军队，即使将领无指挥才能，也是不可战败的；反之，未经训练纪律松弛的军队，即使将领有指挥才能，也是不能取胜的。一语道出了事业长青的关键所在，在于制度和机制，而不在于一两个人才能的高低。毫无疑问，"有令必行""令必素行""三令五申"既是强化企业制度化管理的关键，又是确保企业长青的关键。

---

① 毛泽东：《关于正确处理人民内部矛盾的问题》，《毛泽东选集》第五卷，第367页。
② 《诸葛亮集·文集卷二·兵要》。

经典案例

❶ "土鸡"为什么打不过"洋鸡"？

我们都知道，进入中国餐饮市场的肯德基和麦当劳，以其鲜明的特色、优美、简洁的环境，按标准化制作的食品，热情、周到的服务，吸引了大批国人，尤其是青少年前来就餐，每一个新开业的快餐厅都可以用宾客盈门来描述，它们这种全新的业态形式以及所获得的丰厚利润，大大刺激了中国传统的餐饮业。很多国内的餐饮企业也纷纷搞起快餐连锁，上海的"荣华鸡"便是其中之一。

肯德基20世纪90年代初进入上海后，上海新亚集团成立了荣华鸡快餐公司与其对抗。而且公司老总还专门去肯德基进行考察，看他们怎么炸。他口袋中揣了秒表，看肯德基将鸡放入炸炉后，到15秒往左边翻一下，到24秒往右翻一下，最后再翻过来一下。回来他自己配制了几种调料，做出了油炸鸡，加上国人比较喜欢吃的罗宋汤，还有上海人喜欢吃的咸菜炒毛豆和酸辣菜，这些组合便成了"荣华鸡"早期产品。很快，以其适合中国人口味和比肯德基更便宜的价格，"荣华鸡"受到了消费者的欢迎。

刚成立的头两年，公司日营业额11.9万元，月平均营业额达到150万元，两年累计营业额达到1500万元，职工两年内发展到近300人。北京、天津、深圳等24个省市地区纷纷向"荣华鸡"递出橄榄枝，欢迎"荣华鸡"落户。新加坡、捷克等外商也邀请"荣华鸡"飞出国门，把中华民族的烹饪文化在异国他乡开花结果。1994年，"荣华鸡"在北京开了家分店，并声称："肯德基开到哪我就开到哪！"扬起了挑战"肯德基"大旗，一时间南到江西，北到黑龙江，都有红底白字的"荣华鸡"分店。在一些地段，"荣华鸡"的生意的确超过了洋鸡，让中式快餐着实扬眉吐气了一番。

可是随着时间的推移，"荣华鸡"却逐渐落入下风，到了2000年，随着"荣华鸡"快餐店从北京安定门撤出，"荣华鸡"结束了为期6年的闯荡京城的生涯，画上了一个并不圆满的句号。相反，2000年当年，肯德基在中国的23个城市里反倒新增了85家连锁店，并正式宣布当年在中国的连锁店突破

400家。有统计显示，2001年，它在中国内地的营业额接近40亿元人民币，而它在国内外的营业额更是惊人地达到了220亿美元。自洋快餐进入国门后，像"荣华鸡"这样的中式快餐与洋快餐的较量就从未停止过，但总体来说，中式快餐始终没能对洋快餐的市场份额形成有效的冲击。为什么地主干不过外来户，土鸡争不过洋鸡呢？我们的问题到底出在哪里？

| 案例分析 |

"荣华鸡"挑战肯德基的失败原因有很多，创立"荣华鸡"的新亚集团领导层后来曾进行过一番反思。他们分析了两者的经营方式和竞争优势后发现，产品只是一个表面现象，在产品背后有很多深层管理方面的东西，肯德基的真正优势在于其产品背后一套严格的管理制度。而"荣华鸡"的一大失误就是"管理规章不实不细"，没有清晰的实施细则和实施检查细则，这也就导致了制度难以真正地实施。正如《孙子兵法》中将"法令孰行"作为"庙算"的重要指标，军队能够厉兵秣马，冲锋陷阵，就是因为做到了"法令孰行"。坚持贯彻法制，是提升军队战斗力，保证军队在战争中获胜的一个关键因素。对于企业来说，让企业运营顺畅，让产品质量过硬，也要拥有一套适合企业自身发展的管理制度并使之贯彻执行。

中国作为一个烹饪大国，有着几千年的美食文化传统，而且中式快餐能提供更符合大多数消费者饮食习惯的食品和服务，本能在市场竞争中占据上风，但是近三十年下来，洋快餐稳扎稳打，中式快餐却你方唱罢我登场，始终略逊一筹。按照常规思维，快餐三大要素不外乎方便、美味和便宜。"荣华鸡"背后的上海新亚集团是上海旅馆业、餐饮业老大，集团内国家级的厨师有几百名，产品开发能力以及产品口味肯德基根本无法与之相比。但是问题也出现在这些名厨上面。这些名厨的手工化操作使得产品无法标准化，也就没办法根据标准进行批量化生产。相反，肯德基却有着成熟完善并切实可行的制度，在进货、制作、服务等所有环节中都有着严格的质量标准，并有着一套严格的规范保证这些标准得到一丝不苟的执行，包括配送系统的效率与质量、每种佐料搭配的精确（而不是大概）分量、切青菜与肉菜的先后顺序与刀刃粗细（而不是随心所欲)、烹煮时间的分秒限定(而不是任意更改)、清洁卫生的具体打扫流程与质量评价量化，乃至于点菜、换菜、结账、送客、遇到不同问题的文明规范用语、每日各环节差错检讨与评估等上百道工序都有严格的规定。

现代文明赋予快餐的定义是工厂化、规模化、标准化，依托现代化管理的连锁体系，"法令执行"就是贯彻现代管理标准的关键所在。中式快餐在规模化生产、营养成分的研究、食品的卫生状况，从业人员的健康和文化素质等，几乎每一个细节方面都无法与洋快餐相匹敌，这正是"荣华鸡"在与肯德基较量中失败的原因所在。

❷ 三株集团董事长吴炳新痛陈15大失误

在中国企业群雄榜上，三株曾经是一个响当当的名字。这个靠30万元起家的民营企业连续创造了三年的销售神话。销售额从1994年的1.25亿元猛增至1996年的80亿元，短短三年就翻了64倍。最鼎盛时，三株在全国所有省、市、自治区和绝大部分地级市注册了600个子公司，在县、乡（镇）有2000个办事处，各级行销人员总数超过了15万。

但是就在三株创造辉煌的1996年，三株在湖南常德却摊上了一场险些毁灭企业的官司。常德市退休职工77岁的陈伯顺于1996年6月购买了三株口服液回家，服用8瓶后不知何因全身不适而死亡。随后，陈伯顺的家属诉讼到法院，要求三株公司赔偿其经济及精神损失费30万元。吴炳新坚信三株没有毒性，他认为这完全是敲诈，根本不予理睬。经过一年多的调查后，湖南省常德市中级人民法院于1998年3月31日宣判：陈伯顺系喝三株口服液导致死亡，责令由三株公司向死者家属赔偿29.8万元，没收三株公司"非法"收入1000万元。此判决一出，当地媒体以《八瓶三株喝死一条老汉》为题做了报道，并引来全国媒体的疯狂转载。

这场官司给三株公司造成了毁灭性的打击，全国各经销商、消费者听到三株喝死人的消息后，纷纷退货索赔，三株口服液及三株系列产品的销售迅速陷入瘫痪状态。三株不服判决，上诉到湖南高院。1999年3月，湖南省高级人民法院做出终审判决，三株公司胜诉。认定三株口服液是安全无毒、功效确切、质量可靠的高科技产品。

但是,到底是谁打倒了"三株"?真的是常德老汉喝三株身亡事件吗?

其实,早在1997年的年终大会,三株集团董事长吴炳新就已经开始自我反省,分析了三株"15大失误",以下是他自述的主要内容:

一、市场管理体制出现了严重的不适应,集权与分权的关系没有处理好。采取的是"集团军式"的管理模式,高度中央集权。对子公司采取的是"填鸭式"的管理。

二、经营机制未能完全理顺。转轨以前,实行的是中央集权式核算管理,它保证了公司的最大利益。但随着公司的急剧发展,子公司内不讲工作效率、不讲经营效益的现象越来越严重,盲目扩张,盲目投入。

三、企业机构臃肿,部门林立,等级森严,层次繁多,程序复杂,官僚主义严重,信息流通不畅,反应迟钝。

四、市场管理的宏观分析、计划、控制职能未能有效发挥,对市场形势估计过分乐观。

五、市场营销策略、营销战术与市场消费需求出现了严重的不适应。对城市市场缺乏开拓,没有培育起新的经济增长点。对投入产出比强调不够,仍旧坚持大规模的投入,造成无效投入和广告费的严重浪费。有些子公司还随意扩大疗效范围,宣传三株口服液百病皆治,引起消费者很大的反感。

六、分配制度不合理,激励机制不健全。"干的不如坐的,坐的不如躺的,躺的不如睡大觉的";思想政治工作淡化,员工的思想教育薄弱,现代企业理念缺乏,激励机制畸形发展。

七、决策的民主化、科学化有待于进一步加强。过去,我们采取的是中央集权制,决策权过分集中,缺少"智囊团",出现了一些失误。

八、相当一部分干部骄傲自满和少数干部腐化堕落。

九、浪费问题极为严重。由于财务、法纪的监督制约没有及时跟上,浪费现象在许多子公司表现得极为严重。

十、山头主义盛行,自由主义严重。不是从工作需要出发,而是从个人的利益出发。利用职权,打击异己,拉帮结派,培养个人势力。

十一、纪律不严明,对干部违纪的处罚较少。现在公司"干部终身制"盛行,能上不能下,在这个地方犯了错误,过几天,又到另一个地方去任职了。

十二、后继产品不足，新产品未能及时上市。

十三、财务管理出现严重失控。部分财务人员的责任感弱，没有认真履行"当家人"的职责，有的甚至与经理串通一气，共同"作案"。呆账死账很多，而且难以处理。有的子公司的方案存在明显的分配比例不合理和严重的"总部亏，个人富"的现象。

十四、组织人事工作与公司的发展严重不适应：人事考评机制不规范，没有制度化的考评程序；干部培训工作没跟上；招聘把关不严，一批素质不高的人甚至是社会渣滓混进了公司。

十五、法纪制约的监督力度不够：事前防范措施不力，忙于事后控制；法纪人员的专业素质与工作要求之间也存在一定差距；惩处力度不够；信息反馈不及时；干部的约束机制不健全；总部、省公司指挥部个别领导对法纪工作的干预较多。

| 案例分析 |

三株的辉煌堪称中国市场营销的奇迹，吴炳新也被奉为营销领域开山鼻祖级的人物。但据他本人自述，他的很多理念却来源于毛泽东主席当年的农村包围城市的战略战术，而且他每天睡前都要读毛泽东语录，在真正带领队伍的时候还进行过军事化管理。可就是这样一支在毛泽东理念影响下，进行军事化管理，并获得如此巨大成功的公司却在"八瓶水喝死人"的事件影响下轰然倒塌。这到底是一个偶然还是一个必然？究其原因到底是什么？吴炳新1997年自我反省的15条，条条扎心，但究其本质，可以看出真正的原因是法令不明，法令不行，过度的扩张已经让人员管理坏在了根上。可见，当时吴炳新只学得了毛泽东管理的皮毛，并没有领会毛泽东管理的本质。《孙子兵法》开篇体中"五事七计"就提到"法令孰行"，要求的是大战前有章可依，执法必严。三株集团极度扩张后的各项规章制度并没有跟上企业发展步伐，出现了大量管理漏洞，原有制度形同虚设，这才是三株大厦轰然倒塌的根本原因。

六

兵众孰强——完善管理的物质基础

人们常见一个普遍现象：一说起管理，大多数人津津乐道的是加强企业文化、培养团队精神、强化思想教育等精神层面的东西，较少涉及物质层面的办法。有的老总只想着员工多干活，却不注重员工工作生活环境和条件的建设。他们都忽略了一个重要问题，那就是吃不饱、穿不暖，人就无精打采。同样的道理，企业精神层面的东西不是海市蜃楼，而是建立在一定物质基础之上的意识形态，它必须通过一定的物质载体去表现，或者提升。与军队管理一样，士兵的战斗精神、作战技能必须建立在武器装备、军费保障等物质基础之上。

孙子清楚地看到了这一点，所以做战略决策时，既分析比较双方"主孰有道""将孰有能""天地孰得""法令孰行"，还要专门看一看"兵众孰强"。

对于"兵众孰强"这几个字，不少专家解释为"兵员众多，兵力强大"，这是误解。"兵"是指兵器，"众"是指众物，众多方面的物资保障。"兵众孰强"，则是说看一看哪一方的武器装备、军费保障等物质基础更强盛。孙子这一观点告诉人们，打仗不能玩空手道，最终打倒对方靠的是拳头。战争决策不能单纯靠拍脑袋瓜子，而必须建立在雄厚的物质基础之上；军心士气也不能单靠口头忽悠，而必须以强大的物质基础为依托。

正是出于这种认识，孙子在《作战篇》开头用一整段话，提醒国君将领但凡领兵出征首先必须做好充分的物资准备，"凡用兵之法，驰车千驷，革车千乘，带甲十万，千里馈粮，则内外之费，宾客之用，胶漆之材，车甲之奉，日费千金，然后十万之师举矣"。按照这样的标准准备之后，十万大军才可出发上战场。当年汉武帝打击匈奴，左宗棠收复新疆，都经过长期的精心准备，花了大量的银子，较好解决了远征装备和后勤保障问题，才能鼓舞官兵斗志，激励全军信心，从而实施大迂回、大包抄战略，给对手以挤压打击，最终取得胜利。

孙子还提醒人们注意一个问题，那就是物资准备不能仅满足于作战基本需要，而要想办法超过敌军，形成绝对优势。他总结以往战争胜负的规律说："胜兵若以镒称铢，败兵若以铢称镒。"当然，孙子所说的"以镒称铢"是用夸张的手法强调力量优势的重要性。一旦拥有如此般的绝对优势，打起仗来必将士气高涨、力量倍增。孙子作了一个比喻，这种状态之下部队的力量犹如"决积水于千仞之谿"，奔腾而出，飞流直下，势不可当。其中蕴含着毛泽东所说的"物质变精神，精神变物质"①原理。

应当看到，在企业管理中也有"物质变精神，精神变物质"的问题。企业物质条件先于精神文化而存在。根据辩证唯物主义的基本原理，我们可以知道，先有物质而后有意识，物质是第一性的，意识是第二性的。经营管理企业，必须先具备厂房、设备、资金、技术、原材料等物质条件，然后才能借助于有效的组织管理和员工的生产经营而创造出精神财富。没有物质条件，就没有生产和经营的场所，没有创造和升华的前提，也就不可能产生什么敬业精神和团队精神。

如果员工生活在一个规矩明确、积极向上的团体里，也就会受到积极的感染，变得努力勤奋。而生活在散漫、不思进取的环境里，即使是人才也会变成庸才。企业工作环境的好坏直接影响员工对公司的忠诚度，也是企业能否长远发展的基础。舒适稳定而又宽松安全的工作环境可以增加员工对公司的信任度，更高效地完成工作任务，糟糕的工作环境则会让员工感觉像是住在垃圾场一样，没有一个人不盼着早早离开。

精明的企业家懂得以人为本，给予员工较好的工作环境，员工也会以勤奋工作来回报公司。但是，有些管理者却无视这个问题，认为中国最不缺的就是人，走了再招罢了。结果，来来去去的都是新员工，没有

---

① 毛泽东：《人的正确思想是从哪里来的？》，《毛泽东的五篇哲学著作》，人民出版社，2008，第142页。

业务熟练人员，工作效率也无法提高，最终被市场经济淘汰。所以说，市场竞争的趋势客观上要求企业以人为本，营造良好的工作环境，这样才能大大激发员工的工作积极性和创造力，提高员工的工作效率，从而为企业创造更多的经济效益。

营造比同行企业更为优越的工作环境。如同孙子所说的"以镒称铢"，工作环境明显优于同行企业，更有益于吸引新员工，鼓舞老员工。一般求职者都有可能"货比三家"，在同行企业中比较薪金、待遇和工作环境。在薪金、待遇相差不大的情况下，可能更多人选择的是工作环境更好的企业。当然，这一点对于某些中小企业有些难度。它们由于资金条件的限制，无法为员工提供优越的工作场所和良好的设施设备。但并不是无计可施。对处于这个阶段的企业，最重要的是从细节入手，从特点入手，改善员工的微环境。

比如集中有限的资金购置一些现代化的设备、对核心部门的办公环境进行优化，尽量用有限的资源创造一个温馨、洁净和高效的工作环境，或者营造某种非常有特色的工作环境。比如福建的乔丹公司为了让员工安心地工作，解决员工孩子的上学问题，建立了"乔丹双语幼儿园"，大多数年轻员工的孩子在里面快乐地学习。乔丹公司还请了外籍老师任课，改善小孩子的英语学习环境。员工们都非常高兴，因为他们的孩子都念双语幼儿园了，一个月却只要交两三百元的伙食费，其他都由公司负担，在经济上、心理上都大大地减轻了员工的压力。仅此一项特色动作就在稳定员工和激励员工方面发挥了非常重要的作用。

当然，举这个例子并不是鼓励所有企业都去建一个小而全的幼儿园，现在可以借助社会力量解决这方面的事情，我们只是想借此说明在难以取得全面优势的情况下，在某一方面搞出特色，力求"一招鲜"，超越同行，也是可取的。

然而恐怕有些企业领导并不这样认为，他们觉得企业工作环境越好，福利待遇越高，员工越不领情，越不买账。最近有一篇文章在网上很火，题目是《对员工宽容的公司都死掉了》。文中指出：很多创业型的公司，一开始的时候就租最好的办公室，要大要够气派，请最好的装修公司，用最好的办公家具，人手一台苹果电脑，每天都有早茶、下午茶时间，一天工作8小时，其中有3个小时是休息时间。结果这类公司很快都死掉了。应当说，这并不是个别现象，很多企业家深有同感。作者把原因归咎为企业太宽容和员工天生有惰性，这个结论有点偏颇。

给员工提供一个安稳、宽松、舒适的工作环境，本身并没有错，一般员工也绝不会因为置身这样优越的环境中而日益懒惰。关键还在于是否有制度保障，是否把握分寸。所以，我们不妨从第三个角度借鉴孙子的思想，即"厚而不能使，爱而不能令"。过于优厚的物质条件确实容易滋生懒惰，过度宽容的关爱确实容易变成溺爱。这就需要配套地建立一系列制度予以管控，从思想上细雨润无声地强化企业文化、团队精神等方面的引导和熏陶。

经典案例

1 三峡库区零售商战的胜者

三峡库区，是中国地理上一个相对较新的地名词。

在三峡库区腹心，是重庆市万州移民开发区（原属四川省万县市的龙宝区、天城区、五桥区、开县、梁平县、忠县、云阳县、奉节县、巫山县、巫溪县、城口县3区8县），面积约为2.9平方公里，人口近800万。

零售是流通领域的最后环节，商品由此进入消费领域而实现其商品价值。零售商场是商品流通的末端场所。所以，在市场体系中，它最能体现百花齐放的竞争势态，最能体现市场竞争的激烈严酷、嫌贫爱富与成败是非。

笔者到一个地方喜欢看零售业态的主体——商场。如在北京、上海、广州、深圳等地，有欧美系的沃尔玛、山姆、梅西百货、玛莎百货、家乐福、麦德龙、宜家、欧尚；有中国港台系的恒隆、新光三越、大润发、太平洋、远东、银泰；有马日韩系的百盛、伊藤、伊势丹、新世界、乐天；中国大陆系的华联、王府井、华润、万达、武商、天虹；等等。这些商场在当地个个都是响当当的。

然而，在三峡库区腹心的万州、开州等地，这里响当当的零售商场居然是一家名不见经传的百货商场——新世纪百货。

在万州地区，提起新世纪百货，几乎家喻户晓。一位业内人士告诉我，这家百货到万州快20年，与库区一起成长。它以真情实意的理念、质价匹配的商品，通过具有文化韵味和可信的优质服务措施，博得万州百姓喜爱。它在市场上不懈打拼，在近20年的激烈竞争中，击败了一个比一个强大的对手，如百盛、万达等2017年宣布撤出万州。新世纪百货迄今在万州仍然是人气高聚。

是百盛百货商品不够时尚丰富吗？是万达百货资金不够强大吗？听业内人士讲，一个地区有它牢固的地缘文化，比较封闭保守，不够开放。可我见到的万州是一个新型的现代都市，夜晚更是霓虹万丈，万家灯明的水城，原万县繁华城区的大码头、一马路、二马路都随三峡工程蓄水而永远沉没于长江水底。现万州街区上走着的都是穿着时尚的靓女帅哥，不亚于大都市的时尚人群。当问起当地人时，人们都禁不住对你说起"新世纪百货"对万州时尚的引领和贡献。

在资深人士引荐下，我见到了万州新世纪百货的总经理秦鸿女士。秦总不愧是做百货的，长相美丽，气质出众。她向我们介绍了万州的新世纪百货。

万州新世纪百货隶属重庆新世纪百货。20年前，一群重庆人到了万县，那时，万县还属于四川。他们先占据了当时万县城区偏僻的山顶，招兵买马。秦总当时只有十九岁，她那时就应聘入职，当了一名营业员。她说，当时印象最深的是，应聘后公司立即组织学员军训，站军姿，走正步，搞分列式，紧张得气都喘不过来。然后，有领导来训话，印象最深的一句是"万县新世纪百货是万县人的百货商场""好好干，未来属于你们，我们重庆人迟早都会回家的"。还有，就是一整套企业管理理念、业务营业流程、企业制度的学习、培训、考核、实习。

"后来，商场开业了。明亮的灯光、光洁的地面、舒适的中央空调、漂亮时尚的商品陈列，让我们当时闭塞的万县人顿开眼界。

"当时，当地人看到这么漂亮的商场，许多人都担心价格高昂。后来人们逛商场后，再加上我们几百名当地营业员回家饭桌上口述，人们发现商品价格与市场整体水平差不多，还有商场的商品质量承诺，便开始口传相诵。

"然后,我们率先在万州推行实行普通话服务,实行购买商品不满意十五日退换货,实行商品质量问题先行赔付制度。万州老百姓认可了我们。

"很快,库区建设开始,下半城淹没了,我们这里成了万州新城区的商业中心。

"随后,重庆人基本都回主城了,只留下一个参加过1979年对越自卫反击战的云南建设兵团知青支援队的李总,在公司的指导方针下,率领我们这一帮年轻人,在库区,先后在龙宝区、天城区、五桥区、开县、梁平、云阳、奉节、巫山、巫溪等地,按市场规律拓展市场,建立商场、超市,我们的实力快速发展,被新世纪百货定为区域总部。

"两年前,重庆派来的李总在我们万州岗位上退休了。李总在退休欢送会上说,按公司战略要求,把万州区域总部交给我们万州人了。那一天,我们都哭成了一团!

"现在,在三峡库区原万州大区域内,我们有4个3万平方米的大型百货商场,有20多个连锁超市,在区域内采用'1+N'模式进行管理经营。"

"什么叫'1+N'模式?"我问道。

"就是在区域内一个大商场带上若干超市,统一资源,统一营销,统一围猎竞争对手。"漂亮的秦总甜甜一笑道,"就是你们军方经常说的'航母特混舰队'作战模式。"

"啊,20年来,你们就是这样击败若干竞争对手的?"我一边问,一边暗暗吃惊:美丽温柔的秦总,竟有如此狠的军人气质!

"是啊,当然,离不开上级的支持,离不开万州老百姓的支持!"她语气和悦。

经她介绍,原三峡库区万州大区域新世纪百货发展了三个大卖场,20几家连锁超市,去年销售额20几个亿。就是她现在统辖的万州小区域,即原万县市的龙宝区、天城区、五桥区三地,也有两个大商场,11家连锁超市,2017年销售额突破15亿元,排名新世纪百货第二。2017年新世纪百货又在库区的奉节县开业一个两万平方米的商场,实现了小区域的"1+N"模式。

天啊,这不是最好的企业经营案例吗?

20多年来,有多少响当当的企业沉沉浮浮?有多少百货光鲜一时而灰飞烟灭?而万州的新世纪百货,居然20年不倒,现在仍让百姓认可颂扬,其势力范围无人可染指!

多年来,中国企业管理案例充斥着炒作,要么洋派词语十足,要么天花乱坠,甚至成为笑话!而像新世纪百货这样有20多年竞争经历不倒的民族优秀范例,竟然深山无人识。

| 案例分析 |

在《计篇》中,孙子提出:"校之以计,而索其情。曰:主孰有道?将孰有能?天地孰得?法令孰行?兵众孰强?士卒孰练?赏罚孰明?吾以此知胜负矣!"

孙子就是说:"我们可以通过对情况考察分析,并据此加以比较,从而预测战争胜负。譬如'哪一方的君主是有道明君,能得民心?哪一方的将领更有能力?哪一方占有天时地利?哪一方的纪律法令更能严格执行?哪一方的兵员更强大、资源更充足、装备更精良?哪一方的士兵训练更有素,更有战斗力?哪一方的赏罚更公正严明?'通过这些比较,我就能知道胜负了。"

通过在三峡库区腹心地——万州"新世纪百货"的崛起和延伸发展,在这片新地域上,"吾以此知胜负矣"。

首先是"主孰有道"。主要体现在:一是新世纪百货决策层在三峡库区建设前抢先占领有利位置,为今后的发展打下根基。二是新世纪百货的经营管理理念鲜明落地,博得职场员工和当地百姓的认可支持。三是集训招募人员,灌输观念,统一认识,训练纪律,培养作风,完整严密的组织建设。

其次是"将孰有能"。新世纪百货派出的重庆团队,能坚决贯彻执行公司战略意图,不计个人得失,顾全大局。在搭好框架,理顺管理,推进经营进展后,只留下一个老领导李总把舵,其余人员全部撤回重庆,给万州的年轻骨干留下了广阔的职位空间。老李总虽不善言辞,但坚定推进公司发展战略,在他任职期间,发展了三个大卖场,二十几家超市,在竞争中完成了小区域"1+N"的布局,在万州培养了一大批能参与市场竞争的业务管理干部。秦总接任后,充分发挥小区域"1+N"竞争模式,终于在2017年将百盛百货、万达百货挤出万州,留下新世纪百货在万州独领风骚。

再次是"兵众孰强"。新世纪百货目前在万州区域用工数万,干部骨干数百人,都是当地子弟兵。他们熟悉当地情况,了解当地消费习惯,知道当地百姓消费追求,所以,当经营发生激烈竞争时,他们的这种优势就发挥了出来。另外,万州当地产生了大量干部骨干,他们源源不断被派到龙宝区、天城区、五桥区、开县、梁平县、忠县、云阳县、奉节县、巫山县、巫溪县开店任职,他们的主人翁意识强,不像有些连锁企业如原郑州亚细亚百货,派出的郑州人是一等,招聘管理人员是二等,发展地当地人是三等,企业表面气魄很大,但管理的无形等级,让企业失去凝聚力。"兵众孰强"中除了基本的经营装备、经营资源,就看哪一方的兵员更有向心力。这就是毛泽东所说的"群众路线"。

❷ "冰箱之王"新飞电器倒下了!

一代"冰箱之王"倒下——老牌家电厂商新飞停产了!

据媒体报道,2017年11月1日起,厂区内除保安外已处于无人状态,仓库和车间都贴上了封条。该厂已经向政府递交了重整申请。

新飞电器是以冰箱、冷柜、空调为主的白色家电制造企业,因出色的无氟与节能技术而被公认为中国家电绿色品牌,曾是中国冰箱、冷柜前两强。

新飞的前身是一家小型军工企业——新乡市无线电设备厂。1983年,厂长刘炳银选择白色家电项目上马,作为企业的转型之路。1984年新飞冰箱项目正式在国家轻工业部立项,1985年从意大利飞利浦公司引进现代化冰箱生产线,1986年一条年产10万台电冰箱的生产线投产下线,以"新乡-飞利浦"品牌进入市场销售,因此简称"新飞"。

1986—1996年,新飞公司快速发展,"新飞牌"电冰箱已成为中国公认的名牌产品。在"新飞"冰箱最辉煌的时候,被称为冰箱界"四朵金花"中的老大,排在它后面的是海尔、容声、美菱。那时的"新飞"已经发展成拥有一个中国驰名商标和两个中国名牌产品的进出口免验企业,其冰箱、冷柜、空调三大主导产品,远销全球30多个国家和地区。而当时的"格力电器"还没有冰箱业务,也没有西门子、三星什么事。直到竞争激烈的2007

年，新飞冰箱产销量还排名全国第三，产量高达353万台。新飞的高档酒柜占据美国主流市场，新飞冰箱（柜）在朝鲜、蒙古国等市场的增长率则大幅飙升。

党和国家领导人曾多次视察新飞。如江泽民、胡锦涛两任总书记在任期间都亲临新飞考察，均对新飞的发展给予高度的评价寄语。

1994年新飞达到顶峰时，在引进外资的大趋势下，河南新乡市政府引进了新加坡企业丰隆亚洲进行合资。新飞和新加坡丰隆电器以及新加坡豫新电器三方合资，成立河南新飞电器有限公司，其中新飞集团占49%股权，新加坡两方分别占45%和6%。2002—2005年，新飞又进行了"国有体制深化改革"，将股权进一步转让，新加坡丰隆更是再一次获得了新飞电器的另外39%的国有股权，新加坡丰隆电器的股权占了90%。

随着产业控制权易手，不同的管理理念，引得原新飞诸多员工不满。

新飞的业绩开始滞后，绩效下降，大量技术骨干不断流失。根据《中国新闻报》报道，新飞四五百人的技术研发团队走了一大半，其中有九成进入了竞争对手的麾下。

2012年10月，上千名身穿蓝色工装、情绪高昂的新飞员工聚集在新飞总部，并把已故创始人刘炳银的黑白照片放大了数十倍摆在了公司大门口，他们高喊"涨工资，要生存"，并封堵了厂区大门。

2013年中债资信出具的一份评估报告认为，股权变更后，新飞的外资投资方缺乏相关行业管理经验，中资人员话语权不足，当地政府介入企业管理，市场竞争力弱化，市场份额持续下滑，逐步丧失了国内冰箱业优势企业地位，被昔日竞争对手大幅超越，公司经营出现亏损，核心管理团队也逐渐流失。

经营不善的情况下，2012年和2013年，新飞电器两度陷入停产风波。2012年10月，新飞因罢工而首次停产，在政府的快速介入下，新飞高层做出妥协。2013年5月，新飞再次大停产，公司员工总数超过一半的合同工被通知无限期回家休息，部分员工被辞退。2015年12月底，新飞电器开启了新一轮名为"人员优化"实为裁员的举措。此后，新飞电器便不时被劳动争议缠身。

主营业务遭遇阻碍，新飞曾尝试通过"授权"或"贴牌"来进行对外租赁品牌,但是结果却造成在全国家电展会上,出现了3家名称不同但都代表新飞公司携带各自类别产品参展的企业,搞乱了品牌形象。

2017年11月1日,河南新飞制冷器具有限公司、河南新飞电器有限公司、河南新飞家电有限公司联合发布的一份重整说明:"截至2017年10月31日,公司面临市场竞争和业绩下滑,在过去几年出现持续亏损。迫于资金链压力,公司目前唯有停止生产活动。以上三家公司已于2017年10月30日向河南新乡中级人民法院递交重整申请,在人民法院监督下,依法进行重整。"

曾经数十年的"冰箱之王"新飞电器关门停产,轰然倒下。

| 案例分析 |

孙子在《计篇》中提出:"校之以计,而索其情。曰:主孰有道?将孰有能?天地孰得?法令孰行?兵众孰强?士卒孰练?赏罚孰明?吾以此知胜矣!"其中"七计"比较中,孙子谈到了"兵众孰强"。

新飞在发展中,不能不说其"兵众孰强"。据报道,发展到顶峰时,新飞吸纳的各类专业技术人才已达1800余人,其中具有高、中级技术职称者就有300余人。教授及博士生导师5名,博士生9名,硕士生60多名。新飞技术中心还建立起一个由科学院院士、首席科学家、长江学者、博导、教授和博士、高级工程师、工程师、技术人员、实验人员等组成的科技创新队伍。新飞还拥有引自发达国家的现代化精良生产制造设备和专业科研设备。1998年,新飞技术中心被认定为国家级技术中心;2002年10月,经国家人事部批准,新飞博士后工作站挂牌成立。2003年新飞申报专利195项,被认定为全国专利示范单位。2004年10月,新飞荣获国家"企业技术中心成就奖",跻身国家级企业技术中心50强。

然而,时过境迁,新飞这一切的一切,竟灰飞烟灭!

当我们回顾新飞轰然倒下的过程,不难看到以下事实:

首先,2002年,新飞进行国有体制改革,在引进外资的大趋势下,新飞引进了新加坡企业丰隆集团进行合资,后期又进行股权转让,新加坡丰隆电器的股权占了90%,中方的战略经营管理权彻底丧失。

其次，新加坡丰隆电器控制新飞后，进行一轮又一轮的折腾，但由于不熟悉中国家电行业的经营环境，面对海尔、西门子、格力、美的厂家的激烈竞争，产品、品牌、服务、营销全线战败。后期，沉沦至将新飞品牌使用权都对外租赁，用于赚取品牌使用费。

再次，"新飞"的市场业绩败落滞后，带来的后果就是员工的薪酬福利跟不上整个行业的发展，大量技术骨干不断流失，曾经强大的技术研发团队走了一大半，其中有九成进入了竞争对手的麾下，这使得新飞更加不具备竞争力。而上千名新飞一线员工封堵厂区大门甚至罢工，要求"涨工资"，更让员工队伍人心涣散！

至此，新飞"兵众孰强"状况一目了然，于同时兴起的海尔，以及后期兴起的西门子、格力、美的等生产商，以孙子之"校之以计，而索其情"，其市场竞争胜负结果"吾以此知胜负矣"，其结果必然是新飞闭门倒下！

七

士卒孰练——打造铁血团队的妙招

1979年的对越自卫反击战已经过去将近40年了，虽然我们总体上赢得了胜利，但是代价太大，牺牲了太多的年轻生命，其中最多的是战前临时征召入伍的新战士。2月19日那次战斗中，我领着尖刀排打头阵，攻入敌军阵地。战斗结束之后，打扫战场时，发现我班的一位名叫王和平的新战士头部中弹，牺牲在山下稻田中。我问和他一起冲杀的战友：为什么还没有进入敌人阵地就牺牲了？战友们说，他直着身子跑，目标太大，被敌人机枪打中了。我们战前训练时，反复强调过在敌人火力下运动时一定要低姿前进，甚至匍匐前进。为什么他在战场上不按照这个来呢？事后想想，关键还是训练时间太短。他们从穿上军装到走上战场总共不过2个月时间，无论是适应战场的心理状态，还是战术技术动作，都练得很不到位，到战场上之后，一紧张就按本能来了，只想着快跑，把战术动作抛到了脑后。很多新战士都是在这种状态下牺牲的，教训深刻呀！

血的事实再一次证明，古代兵家所说的"士不先教，不可用也"，至今仍然是真理。无怪乎孙子在分析比较敌对双方作战能力强弱之时，着重关注的是"士卒孰练"，看一看双方官兵训练的程度。训练不出战斗力，训练不到位，打起仗来不仅牺牲大，而且很可能打败仗。在这一点上，企业管理与带兵打仗恐怕没有两样。员工训练不到位，一句话就可能把客户拒之千里之外，一个动作就可能毁掉千辛万苦打造的品牌。日本首屈一指的牛奶制品厂家——"雪印"，就是典型的案例。

"雪印"创立于1925年，年销售额达5500亿日元（约54亿美元），在日本全国拥有34家奶制品工厂，职工约6700人。它的牛奶制品占日本市场的11%，居同行业之首。然而，进入2000年之际，整个日本社会仿佛都掀起了抵制"雪印"的高潮。原因是：自6月27日开始，大阪、京都、奈良等日本关西地区的居民向大阪市卫生部门投诉，说他们喝下"雪印"的低脂鲜奶后，出现呕吐、腹泻、腹痛等食物中毒症状。一天之内，投诉多达200起。紧接着，又有居民投诉喝了"雪印"的另一种名为"每日骨太"的鲜奶制品后，也出现中毒症状，而且中毒者越来越多，达万人以上。这一罕见的食物中毒事件，引起了日本全社会的震惊。

中毒的原因是，"雪印"大阪工厂生产的鲜奶中含有金黄葡萄球菌毒素。名牌厂家如何会生产出大量有病菌毒素的牛奶？内情很快曝光，这种细菌就滋生在生产工序的一个环节上：牛奶输送管道阀门内壁以及阀门附近管道的内壁，发现了已经凝固成块状的奶块。工人承认已经3个星期没有清洗。而公司的卫生制度是：生产线每天要进行水洗，每周进行一次手洗杀菌处理。但大阪工厂职工向警方表示，"不知道有此规定""知道一点，从没有按规定做过"。总之，没按生产程序操作，灾难显然是人为的。

消费者和市场丝毫不讲情面。遍及日本各地的大超市从货架上清除了"雪印"，仅仅不到两周的时间，这个拥有75年历史的老字号陷入了创业以来最深刻的危机。辛苦创业树起的名牌，一朝被砸。日本媒体断言：今后"雪印"的名字将不可避免地与"食物中毒"连在一起。凡有食物中毒事件发生，"雪印"都将被拉出来，做个不光彩事件的对比。"雪印"一线工人的一个违规动作砸掉一个品牌，毁掉一家企业，这与军队打败仗别无两样。

那么如何加强员工训练，打造一支号令如一，职业素养过硬的铁血团队？孙子告诉我们有必要从三方面下功夫：

一是"一民之耳目"。孙子在《军争篇》中指出："言不相闻，故为金鼓；视不相见，故为旌旗。故夜战多金鼓，昼战多旌旗。夫金鼓旌旗者，所以一民之耳目也。"这里提到的"一"，指的是统一号令的"一"，统一各官兵的思想，统一官兵的行动，做到一切行动听指挥，步调一致得胜利。而要想达到各官兵耳只听金鼓之声，目只看旌旗之色，擂鼓就进，鸣金则止，就要从指挥号令着手。既建立一套明确的指挥号令和相应的规定，又反复训练，使官兵们熟悉并遵循这些指挥号令和规定。这样才能使整个部队平时养成令行禁止的习惯，战时形成行动一致、整体作战的状态，即使在混乱的战场上也会"斗乱而不可乱也"。

二是"令素行以教其民，则民服"。这个观点前文讲"法令孰行"的时候已经提到过，有必要换个角度重申一下。一旦组织确立了一系列指挥号令和规章制度就必须坚持贯彻执行，反复训练，官兵们才会服从号令的指挥和制度的管理。有75年历史的"雪印"牛奶之所以毁于一旦，关键就在于"令不素行"，虽有制度规定，但平时没有坚持长期训练，员工没有经过严格的训练，没有遵循操作规定。

三是"风林火山"。说起"风林火山"几个字，很多年轻人都以为是日本的东西。到日本旅游的人可能注意到，"风林火山"几个字确实随处可见。比如，曾任中日文化交流协会会长的井上靖的畅销小说《风林火山》、50集连续剧《风林火山》、网络游戏《风林火山》、游戏王陷阱卡《风林火山》等，甚至还有风林火山餐馆、风林火山菜谱、写有风林火山字样的灯笼和汗衫等旅游纪念品。这些东西传入中国，以至中国的年轻人大多以为它是日本文化的体现。其实，这几个字完全是"中国制造"，最早出自《孙子兵法》中的一句经典名言。

日本人为什么这么钟情于这几个中国字？这是因为日本战国时期，有一位名叫武田信玄的将军，能征善战，他曾经让突击队高举一面战旗，旗上绣着"风林火山"几个大字，以激励官兵们英勇作战。此后，日本人便以这四个字纪念武田信玄将军。

这四个字有什么特殊含义？其实，它反映了孙子对一个团队应有面貌的总体要求。孙子在《军争篇》中说："故其疾如风，其徐如林；侵掠如火，不动如山；难知如阴，动如雷震。"

"其疾如风"指部队动作神速，有如狂风之迅疾。

"其徐如林"指部队行列整肃，舒缓如林木森井然有序。

"侵掠如火"：侵，越境进犯；掠，掠夺物资。侵掠，此处意为攻击。部队攻击时有如烈火之猛，不可遏止。

"不动如山"指部队防守时似山岳之固，不可动摇。

前两句是对部队行进时的要求，快如风，缓如林；后两句是对部队作战时的要求，攻如火，守如山。

其实，孙子在"风林火山"后还说了两句话："难知如阴，动如雷震。"显然，这是针对部队待机状态的要求。

"难知如阴"指部队隐蔽待机时深藏不露，有如阴霾弥漫，深不可测。

"动如雷震"指部队抓住战机突然发动时，犹如迅雷不及掩耳，无法抵御。

概括起来看，孙子这六句话的潜台词意在说明，部队只有具备这些特点，才能在行军作战中落实将领的谋略。

很多事情，说起来容易，做起来难。孙子这六句话读起来朗朗上口，颇有韵味。但是，仔细想一想成千上万的官兵组合在一起，大家都在同一个时间、同一个步骤做到"其疾如风，其徐如林；侵掠如火，不动如山；难知如阴，动如雷震"，可不是一件容易的事情。2015年9月3日纪念抗战胜利70周年的大阅兵，大家看到各军兵种方队整齐的步伐、精准的动作，无不为之震撼，赞不绝口，要知道这是集中训练大半年的成果。这大半年别的事情都放一边，一心一意练正步、齐步，站军姿，就是为了这一天，走出军威，走出国威。不言而喻，达到"风林火山"的标准没有别的办法，唯有一个字：练；两个字：苦练；三个字：再苦练。推而广之，各个领域带队伍皆如此。对于企业管理者而言，骨干执行力不到位，员工干劲不足，制度得不到落实，或许要反思一下自己是否像孙子所说的那样，在练兵上狠下功夫。如果光是顾着让队伍冲锋陷阵，却忽视了团队能力的培养，那么在这个快速变化的市场竞争中，也会很快被埋没下去，或者像日本"雪印"牛奶那样，一粒老鼠屎坏了一锅汤。因此，管理者切忌成为盲目的业务主义者而忽视了团队的教育和训练，力争打造出一支同心协力、行动一致、敢打敢拼的"铁血"团队。

不久前，一位企业领导请我写一幅有关《孙子兵法》名言的条幅送给他挂在办公室，我当时写的就是"风林火山"这几个字。解释了其中的含意之后，他非常高兴地说："好！好！好！我们在企业中带队伍讲究的也就是这个！"

经典案例

1 西门子的多级培训制度

西门子公司是德国一家著名的电子产品公司,历史悠久,规模庞大。它于1847年成立,至今已有170多年的历史,拥有40万职工。它从创办时期的两个人发展到今天成为世界500家大企业的第22位、德国100家大企业的第3位和世界六大电器公司之一,其经历颇具传奇色彩。

西门子进入中国至今,已将中国发展成西门子亚太地区业务的一个主要基地。目前,西门子全球的各项业务领域在中国都有开展,其中包括信息与通信、自动化与控制、电力、交通、医疗、照明和家用电器等。如同在世界其他地方一样,基础设施建设是西门子主要的在华业务领域之一。西门子在中国各地设有40多家公司和28个地区办事处,为2.1万人提供了就业机会。

西门子如何驾驭如此巨大的商业航母?加强全员的教育和训练,无疑是其最关键的一招。

| 案例分析 |

在人才培训方面,西门子创造了独具特色的培训体系——多级培训制。西门子的人才培训计划从新员工培训、大学精英培训到员工在职培训,涵盖了业务技能、交流能力和管理能力的培训。通过一系列的培训,帮助公司新员工具备较高的业务能力,提高员工知识、技能、管理能力,并储备了大量的生产、技术和管理人才。因此,西门子长年保持着公司员工的高素质,这是西门子强大竞争力的来源之一。

1. 新员工培训

新员工培训又称第一职业培训。在德国,15~20岁的年轻人如果中学毕业后没有进入大学,要想工作,就必须先在企业接受3年左右的第一职业培训。

在第一职业培训期间,学生要接受双轨制教育:一周工作5天,其中3天在企业接受工作培训,另外2天在职业学校学习知识。这样,学生不仅可以在工厂学到基本的职业技能和熟练的工作技巧,而且可以在职业学校受到相关基础知识教育。通过接近真刀实枪的作业,他们的职业能力及操作能力都会得到提高。

企业内部基本上使用技术最先进的培训设施,保证了第一职业培训的高水平。因此,第一职业教育证书在德国经济界享有很高的声誉。第一职业培训理论与实践相结合,为年轻人进入企业提供了有效的保障,也深受年轻人欢迎。在德国,中学毕业生中有60%~70%接受第一职业培训,30%~40%选择上大学。

早在1992年,西门子就拨专款设立了专门用于培训工人的"学徒基金"。这些基金主要用于吸纳部分15~20岁的中学毕业后没有进入大学的年轻人,参加企业3年左右的第一职业培训。

现在,西门子公司在全球拥有60多个培训场所,如在公司总部慕尼黑设有韦尔纳·冯·西门子学院,在爱尔兰设有技术助理学院。它们都配备了最先进的设备,每年培训经费高昂。目前,共有1万名学徒在西门子接受第一职业培训,约占员工总数的5%。他们学习工商知识和技术,毕业后可以直接到生产一线工作。

第一职业培训(新员工培训)保证了员工一正式进入公司就具有很高的技术水平和职业素养,为企业的长期发展奠定了坚实的基础。

2. 大学精英培训

西门子计划每年在全球接收3000名大学生。为了吸引和选用这些宝贵的人才,西门子也制订了专门的计划。

西门子特别重视与大学生的沟通,以增强对大学生的吸引力。公司同各国高校建立了密切联系,为学生和老师安排各种活动(诸如举办报告会),并无偿提供实习场所和教学场所。

1995年4月,西门子在北京成立了"高校联络处",开始与高校建立稳定而持久的伙伴关系,加强与高校师生及各院系、研究所的联系和沟通。西门子每年在重点院校颁发300多项奖学金,并为优秀学生提供毕业后求职的指导和帮助。现在,"高校联络处"已经成为西门子和高校沟通的桥梁。

进入西门子的大学毕业生首先要接受综合考核,考核内容既包括专业知识,也包括实际工作能力和团队精神,公司根据考核结果安排适当的工作岗位。

此外,西门子每年还从大学生中选出30名尖子进行专门培训,培养他们的领导能力。培训时间为10个月,分3个阶段进行:

第一阶段,让大学生全面熟悉企业的情况,学会从因特网上获取信息。

第二阶段,让大学生进入一些商务领域工作,全面熟悉本企业的产品,并强化他们的团队协作精神。

第三阶段,将大学生安排到下属企业(包括境外企业)承担具体工作,在实际工作中获取实践经验和知识技能。

目前,西门子共有400多名这种"精英",其中四分之一接受海外培训或在国外工作。事实证明,大学精英培训计划为西门子储备了大量高素质的管理人才。

3. 员工在职培训

西门子人才培训的第三个部分是员工在职培训。西门子认为,市场竞争日趋激烈,在颇具灵活性和长期性的商务活动中,知识和技术必须不断更新换代,否则就跟不上商业环境及新兴技术的发展步伐。所以,西门子特别重视员工的在职培训,在公司每年投入的培训费中,有60%用于员工在职培训。

西门子的员工在职培训主要有两种形式:一是西门子管理教程;二是在职员工再培训计划。其中,管理教程培训尤为独特有效,且全球闻名。

西门子员工管理教程分五个级别,各级培训分别以前一级别培训为基础,从第五级别到第一级别所获技能依次提高。其具体培训内容大致如下:

第五级别:管理理论教程。

培训对象:具有管理潜能的员工。

培训目的:提高参与者的自我管理能力和团队建设能力。

培训内容:西门子企业文化、自我管理能力、个人发展计划、项目管理、了解及满足客户需求的团队协调技能。

培训日程：与工作同步的一年培训；两次研讨会和一次课堂讨论会。

第四级别：基础管理教程。

培训对象：具有较高潜力的初级管理人员。

培训目的：让参与者准备好进行初级管理工作。

培训内容：综合项目的完成、质量及生产效率管理、财务管理、流程管理、组织建设及团队行为、有效的交流和网络化。

培训日程：与工作同步的一年培训；分别为两次为期5天的研讨会和一次为期2天的课堂讨论会。

第三级别：高级管理教程。

培训对象：负责核心流程或多项职能的管理人。

培训目的：开发参与者的企业家潜能。

培训内容：公司管理方法、业务拓展及市场发展策略、技术革新管理、西门子全球机构、多元文化间的交流、改革管理、企业家行为及责任感。

培训日程：一年半与工作同步的培训；两次为期5天的研讨会。

第二级别：总体管理教程。

培训对象必须具备下列条件之一：（1）管理业务或项目并对其业绩全权负责者；（2）负责全球性、地区性的服务者；（3）至少负责两个职能部门者；（4）在某些产品、服务方面是全球性、地区性业务的管理人员。

培训目的：塑造领导能力。

培训内容：企业价值、企业前景与公司业绩之间的相互关系、高级战略管理技术、知识管理、识别全球趋势、调整公司业务、管理全球性合作。

培训日程：与工作同步的培训两年；两次为期6天的研讨会。

第一级别：西门子执行教程。

培训对象：已经或者有可能担任重要职位的管理人员。

培训目的：提高领导能力。

培训内容：根据管理学知识和西门子公司业务的需要而制定，随着两者的发展变化，培训内容需要不断更新。

培训日程：根据需要灵活掌握。

通过参加西门子管理教程培训，公司中正在从事管理工作的员工或有管理潜能的员工得到了学习管理知识和参加管理实践的绝好机会。这些教程提高了参与者管理自己和他人的能力，使他们从跨职能部门交流和跨国知识交换中受益。同时，在公司员工间建立了密切的内部网络联系，增强了企业和员工的竞争力，达到了开发员工管理潜能、培养公司管理人才的目的。①

❷ 导致三鹿集团失败的罪魁祸首

2008年12月25日，河北省石家庄市政府举行新闻发布会，通报三鹿集团股份有限公司破产案处理情况。三鹿牌婴幼儿配方奶粉重大食品安全事故发生后，三鹿集团于2008年9月12日全面停产。截至2008年10月31日财务审计和资产评估，三鹿集团资产总额为15.61亿元，总负债17.62亿元，净资产-2.01亿元，12月19日三鹿集团又借款9.02亿元付给全国奶协，用于支付患病婴幼儿的治疗和赔偿费用。三鹿集团净资产为-11.03亿元，已经严重资不抵债。至此，经中国品牌资产评价中心评定，价值高达149.07亿元的三鹿品牌资产灰飞烟灭。

| 案例分析 |

反思三鹿毒奶粉事件，我们不难发现，造成三鹿悲剧的三聚氰胺只是个导火索，而事件背后的中高层干部能力不强，企业运营风险管理失控才是真正的罪魁祸首。

（1）中高层管理人员缺乏风险意识培训，醉心于规模扩张

三鹿的失败，很多人说是质量问题，而熟悉三鹿的人都知道，是中高层问题。中高层是市场到企业的连接带，也是执行和解决市场问题的

---

① 引自360百科《西门子的多级培训制度》。

核心力量。如果这个层级出现问题，可以说，企业距离关门的日子就不远了。

对于乳业而言，要实现产能的扩张，就要实现奶源的控制。三鹿领导层平时缺乏风险意识培训，仅仅考虑不丧失奶源的控制，盲目接受了质量低下的原奶。据了解，三鹿集团在石家庄收奶时对原奶要求比其他企业低。因此，三鹿集团祸起奶粉也就不足为奇。

（2）中高层管理人员缺乏能力培训，管理存在巨大风险

作为与人们生活饮食息息相关的乳制品企业，本应加强奶源建设，充分保证原奶质量，然而在实际执行中，三鹿仍将大部分资源聚焦到了保证原奶供应上。

三鹿集团"奶牛+农户"饲养管理模式在执行中存在重大风险。三鹿的散户奶源比例占到一半，且形式多样，要实现对数百个奶站在原奶生产、收购、运输环节实时监控已是不可能的，只能依靠最后一关的严格检查，加强对蛋白质等指标的检测。但是三鹿集团的反舞弊监管能力不强，责任心不高，甚至企业负责奶源收购的工作人员往往被奶站"搞定"了，这样就形成了行业"潜规则"。不合格的奶制品就在商业腐败中流向市场。

另外，三鹿集团对贴牌生产的合作企业监控不严，产品质量风险巨大。贴牌生产，能迅速带来规模的扩张，可也给三鹿产品质量控制带来了风险。至少在个别贴牌企业的管理上，三鹿的管理并不严格。

（3）中高层管理人员缺乏危机处理培训，危机关头处置不当导致风险失控

2007年底，三鹿已经先后接到农村偏远地区反映，称食用三鹿婴幼儿奶粉后，婴儿出现尿液中有颗粒现象。到2008年6月中旬，又收到婴幼儿患肾结石去医院治疗的信息。于是三鹿于7月24日将16个样品委托河北出入境检验检疫技术中心进行检测，并在8月1日得到了令人胆寒的结果。与此同时，三鹿并没有对奶粉问题进行公开，而其原奶事业部、销售部、传媒部各自分工，试图通过奶源检查、产品调换、加大品牌广告投放和宣传软文，将危机信号封杀于无形。

2008年7月29日，三鹿集团向各地代理商发送了《婴幼儿尿结晶和

肾结石问题的解释》，要求各终端以天气过热、饮水过多、脂肪摄取过多、蛋白质过量等理由安抚消费者。而对于经销商，三鹿集团也同样采取了糊弄的手法，对经销商隐瞒事实，造成不可挽回的局面。从2008年7月10日到8月底的几轮回收过程中，三鹿集团从未向经销商公开产品质量问题，而是以更换包装和新标识进行促销为理由，导致经销商响应者寥寥。正是召回的迟缓与隐瞒真相耽搁了大量时间。大规模调货引起了部分经销商对产品质量的极大怀疑，可销售代表拍着胸脯说，质量绝对没有问题。在2008年8月18日，一份标注为"重要、精确、紧急"传达给经销商的《通知》中，三鹿严令各地终端货架与仓库在8月23日前将产品调换完毕，但仍未说明换货原因。调货效果依然不佳，毒奶粉仍在流通。

三鹿集团的外资股东新西兰恒天然在2008年8月2日得知情况后，要求三鹿在最短时间内召回市场上销售的受污染奶粉，并立即向中国政府有关部门报告。三鹿以秘密方式缓慢从市场上换货的方式引起了恒天然的极大不满。恒天然将此事上报给新西兰总理海伦·克拉克，克拉克于9月8日绕过河北省政府直接将消息通知中央政府。

这一连串的失误，说明三鹿集团中高层管理人员平时缺乏危机处理方面的培训，危险关头严重缺乏协调应对的能力。在危机发生后，面对外界的质疑和媒体的一再质问，仍不将真实情况公布，引发了媒体的继续深挖曝光，最终彻底失去消费者的消费信任。

孙子分析战争胜负的着眼点之一，就是"士卒熟练"。这里的"士"不仅指普通士兵，也包括各级指挥官。训练出战斗力，训练出领导力。一个员工不经训练，必然缺乏敬业精神和熟练的技能，一句不当的话就可能将客户拒于千里之外，一个违规的动作就可能砸掉企业品牌。一位中高层管理人员不经训练，也难以提升战略思维能力、执行能力和管理能力。所以说，三鹿的失败表面上看是产品质量引起的，实际上其失败的气数早已在平时疏于各级培训的岁月中悄然形成。

八

赏罚孰明——高效激励机制的基石

一支部队能否拥有强大的战斗力,要看其是否拥有高效的执行力,而孙子兵法《计篇》中的"赏罚孰明"正是保证高效执行力的重要途径。古代众多兵家也都高度重视这一法则。例如,战国时期《吴子兵法》里说:"进有重赏,退有重刑,行之以信。"《六韬》里说:"用赏者贵信,用罚者贵必。"千百年来,赏罚成为国君将帅激励官兵冲锋陷阵、英勇拼杀的重要手段。在《孙子兵法》中,"赏罚孰明"不仅是作为衡量敌对双方实力强弱的一个重要标准,而且孙子在《作战篇》《行军篇》《用间篇》中都多次提到了赏与罚的具体方法和要求,主要表现在三个方面:一是赏罚贵明;二是重赏重罚;三是反对数赏数罚。

首先看"赏罚贵明"。在这方面,关键是一个"明"字,公正严明。孙子认为,通过观察赏罚是否严明,可以判断对方军纪是否严整、战斗力是否强盛。无论是赏还是罚,都要公开透明,才能真正令人心服口服。明太祖朱元璋主张:"赏罚者至公之道也,赏当人心,则众劝于善,罚当人心,则众惩于恶。善为政者不以赏私亲,不以罚私怨。"[①]意思是说,赏罚的原则就是大公无私。奖赏公认该赏的人,人们就会心悦诚服向他学习,惩罚公认该受罚的人,人们就会自觉引以为戒。善于当政的人,不会用奖赏去偏向于自己的亲友,也不会用惩罚对与自己有矛盾的人发泄私愤。

任何人都知道应该秉公进行奖励和惩罚,但是人又都是有感情的,要真正做到是非常难的。所以,优秀的企业管理者要敢于并善于公平公正实施奖与罚,做到让下属心服口服。然而这似乎并不太容易。

---

① 《明太祖宝训》卷三,《明赏罚》。

当然，也并不是做不到。要做到，就需要管理者克服自己的私心和感情，要有明确统一的标准，不能搞双重标准、多重标准，力求奖惩透明化，这其中关键是建立科学的绩效考核机制，以保证赏罚透明、公正。

国内电子商务竞争异常激烈，京东总裁刘强东被称为枭雄式的人物，他是如何使电子商务做大做强的呢？其中很关键的一招，就是用《京东人事与组织效率铁律十四条》来管理麾下的十几万铁军。依据这十四条，刘强东对腐败现象几乎是零容忍。

几年前，京东一个年薪150万元的副总裁，因为接受了供应商300元的箱子，被人举报，经查实后被刘强东开除。这位副总裁不认为这300元就是贪钱，他说："如果是30万元，300万元，可能觉得就不对了，但是300元，我作为公司副总裁，供货商给我一个300元的箱子，只是一个箱子，又不是给我钱。"但是刘强东说："他作为副总裁，接受下属送的一个300元的东西，觉得是正常，是理所当然，今天拿着300元，明天是3万，那样的话会导致企业的失败。"

可以让刘强东在公司未上市之前，开出150万元年薪，并且给予副总裁之职的人，刘强东是多么倚重和信任，但是一旦违法，与普通员工一样严惩，这样才能保证警示与激励所有员工，这也就是刘强东能够管理京东十几万铁军的秘密所在。

再看"重赏重罚"。孙子在《作战篇》中提出"故杀敌者，怒也；取敌之利者，货也"，用奖赏鼓励将士从敌方获得战利品；《九地篇》中又说"施无法之赏，悬无政之令，犯三军之众，若使一人"，就是主张实施超出惯例的奖赏，颁发打破常规的命令，把军队指挥得像一个人一样。《用间篇》中强调："故三军之亲，莫亲于间，赏莫厚于间，事莫密于间。"对获取情报的间谍从精神上和物质上给予超乎寻常的丰厚奖励。所有这些无不体现孙子打破常规思维方式和赏罚措施。孙子实施重赏重罚不是因感情喜恶，亲疏远近而实施，而是从实际的作战需要和行军管理出发，这体现了孙子高超的管理智慧和极强的务实精神。

企业管理大师，通用公司前任总裁韦尔奇先生认为：所谓执行力就是企业奖惩制度的严格实施，而重赏重罚则是所有奖惩制度实施的灵魂所在。

美国友邦、中国人寿、平安等保险公司为了激发业务人员的销售动力，会将保单额度的30%甚至更多拿出来作为销售人员的首次提成，提成虽然会逐年递减，但在同一保单上会持续五年，也就是因为有这样的奖励机制，才使保险成为金融业三驾马车之一。

还有一个案例比较典型。1923年，福特公司有一台电动机坏了，公司所有的工程技术人员都未能修好，无奈之下只好另请高明。请来的人叫恩坦因曼斯，原是德国的工程技术人员，流落到美国后，一家小工厂的老板看中他的才能雇用了他。福特公司把他请来，他在电动机旁听了听，之后要了一架梯子，一会儿爬上去，一会儿爬下来，最后在马达的一个部位用粉笔画了一道线，写了几个字："这儿的线圈多了16圈。"果然，把16圈线去掉，电动机马上运转正常。福特公司给了他1万美元的酬金。亨利·福特对这个人非常欣赏，一定要他到福特公司来。恩坦因曼斯却说："我所在的公司对我很好，我不能见利忘义，跳槽到福特公司来。"福特马上说："我把你供职的公司买过来，你就可以来工作了。"福特为了得到一个人才，把整个公司都买了下来，并对原来的老板十分礼遇。恩坦因曼斯十分感动，为福特公司的汽车引擎发展解决了不少难题。福特对人才不仅注重物质上的奖励，更注重精神上的认可，正是这种对特殊人才的重视与重赏，福特公司的员工争相为公司创造价值，使之成了百年品牌。

我们再回想一下《孙子兵法》的《用间篇》中："故三军之亲，莫亲于间，赏莫厚于间，事莫密于间。"不正是对特殊人才的重视与重赏吗？

再来看一看"数赏数罚"。《孙子兵法》中说："数赏者，窘也；数罚者，困也。""数"就是频繁、多次的意思。若不断地颁发奖赏，那是因为你没别的办法鼓舞士气，是窘迫的表现；不断地施行惩罚，是因为你处境困难，没有别的办法摆脱困顿。频繁进行赏罚，将帅就失去了威信，陷入困窘的境地。这虽然是从将帅角度说的，但是也反映出奖罚的一个原则，就是不能频繁地进行奖励或惩罚。奖赏的次数太多，往往失去其激励效果；动辄就实施惩罚，也会失去其警示作用。

要善于抓住主要矛盾、主要对象，予以重赏重罚，方能影响巨大，效果卓越。要知道在管理企业中，奖励和惩罚绝不是目的，而是手段，如果频繁实施，会适得其反。尤其是惩罚手段，更是要慎之又慎。惩罚是一种反向激励，运用得当是可以和正面奖励一样激励人的，其最高境界是让受罚者口服心服。但是在现实中，中小企业惩罚管理的现状令人担忧。

曾经有一位成立5年的公司的管理者诉苦说，公司总是招不到也留不住人才，详细了解后发现他的企业发展更多的是靠他自己的资源和人脉，只是一味地开展业务，并没有拿出时间和心思为公司建立一套合适的激励机制，对于员工的表现仅凭自己的喜好和感觉进行奖惩，时常给一些小恩小惠以示奖励，久而久之，员工胃口大了，他却没有做到重赏重罚，从而使赏罚失去了应有的效应。与此同时，公司老人犯了严重错误又没有给予严厉处罚，只是反复地批评指责，久而久之，大家习惯了不痛不痒的批评，完全不当回事了，从而陷入言不服众的窘困之境。这不正是孙子所说的"数赏者，窘也；数罚者，困也"吗？这位企业领导的痛处一定也是现在大多数中小企业管理者的痛处。

上面的例子说明，究其根本要让企业产生高效的激励机制，打造企业管理的基石，必须要向孙子治军那样做到"赏罚孰明"，而要做到"赏罚孰明"就首先要做到"赏罚贵明"，更要辅以"重赏重罚"，最后还要避免"数赏数罚"，各位正在成长中的企业家们，切记！

经典案例

❶ 三菱集团创始人岩崎弥太郎的成功之道

世界五百强企业三菱集团作为日本十大财阀之首，旗下的产业之广遍布各行各业、地域之大遍布全球，对日本政治、经济乃至军事都有着巨大而深远的影响。1872年，创始人岩崎弥太郎转官为商，从日本官方手里买下了"土佐商会"，并更名为"三菱商会"，标志着三菱集团的诞生。1874年日本侵略台湾岛战争和1877年日本境内的西南战争促使"三菱商会"迅速积累了巨大的战争财富，一跃成为日本海上霸主，后经弥太郎和其弟岩崎弥之助艰苦卓绝的经营，三菱实业的版图从海上逐渐扩张到了陆上，最终奠定了其在日本商业中难以撼动的领袖地位。

创始人岩崎弥太郎成功地游弋于波澜壮阔的商海之中十余年，除了其时代原因，更多的源于其个人人格特质和独到的商业经营理念。首先，岩崎弥太郎的骨子里有着强烈的民族主义和爱国情结，他用国家意识和"家族经营观念"激励着三菱的团体斗志和信念，站在日本商人的角度来说，三菱是一家忠于国家的商业机器。其次，岩崎弥太郎非常注重人才，尤其看重能力和忠诚两点，对这样的人才往往出重金培养。1873年，投入大笔经费资助岩崎弥之助留学美国，据说当时的中央政府行政机关文部省接到报告看到此项金额，"皆表惊愕"，可见岩崎弥太郎对人才的重用和重赏。

再有，岩崎弥太郎经营管理非常严格。他主导制定了日本最早的公司规则，而且很严明。随着三菱的发展壮大，其规章制度也日趋健全，它的"总则""文书制度""接客制度""薪水及旅费制度"等一系列规章制度，可以称得上当时世界上非常优秀的企业管理规章。这一系列规章制度使三菱做到有法可依，赏罚分明，经常发放数倍于员工薪水的奖金用来激励上进者。《三菱重工社史》记载："公司与从业员的关系就如同唇与齿、车与轮，利害始终一致，共存共荣，必须信赏必罚。罚要峻，赏要厚，随机应变则富人情味。"

曾经有这样一个故事：岩崎弥太郎把一位高级管理人员叫到他私人的住所去，交给他一张用公司的便笺纸写的请假单，并斥责他说："你到底在干什么？"那位高管突然遭到严厉的斥责，完全不知所措，仔细看过字条后，才发现是自己前几天所写的一张请假单，而这张请假单是用公司的便笺纸写的。这时岩崎弥太郎语气更为严厉地说："你身为公司的高级管理者，都无法公私分明，浪费公司的便笺纸写私人的请假理由，究竟是什么道理？我要严厉地处分你！"于是当场下令罚他减薪一年。这位下属自己也知道犯了大错，立刻就向岩崎弥太郎道歉，并且心甘情愿地接受处罚，此后的工作态度更积极活跃。

所谓千里之堤，溃于蚁穴，就是这样，一张小便笺纸的浪费，可能就是公司经营危机的开始，这就是岩崎弥太郎的精神。事实上，今天三菱的壮大，如果没有岩崎弥太郎最初的忍辱负重和成业后的勤俭节约、用人艺术和赏罚机制，是无法想象的。一个贫苦人家的子弟，靠着自己的努力白手起家，创立了如此非凡的业绩，相信他的成功，给后人留下的是太多的深思和感慨。

| 案例分析 |

　　《孙子兵法》中《计篇》，五事七计中的"赏罚孰明"和行军篇中的"令之以文，齐之以武"的治军原则，历来为兵家所推崇。其核心思想是以道义教育士兵，用军纪军法来统一步调，使士兵服从将帅的指挥，这样的军队才能够打胜仗。孙子主张奖与罚、宽与严并用，恩威兼施，即在官兵关系中，"官"对"兵"要有感情投入和切身关怀，另一方面，官兵关系必须受规章制度的约束。恩威并举、宽严相济，这正是孙子统军的基本思想。

　　以小见大，岩崎弥太郎对于属下一张便笺纸的"吹毛求疵"体现了他对于赏罚制度的严格执行的力度和决心。反观现在中国有些企业因为办公用品管理制度不严而造成的大量浪费，实在是痛心。岩崎弥太郎是否读过《孙子兵法》，我们无从考证，但《三菱重工社史》中记载的："信赏必罚。罚要峻，赏要厚"的治企理念却体现着《孙子兵法》中的古老智慧。无论对有才能的岩崎弥之助的重金培养，抑或是对待得力下属的严厉惩罚，处处体现出岩崎弥太郎的赏罚分明。严格的管理制度加之以强有力的执行，为三菱的百年基业打下了坚实的基础。一个拥有着极强国家意识的日本财团，一个深得《孙子兵法》精髓的强大对手，在未来中日商业之战中还将起着哪些深远的影响，作为每一个成长中的中国企业家都应该加以反思。我们不仅要不断地了解、学习这些知名的成功企业，更要从我们中国古老文化中去寻找商业之战的制胜法宝。

❷ 日亚化学工业株式会社亿元判决

我们在上文提到过日本三菱重工创始人岩崎弥太郎的赏罚分明，下面来看看另外一家日本企业日亚化学工业株式会社，因为赏罚不明而遭受的亿元判决。

日亚化学工业株式会社，主要从事以磷制品、硅酸盐等无机化学品为主的生产制造，并从事电子产品、锂电子电池原材料、有机化学品、农药、环保建筑材料等的生产销售及出口。它是日本化学工业的领军企业，也是日本唯一的磷化氢生产商。于1993年发表了震惊世界的蓝色LED，其后推出了荧光体与LED组合而成的白色LED，之后实现了紫蓝半导体激光与世界首创的光半导体的商品化，而且这些氮化物半导体的发明正在显示屏、照明、车载、产业器材、医疗测量领域引发光源技术革新。

从日亚化学工业株式会社的简单介绍中可以看出，这家日本企业并不是简单的销售市场型的企业，而是具有一定的自主研发能力的企业。按照正常的逻辑和普遍性认识，这个企业应该非常重视科研型和创新型人才。但事实到底如何？东京地方法院的一份判决让日亚化学工业株式会社的赏罚理念浮出水面，而这只是冰山一角，以至于引起了日本企业界的强烈反响。

中村秀司是日亚化学工业株式会社的前员工，在职期间，研发了一种可用来制造蓝色发光二极管的技术，这种技术可以提高当时那个时代广泛使用的CD和DVD的读盘能力，并可以广泛代替白炽灯泡，是录音、电影摄制、信号传输系统领域一项革命性的创新。这项发明，使得日亚从200亿日元的年销售额一下子跃升为年收入1800亿日元的国际型企业。而对待这样的技术型功臣，日亚的做法是一次性支付2万日元和晋升一级职称。最后双方对簿公堂，东京地方法院裁定，中村秀司对日亚化学工业株式会社所做的贡献价值相当于日亚在蓝色发光二极管专利到期前获取的50%的市场利润，日亚化学工业株式会社需支付中村秀司200亿日元（约1.8亿美元）。法院的裁决结果，带来的是日本各界一片哗然，对法院的质疑和批评如潮。很多知名的日本企业大佬纷纷表示，宁愿将企业研发部门转移到海外，也不愿意对员工支付巨额的奖励，包括当时的媒体也对判决多加指责，称其动摇了日本企业的传统价值观念。

第二次世界大战结束后,日本企业能够在短时间内迅速崛起,依靠的是一种极强的民族主义和团队精神,个人利益在集团利益面前出现矛盾的时候,只有选择牺牲个人利益,而且这也是日本从小培养出的传统价值观,日本的企业更像是一个大家庭,等级分明,终身录用。然而,高度发达的今天,很多青年员工不再依赖雇主以求终身职位,但是日本社会仍然不赞成对物质利益的追求。中村秀司这样的人才,离开后日亚没有一家科研机构聘用他,最终中村以投身于美国加州大学的结局收场。

【案例分析】

《孙子兵法》的《作战篇》中"故杀敌者,怒也;取敌之利者,货也",用奖赏鼓励将士从敌方获得战利品;《九地篇》中的"施无法之赏,悬无政之令,犯三军之众,若使一人",就是主张实施超出惯例的奖赏,颁发打破常规的命令,把军队指挥得像一个人一样容易;《用间篇》中"故三军之亲,莫亲于间,赏莫厚于间,事莫密于间",对获取情报的间谍从精神上和物质上给予丰富的奖励。所有这些无不体现孙子打破常规思维方式和赏罚措施。日本企业善于学习,很早就引进了我们的《孙子兵法》,但是日本民族和企业所具有的集体性的反面又暴露出其包容的局限性,长期的民族主义、家长制、男权主义等都大大制约了日本企业的发展,而本案例中对于重大贡献却不给予重奖,而且似乎还成了一种全民意识,这不禁让我们想起另外一个美国商业案例,福特汽车总裁福特因为一个德国工程师恩坦因曼斯而买下一家工厂的故事。美国对人才重用、重赏的文化是我们每一个中小企业家都要努力学习的,人才才是企业发展的重要驱动力,针对人才切记赏罚分明,避免日企日亚的错误。

九

兵非多益——管理架构贵精不贵杂

2015年9月3日，中国政府正式向全世界宣布："中国将裁减军队员额30万。"这拉开了深化国防和军队改革的序幕。这次军改与以往不同之处在于，它不仅仅是裁减数量这么简单，而是结构性改革，主要是着眼于打造精锐作战力量，优化规模结构和部队编成，推动中国军队由陆军为主体的大块头，向陆海空火箭军诸军兵种合成的模块化、集群化转变，从而使军队更加精干高效。2017年纪念建军90周年的阅兵仪式上，受阅部队就是以南部作战集群、东部作战集群的形式出现的。这个"精干"和"高效"正是暗合了《孙子兵法》中"兵非多益"的精兵思想。

军队臃肿不适于打仗，企业臃肿也不便于运转。有的企业领导习惯于传统思想，以为企业规模越大，人员数量越多越有实力，越有影响力。过去的国企为什么在市场经济条件下缺乏竞争力，一个重要的原因就是机构臃肿、人浮于事、效率低下。当今，"大鱼吃小鱼"的时代已经被"快鱼吃慢鱼"的时代所取代，这种状况的企业就很难适应，也很难生存了，很多企业就死在这个问题上。所以说，科学合理、精干高效的管理架构已经日益成为企业间有力的竞争武器，它能使人员间更有效地分工，部门间更顺畅地协作，资源更有效地配置。所以，我们有必要探讨一下孙子"兵非多益"的精兵思想与企业管理架构的问题。

孙子在《计篇》中指出："法者，曲制、官道、主用也。"这里的曲制和官道就是部队的组织编制和职责分配的问题，孙子将其列为核心竞争力的"五事"之一，提到了战略的高度来分析。

首先，孙子的精兵思想谈的是方式手段问题。他在《行军篇》中指出："兵非多益，惟无武进，足以并力、料敌、取人而已。"用兵打仗，不是兵员越多越好，关键在于不轻敌冒进，集中兵力、掌握敌情、择人善用。也就是说，兵贵精，不贵多。

这个"精"，应当有两层含义，一是组织结构的"精简"，二是部队人员的"精锐"。当今世界，战争形态的演变使得拿破仑所说的"多兵之旅必胜"的名言不灵了，取而代之的是"精兵之旅必胜"。因此，这次中国军队进行建军史上的第11次军改，既是从组织结构上"精兵简政"，又是从人才选拔上"择人""选锋"，以适应现代化军事变革的需求。

同样，企业管理中也存在着组织架构与企业发展战略及市场变化不匹配的问题，企业通过结构性裁员和优化性裁员达到组织结构精简和人才质量精锐的目的，这就是"兵非多益"在企业管理中的体现。这与由于企业经营不善或者市场不景气而被迫进行的经济性裁员是不同的。1981年，杰克·韦尔奇就任通用公司首席执行官时，公司处于严重官僚化阶段，组织结构庞大臃肿，大量终身员工闲置，管理层级繁多，有着层层签字的审批程序和根深蒂固的等级制度。公司从董事长到基层员工之间的管理层数目多达24～26层。韦尔奇曾这样生动地形容臃肿的管理层级："当你穿着六件毛衣出门的时候，你还能感觉得到气温吗？官僚体制就是我们那六件毛衣！"上任后，他顶住压力，通过大刀阔斧的改革使公司管理层级数锐减至5～6层，不但节省了大笔开支，更极大地缩短了指挥号令的流程，提高了管理效率，企业的经济效益大幅提高。除了以结构性裁掉精简臃肿的管理层之外，他还每年进行末位淘汰，裁掉每个部门绩效最差的10%的员工，为此他也获得了"中子弹杰克"的绰号。可能有人认为这样做很残酷，但是，韦尔奇不为所动，秉承以通用公司利益为优先的原则，在做好裁员善后工作的同时自始至终坚持末位淘汰制。

其次，孙子的精兵思想谈的是目的效果问题。如果军队指挥层级精简，作战人员精锐，在战场上作战是什么样的状态？孙子在《九地篇》用了一个非常形象的比喻来形容："故善用兵者，譬如率然；率然者，恒山之蛇也。击其首则尾至，击其尾则首至，击其中则首尾俱至。"率然是恒山（常山）产的一种蛇，它在遇到攻击时能首尾相顾，婉转自如。在这里，孙子用蛇来比喻军队的协同，是要求将领不仅能够使部队管理有序，而且使其在行动时要迅速反应，协同一致，无论遇到什么情况，整个部队都能围绕一个目的统一行动，首尾配合，浑然一体。这种类似率然的高效协同，绝不是一般意义的协同，而是依靠内部机制而形成的组织式的协同。在战场上，就能"纷纷纭纭，斗乱而不可乱也；混混沌沌，形圆而不可败也。"平时，按阵法严格操练，到战场上，看似混乱，实际上自有章法。就像足球比赛，外行看到的是球员在偌大的赛场上追着球跑，实际上根据主帅排兵布阵，打的是四三三，或者四四二，或者三五二等阵型。

在企业管理中，要想达到像恒山之蛇那样协同，就需要企业在组织架构的设计上，使各部门前后左右呼应，摩擦减到最小，对内外环境变化和需求能够做出自发性的快速反应。"三个和尚挑水"的故事家喻户晓，从一个人到两个人再到三个人，为什么会产生"有水喝、挑水喝、没水喝"这么大的差距？这也是许多企业在发展壮大过程中产生的困惑。在这个问题上，海尔集团的组织结构变迁给我们提供了一个很好的借鉴：

20世纪80年代，海尔同其他企业一样，实行的是"工厂制"。随着企业做大做强，业务不断发展，海尔的组织结构也随着企业战略目标的转移和市场环境的变化而改变，主要经历了三个阶段：

第一阶段是"直线职能型"组织管理。这是一种集权式的组织结构形式，其特点是：各企业管理岗位是按垂直系统直接排列的，各级领导执行统一指挥和管理职能。在海尔规模还比较小时，由于各部门间的关系比较简单稳定，这种组织结构权责分明、沟通方便，便于统一指挥、集中管理。但随着海尔多元化战略进程的推进，直线职能制管理层级增加，对市场反应速度慢，极大地影响了多元业务的拓展。

20世纪90年代，海尔开始向第二阶段"事业部制"管理进行转变。这是在组织领导方式上由集权制向分权制转化的一种改革。海尔集团总部负责战略决策并管辖一些职能中心，下边的事业部是利润中心和市场竞争主体，独立核算，拥有较大自主权，能够更加快速积极地回应市场。但是，随着互联网时代飞速发展和海尔国际化战略的确定，这一组织结构开始显现弊端，例如：各事业部考虑问题往往从本部门出发，忽视整个企业的利益；事业部内部职能结构重复设置；事业部各自为政进行建设，导致产品线之间缺乏协调，创新能力不足；等等。

世纪之交，海尔进入第三个阶段的组织架构改革："市场链"管理模式。这种在管理架构上的创新被瑞士洛桑国际管理学院做成经典案例。它将市场经济中的利益调节机制引入企业内部，在集团宏观调控下，将内部上下流程、工序和岗位之间的业务关系由原来的行政关系转变为平等的买卖、服务和契约关系。这样，外部市场订单就转变为企业内部的订单。这种组织形式围绕订单作为中心任务，相关职能部门和分厂形成责任清晰、利益共享的作业链条，一环扣一环，并可随着整个任务的完成状况进行适当调整。仔细思考，这种"市场链"的组织架构与孙子所讲的率然之蛇是多么相似啊，为了完成某一订单，各部门各分厂必须要协同一致，相互配合，而不能各自为政或相互掣肘，以求达成利益最大化。

孙子的精兵思想核心是打造一支精干高效的军队，这为企业管理架构设计提供了非常有益的借鉴。在企业管理中，组织结构体系对企业的发展十分重要。一个企业要想精干、高效，就必须合理设置管理机构，正确用好各类人才。

在机构设置上，要摒弃大而全、繁而杂的思想，要根据公司管理目标和市场变化来设置管理部门，界定管理责任，合并职能相近的部门，撤销职能重复的部门，深化组织结构，做到机构少而精。用当今世界军事领域流行的话来说，就是要建立扁平化、模块化结构。扁平化，是讲总部与各个执行单位直接连接，尽量减少中间环节，以便快速执行。模块化，是说各个部门各有特色，各有分工，需要时可随机组合，以便合作执行。

在人员配备上，要因事设岗、人人有岗、人尽其才，才尽其用，精减部分无法适应公司发展的员工，实现最合适的人员匹配最合适的岗位。做到机构少，人员精，以减少推诿扯皮和内耗，使得企业的组织效益实现最大化。

经典案例

❶ 小米的扁平化架构

小米公司的产品相对单一，而且目前的手机市场变化极快，以往的一些大企业例如诺基亚、摩托罗拉等都因为企业过于庞大复杂，灵活性差最终被市场抛弃，所以小米公司采取了以产品部门化为主的动态网络型结构。小米采取"互联网+"的扁平化组织，仅有非常扁平的三层组织架构，也就是以小米为核心的创始人团队，作为最高的一级管理层级。第二级管理层级就是各个部门的主管，而最底下的层级就是员工，由员工直接面对用户。这样的组织架构有利于减少管理层次，裁减冗员，使组织变得灵活敏捷，富有柔性和创造性，扁平化组织强调管理层次的简化、管理幅度的增加与分权，帮助企业对内外部环境的变化及时做出调整。

小米相信优秀的人本身就有很强的驱动力和自我管理能力。小米员工都有想做最好事情的冲动，公司有这样的产品信仰，管理就变得简单了。在小米这样的高速成长企业里，高度聚焦在核心产品上，管理扁平化，才能把事情做到极致，才能更快速。

在设计简洁的管理层级同时，小米也不会让团队太大，保持在十几人的规模，稍微大一点就拆分成小团队。从小米的办公布局就能看出这种组织结构：一层产品、一层营销、一层硬件、一层电商，每层由一名创始人坐镇，能一竿子插到底地执行。大家互不干涉，都希望能够在各自分管的领域做到业界一流，一起把这个事情做好。

除7个创始人有职位以外，其他人都没有职位，都是工程师，晋升的奖励就是涨薪。不需要你考虑太多杂事和杂念，没有什么团队利益之争，一心在做事上。

这样的组织架构，减少了层级之间互相汇报所浪费的时间。小米现在数千人的规模，除了每个星期一召开的"公司级别例会"之外很少开会，也没什么季度总结会、半年报告会。在成立的几年里，7个创始人只开过3次集体大会，时间都花在产品上面了。2012年"8·15"电商大战，从策划、设计、开发、供应链，仅用了不到24小时准备，上线后微博转发量近10万次，销售量近20万台。雷军给自己的第一定位不是CEO，而是首席产品经理。大部分时间是参加各种产品会，每周定期和MIUI、米聊、手机和营销部门的同事坐下来，进行产品层面的讨论。很多小米公司的产品细节，就是在这样的会议当中，跟产品经理、工程师一起讨论决定的。

| 案例分析 |

相比其他大公司，小米的架构的确要扁平得多。因为小米看到有太多的大公司由于内部组织架构太过于复杂，公司内部的信息传达极不畅通，需要花太多的时间精力放在无谓的汇报、报批、开会之上，因此，小米成立伊始便采取极为扁平化的组织架构。这正符合了《孙子兵法》中讲的"兵非益多也"的管理理念。采取简单的层级、把大团队打散，这些方式有助于团队有效地运营。小米公司的成长，也有着比较独特的方式，或者说是特有的企业文化。

（1）部门结构相对固定、不贪食新业务。一般公司除了一些固有的功能性部门之外，往往都会随着新业务的拓展，划分所增加业务的部门。小米公司则自己牢牢抓住手机等少数几个"自营"业务，其他业务都"打包"给生态链，不管触及多少个生态链行业，自己也只有一个生态链部门。生态链模式，其创新在于把众多业务性团队全都"外置"出去，使之都成为独立的团队。一方面可以发挥小团队的效率优势，另一方面也能保持和激发创业者的激情，甚至也能更好地独立使用股权激励招到更好的人才。小米的模式，能够在不断增加新业务的同时，不会使架构复杂化。

（2）自上而下一致的价值观。很多人成为小米粉丝的最直接原因是小米有一种独特的价值观。统一的价值观虽然不能直接从架构上简化，但其效果和扁平化所追求的是一致的。小米在招纳新员工、投资新产业的时候，非常看重对员工价值观的考量。这种勤奋、不好花招、忠于产品、诚实定价的价值观，说穿了就是老实人的做事原则。和志同道合的人一起共事，自然有助于提高效率。

（3）领导层的亲力亲为。小米公司虽然有员工近万人，但中高层都真真切切以创业者自居,用创业者的一切特征为创业公司工作。还有一个令人费解又感动的规则:中高层都要到小米之家做导购。对于公司来说,肯定是希望决策者能够最直接地接受用户的反馈。然而,另一种可怕的战斗力已经形成:将军也都是士兵!领导层同时也亲涉基层工作,显然这有助于讯息的快速准确传导,同时也大大减少了不必要的损耗和往复。"同士兵同吃同住的将军"一般更能打好仗。

❷ 乐百氏组织结构的调整

在乐百氏的历史上,经历了三种业态的架构模式:从1989年创业到2001年8月,乐百氏一直都采取直线职能制,按产、供、销分成几大部门,再由全国各分公司负责销售;2001年8月到2002年3月,乐百氏实施了产品事业部制,虽然实施的时间很短,但为现在实施区域事业部制奠定了基础,实现了组织结构变革中的平稳过渡。

(1)直线职能制。

乐百氏创立于1989年,在广东中山市小榄镇,何伯权等五个年轻人租用"乐百氏"商标开始创业。创业伊始,何伯权等与公司的每个员工都保持一种很深的交情,大家都感觉得到,乐百氏就是一个大家庭,"有福同享,有难同当",公司的凝聚力很强。这时采用直线职能制这种架构模式,使乐百氏在创业初期得到快速稳定的发展。

12年间,五位创始人不但使乐百氏从一个投资不足百万的乡镇小企业发展成中国饮料工业龙头企业,而且把一个名不见经传的地方小品牌培育成中国驰名商标。然而,随着乐百氏的壮大,原来的组织结构显得有点力不从心。此时,何伯权不可能再与公司的每一个员工同吃同住,原来的领导方式发生了变化,起不到原有的作用。特别自2000年3月与法国最大的食品饮料集团达能签订合作协议,并由达能控股后,直线职能制的弊端更加暴露无遗。为了完成销售任务,分公司都喜欢把精力放在水和乳酸奶这些好卖的产品上,其他如茶饮料那些不太成熟的产品就没人下功夫,这对新产品成熟非常不利。更糟糕的是,由于生产部门只对质量和成本负责,销售部门只对销售额和费用负责,各部门都不承担利润责任,结果就变成了整个集团只有何伯权一个人对利润负责。

乐百氏的销售额直线下降，因此，寻求变化势在必行，其中组织架构的改革就是为适应新形势的举措之一。

（2）产品事业部。

2001年8月，一次在乐百氏历史上最为关键的组织结构变革期间完成75％员工换岗位，原五人创业组合中的四大元老同时发生重要变化，都退出原先主管的实力部门，何伯权是唯一不变的，仍然任总裁。

改革后，乐百氏的事业部制架构变为：在总裁之下设5个事业部、8个职能部门和一个销售总部。其目的是利润中心细分，瓶装水、牛奶、乳酸奶、桶装水和茶饮料共5个事业部各为一个利润中心。同时减少了中间层，集团的权力结构由从前的5人会议，变为一个总裁和14个总经理，成为一个比较扁平化的组织架构。这是公司首次将战略管理和日常营运分开，形成多利润中心的运作模式。

然而，新的架构还没实施几天，2001年11月底，乐百氏就爆出大新闻：何伯权、杨杰强、王广、李宝磊、彭艳芬五位乐百氏创始人向董事会辞去现有职务，并决定由达能中国区总裁秦鹏出任乐百氏总裁。何伯权称，五位元老集体辞职的原因是与董事会的战略思路发生重大分歧，无法达成一致。

（3）区域事业部。

2002年3月11日，区域事业部正式出台，乐百氏按地域分为五大块：西南、中南、华东、北方和华北。这次架构改革距上次仅仅7个多月的时间，据业内人士分析，速度之所以这样快，其中一个重要原因还是达能的全国战略思路在操纵着这次变革。随着达能旗下产品的不断增多，它也在寻求一种更能整合现有生产和销售资源的最佳方法。达能要求乐百氏扮演更加重要的角色，将其他如深圳益力、上海梅林、广州怡宝等在外地的工厂和销售渠道交由乐百氏托管。

据一些媒体报道，达能已将触角伸到了许多地方品牌。乐百氏也因拥有良好、稳定的经销商网络，使达能委以重任，它在中国市场上的战略地位将愈来愈重要。随着乐百氏托管的产品增多，每个市场的产品更加复杂、各种产品的销售情况各不相同。原来的产品事业部制可能对客户的变化需求反应不再迅速，很快不再适合新的发展。于是，区域事业部制这种以工厂为中心、更扁平的组织结构应运而生。因为它将更有助于了解消费者的需求，能更灵活地进行品牌定位。并且，区域事业部制将更有利于培养事业部的全局观念。负责人注重利润的追求，使决策和运营更加贴近市场，对市场形势和客户需求做出快速预测和反应，加强了区域的市场主动权和竞争力，对资源的调控更为快捷和趋于合理。同时，让总部从日常业务中脱离出来，多进行一些宏观性的战略决策。

| 案例分析 |

军队之所以能够齐勇若一，协同一致，其中重要的原因是有一个非常严密的组织架构。《孙子兵法》也指出，"曲制"和"官道"，也就是组织编制和职责分配，是战略筹划的"五事七计"当中"法"的重要组成部分。对于企业经营管理来说，组织结构是否合理对于企业的发展与生存同样也起着至关重要的作用。乐百氏的组织架构几次变更，是企业发展到一定阶段的必然需求。从直线职能制到产品事业部制，再到区域事业部制，乐百氏组织架构的变化也反映了这一点。公司组织结构的重要性仅次于公司最高领导人的挑选。对于各层管理人员来说，在一个结构设计良好的公司工作，能保持较高的效率，并且能充分显示其才能；而在一个结构紊乱，职责不明的公司工作，其工作绩效就很难保持在一个较高的状态了。适当的公司组织结构可以使公司的各项业务活动更顺利地进行，可以减少矛盾与摩擦，避免不必要的、无休止的协调，才能提高公司的效率。在改革之前，原来的乐百氏只有何伯权一人是企业家，现在的乐百氏可以造就五个甚至更多有全局观念的企业家。企业的组织架构改革一定要以企业发展战略为标尺，根据管理目标来设置管理部门，界定管理责任，合并职能相近的部门，撤销职能重复的部门，这样才能适应瞬息万变的市场，避免决策效率的低下。

十

择人任势——如何组建管理领导班子

诸葛亮聪明过人、勤奋敬业，在人们心目中一直是一个"好同志""模范公仆"，然而，他最终积劳成疾病死五丈原。更糟的是，他死之后，蜀国再也没有栋梁之材来支撑整个大局，就像民间传说的那样"蜀中无大将，廖化作先锋"了。事业干成这样，不能不说是一种败局。那么如此敬业的好人为什么还会弄出败局？看看《孙子兵法》，就不难发现其原因了。

孙子反对单枪匹马打天下，他认为："故善战者，求之于势，不责于人，故能择人而任势。"这句话中有必要先解释三个字：一个是"责"，意为苛求、责备；另一个是"择"，此处既可理解为"选择"，亦可理解为"释放"，因为在古代汉语里"择"可与"释"相通，即释放将领的手脚；再一个字就是"任"，在此处意为发展和利用。这句话强调的是，善于作战的人，总是想方设法追求和营造有利的态势，而不去苛求部属拼命死战，所以他往往注重选择有才能的将领构成领导班子，合力造势和用势。

其中有三个要点值得人们重视：

第一个要点是干大事要高度重视营造有利的态势，而不要过分依赖个别人才，因为人才能力高低、忠诚与否，不由我们掌握。第二个要点是，虽然不要过分依赖个别人才，但需要人才群体，所以广泛选择人才。第三个要点是，一旦组建了人才群体，要放手使用他们，释放他们的能量，合力发展和利用有利的态势。态势红火了，趋势走顺了，自然也就有更多人才了。

毛泽东曾经说过，政治路线确定之后，干部就是决定因素。因此，他非常重视选择作战部队的指挥员，并重视搭建领导班子。解放战争中的淮海战役，就是一个非常成功的搭建指挥领导班子的案例。

淮海战役之初，国共兵力是80万对60万！在敌强我弱的决战关头，1948年11月16日，中共中央军委决定组成淮海战役总前敌委员会，毛泽东点将以邓小平、刘伯承、陈毅、粟裕、谭震林五位组成"前委"，负责统筹华东战场的对华东、中原两大野战军的指挥。这五个人各有特色：邓小平为中原野战军政治委员，思想素质过硬，由他兼任前委书记；刘伯承是中原野战军司令员，军事素养极高，又德高望重，让他坐镇，军心稳定；陈毅是华东野战军司令员，思维敏捷，善于协调关系，在前委中承上启下；粟裕是华东野战军代司令员，胆大心细，善于大手笔运势，主要由他负责在前线发号施令，实施机动指挥；谭震林是华东野战军第一副政委，敦厚老实，坚定不移。这五个人可谓是各有千秋，优势互补。毛泽东对淮海战役"前委"的搭配是何等精妙绝配！

战役进行过程中，毛泽东多次在电报中授权前委果断决策、灵活指挥，并明确要求"不要事事请示"，这可谓孙子所说的"任势"。经过60多天激战，解放军终以60万兵力战胜了国民党的80万大军，取得全面胜利。解放军在兵力、装备都不占优势，战场情况复杂多变的战略决战条件下，能取得如此辉煌的胜利，是中央军委正确决策，总前委协调有力，华野中野的密切配合，全体指战员的英勇作战，还有广大人民群众全力支援的结果。毫无疑问，其中毛泽东搭建的"总前委"，起到了非常重要的作用。20世纪80年代，美国西点军校专门派出考察团来到淮海战场旧址进行实地考察，对这一战役的评价是"不可思议"。

在现代激烈的市场竞争中，企业如何求得生存发展，对于董事长和老板们来讲，就是如何去选用一个适应市场的CEO，如何去搭建和管理一个能高效运转的管理班子。在市场经济的当下，这事关企业的成败。

老板在搭建一个管理班子时，应当记住孙子的"择人任势"，就是说，你选择主将CEO很重要，但在现代强调团队条件下，搭建领导班子更为重要，要根据人的性格特点配置组合。应当包括以下三点：

一是要优化领导班子思想素质。领导班子的思想素质，就是前面讲过的"主孰有道"。企业领导班子对企业愿景、企业文化要认同和追求，对企业经营目标、企业管理理念要有统一的认识和执行力。一个班子团结一致了，就达到了"治众如治寡"的境地。企业规模再大，也能够协调一致，上下一心。试想，一个没有共同愿景、没有统一认识、七拱八翘不团结的领导班子，能适应激烈的市场竞争吗？企业间的竞争就如同战场决战，没有"治众如治寡"的手段，企业肯定败落！

二是要优化领导班子人员配置。现代竞争，讲求团队合作。团队如何能合作好？领导班子如何能发挥作用？优化领导班子人员配置，尤为重要。"领导班子"是由若干人员选拔组成的，首先是每一个人都有很强的能力，不然怎会选拔到班子里，其次是每一个人都有不同性格特点。对于这些特点，董事长或者老板们应该做到"求之于势，不责于人"，老板们要做的是，想方设法调动发挥班子里每一个人的能量和能力，不要求全责备！

三是要扬长避短，放手发挥领导班子成员个体能量，并形成强大合力。班子几个人的搭配中，有性格安静的，也有性格好动的；有思想灵活的，也有思想不转弯的；有坚持己见的，也有随机应变的；等等。这些就是班子成员的"木石之性"，企业老板们扬其所长，避其所短，整个班子就能灵活地转动起来。孙子有一个形象的比喻："任势者，其战人也，如转木石。木石之性，安则静，危则动，方则止，圆则行。故善战人之势，如转圆石于千仞之山者，势也。"领导班子成员每人都有木头和石头之类的天性，但是如果营造一种有利的态势，使他们或者处于危险之地，或者处于风口浪尖之上，他们就可能既激发出全部潜能，又携手共进。其中所蕴含的谋略思想，就是要把这些既有性格又有能力的人，特别是能战斗的人调动起来，让他们充分释放能量，同时让他们形成合力，全力"任势"形成强大的竞争势能，企业才能在市场竞争中求得胜利和发展。

重庆有一位战友，他在一家大型零售企业当党委书记，喜欢读《孙子兵法》，他对领导班子的管理就颇有点孙子兵法的味道。他们公司把发展目标定在本经济区域的中心城市和区域二线城市，并采取两种发展模式。第一种发展模式被称为"开荒圈地型"，就是在没有竞争对手的二线城市，通过培育市场，培育消费者，引领时尚，引导百货消费市场。经营发展中，实行"圈地扎篱笆"战略，通过强势营销和服务软实力建立稳固的市场范围。第二种发展模式称为"攻城拔寨型",即在有竞争对手的格局下强势进入,以实力突破当地市场格局,重新划分社会零售总额份额,虎口夺食,开辟新的销售网点。按照这两种模式的要求,公司精心挑选主帅,"开荒圈地型"进入市场选稳重的人当主帅,"攻城拔寨型"进入市场选进取心强的人当主帅,并给他们搭好班子。同时,挑选主帅时,首先要求对公司经营理念要认同,对商品品牌业务要熟悉,对公司管理制度要理解,同时尊重主帅个人的性格特点,"求之于势,不责于人",能为企业迅速打开局面就行!至于其性格弱点,靠搭配助手、搭配好班子成员去克服。另外,公司还有一套组织管理监督系统。因此,就放手让派出去的老总和班子一搏,靠业绩说话。正因为组织了多个得力的领导班子,现在这一个区域性百货企业,已经成了西部地区百货龙头老大。

唐代著名宰相陆贽曾在奏章中说:"克敌之要,在乎将得其人;驭将之方,在乎操得其柄。将非其人者,兵虽众不足恃;操失其柄者,将虽材不为用。"[①]此言着重阐明:战胜敌人的关键,在于选到合适的将领;驾驭将领的方法,在于把握住驾驭的艺术。如果将领选的是不适合的人才,兵力虽多也不足依仗;驾驭的方法没掌握好,将领虽有才能也难以发挥作用。同样的道理,企业老板们构建领导班子的关键,就在于对所配CEO及领导班子人员的选用、配置和灵活运用。

经典案例

格力电器与董明珠

格力电器,是目前全球最大的生产、研发、销售和集格力标志服务一体的专业化空调企业。"格力空调"是中国空调业唯一的世界名牌产品。格力业务遍及全球100多个国家和地区。格力电器连续9年上榜《财富》杂志"中

---

① 《资治通鉴·唐德宗建中四年》第228卷。

国上市公司100强"。

1991年,格力电器在中国珠海成立。当时,新成立的格力电器,是一家默默无闻的小厂,只有一条简陋的、年产量不过2万台窗式空调的生产线。首任董事长朱江洪在创业初期,克服种种困难,开发生产了一系列适销对路的产品,抢占了市场先机,奠定了格力产品的竞争优势。

但是,纵观格力电器发展,对于在消费者中创造"格力电器"这一良好口碑著名品牌的,不得不提及一个人——董明珠。

董明珠,出生于江苏南京一个普通人家,毕业于安徽省芜湖干部教育学院统计专业。1990年,董明珠来到珠海并且加入格力团队。1992年,董明珠在安徽销售业绩突出,随后,她被调往南京,一年内,销售业绩斐然。

1994年,格力内部出现了一次危机,一些业务骨干突然集体辞职,格力电器陷入最困难的时候。董明珠经受住了竞争对手诱惑,坚持留在格力电器。

格力电器决策层慧眼识珠,1994年底,选拔董明珠主管销售工作。她上任以来,推出一整套现代经营方式,被同行誉为"格力模式"。

在营销管理上,她建立了当时格力独有的条块营销体系。条状:总部当时只有23名营销业务员,每人负责一个省的营销监控协调。块状:将全国经销商分为一级、二级,每个地区只有几个有限的一级经销商。由一级经销商去发展二级经销商。不同的规模有不同的返利标准线。这样,一级经销商倾向于努力扩网冲线。董明珠规定一级经销商负责监督二级经销商,如果发现二级经销商质量或安装出问题就立即停止一级经销商的货。董明珠削减了总部直接营销业务员,把节省下的高达亿元的业务费,全部拿来贴补经销商。这样,董明珠始终只以23名业务员与竞争对手的上千名业务员队伍抗衡。这是当时全国独一无二的营销方法,也是董明珠营销革命的内容。就这样,格力经销网迅速发展。

在经销策略上,董明珠发明了"淡季返利",即依据经销商淡季投入资金数量,给予相应利益返还。这样把"钱—货"关系,变成"钱—利"关系,既通过销售合作渠道的短期融资,解决了制造商淡季生产资金短缺,又缓解了旺季供货压力。如1995年格力的"淡季返利",就有几千万元利润返还给了经销商,但格力淡季回款比上年增加3.4倍,达11亿元。到了次年,空调淡季，格力又靠淡季返利拿回了15亿元回款。在1996年的淡季价格战中，各个品牌纷纷降价，而董明珠8月底宣布拿出1亿元利润按销售额的2%比例补贴给每个经销商，当年格力销售增长17%。董明珠带领总部23名营销业务员奋力迎战国内一些厂家成百上千人的营销队伍，业绩首次超过竞争对手春兰电器。董明珠把缩小营销队伍省下的数亿资金返补给经销商，她认为，只有鼓励经销，让经销商赚钱，格力才能长治久安。为避免大经销商垄断货源，扰乱市场，董明珠将紧俏空调品种平均分配，还推出了空调机身份证，使每台空调都有营销备案。一般来说，空调每年9月到次年3月是淡季，每年4月到8月是旺季，淡旺季有不同的价格，淡季比旺季低2个万分点。一般厂家都在挖空心思想把旺季从4月提前到3月，以获得更大利润。而董明珠却宣布把淡季延长，4月继续实行3月淡季价，等其他生产厂家回过神来，众多大经销商已纷纷划款给了格力。

就这样，在董明珠领导的销售团队下，格力电器在全国空调市场风生水起，连续11年空调产销量、销售收入、市场占有率均居全国首位。

1996年底，格力电器在深圳成功上市。

2012年5月，董明珠被任命为格力集团董事长兼格力电器总裁。格力电器硬是用十多年时间，在世界空调市场，从技术、品质、价格、服务等方面，一举战胜并超越世界老牌空调"西门子""大金""三菱""三洋"等。目前，格力电器全球用户超过3亿，跻身于世界空调品牌销售第一。

由于董明珠的杰出表现，她连续获得2007年度、2010年度、2013年度"中国经济年度人物"大奖，获得2013年度"中国最佳CEO"称号，获得2016年度《财富》全球50大最具影响力女性中排第11名的荣誉，并于2017年2月获《福布斯》2017中国最杰出商界女性排行榜第一。

| 案例分析 |

《孙子兵法》的《势篇》结束时提出一种选将为将的理念"择人任势"，即"善战者，求之于势，不责于人，故能择人而任势。任势者，其战人也"。

首先，董明珠，就是格力电器驰骋市场拼杀的"战人"！"战人"就是善于指挥打仗的人，其特点就是"任势"。什么是"任势"？孙子曰:"故善战人之势,如转圆石于千仞之山者。"董明珠,在安徽、南京初露苗头就战绩不俗!在上任主管销售经理后,面对全国空调市场混战局势:在营销管理上,她理念清晰,判断明确,迅速理顺营销条块关系,制定供销规则;在营销策略上,她决事果断,大胆出击,以"淡季返利"聚拢资金,解决了厂里淡季生产资金短缺问题,以"淡季返利"鼓舞全国各路经销商士气,聚集格力市场冲击力!她把市场上的"钱—货"关系,变成"钱—利"关系,玩格力聚"势"于"如转圆石于千仞之山"。董明珠在市场拼杀,其内外管理和指挥"如转木石,木石之性,安则静,危则动,方则止,圆则行",是空调市场拼杀的成功女奇才!

其次,格力电器决策层面在"择人任势"上是有眼光的。董明珠在业内叱咤风云,思想活跃,意志坚定,性格外向,敢于担当,善于决断,经营灵活,管理有魄力。但从另一个方面来讲,思想活跃就是不好管,意志坚定就是听不得别人意见,性格外向就是说话张扬不稳重,敢于担当就是胆子大,善于决断就是武断专制,经营灵活有不讲政治之嫌,管理有魄力就是不讲平衡得罪人种种。但是,董明珠虽然性格外向,爱提意见,但她在1994年格力内部出现严重危机时,经受住了诱惑,仍然选择留在格力电器。格力电器决策层此时面对血拼的竞争市场,立足选"善战者",只"求之于势,不责于人",格力电器也在最困难的时候,选拔了董明珠挂帅主管销售工作。从此,董明珠尽显为将才能!

因此,决策层老板们在"选将挂帅"时,应该记住孙子这一句话"善战者,求之于势,不责于人,故能择人而任势。任势者,其战人也"。这个世界上,人无完人,怎样用好一个人,很重要,甚至攸关生死。

企业在激烈的市场竞争中,选择主将CEO是很重要的。在现代强调团队条件下,更要根据人的性格特点配置组合,搭建一个高效运转的领导班子,才能取得市场成就。

毛泽东说"政治路线确定之后,干部就是决定的因素",与孙子两千五百多年前提出的"择人任势"之言,有异曲同工之妙。

十一

文令武齐——培养凝聚力向心力的方法

无论将军还是企业家，相信他们无不希望拥有绝对权威，振臂一挥，千万部属立即响应，即使遇到困难和挫折仍然紧紧跟随。显然，这需要将军或企业家在组织中拥有强大的凝聚力和向心力。然而，这种力量并不那么容易形成，需要在长期带队伍的过程中逐步培养而成。为此，孙子告诫人们一个带兵方法："视卒如婴儿，故可与之赴深谿；视卒如爱子，故可与之俱死。厚而不能使，爱而不能令，乱而不能治，譬若骄子，不可用也。"

这段话有两层意思：首先强调的是以情带兵的方法。将领对待士卒要像对待婴儿一样，主动关心、爱护和培养，士卒就会感恩戴德，关键时刻便可以跟随他"赴深谿"。"深谿"，很深的山涧，指跳下万丈深渊也在所不惜。如果将领对待士卒像对待自己最关爱的儿子一样，付出全部的真情予以关心、爱护和培养，作战的时候士卒们就会跟随他同生共死，英勇拼杀。在奴隶社会和封建社会，普通士卒的待遇差，地位低，被视为国君将帅的私人所属品，但是孙子却看到了普通士卒的作用和力量。强烈要求将领对士卒要有深厚的感情和关爱行动，要像热爱自己的婴儿、爱子一样去对待士卒；同时，孙子也指出了关爱士卒的效果，那就是可以得到士卒的拥戴和忠诚，他们在作战时与将军同生死，共命运。

战国时期名将吴起的故事可谓家喻户晓。仅仅是他亲自为士兵吸脓疮的一个动作，就激发起士兵们愿意为他拼死一战的斗志，这就很能说明以情带兵的效果。相反，三国时期猛将张飞之死，也很能说明问题。当然，是从反面印证了以情带兵的重要性。据《三国志》记载张飞在夷陵之战准备阶段被手下所杀，但未记录具体原因。《三国演义》根据张飞

"不恤小人"的致命弱点，推演出最终被"小人"所算的结果。

关羽败走麦城，被孙权所杀，刘备得知后悲恸不已，本想立即报仇，但被诸葛亮、赵云等人劝住，准备伺机行动。桃园三结义之情却令张飞报仇心切，每日借酒消愁。关羽死后两年，刘备才准备出兵报仇。刘备派遣张飞为讨吴先锋。张飞受领任务回到行营后，立即责令帐下范疆、张达两员末将：限三日内置办白旗和白铠甲，三军挂孝讨伐吴国。第二天，范疆、张达入帐禀告："白旗白甲，一时筹措不齐，须宽限些时日。"张飞大怒："我着急报仇，恨不得明天就到逆贼境内，你们竟敢违背我的命令？！"于是令手下将两个末将绑到树上，各鞭背50下。打完还恨恨地说："你们明天一定要准备完全，如若违反了期限，就杀你们示众！"范疆、张达无论如何第二天也完不成筹备任务，两人一商量，与其让张飞杀了他们，不如他们杀了张飞。于是，两人当夜借禀报机密之事为由进入张飞帐中，短刀刺死了张飞。张飞，一代猛将，就这样惨死于自己部下手中。

张飞的悲剧在于他对手下官兵严苛过度，明明是不可能完成的任务，非让范疆、张达去完成，完不成还要杀头。加之他平时对属下也是借着酒力，一言不合非打即骂，属下对他是害怕憎恶之情远远大于崇敬爱戴之情。

再看第二层意思，强调的是爱之有度的方法。"厚而不能使，爱而不能令，乱而不能治，譬若骄子，不可用也。"这句话指出了三种错误的带兵方法：一是"厚而不能使"，"厚"是"厚待、厚养"的意思，即只知厚待而不会使用；二是"爱而不能令"，只知溺爱而不会教育；三是"乱而不能治"，士卒违纪而不会惩治。显然，这三种方法用情过度，爱失分寸，那么士卒们必然就像被娇惯的子女一样，关键时刻无法用来作战。

毋庸讳言，前几年我们解放军队伍中出现了严重的腐败现象，产生了一批以郭伯雄、徐才厚、谷俊山为代表的"大老虎"，严重败坏我军作风，削弱我军战斗力，影响人民子弟兵的形象。毫无疑问，其至关重要的原因也在于治军不严，过度放纵。

与企业领导们聊起管理方法来，几乎没有人不知道"人性化管理"

和"法治化管理",而且都能够讲出一套套方法来。可是实际管理中往往又很难落实到位。问题恐怕就在于没有抓住人性化管理和法治化管理的根本要义。

有的企业领导以为,人性化管理主要就是营造优良的工作环境,尽量提高工资待遇,想办法多发一点奖金,而对骨干和员工的思想情感则不闻不问,往往只看到他们上班时间在办公室或车间干了些什么,却不清楚他们都在想什么,需要什么。正常情况下,似乎也无不妥。可等到骨干或员工出了事,或者突然上交辞职报告,才大吃一惊。有个咨询公司做过一个调查,世界500强的企业中,一些中高层骨干人员跳槽,只有25%是对工资不太满意,多达50%以上的人是对发展前途,以及与上司的关系心中没底,外界给点诱惑就跳槽。显然,金钱不是万能的,大多数人更加需要的是精神的满足、价值的体现和职位的提升。

孙子提出的"视卒如婴儿""视卒如爱子",关键就是从思想情感上关心、爱护和沟通。中国人的优良传统之一就是重情义,讲究滴水之恩当涌泉相报。管理者如果不是从"感情投资"的角度,而是从真心关爱的角度,主动与下属沟通,了解他们工作中的想法、事业上的追求、生活上的苦恼、家庭中的困难,善意地提醒要注意克服的问题,暗示继续努力的方向,这样是不是可以尽可能地避免因为对于发展前途不明朗,跟上司的关系心中没数而导致的一些误解?所以,我们认为:一个高明的领导,一定是一个善于沟通的高手,沟通艺术应该是以情带兵,或者人性化管理中关键之所在。

同时,又有一些企业领导以为"法治化管理"就是严格管理,越严越好。所以,有的管理者整天不苟言笑,板着脸,对员工动辄训斥,而且话说得很难听,甚至稍遇顶撞就将员工扫地出门。

比如,2012年底,西安有家企业强令几位未完成任务指标的员工当街跪行。老板声称:"通过当街跪行的方式可以让员工在心灵上得到一种升华,从而在内心上获得更大的能量。而且跪行都是员工自愿的。"树活一张皮,人活一张脸。可想而知,这些员工在大街上当着众人的面跪行的时候,心灵应当不是升华,而是每跪一步增加一分怨恨。在这样一种氛围中,员工怎么可能有高昂的士气和强烈的向心力?显然,这是严之过度了。

另一个极端则是不敢严格管理。有些企业领导感到员工关系不好处理，对员工批评不得，一说就被顶撞，因而管理起来缩手缩脚，该严不严，使员工愈益骄横，难于管理。

如何把握其中的分寸？孙子在《行军篇》中告诉了我们一个办法："卒未亲附而罚之，则不服，不服则难用也。卒已亲附而罚不行，则不可用也。"新招来的一批官兵们，大家相处时间还不长，没有太多的感情基础，这个时候如果只知道用严刑酷法约束他们，很难形成向心力、凝聚力，这种情况下想让他们心悦诚服地服从管理是很困难的。所以在这个阶段要善于用情感感化他们。如果招过来的兵马相处一段时间，有了感情基础，特别是有老同学、老朋友、老乡，对这些人给予格外的关照，有法不依。那么，整个集体中的官兵们就不会服从你的管理，关键时刻也很难用他们去拼命作战。这就需要制度管理，按制度办事，而不在于如何严厉。

孙子认为，以情带兵和以法治军两者不可偏废，必须有机结合。他强调："合之以文，齐之以武，是谓必取。"说的是集中官兵的思想主要靠以情带兵这种"文"的方法，统一官兵的行动主要靠以法治军这种"武"的方法，两手并用，便可取得官兵的敬畏和拥戴。毫无疑问，企业管理中要想培养强有力的凝聚力和向心力，不妨灵活运用孙子提出的文武结合的谋略思想。

经典案例

❶ 关于椰风管理的历史报道

在20世纪90年代，椰风不仅产品风靡全国，同时也是媒体眼中的宠儿和新闻富矿。中央、省级媒体有关椰风的报道屡见报端，成为椰风成长的重要见证。温故而知新，翻阅旧的新闻报道，我们可以窥见当年意气风发"椰风挡不住"的风采，感受椰风成长中的酸甜苦辣，分享椰风的骄傲与荣光。

企业形象培训中心——饮料技术学校——椰风连，这种独特的教育与锻炼方法，使一批批从小城镇、农村招来的学员，从学生、农民、小生产者转变为现代产业工人。过去那种自由散漫、迟到早退、打架斗殴的现象不见了，员工的集体责任感、集体荣誉感、时间观念、纪律观念大大增强，树立了良好的企业形象。

以人为本，树立"人和、整洁、诚实、创意"的企业精神，用企业的文化和团队精神铸造企业的灵魂，这是椰风集团孜孜以求的目标，也是椰风集团成功的秘诀之一。

——摘自1996年1月28日《光明日报》

1992年，东北传来信息，有顾客发现有一瓶椰风生产的饮料变质，椰风总裁立即电令将价值20万元的整批产品调回海南，决定全部销毁。为使全厂职工增强质量意识，他安排全厂职工人人用手将易拉罐拉柄拉起，将饮料倒掉，尽管完全没这种必要。许多工人手指都磨破了，一边倒饮料一边流眼泪。从那以后，椰风的产品再也没出现过质量问题。

——摘自1996年4月30日《北京晚报》

在"椰风人"的工资单上，没有奖金一栏。因为他们实行的是独树一帜的27级级差工资，已将每个员工的工作表现比较准确地用工资的形式记录下来。级别的评定每月进行一次。按每个员工的能力、纪律、卫生、完成任务、技术技能5项指标进行考评打分。一个员工的工资升降，是将群众打分、班长打分和部门领导打分综合起来，由此决定该职工级别的升降。由于月月评级，只要努力工作，努力学技术，月月都有普升机会。评级不受指标限制，工人们既相互竞赛，又不产生矛盾，有利于员工队伍的团结。同一级别之内，还分A、B、C、D四类，连续几个月评A，升级很快；连续被评为D类，便是降级。这种优胜劣败，奖罚分明，既有民主，又有制度可循的工资制度，使员工们的积极性得以持续高涨。

——摘自1996年5月11日《羊城晚报》

椰风管理贯穿一个"严"字更渗透着一个"情"字。家在农村的职工被评为先进工作者，工业城派出电影队带上饮料、奖状来到职工所在的家乡，敲锣打鼓送喜报，晚上给全村人放电影，受奖员工和父母胸戴大红花。放映前向全村老少广播受奖员工立功事迹，可谓一人受奖全家光荣。遇到员工结婚，厂福利基金会必送500元红包；但同时严禁任何职工送礼，违者罚款50倍。员工之间只有企业的温暖，没有小帮派的亲疏。

——摘自1996年8月26日《人民日报》

| 案例分析 |

从这些新闻媒体关于椰风的历史报道中，可以窥见它是一个既从严管理又充满人情味儿的企业。在创业初期，椰风的管理方式使其成为海南省最大的民营企业，同时也是海南一张靓丽的名片。对于质量问题、绩效考核、生产管理等核心问题，椰风是丝毫不让步的，可以说是"眼里揉不进沙子"的企业管理模式。但是，椰风企业同时也注重以人为本，给企业员工以多种方式激励其成长进步。这就是有机结合了"以情带兵"与"以法治军"的孙子谋略，做到了"合之以文，齐之以武"。文武并举，既注重员工福利薪金等有形的待遇，又注重他们的成就感和荣誉感，同时在管理上有规章制度作依据，依法执行。当时的椰风饮料正如其广告所言，势头是"挡不住"的。虽然后来因为种种原因，椰风饮料已经成为明日黄花，但是以史为镜，可知得失。今天，椰风卷土重来，历史的经验教训，是一种力量，更是宝贵的财富。

❷ 失去人心的王经理

王军是一家大型制造类企业的采购经理，在工作上颇有成就，深得公司领导层的赏识。他对下属要求很高，管理严格，他能从一个中专学历的毕业生爬到现在这个位子多半也是因为如此。因此，他便期望他的员工也能像他一样，一心扑在公司的事务上，为公司鞠躬尽瘁。

他要求他的下属在上班时间不得擅自离岗，不得做与工作无关的事情，不得闲聊，不得接打私人电话，所有的时间都花在工作上。他总是想方设法占有员工的时间，认为只有员工多做工作才能多出成绩。在他的管理下，员工总有做不完的工作,即便有些工作没有任何意义。

他还要求自己的员工养成"早到晚退"的习惯,让员工每天陪自己加班一个小时,即使员工无事可做,也要陪伴在身边。假如员工没有养成这种习惯,那么加薪晋职的机会就比较少,而且可能被他忽略性地冷藏,再无出头之日,要么就是莫名接到调职或解雇的通知。另外,他也将员工的节假日进行了重新规划,以适合他工作的需要。有时员工若将午休的时间全部用来休息,也会引起王军的不满。

他的举措显然引起了员工的怨言,员工抱怨自己完全没有私人的空间,随时都被经理管制和监督,好像自己被卖给了公司,他们的自由受到了严格的限制。一次,王军的一个下属在微信群内牵头讨论加班要给加班费、工作应该劳逸结合的问题,他知道后没几天这位员工就在绩效考评中被合理规范地"处理"掉了。员工小刘已经采取行动了,他开始断断续续地请假,以各种理由和借口逃避王军的工作检查,另外他已经开始实施他准备已久的辞职计划,他实在是无法忍受这样的经理,他希望自己能早日找到下一份工作,离开这个让他伤心透顶的上司。

| 案例分析 |

这个案例是比较极端的例子,但类似王军这样的公司管理者在我们周围却不少见。王军属下的员工被尊重的需求显然没有得到满足,王军的工作也因此陷入了被动,士气低落,效率下降,人员流失,管理混乱等问题接踵而来。他们认为员工喜欢逃避工作,经理必须加强管理,加强监督,甚至采取一些强制的手段,把员工的时间全部占用,让员工时刻都在自己的视线范围内。管理就是要严格,唯有严格才可以体现自己的威严,才算是尽职尽责,才能出成绩。

在人性化管理被普遍提倡的今天,像王军一样的经理们的管理风格显然要受到质疑和挑战。这样刻板的管理使得员工尤其是新经济下的知识型员工难以忍受,知识型的员工需要的是流畅的工作流程,高效的团队合作,懂管理会领导的经理的指导,而不是事事被安排,时时被监督。一个企业中团队的向心力凝聚力,更多的是在遵章守纪原则下的以人为本管理中体现的。《孙子兵法》中对军队管理的文令武齐,在企业管理中正是管理的"软硬手",两手都要硬,并掌握好范围和尺度。如果员工作为个体受到了经理的尊重,自我发展和自我实现的欲求得到了重视和满足,他们才更愿意用心工作,更愿意接受经理的加班要求,更加有效率地完成经理的指令。尊重员工是人性化管理的必然要求,只有员工的私人身份受到了尊重,他们才会真正感到被重视,被激励,做事情才会真正发自内心,主动与管理者沟通想法探讨工作,完成上级交办的任务,心甘情愿为工作团队的荣誉付出。

十二
胜兵先胜——管理工作中的先手棋

在围棋界有一部经典之作,诞生于宋代,到现在有着近千年的历史,却仍然指导着当代众多棋手的棋弈之道。这部著作在围棋界的影响力和地位,与《孙子兵法》在兵学界的影响和地位旗鼓相当,它就是《棋经十三篇》。据说这部书是宋代张拟所著,里面的思想与《孙子兵法》有诸多相似之处,甚至有些话就直接来源于《孙子兵法》。"先胜"思想是《孙子兵法》的一个重要思想,他认为"胜兵先胜而后求战",战争胜负受平时战备影响巨大,交战只是对和平时期积累优势的公开检验;而在围棋对弈中,力争先机也是棋手所推崇的。

《棋经十三篇》中所讲的"自始至终,着着求先""宁输数子,勿失一先",都是为了阐明一个道理:在机会均等的情况下,要想比对手多占目数,首要的手段就是牢牢把握住先手。现代企业也要以"胜兵先胜"思想为抓手,平时苦练内功,搞好管理,方能在残酷的商战中"快鱼吃慢鱼",立于不败之地。

孙子的"先胜"思想主要体现在三个层面:

首先,孙子认为胜利的军队通常是先有胜利的把握,然后才寻求同敌人交战;而失败的军队往往是先同敌人交战,然后寄希望于侥幸取胜。这就是《形篇》中所说的,"胜兵先胜而后求战,败兵先战而后求胜"。无论是胜兵还是败兵都是受将帅所指挥的,所以这两句话实际上是针对将帅的决策而言的。

所谓"胜兵先胜而后求战",就是要求将帅在作战前做好充分的准备,从多方面努力营造有利的条件和态势,使自己在确有取胜把握的条件下,再与敌人交战。而"败兵先战而后求胜"则反之,将帅没有预先准备,或者主动冒险求战,或者仓促迎战,期待侥幸获胜,或者碰碰运气。在现代企业管理中，如果决策者没有预先做好充分准备而盲目行动，则往往无法取得预想效果，甚至以失败而告终。

2017年7月6日，乐视创始人贾跃亭卸任乐视董事长，9月27日，"乐视网"更名为"新乐视"，关于乐视危机的话题众说纷纭，我们尝试着用孙子兵法的"胜兵先胜而后求战"的角度来和大家分析一下。

首先，从战略管理层面来说，乐视的战略比较激进。乐视早期最有优势的领域是"乐视网+乐视视频"，但它在这个领域还未形成绝对优势的情况下，就开始大举布局七大生态系统——互联网及云生态、内容生态、大屏生态、手机生态、体育生态、互联网金融生态和汽车生态，但这七大市场竞争激烈，对于创业型企业很难迅速立足。

其次，从资本管理层面来看，乐视的资本在高速运转，这也意味着风险的加大，其中一环出现问题，都将导致整个资金链的断裂。

最后，从企业组织管理层面来说，乐视的组织架构无法适应其企业战略。乐视为进军多个领域而广罗人才，但自身的组织架构没有成熟到让人才各尽其用的程度。

从始至终，乐视在"先战而后求胜"的道路上越走越远。我们希望"新乐视"能够吸取教训，真正夯实自己的战略管理、资本管理和组织管理，回归管理的本质，立足于企业的核心竞争力，做到"先胜而后求战"。

"先胜"思想的第二个层面是"先为不可胜，以待敌之可胜"，这段话似乎和"胜兵先胜而后求战，败兵先战而后求胜"有几分相似，但从逻辑看两者所呈现的是一种因果关系。"胜兵先胜而后求战，败兵先战而后求胜"讲的是胜兵和败兵所呈现的形式，更具结果性。而"先为不可胜，以待敌之可胜"则讲的是先要创造条件使自己立于不败之地，然后捕捉战机战胜敌人，它强调的是取胜的方法和过程，更具操作性。这里关键是"先为"，就是积极主动作为。孙子说："不可胜在己，可胜在敌。"要想立于不可被战胜的地位，主要依靠自己的主观努力，全方位谋取有利条件，而不是简单的消极等待，一定要在这个基础上，抓住敌人的失误，立即给予致命一击。在企业管理中，积极作为、夯实内功、下先手棋，先使自身无懈可击，才可能有能力战胜敌人。

乔布斯1985年被赶出苹果以及12年后的回归，很好地从正反两面说明了消极应对和积极作为在企业管理中所带来的巨大差异。在成立苹果之初，为了提高公司整体管理水平和运营能力，乔布斯请来了百事可乐副总裁斯考利担任CEO。但是，双方在管理方式及公司理念上却出现了分歧。乔布斯也暴露出更多自身的缺点：他独裁刻薄，经常用侮辱性语言对员工进行消极激励；他自由随意，有时就根据自己喜好而更改公司制度；他追求完美，不计研发成本，经常因为产品设计问题与其他管理者吵得不可开交。再加上IBM开始抢占市场，苹果业绩暴跌，董事会把这一失败归罪于乔布斯，于1985年4月撤销了他的经营大权。乔布斯在1985年9月黯然离开了他一手创办的苹果，同年，创立了NeXT计算机公司。在NeXT的12年是乔布斯走向成熟的12年，无论设计理念还是管理水平，都达到了新的高度。当1997年乔布斯回归苹果后，采取了一系列措施：他顶着巨大的压力换掉了与自己理念不同的一批董事会成员，树立了自己在公司的绝对权威；启用并吸纳一批真正热爱技术和设计的精英人才，以积极鼓励的方式对待他们；放下了和比尔·盖茨长达10年之久的知识产权纠纷，主动和解并达成了战略联盟。苹果创造出iPod、iPhone、iPad等一系列经典产品，再度走向了辉煌。乔布斯吸取了原来被踢出局的教训，采取积极措施营造内外管理环境，变原来的"随性而为"为回归后的"积极作为"，以使自己做到"先为不可胜"，在管理上日趋完善。

孙子"先胜"思想的第三个层面是告诫将帅在备战中，要摒弃侥幸心理，常怀危机意识。在《九变篇》中，他指出"用兵之法：无恃其不来，恃吾有以待也；无恃其不攻，恃吾有所不攻也"。这个"恃"是"依仗、寄希望"的意思。他强调对于敌人可能的进攻行动，不能存有任何侥幸心理，寄希望于敌人"不来"或"不攻"。要常怀忧患之心，严阵以待，让敌人想来不敢来，想攻攻不下。

在军人的词典中，永远都是"战争"与"战争准备"两种状态，而不应该有"马放南山""刀枪入库"的"安乐"。对于企业管理者来说，也要在日常管理中居安思危，保持警惕，防微杜渐。

世界一流企业家，都有一种根深蒂固的危机意识。德国奔驰公司董事长埃沙德·路透的办公室上挂着一张巨大的恐龙照片,照片下面写着这样一句警语:"在地球上消失了的不会适应变化的庞然大物比比皆是。"张瑞敏曾在海尔取得令人瞩目的成就,全国上下一片高歌欢呼之际,谈到海尔未来发展之路时他说出这样八个字"战战兢兢,如履薄冰",而比尔·盖茨则宣称"微软离破产永远只有18个月"。

优秀的企业管理者经常头悬"达摩克利斯之剑",往往能够预见到危机,或者在危机产生的萌芽状态能够及时发现,采取措施,阻止危机爆发。反观有些管理者像救火队长一样,为处理已爆发的危机和突发事件疲于奔命。他们没有意识到,许多危机是经营管理中的问题日积月累而成的,有些是到了病入膏肓的程度,危机一旦爆发,再怎么能干的"救火队长"也解决不了危机背后积累已久的问题。

毛泽东说过:"一切战争的敌我双方,都力争在战场、战地、战区以至整个战争中的主动权,这种主动权即是军队的自由权。"[①]想要游刃有余地管理企业也应当如此,要牢牢把握住管理的主动权,以"胜兵先胜"的思想为纲:一是要充分实实在在地夯实企业管理基础;二是要积极有为,营造先胜的管理条件;三是要有居安思危的忧患意识,管理中来不得思想松懈、麻痹大意。只有这样,才能下好企业管理的"先手棋",防范风险、战胜风险。

经典案例

❶ 奇瑞创新管理模式

随着中国汽车市场的日趋成熟,消费者对售后服务水平的要求也更加挑剔和苛刻,如何通过提高服务质量来增强自身的品牌影响力已经成为近年来汽车厂商的营销热点。自主品牌奇瑞汽车无疑是大力加强售后服务建设的

---

① 毛泽东:《抗日游记战争的战略问题》,《毛泽东选集》第二卷,解放军出版社,1991,第410页。

厂商中投入最大、效果最佳的企业之一。为了有力促进服务的全面改善，奇瑞很早就开始着力强化服务标准管理，加强对服务站的督导力度，这一举措不仅有效提升了客户满意度，更为奇瑞提升自身品牌形象起到了不可小觑的作用。

一是确立服务督导体系。

随着汽车市场保有量的快速增长，各品牌服务经销商的急剧增加，服务水平开始显得参差不齐。为了全面提升服务经销商的整体服务水平和能力，奇瑞早先一步确立了适时监控、督促整改、不断提升的服务督导宗旨。督导服务的范围涵盖流程规范性、服务质量、维修技术规范性、备件储备充足性等服务的全过程。同时，为保证适时监控，奇瑞设计了包括技术能力评审、管理能力评审、"飞行"检查在内的多元化考核形式。其中，对服务站开展深层次的技术能力评审是奇瑞的首创。另外，奇瑞一直都定期开展"第三方调查"，创新性地将"媒体、用户及相关机构"并入到企业服务监督机制里来，这是奇瑞服务管理督导办法中一项重要的举措。奇瑞督导体系在促进奇瑞服务全面改善的同时，也体现了其做强服务的决心与信心。

二是不断加强督导力度。

为了持续提升服务站的业务技能和运营管理能力，增强奇瑞售后服务的竞争力，奇瑞更是把一项名为服务站"督导"的管理工作当作工作重点全面展开，即通过培养一批优秀的督导人员，针对新建销售服务商、业务指标异常的销售服务商、重点区域、重点服务站中运营能力较弱，经多次督导仍无明显改善的服务商进行培训指导。由督导人员依据区域的售后运营情况综合管理各弱项指标，结合区域内服务站实际经营情况，分析出各区域内弱项。同时结合各区域服务站优秀的管理经验，积极探索好的服务管理方案和服务赢利模式，进行有效地吸收、改善后，对服务站个别短板因子进行培训推广，并对服务站进行跟踪辅导，保障服务创新工作得到落实和执行。此外，还对需要被督导的经销商进行现场考察和辅导，对其服务弱项做到及时发现，有效整改。最终达到提升服务站的运营管理能力，提高服务站的满意度。

| 案例分析 |

在全球汽车市场中，大牌林立，有奔驰、宝马、奥迪这样的一流品牌雄踞鳌头，也有雷克萨斯、福特、丰田这样的强手品牌紧随其后，更有国内红旗、长城、比亚迪等品牌后来者居上，奇瑞却能在这些大品牌中求得一席之地。而且，自诞生以来每年都有质的飞跃，其根本原因就是奇瑞很早就意识到了服务在竞争中的重要性，如果一个中低端品牌可以做到高端品牌的服务质量，必定在竞争激烈的市场上有一席之地。奇瑞提出坚持"以提高客户满意度"为服务宗旨，确立了服务督导体系，并通过不断加强督导力度使之落实，完成了自身品牌服务特色的内胜。《孙子兵法·形篇》中"胜兵先胜而后求战"的军事思想，强调打仗一定要做好各方面军事准备，以使自身军队不能被战胜，不打无准备之仗，不打盲目之仗，这样便可以未战而知胜负。奇瑞通过打造服务质量优势，强化自身服务体系，恰恰暗合了孙子兵法的这一思想，使奇瑞在中低端市场闯出了自己的一片天地，加强了自身的品牌优势。如果奇瑞可以将《孙子兵法》"胜兵先胜"的思想融入自身企业经营文化，在提升服务质量的同时，不断注重汽车本身质量、外形设计和科技含量等方面的提升，相信在竞争日益白热化的汽车行业，未来的奇瑞将会迎头赶上，以中高端品牌形象杀出重围，成为汽车市场中的一匹黑马。

② "小马过河"为什么没能过河

2017年是大众创业万众创新的一年，无数创业者为中国经济注入了无限的活力和希望，但是在我们关注创业成功的同时，更要反省失败，2017年既有一轮创业潮，也有一轮企业倒闭潮，这里面有悟空单车、空空狐、完美幻境、小马过河、斯卡智能。这些企业站在资本的风口，都获得了上千万的融资，但大部分又都是昙花一现，在短短的时间里走向了死亡。

在这几家企业里，小马过河算是路走得较长的一家，作为一家集教育培训、教育咨询、教育产品开发为一体的公司，两名创始人马骏和许建军均来自国内知名教育集团新东方。他们有着对教育行业深入的了解和教学运营经验，以及领域内充足的资源，可即使这样依然没有摆脱在创业十年后失败的命运。是什么导致了一个曾经在行业内红极一时，剑指新东方的黑马企业走向消亡之路的？我们可以从小马过河的发展中管窥其失败的原因：

2007年品牌元年小马过河备考社区上线；2008年公司元年小马过河国际教育公司成立，提供教育咨询，"1对1"培训服务；2009年口碑元年VIP"1对1"培训效果显著，学员名校（前30名）录取率97%；2010年战略元年小马过河斥资研发教学管理系统以保障教育服务品质；2011年开拓元年小马过河"全日制"培训体系成熟，提出"教学管理"理念；2012年发展壮大小马过河中关村2400平方米校区建立，留学考试"全日制"培训第三次升级；2013年，全年实现营收5600万元，税前利润达到3000万元，比2012年翻了2倍多；2014年1月，天使投资人曹允东1200万元天使投资到账；2014年5月，原老虎基金中国区总裁陈小红A轮投资500万美元；2015年1月，获得小米顺为基金1000万美元B轮。

小马过河的拐点出现在了2014年，两名创始人马骏和许建军在经营理念和方向上不能达成一致，公司没有形成很好的决策机制，更多的决策权是由马骏做的，而马骏在资本进入后所做的决策显而易见是过于激进的。有了资本注入后，小马过河开始快速扩张并转线上产品开发，希望增加用户数量，在百度推广上投入了大量资金，希望规模做起来后，通过导流进而变现，完成线下转线上的"互联网+"模式。扩张高峰时，员工规模一度达到900人，其中技术人员有200多人，计划开发100个APP。但这时全面从线下转型线上，原有的盈利项目停卖，低价导流产品每月又收入太少，短期内的营收并不能维持日常大量的人力运营成本，最终导致资金链断裂。有内部信息来源证实，在对于危机的处理方面，公司并没有很好的危机处理机制，创始人间没能很好地共同面对困境，缺乏交流与沟通，创始人马骏，甚至会出现失联状态，而留下许建军独自面临债务及危机问题。

| 案例分析 |

《孙子兵法·形篇》中"胜兵先胜而后求战"强调打仗一定要做好各方面军事准备,以使自身军队不能被战胜,不打无准备之仗,不打盲目之仗,这样便可以未战而知胜负。在企业管理中,积极作为、夯实内功、下先手棋,先使自身无懈可击,才可能有能力战胜敌人。世界一流企业家,都有一种根深蒂固的危机意识。优秀的企业管理者往往能够预见到危机,或者在危机产生的萌芽状态能够及时发现,采取措施,阻止危机爆发。

反观小马过河,在发展路径上,由留学论坛转型做培训的品牌,接着又选择全面转型纯在线培训业务。从单一的产品发展成为一条成熟的产业链,这是企业发展的必经之路,但是在飞速的发展期昙花一现后,小马过河过度强调市场营销,甚至放弃已有的胜利果实,盲目扩张。如果小马过河在获得融资后,可以选择放慢市场脚步,用所获得的资本加强公司内部管理机制建设,优化产品质量,使公司先做到"胜兵先胜而后求战",也许这匹小马是有机会渡过危机之河的。但事与愿违,小马倒在了自己的河里,希望同类创业者可以借此警戒,吸取教训。

后续:

小马过河创始人,许建军算得上一个有担当的人物,积极地在北京解决小马过河债务及后续问题。并且,经过十几次沟通与三立教育确定合作关系,成立了三立教育的北京分公司,打出了"许仙考试"的教育品牌。

小马过河团队并入三立教育更像是江湖救急,抑或是东山再起,我们祝福许建军,渡过那条曾经没有渡过的河。

十三

因形而变——执行力中的辩证法

无论什么样的人,只要穿上这身军装,经过系统军事训练,就能做到军令如山、令行禁止,完成普通老百姓无法完成的任务。这是为什么?《孙子兵法》在治军管理方面有关执行力的论述做出了很好的回答。

首先,孙子要求对于军令必须严格精准执行。通过"令之以文,齐之以武"的两手抓,整个军队在军事行动中方可做到"勇者不得独进,怯者不得独退",而能使部队整体行动、步调一致更是军队精准执行力的体现。军队对上级指挥号令一致执行,故能够做到率领全军作战,千万官兵手拉手、肩并肩,如同一人的四肢那样密切协同,精密配合,指哪打哪,正如《六韬》中讲,"凡用兵之道,莫过乎一"。

这种精准执行力无疑是企业领导者梦寐以求的。本来已经交代了任务,但是迟迟没见处理;对于工作任务,表面上在推进,但是无法按进度完成;工作任务虽然明确,但是完成的质量马马虎虎;对于已经完成的任务,缺乏明确的评估和跟进,导致前后脱节;等等,这些问题尤其存在于中小企业当中。曾听到有个深圳的私营企业主抱怨:"我真是太累了,我给副总安排的工作,很多都是没有结果的。我现在不得不每次把要求他做的事儿记在本子上,然后按时去检查他的完成情况。这是怎么回事啊?"

是什么导致中小企业员工执行力不尽如人意呢?主要有三大原因:

一是制度问题。有的老板可能会说,我们公司流程、制度是很完善的。其实不尽然,你可以自检一下,企业流程、制度是否或者流于表面,或者生搬硬套,或者含糊不清?

二是人的问题,主要是职业素养还不够。规则意识是衡量职业素养的重要标准,但是许多中小企业员工规则意识淡薄。另外还有责任意识,对于自身工作没有做到尽职尽责,恪尽职守。

三是企业文化的问题。在中小企业中,中间管理层文化占主导地位,它不以最高决策层意志为转移,这使得本来好的理念在实际操作中被扭曲或变形。例如,中间管理层出现问题后推卸责任,企业就会形成"推卸责任"文化;中间管理层喜欢用假数据搪塞,那就会形成"假大空"文化;中间管理层爱面子不接受批评,那就会形成"爱面子"文化等。这些都是阻碍中小企业,甚至大型企业培养员工精准执行力的桎梏。

说到"假大空"和"爱面子"让人们想到了之前的一则报道。2017年10月18日日媒称,神户制钢篡改产品数据的丑闻给日本社会带来很大的震动,同时也给日本视为"立国之本"的制造业的声誉一记猛烈打击。神户制钢原是家口碑很好的企业,形象很不错。再加上它的产品是金属,是制造业所需的基本材料,涉及的范围特别广。这次神钢丑闻的引爆事件之一就是集体造假。而且事实已判明这次所暴露的神户制钢造假问题并不是一次偶发性的问题,包括管理层在内的员工集体参与的数据造假已持续多年,并得到很多员工的默认。连神钢高层管理人员也不得不公开承认篡改数据并非个别人所为,而是获得了管理层默许,是公司整体性问题。为什么要集体造假?

自1992年泡沫经济破灭后,日本经历了20年的经济停滞,即所谓"失去的20年"。在这段漫长的时间里,日本人的工资几乎没有上涨,生活水准不断下降。因此,企业内部普遍出现员工士气低落、职业道德下降的现象,员工的责任感和热爱公司的精神已经大大不如以前了。于是,很多以前没有出现的问题那时候就很自然地出现了。

在这样的背景下,维持企业和产品的成功形象对许多企业来说,成了一个必须要达到的目标。所以,无论是产品质量的数据造假,还是反映企业盈亏的财务数据造假,共同点都是为了制造一个成功的假象。

神钢的事件应当引起我们的高度警觉。培育一种讲信誉、守规矩的企业文化不容易,毁掉这种企业文化往往就是一瞬间的事情。当然,这一瞬间的事情都是由于平时管理不善,中层管理人员执行力不到位,从而埋下了祸根。

孙子认为在执行命令时还要懂得灵活变通。他在《九变篇》中指出，"涂①有所不由，军有所不击，城有所不攻，地有所不争"。有的道路不要走，有的敌军不要打，有的城池不要攻，有的地盘不要争。因为战场态势瞬息万变，甚至"战胜不复，而应形于无穷"，每次作战都不要重复前一次取胜的战法，而要根据实际情况灵活变化，甚至变化无穷。孙子的这种辩证思想在培养员工执行力方面尤为重要。

我们主张精准执行，反对刻板执行，这两者是不同的概念，要在理解规章制度的精神实质的前提下创造性地执行。真正一流的球员，绝对不是在任何情况下都死板地按照教练教的套路打球，而是骨子里会记住教练教给他的精髓，能够在特殊情况下，创造性地变通。俗话说，计划赶不上变化。一旦事先的计划赶不上实际执行中具体情况的变化，就要允许执行者变着法子执行。一旦管理制度有不近人情的地方，也应当允许具体情况具体分析，灵活地调整或变化。

比如，有一家企业规定，任何人都不得享有接送机场的待遇，即使是早晨5时出发，或者晚上2时到达，除非有尊贵客人随行或者有非常笨重而昂贵的随身物品。这就有些不近人情了。因为该公司不仅地处偏僻、公交不通，而且距离机场较远。新来的行政经理根据实际情况做了调整，在车辆允许的前提下，对于半夜1时至凌晨6时出发或者到达的人给予接送。这样做的问题又来了：往返机场的高速路桥费被财务拒绝报销。财务负责人说：一切按照制度办事。其直接的结果是，许多中高层骨干表示，以后出差就直接从家里出发，不来公司了，并且坚决不坐下午或者夜班机，宁愿在宾馆多住一天，多浪费一些公司的钱，也要确保不会半夜到达。这就是制度设计的缺陷和机械执行的效果和成本，完全可以再做出一些人性化的调整。

孙子告诫君主在将帅执行任务时要适当授权放权。他讲了各种需要变化的情况之后，归纳了一句话："君命有所不受。"好大的胆子！在封建时代，君要臣死，臣不得不死。孙子居然敢说国君的命令也可以

---

① "涂"，通假字，通"途"。

不接受。但是，仔细琢磨一下，这句话是很有道理的。它既是对将帅说的，鼓励将帅敢于在战场灵活指挥，更是对君王说的，呼吁君王要善于将战场指挥权授权给前线将帅。因为，如果将帅在执行军令时灵活机动，却因此而被问罪，就没人敢有此勇气和担当了。孙子在《谋攻篇》提出的预知战争胜负的五种方法中，其中一个方法就是看看双方国君对将领的掌控艺术，结论是"将能而君不御者胜"，即将帅指挥能力强而国君不加牵制和干涉的军队能够取得胜利。强调的就是要授权、放权，允许执行者随机应变，灵活而又高效地执行。

当然，这里面还是有一个辩证法的问题，就是处理集权与授权、放权的矛盾。美的集团的管理理念是"集权有道、分权有序、授权有章、用权有度"，很好地解决了这一矛盾。

再反观目前有些企业的领导，属于事无巨细，统统管之的"婆婆"。这些事必躬亲的领导不是以自己的意图或工作目标来引导部下开动脑筋独立去完成本职工作，而是"处处带头干""事事插手干"。当部下任务完成不理想时，他们往往不是耐心地帮助其分析原因，找出解决问题的办法，鼓励部下再加一把劲儿干好它，而是抱着"这事不经我手非得出错"的思想，"你不行，让我来"，久而久之就会越俎代庖，周围平庸部下成群，懒散风气盛行，部下坚决执行、精准执行的意识越来越弱。日本松下电器的创始人松下幸之助的话颇耐人寻味，他说："授权可以让未来规模更大的企业仍然保持小企业的活力，同时也可以为公司培养出发展所必需的大批出色的经营管理人才。"

一个企业的成功是要靠出色的执行力来做保证的。如果没有出色的执行力，那么即使企业有再好的发展战略目标、再好的管理机制、再细的管理制度，在执行过程中都像是一拳打在棉花上，不能落地生根，这就是企业执行力培养的问题。那么如何培养企业的执行力呢？我认为有必要在三个环节上下功夫：

第一个环节是底层管理者以及一线完成者。一个优秀员工的执行力"就是按质按量地完成工作任务"的能力。个人执行力的强弱取决于个人能力和工作态度，能力是基础，态度是关键。对于这一环节和层次的人员重点是培养精准执行能力，端正精准执行的态度。

第二个环节就是中层管理者。中层的执行力是理解上层决策并组织实施的能力，是将企业目标转化为结果的过程。中层管理者所处的位置是一条链，上结高层，下连基层，既是上层决策的执行者又是向下的决策层。因此，对于这一环节和层次的人员重点是培养执行力的精准性和灵活性，力求两者有机结合。

第三个环节是企业领导决策层。他应该尽可能多地做出正确的决策或者鉴别下属提出的正确决策建议，然后把这个决策分成几个合理的部分交给不同的功能组织去完成。这是执行力最高的环节，处于这个环节和层次的人，应该以企业整体利益为出发点和最终目标，提升辩证处理集权、授权、分权和用权矛盾的能力。

经典案例

1 B公司销售主管为何辞职

瑞典B自动门公司成立于1962年，是世界门业的顶级品牌，目前在全世界40多个国家和地区共拥有150多家全资和合资子公司。2001年，B公司亚太地区总部由新加坡迁到上海，全面负责在亚太地区建立的各销售组织的事务。下面我们来看看B公司销售主管王欣然遭遇的窘境。

王欣然是B公司高薪聘请的原对手厂家的代理商，经过短暂的培训后匆匆上岗，职务是东北区域销售主管，负责整个东北地区三个省份15家代理商。每个月奔波于各个城市之间，协助代理商做好公司的技术支持，并对客户需求进行深入分析。

2012年夏天，B公司和其他厂家都在盯着一个大项目，多方各施手段都希望能拿下这个项目。由于王欣然和项目方助理曾经有过合作，于是以叙旧为话题与该助理小聚。寒暄之后，天南海北地说了不少，到后面两人的话题逐渐转移到项目问题上。该助理向王欣然透露，这次项目的结算条件可能会有些变化，最后他们只会付30%的现金，余款用房产来抵押，如果能接受这个结算方式，最后胜算的概率还是非常大的。

获得这个消息后，王欣然随即查看了该助理提到的楼盘情况，第二天又在周边认真做了调研：这些房产如果完工后出手一点问题都没有，只是款额较大要看企业的资金周转承受能力。随后，王欣然向总经理汇报了具体情况。总经理也很重视这个大项目，毕竟是一个上千万的大单，但具体结算方式需要和来自新加坡的财务总监开会商议后才能决定。

不多时，王欣然收到总经理秘书的通知，参加项目会议。王欣然走进会议室，发现总经理和财务总监已经早早在那里。总经理示意王欣然先谈谈关于项目的进展情况。王欣然回答说项目进展还比较顺利，客户也有意和B公司合作，但是目前付款方式上可能与以往有些区别……财务总监对用房产抵押的结算方式很不理解，王欣然补充说："我们可以把这些房子卖出去，这样就可以收回现金了……"

话还没说完，就被财务总监打断："这样做会有很大的风险，房子一旦卖不掉岂不是要留那么多固定财产在中国，总部规定不能在中国置办太多固定资产，包括公司现在用的写字楼、车都是租用的，所以以房产抵押的结算方式完全行不通。"还不等王欣然去解释，财务总监就拂袖而去，会议最终否决了王欣然的申请。

而客户那边看到B公司一直没动静自然就凉了下来。不久后传来消息：B公司的对手厂家，也就是王欣然之前任职的企业抓准机会接到这笔大单。据前同事透露：其公司在签单后的第十天就将抵押的房产以高于当时折抵货款的30%卖了出去，这样的表现让该公司大大获利！王欣然眼看着自己垂涎已久的签单机会白白流失了，实在是心有不甘。可是公司制度死板，流程僵硬，多说无益。王欣然懊恼不已，最后选择了辞职。

| 案例分析 |

企业组织结构的"双总"模式在一般企业是很少见，主要出现于一些跨国公司在非本土国家成立分公司时。主要目的是防止一名总经理权力过大，而导致个人私欲的膨胀，因而设置另外一个与总经理平级的职务，参与公司一些重大决策并管理部分事务。B公司正是一种典型的"双总"模式，除了总经理之外，还有与他平级的财务总监。总经理是中国人，而财务总监则是新加坡人，有关决策需要双方一同参与。B总

公司驻上海分公司采取"双总"模式,一开始确实达到了最初的目的:对总经理的权力进行制衡,对其行为进行约束。但这种模式也导致了不良后果,譬如王欣然所负责的该重大项目的失败。

这个案例中,B公司的财务总监不是中国人,不了解当地房地产市场的情况,也不注重调研房地产行情,更不懂得变通,不知道《孙子兵法》的精髓就是不能刻板,而要"因形而变",把握好度。从案例中王欣然的窘境可以看出,如果最终做决定的是总经理一个人,鉴于他对国内经营模式和外部环境的了解,或许他会接受王欣然的提议,提供其相应的支持,从而拿下这个项目。但实际情况是,与总经理平级的财务总监同样享有最终决策权,只有获得总经理与财务总监一致同意,决策才能生效。由于外籍财务总监在思想文化上的差异,无法理解"货款抵押"的结算方式而否决了王欣然的提议,最终间接地导致了这个项目的失败。

❷ 王健林:万达拥有超强执行力的秘密

万达董事长王健林在2014年4月12日参加中欧国际商学院《大师讲堂》活动时做了一个演讲,对万达的执行力进行解密,主要有四个特点。以下为演讲内容摘编:

万达这些年的发展,已经有连续8年环比超过30%的增长,较高年度增长45%,发展速度已经成为一个神话,特别是万达超强的执行能力,说什么时候开业就什么时候开业,速度奇快。万达的执行力究竟是怎么练出来的呢?外面也有很多误读。例如,我们一个独立董事到广州去参加企业活动,对方对他讲,听说万达是军事化管理,不行就抽鞭子。

现在人才竞争这么激烈,怎么能靠抽鞭子呢?让所有人心甘情愿为企业奋斗,这是很难的事情,所以完全靠军事化管理,人早就跑没了,留下的可能都是企业不愿意要的,那就麻烦了。万达的执行力有四个方面特点:第一是执行力强;第二是形成执行文化;第三是执行管理模式;第四是科技保障执行。

说到做到，算到拿到

万达执行力强突出表现在两个方面：

一是说到做到。我们会在开工时就确定开业时间，绝不延误，并在每年9月的万达商业年会上公布第2年所有的万达广场、酒店以及其他所有项目的开业时间。这其实源于一种换位思考。商业的利润不是那么高的，比如我说五一开业，对方的人员物料配备都齐了，但是我跟他说对不起，要改在十一了。尽管产品上没有太大的损失，但是那些招聘的员工半年工资可能就会吃掉对方相当大的利润。所以我们一定要准时开业，让别人准备。为什么我们的开业招商不存在问题，有很多人跟随，这是原因之一。

二是算到拿到。房地产行业，特别是像不动产领域是一个长周期的过程，成本控制是非常困难的；而且是非标准化生产，不同的地段要设计不同的形式，不同的区域要安排不同的商家。差不多企业从开工到竣工决算，一般超支15%～20%是正常的。但万达这么多年来，所有项目的决算成本都是低于预算目标的，或者说净利润高于目标。算得到拿得到才是本事。核心来讲，作为不动产行业就是靠成本控制的功夫。

以身作则，没有不可能

在企业内部形成执行文化，第一就是以身作则。很少有人敢这么喊，这也许和我在部队的成长经历有关，我被深深地烙上这种烙印。多少年来，我都敢说一句话，就是向我看齐。我要求员工做到的，我一定做到。比如说不搞裙带关系，我没有任何亲属在公司工作。为什么这样做呢？我希望人才来了之后，不要让他感觉是家族式的，或者决策不透明，或者是非理性的，老板一拍脑袋就做决定了。我在公司里不报销一分钱，虽然我在公司是绝对的大股东，但是我自己带头，作为大股东不占小股东的便宜。

第二是没有不可能。在万达里形成了一种文化，只要大家经过博弈确立过的目标，没有人说完不成或者说做不到。当然这个目标要先说清楚，是可以做到的，绝对不是说拍脑袋说今年必须要做到多少，所以我们一年的目标形成需要9月、10月、11月三个月来完成。如果说任何一个任务还在讨论当中、博弈当中，你就直接否决了，这不是万达的风格。你只能说这个事非常困难，有可能完不成，你可以说明原因。为什么我提倡上下博弈，同级博弈，就是要博弈之后形成的任务，才有完成的可能性。一旦确立目标后，团队在执行力方面形成一种文化，只有为完成任务去想办法，不会为完不成任务找借口。在现代社会钱很重要，但是钱不是全能。比如说每一年我们会把项目的成绩、品质做一个排名，年终大会时会用很大的板子公布在外面。一旦评为最后一名，很多时候，特别是一把手都会辞职。

第三是奖惩严格。真正敢奖敢罚真不容易。比如当年我们的创业元老之一、某一个管招投标的副总裁，我也很欣赏这个人。当时我们已经有品牌库了，都是行业前三名的千亿级企业，要举行一个电缆招标，他极力推荐一个几亿级的企业，但其他副总都不同意，不签字。公司马上进行调查，这里面是有猫腻的，我们马上开董事会，把这个人处理了，因为他触碰到了我们的红线。

总部集权，强化监督

真正要把执行做好，还是要看管理。

第一，总部集权。中国的整体氛围是很难管理的，我们定的模式是高度总部集权，弱化总经理个人作为。在万达，总经理和副总经理经常是轮换的。不存在不服从，不服从就解雇，这就是我们的执行文化。不然的话，大家都想抢北京（楼盘）、上海（楼盘），那公司怎么发展呢？

第二，垂直扁平管理。我们的成本部门、财务系统、人力资源系统以及质量监督系统、安全系统都是总部垂直一条线的。垂直之后，这些人员之间是满三年轮岗，因为你干的都是同一件事。各个地区之间形成既支持又有制约的关系。

第三，强化监督。人的天性当中是有弱点的，很多人的性格也会发生变化。我经常说靠制度不靠忠诚度，忠诚度是靠不住的。我们制度设计的一个特点就是基于对任何人都不信任。强化监督方面，我们主要是建立一个强大的审计队伍。我在集团什么都不管，人、财、物我都不管了，这些年来连法人代表都退出了，我只管一个部门就是审计部。为什么？审计的人懂业务，建立很大的权威，这也是保证我们不冲高压线很重要的点。

科技护航，精密计划

就执行能力的形成而言，除了制度、文化、严格奖惩、监督以外，非常重要的就是依靠科技、信息化来保证执行力。

第一，高度信息化。十几年前，很多人还没有这个意识时，我们就成立了自己的信息核心部门。现在，信息核心经理的级别很高，相当于副总裁。我们多年前就实现了所有办公系统从计算机到移动终端的自动化——在手机上就可以批文件了。此外，我们所有的工程进度都是由探头来管理的，探头进不去的我们要求录像，还有所有的招投标都是高度信息化的。这种高度信息化可以提高我们的执行力。

第二，计划模块化。万达特别强调计划，我们有专门的计划部，每年、每月、每周、每天都有计划，包括财务计划、成本计划、现金流计划、利润计划、人员成本计划、招聘计划等。每年11月底，所有老总都知道第2年应该招多少人，花多少钱，收多少钱。在万达，哪一个部门做什么事，在总部计划到周，到公司可能是计划到天。绝对不允许你晚了3个月我们还让你待在那里，可能晚了2个月就换人了。我们宁可拿出一定的人力成本，比如100个总经理中，起码有5个总经理在总部待着候补，能不能当总经理还要看有没有缺位，副总可能有10个在候补。计划模块软件是保证我们按时开业的核心法宝。

第三，慧云集成化。大型商业核心中，信息在过去都是各管各的，有若干个。慧云，就是把消防、水、空调、泵房、节能、安全等所有信息集成在一个超大屏幕上，完全是智能化。这保证了我们的执行力，保证员工不犯错误。

执行力的重要性就如《汉书·贾谊传》说的那样，要做到"如身之使臂，臂之使指，莫不制从"。我觉得要用自己的实践来证明，民营企业完全靠市场配置资源也可以做到和全球赫赫有名的企业一样。

| 案例分析 |

一家企业，无论大小，其员工出色的执行力是任何产品或项目完成的关键。如果没有出色的执行力，即使企业有远大的战略目标、细致的管理制度和诱人的激励机制，也没有办法落在实处，开花结果。因此，《孙子兵法》当中虽然没有明确用"执行力"这一现代名词，但是却贯彻在关于治军管理制度的落实中。在万达老总王健林的演讲中，我们看到一家优秀的企业是如何培养执行力的。华为老总任正非也有个非常著名的理论：在引进新管理体系时，要先僵化，后优化，再固化。他对

下属讲：5年之内不允许你们进行幼稚创新，顾问们说什么，用什么方法，即使认为不合理，也不允许你们动。5年以后，把系统用好了，我可以授权你们进行局部的改动。至于结构性改动，那是10年之后的事。无论是王健林还是任正非，都对员工执行力提出了两方面的要求：既要精准执行，又要灵活机动。这就是《孙子兵法》中治军管理的要义所在，对于法令规章制度，是要严格执行的，但是在具体执行层面，一定要根据变化，"通九地之变"。这就是辩证法。

十四

死地则战——无退路管理的谋略

打过仗的人经常会遇到身边朋友问一个问题:"你们当年打仗怕不怕?"其实这是明知故问。打仗哪有不怕的?可是,如果坦白地说:"怕!"问话者恐怕会有所失望。战斗功臣怎么还会怕?如果回答:"不怕!"那又是骗人的鬼话。20来岁的小伙子,从未上过战场,更未目睹死伤,猛然一下与死神为伍,在战友遗体边爬过,而且顷刻之间自己也可能成为烈士,能不怕吗?其实,这是人的本能生理反应,与思想境界无关,与人品好坏也没有关系。只要是个正常人就会有这种反应,而且自古而然。

孙子早就注意到这种现象,他指出:"吾士无余财,非恶货也;无余命,非恶寿也。令发之日,士坐者涕沾襟,卧者涕交颐。投之无所往者,诸刿之勇也。""恶",即厌恶,不喜欢。"货",指财货、财物。我军士兵没有多余的钱财,不是因为不爱财物;"无余命",是指没有多余的生命,"恶寿",指讨厌长寿。我军士兵没有多余的生命,明知上战场要丢掉性命,并不是因为不想长寿。因此,当作战命令下达的时候,坐着的泪水打湿了衣襟,躺着的泪流满面。"涕交颐",即泪水从左边脸流到右边脸,从右边脸流到左边脸。可是一旦把他们投放到无路可走的绝境,他们就会像春秋时期著名的刺客专诸和曹刿那样英勇作战。这段话非常生动形象,完全写出了战场上的真实情况,这让我想起了那永生难忘的一幕。

那是1979年的2月13日下午,我们喷火排的3个班马上要分别配属到3个步兵团去参加作战。我正在组织全班战友检查武器和行装时,12班班长李和明跑到我身边悄声地说:"排长叫你!"我问:"在哪?"李和明把头一歪,示意就在右边不远处的卡车旁。我立刻放下手中的喷火枪，快步跑向卡车。只见排长半依着车门，背对我来的方向。我心里嘀咕着："啥事没做好，又要熊我两句？"我喊了一声"排长，你找我？"排长缓缓地转过身来，哽咽着说："我们就要分别了！"我心里猛地咯噔一下，向来豪放的老排长怎么满脸泪水了？估计与前面两位班长道别的时候已然泪如雨下了。这一瞬间，我才意识到什么是战争，战争意味着什么。不由得我的泪水也夺眶而出。此时的排长就像亲哥哥一样，完全没有平时的威严，而是一边流着泪，一边语重心长地嘱咐："14班班长，一定要把你的班带好。既要勇敢作战，绝不能当孬种，又要好好活着，尽量都能够安全地带回来！"我坚定地回答说："是，排长您放心！""嘟、嘟、嘟"，出发的哨音响起来了。我挺直胸膛缓缓地抬起右臂，庄重地向排长行了一个军礼，排长也回了个礼。然后分别登车出发。岂料，这竟然是我们的最后一别。6天之后，排长就在作战中像专诸、曹刿那样慷慨赴死，英勇牺牲了。

这些战争的亲身经历让我深深地意识到，人非圣贤，没有谁是天生的英雄，但是面临生死之际，国家和民生大义之际，往往能够激发出英雄的气概和壮举。

现在有不少管理者经常抱怨自己的下属素质较差，没有足够的敬业精神，看上去懒懒散散。用孙子的观点和战争实践来看，其实"没有差劲的员工，只有差劲的管理"，关键在于管理者没有采取有效的办法激发员工的敬业精神和工作干劲。

1984年，张瑞敏接手一家濒临倒闭的电器厂时就面临着这种情况。他回忆道："欢迎我的是53张请调报告，上班8点钟来，9点钟就走人，10点钟时随便在大院里扔一个手榴弹也炸不死人。"这么一种状况之下，员工的工作干劲可想而知，敬业心、责任心更是无从谈起，以致所生产的电冰箱质量很差。1985年的一天，有朋友想买一台电冰箱，到厂里挑了很久，勉强找到一台没有毛病的产品。朋友走后，张瑞敏下令将库房里的400台冰箱拉出来全面检查，发现76台存在各种各样的缺陷。他把全厂职工集合起来，问大家该怎么处理，一台新冰箱价格800多元，直接报废实在浪费。有人提议，反正不影响使用，索性低价销售，退一步讲，这也是业内的潜规则。

张瑞敏义正词严地说:"我要是允许把这76台冰箱卖了,就等于允许你们明天再生产760台这样的冰箱。"接着,张瑞敏下令,将76台冰箱全部砸掉,"谁干的谁来砸"。工人们感情上舍不得,毕竟一台冰箱是他们两个月的工资,张瑞敏见状亲自抡起大锤,砸下第一锤,很多人流下泪来。面对此情此景,张瑞敏语气坚定地说:"过去大家没有质量意识,所以出了这起质量事故,这是我的责任。这次我的工资全部扣掉,一分不拿。今后再出现质量问题就是你们的责任,谁出质量问题就扣谁的工资。"这一锤,显然把这家电器厂砸到了"死地"。"产品质量差"的名声砸出去了,员工不敬业、不注重质量就没饭吃了。但是,也正是因为"置之死地",还是这个厂子,仍是这些员工,三年后就使其产品在全国评比中获得国家质量金奖,而且这是整个电冰箱行业取得的第一枚质量金牌。

张瑞敏的经验告诉我们,管理企业与带兵打仗一样,"没有带不好的兵,只有不会带兵的将"。

如何把看上去懒懒散散的员工个个培养成像专诸、曹刿那样英勇顽强?除了将领身先士卒、重金奖励、制度约束等常规办法之外,孙子还告诉了我们两个有效的办法:

一是将士兵置于无路可走的境地,则士兵不得不死战,战则必胜。孙子说:"投之无所往,死且不北,死,焉不得士人尽力。"意思是将士兵投放到无路可走的境地,虽死也不会败退。"死,焉不得士人尽力",说的是既然处于危险境地,士卒死都不怕了,岂会不竭尽全力死战?一般来说,越是走投无路,应当越恐惧,为什么反而不怕了?孙子分析其中的原因说:"兵士甚陷则不惧,无所往则固。"士卒陷于绝地,清楚地看到横竖是个死,与其贪生怕死,不如拼命战死,所以反而无所畏惧。士卒没有退路,也就没有任何别的选择,只能更加抱团,依靠集体的力量,所以军心更加稳固。孙子得出结论说:"入深则拘,不得已则斗。"这里的"拘"是束缚、凝成一团的意思,深入敌国境内,士卒远离本国,已无退路可言,所以他们就会被迫选择死战,死战则必胜。这种情况下部队可能呈现出什么样的状态,孙子连用四个"不"来形容:"是故其兵不修而戒,不求而得,不约而亲,不令而信。"部队一旦处于死地,那么不需整饬就能注意戒备,不需强求就能完成任务,不需许诺重赏就能亲附拥戴,不需三令五申就能遵守纪律。不言而喻,这种状态的部队特别能打、能拼。这就是为什么"置之死地而后生"的原因所在。

第二个办法是禁止迷信,消除疑虑。孙子意识到,把官兵投放到死地并不一定能够激起拼命精神,难免会有一些官兵惊恐害怕、胡思乱想,势必动摇军心,影响斗志。因此,孙子提醒将领要会做思想稳定工作。他提出的办法是"禁祥去疑"。祥,是指凶吉的预兆。疑,就是疑虑。"禁祥去疑"这句话的意思就是要禁止一切预测吉凶的迷信活动,去掉士卒的一切疑虑,给他们指出唯一的生路,前行的希望,坚定他们紧紧跟随将领拼命搏杀的决心和信心。一旦官兵打消了一切侥幸心理,断绝了任何依赖和等待的念头,他们就会一心求战,"至死无所之"。"之",在此是当动词用,指逃跑之意,战死也不会逃跑。

不言而喻,一个企业一旦全体员工都产生了"至死无所之"的意念,消极怠工、精神萎靡的状态势必失去生存空间,无论是关键时刻上下一心攻关,还是平时同心协力经营,都有可能形成高昂的士气和旺盛的斗志。

经典案例

① 万连步赌命搏出奇迹

万连步,曾任山东省临沭县商业局农业技术员、临沭县农业发展公司总经理、临沂市金大地复合肥有限公司董事长兼总经理、山东金正大生态工程有限公司董事长兼总经理,现任山东金正大生态工程股份有限公司董事长兼总经理、中国企业家协会副会长、中国农业大学客座教授。万连步仅用了10年时间,就把一个作坊式的小肥料企业,打造成了销售收入超过26亿元的缓控释肥生产基地。然而,这一切耀眼的成就,离不开当初"置之死地"的奋力一搏。

| 案例分析 |

一次偶然的机会，万连步在国外的大超市里，看到了"控释肥"——一种被誉为"施肥技术的一次革命，21世纪的绿色环保肥料"的新型肥料，其售价竟然是自己生产化肥价格的10倍！万连步心动了！控释肥不仅能挣钱，还能节约资源，每使用一吨控释肥，就可以减少一吨传统化肥的用量。这样的诱惑，万连步经不住。然而，控释肥是世界上技术极其尖端的一种肥料。面世40多年来，这种技术一直被世界上少数几家公司垄断着，他们享有高额的利润，对技术封锁严密。这项工程前期投入就得上亿，没有巨大的财力、人力做支撑，无疑"天方夜谭"。万连步又有多少钱呢？一年也就是2000万元的利润，5年，才能凑够这个数。

万连步清楚地意识到控释肥无疑是现代农业的制高点，占领这一制高点，他便是中国控释肥的先导者，率先开辟一个巨大的市场！如果攻不下这一制高点，金大地公司可能就从此消亡了！万连步决定拼尽全力攻占制高点。毫无疑问，这一决定将自己和企业逼到了《孙子兵法》中所说的"死地"。这是豪赌，是将身家性命都押上的豪赌！

万连步赌命一搏，中国的第一条控释肥生产线，启动了！

工厂所有的技术人员，天天都泡在车间里，一吨一吨的化肥扔进去，一批一批的废料生产了出来。然而，没有一个人见过控释肥的生产线，外国公司的技术封锁告诉万连步一个道理："想吃馒头要自己蒸"，谁也指望不上。

因为实验失败产生的废料，高达3000多吨，折合人民币800多万元。时间一天一天地过去，投资一天一天地追加，万连步的压力也越来越大。天天泡在生产线上，技术人员凌晨两点走，他就陪到两点。三点走，他就陪到三点。

从2005年初上马控释肥，到年底，大把的钞票扔进去，一粒合格的产品都没有出来。有些合伙人开始动摇了，有些员工也开始丧失信心。"下马吧""别把老本赔光了"，诸如此类的说法不绝于耳。巨大压力之下的万连步，只有咬着牙坚持、再坚持，甚至借钱继续投入。用《孙子兵法》的观点来看，他这种做法并非盲目浪战，而是有意识地将自己和企业"投之亡地""陷之死地"。因为只有在这种无退路状态之下，全员才会断绝一切幻想、侥幸和依赖，才有可能集中全力拼死往前冲。

2006年农历正月初八，一个让万连步终生难忘的日子。这赌命一搏，终于掀开了"底牌"。好长时间大家都不敢相信，控释肥这条生产线真的做起来了。

这是一条由中国人自己一手设计，一手安装，一切从零做起的能够规模化生产控释肥的生产线！

这条生产线的诞生意义不在于中国能生产出合格的控释肥成品，而在于终于打破了国外企业对这一领域的垄断，并动摇了国外控释肥生产企业的定价权。

这条生产线的诞生标志着由我国民营企业自主研发的控释肥产业世界尖端技术成功实现产业化发展。

这条生产线的诞生标志着中国的控释肥产业进入国际市场，且以国外同类产品一半的生产成本，拥有了强劲的市场竞争优势。

这条生产线的诞生标志着中国的广大农民也用得起被称为"贵族肥料"的控释肥。

2006年12月，年产80万吨的控释肥生产线在山东沂蒙山区落成，名不见经传的金正大已成为全球规模最大的控释肥生产基地。

试想，在最艰难的时刻，如果万连步退缩不前，没有采取"置之死地而后生"的策略，整个企业势必迅速溃败，更不可能开辟出中国复合肥的新天地。①

---

① 摘自人民网·新农村《万连步："沂蒙农民"的八年跨越》，作者王璞、李晶、吴清明。

❷ 俞敏洪：创业就是要置之死地而后生

新东方教育集团的巨大成功成就了俞敏洪神话。很多人称他为"留学教父""教师首富"。但万通集团董事局主席冯仑先生的一句话却颇有意味："新东方的成长秘诀：三流文人+痞子精神。"特别是这个痞子精神，概括得尤为精到。俞敏洪对此也不讳言，他认为创业者要想成事，就要有一点置之死地而后生的痞子精神。

| 案例分析 |

俞敏洪毕业于北大，并留校任教。教书四年后，终于分到了10平方米的房子，这让他决定要将一生献给北大。但是后来，看到同学和朋友相继出国，他忍不住了，也开始准备出国，成绩并不优异的他在努力了三年半以后，留学梦断。为了生计，也为了挣点钱继续他的出国梦，俞敏洪在校外办起了托福班，为自己的出国费用快乐地忙碌着。上帝也往往戏弄那些刚燃起希望的人。这一次，俞敏洪受到的打击可谓是毁灭性的。在1990年一个秋天的夜晚，俞敏洪与朋友高兴地喝着小酒，聊着天，描绘着他逐渐清晰的出国梦。北大的高音喇叭，这时一如既往地播放着校园晚间广播。"你听你听。老俞，在说你呢！"朋友惊呼。原来，广播里正在播放对俞敏洪的处分决定。北大以这样一种方式宣布了对英语系老师俞敏洪的处分，其中说了四五条处分的理由，最重要的就是他打着北大的旗号在外面私自办学。这个处分决定被大喇叭连续播放了三天，北大有线电视台连续播放了半个月，处分布告在北大著名的三角地橱窗中锁了一个半月。处分的突然袭来，并且方式与程度如此激烈，说明了校方的震怒。北大的这种"礼遇"，无疑将俞敏洪"投之于亡地""陷之于死地"。颜面扫地的俞敏洪只好选择离开。然而，事物总是辩证的。有害就有利。对于弱者来说，面临"害"，便可能一蹶不振，心灰意冷。而对于强者来说，直面"害"则可能斗志倍增，愈挫愈勇。俞敏洪正是后者。被北大"逼上梁山"的他，断绝了一切侥幸、依赖和幻想，清楚地意识到只有靠自己拼命，才能走出一条属于自己的生

存发展道路。

俞敏洪离开北大以后，开始思考怎样营销自己和自己的培训班，学会和社会、政府的各色人等打交道。一介书生从此踏入江湖。据估算，在海外的中国留学生里，有70%是新东方的学生。在国内，要是大学生没有听过俞敏洪的演讲，更被看成是落伍者。2006年，新东方在美国上市，身为新东方的创始人俞敏洪的财富陡增，成了"中国最富有的老师"。

显然，俞敏洪所说的"痞子精神"，绝非不讲道理、不守规矩的地痞流氓习气，而是对孙子"投之亡地然后存，陷之死地然后生"谋略思想的形象表述，实则强调的是不畏艰难困苦的拼命精神。

十五

为将五危——管理者应克服的弱点

孙子是个很讲辩证法的人。他在第一篇《计篇》中论述了将帅应当具有"五德",即"智、信、仁、勇、严",五种核心能力素质。在后面的《九变篇》中,又讲到将帅很容易出现的"五危",即"故将有五危:必死,可杀也;必生,可虏也;忿速,可侮也;廉洁,可辱也;爱民,可烦也。凡此五者,将之过也,用兵之灾也。覆军杀将,必以五危,不可不察也"。

孙子所讲的"危",即致命的弱点。孙子把"将之五危"看得很重,认为作战中导致全军覆没不是敌人如何强大,也不是战场如何不利,而是"必以五危",即必定是将领这五个方面的弱点所导致。

哪些弱点危害如此严重?孙子用五个关键词来表述,即必死、必生、忿速、廉洁、爱民。

乍一看,这些词与"为将五德"似乎差不多,其中"必死"即不怕死,"为将五德"中也强调将领要勇敢,怎么又成了致命弱点了?这就是《孙子兵法》中的辩证法思想。

《孙子兵法》是古代经典,千古流传,其文约而意丰,往往微言大义。所以,不能像读小说那样一目十行地读,而要逐字逐句地琢磨着读,才能理解字面底下深层的内涵。

打仗不怕死,本来是"为将五德"的一种优良品德。但是,加了一个"必"字,意思就变了。如果一个将领本着"什么都不怕"的莽撞傻勇,或抱着"遇战必欲死战"的心理去执行任务,而忽略用计用谋,那么就很容易被对方的计谋引诱,陷入不利境地,以致被敌人战胜乃至杀害。"必死,可杀也",说的就是这个意思。解放战争中,陈毅、粟裕率领的华东野战军9个纵队30万人,在打破国民党军对山东解放区重点进攻中,在敌45万重兵密集并进的态势下,从敌阵线中央分割围歼其进攻主力张灵甫的整编74师,进而转变华东战局的关键一战——孟良崮战役,就是利用了张灵甫的一味冒进,必欲死战的心态,"百万军中取上将首级",将张灵甫整编74师彻底消灭!

再看"必生"。将领应当谨慎,求生存,保实力,这是没错的。但是加个"必"字,就过了。意味着一心想着求生存、保实力,那么无论在机会还是危险面前,都很可能患得患失,犹犹豫豫,不敢决策行动。而机会往往稍纵即逝,危险往往瞬间恶化,迟疑不决,势必丧失机会,或者被危险吞噬,从而被对方打败。还是在孟良崮战役中,陈毅、粟裕除集中5个纵队围攻整编74师外,另用4个纵队阻挡其他各路国民党部队约40万大军的反包围,特别是强力阻击紧随整编74师后面和两翼的整编65师、25师和83师。这些国民党部队距离74师几乎近在咫尺,但眼睁睁地看着张灵甫整编74师5万人被歼。为什么?关键就在于这些部队的将领"必生"的心理太严重,患得患失,不敢前进,生怕自己也陷入火坑之中,致使华野得以切断了他们与整编74师的联系。

速战速决,本来也是孙子所主张的,为什么也成了危害和弱点了?孙子加了一个"忿"字。忿,即生气、愤恨的心情。"忿速",则是指在愤恨的心情驱使之下急于求胜。在这种心情驱使之下,将领往往容易头脑不清,轻举妄动。孙子提出对付这种将领的最好办法,就是刺激他,使他更加狂妄。三国时期的夷陵之战中,刘备之所以被年轻的陆逊打败,关键是急于为关羽报仇,不顾东吴已有准备以及众人的反对,盲目冒进,结果上了陆逊诱敌深入之计的当。

很多人对"廉洁,可辱也"这句话难于理解。我们今天所提倡的"廉洁",在孙子的笔下居然成了毛病。要知道,孙子那个时代所指的"廉洁",通常是指名声形象的"清白""高洁"。其实,孙子这句话是特指爱惜自己的羽毛和声誉高于一切的人。这种人的所作所为都是为了自己的名声,有利于名声的事就干,甚至为了自己的名声不惜牺牲众人的利益。同时,由于面子观太重,一旦面临敌人羞辱性的欺骗,就会沉不住气。孙子说,"廉洁,可辱也",即用羞辱其名声的办法使其上圈套。2017年党的十九大制定的考核领导干部的条款中就有一条:骨头不硬、见风使舵、爱惜羽毛、当所谓"开明绅士"、不敢担当的，一票否决。其实，企业也不喜欢这种人。

"爱民，可烦也。"这句话也很不好理解。"为将五德"中强调将领要有仁爱之心，居然又变成"五危"之一。殊不知，此处的"民"原意是指官兵，当然也可以扩展为民众。"爱民"即过分偏重于关爱官兵，以致为情所累，黏黏糊糊，关键时刻不敢取舍。真正的"爱民"，应该要顾大局、识大体、权利害，而不能受制于个人私情。这里的"烦"，是指烦琐、烦扰。一个将领如果过分关爱部属，或者关注部下的琐碎利益，就可能忍受不住对方的烦扰和挑动，为情所动，四处奔波，结果忽略和丢弃了全局利益。2015年开始的这轮军队改革，为了保证军队适应打仗的需要，必须精简，尤其精简非作战单位，如机关、院校、医疗卫生、新闻文体、后勤保障之类的单位都是重点精简的单位。这样一来，势必就要让大量干部转业、提前退休，或者改文职。对于40岁以上的干部来说，转业就是人生的一次重大转折。从熟悉的军营转到陌生的地方工作，老婆孩子跟着一起变动，而且安置工作，尤其是安置如意的工作，还不是一件容易的事情。所以，相当一部分没有特殊专长的中年干部不愿意离开军队，而且任何一个人都可以提出一大堆不能离开军队的理由。如果一味地考虑战友之情，不忍心下手决断，这个人说说理由，不走了，那个人喊喊困难，又不走了。其结果必定是军队继续臃肿，不能打仗。所以说，领导者关爱下属没错，但是要分清楚大爱和小爱，不因为顾及部属的局部利益而牺牲全局利益。1947年3月，如果毛泽东面对胡宗南23万大军的进攻，害怕老百姓打破坛坛罐罐，舍不得放弃延安，恐怕也就很难真正保护延安人民的利益，甚至中国历史也要改写了。正是因为放弃了延安，才舍小得大，从整体上保护了全中国人民的利益。

商场如战场，商道如战道。稍微对比一下，就不难发现，孙子所说的"为将五危"，其实也是企业领导很容易犯的毛病。在企业当领导，或胆子过大，做事莽撞；或犹豫不决，过于谨慎；或容易愤怒，不注重克制；或过于注重名誉，患得患失；或过于虚荣地体恤员工等，对企业管理都没有好处，甚至可能危及一个企业的生存发展。

20世纪90年代中期，山东临朐县有一个秦池酒厂，1995年底以6666万元竞标，成为中央电视台CCTV标王，秦池酒一夜之间在全国由无名小辈成为知名品牌，全国各地商家纷纷找上门来，秦池也在很短的时间建立起全国销售网络。秦池巨大广告的投入，在经营业绩上充分体现了标王的作用。这一年秦池销售额比1995年增长500%以上，利税增长600%。秦池完成了从一个县级地方酒厂到一个全国知名企业的大转变。1997年，秦池老总又进行了一场争夺CCTV广告标王的豪赌，最后，秦池以约3.2亿元的天价，战胜竞争对手，卫冕标王！当记者问"为什么报出3.12118亿元的天价"时，秦池老总说"这是我的手机号尾数"。感情用事、胆大妄为，可见一斑！其实，秦池如果在1997年CCTV标王争夺中急流勇退，只在中央电视台保持适度广告维持，将经营管理的重点回转到自身实力建设上，也不至于迅速垮掉。但秦池老总出于维持秦池酒地位的虚荣心和一夜暴富的求胜心，仍然豪赌投入，其结果必然是自掘坟墓，把自己送上灭亡的道路。

　　用"五危"的观点来分析，这其中既有"必死"，又有"忿速"，还有"廉洁"等毛病，集于一身，共同发作。企业的将帅，应该以此为戒！

　　孙子一方面要求将领具备"为将五德"，另一方面又告诫将领"将有五危"，如何处理好两者之间的关系？

　　我们认为，最为重要的是把握好《孙子兵法》中的军事辩证法的核心——"度"。

　　"智、信、仁、勇、严"是"为将五德"，但是，这些性格优点一旦过度，过犹不及，就容易为敌人所利用，容易中敌人的圈套。可是，要把握好这个"度"并不是一件容易的事情。一般来说，找出别人的毛病容易，发现自己的问题较难。所以，孙子特别强调："覆军杀将，必以五危，不可不察也。"导致全军覆没，主将战死，必定都是因为将领的"五危"，因此一定要仔细地审视自己是否有这些方面的毛病，并加以全力避免。

　　为将如此，做人也如此。希望各位企业领导对"为将五危"，不可不察也！

经典案例

从尹家绪砸车看危机意识

长安微型汽车，已经是中国国产汽车的名片！

首先，长安集团的发展史就是一部内涵丰富的教科书。

长安机器厂前身是金陵兵工厂即汉阳兵工厂，它有140多年的历史。从它成立至今的140多年的多数时间里，长安厂一直是中国"具有特殊地位"的企业。在它的头上，有着无数光环：第一个近代兵工厂，第一个学习国外先进技术的国有企业，抗战时期为前线提供武器装备最多、贡献最大的企业，新中国第一辆吉普车生产厂。

改革开放伊始，它成了第一批进行军转民的军工企业。

长安厂与日本铃木合作，生产了中国第一辆微型车。它从微型汽车发动机起步，再从微型小货车、微型面包车、微型小座车整装车，一路高歌，价廉物美，市场是供不应求。

1988年、1989年的长安微车市场局面火爆！

当时，长安机器厂销售处，经销商捧着钱，排着队，到处托找关系，请客吃饭，以拿到"指标"，倒卖"指标"，以购到汽车为荣！

1996年前的长安机器厂前车水马龙，是何等辉煌啊！

"辉煌"的负面就是"膨胀"，为占市场和逐利，长安机器厂举债"大干快上"，这是当时长安机器厂的心态！

但是，当时大好的市场形势与长安厂粗放的生产经营，使长安厂迅速陷入窘境。很快，长安机器厂，这家偏居于重庆的微车制造商就陷入混乱的内部管理和高达14.5亿亏空的噩梦中。

当时，42岁的尹家绪受命于危难担任长安汽车总经理。尹家绪说，1995年长安机器厂和江陵机器厂合并，职工闹了一次事，留下非常大的后遗症。长安厂和江陵厂合并后干部班子不团结，原来分属两个企业的干部开会都分着坐，员工更对企业发展缺乏信心。当时长安已经从微车全国销量第一的位置坠落到末几名，每年只生产五六万辆车，却有2万多员工在吃饭，企业经营非常困难,长安难以维持。

从1995年成立长安集团起,换了三任总经理。1997年尹家绪成为长安集团的第四任总经理,长安汽车迎来了最艰难时刻。尹家绪说,那一年,审计报告显示长安累计亏损14.5亿元,当年亏损3.5个亿。而当时重庆特钢厂亏损7个多亿,已经使朱镕基总理大发雷霆。

怎样让长安厂在千疮百孔中迅速止滑?观念、市场、质量、资金、管理等一大堆问题摆在了新任总经理尹家绪面前。然而,从哪里做起呢?

尹家绪到任后第一件事,就是把工段长以上的中层管理人员全部叫到长安机器厂广场上,亲自挥动大锤,狠狠砸了一辆不合格的微型长安车!然后,他让厂里班子成员一起,也砸了几辆不合格的微型长安车!此举,轰动全厂,轰动重庆,轰动兵工行业!

砸车后,尹家绪做了"上下同欲者胜"的激情演讲!他向大家剖析形势,阐明利害关系,表明管理思想,明确发展目标,勾画企业愿景。他提出了"如果谁砸我的产品我就砸谁的饭碗"的响亮口号。

之后,他通过砸车事件恢复生产经营,进一步理顺了企业内部的管理关系,消除了内耗,稳住了人心。然后,他亲临生产第一线,抓流程,抓质量,抓管理,与车间干部员工同吃同住;他亲临销售第一线,抓市场,抓服务,抓作风,与营销人员一起面对市场改进服务;他站在经营一线,堵漏洞,追欠款,聚资金,与管理人员一起整合资源,聚优去劣,整顿生产和经营秩序。

经过一年多的努力,长安集团夺回了全国微型汽车第一的位置,扭亏为盈。

此后,长安汽车集团从尹家绪上任之初年产汽车5万辆的企业,发展为年产60万辆以上汽车的大型集团公司。

人们现在似乎更愿意把长安看作民族汽车品牌的代表!

| 案例分析 |

孙子曰:"将有五危:必死,可杀也;必生,可虏也;忿速,可侮也;廉洁,可辱也;爱民,可烦也。凡此五者,将之过也,用兵之灾也。"

当时的长安机器厂，就是一步步犯下了这样的错误：

一是盲目自信，本着长安厂微型车"老子天下第一，谁也不怕"的莽撞，大干快上，造成管理不力，债台高筑，成本暴涨。这就是"将有五危"之一：必死可杀！

二是在市场中头脑膨胀，拿着资金什么都想去做，患得患失，犹豫不决，投资方向混乱，投资目标不明。这就是"将有五危"之二：必生可虏！

三是在经营发展上为占领全国微车市场，追求速战速决，发展了许多套牌厂，连地方区县的农机厂都可以和长安机器厂合作生产长安车。在发展中简单粗暴，在合作中无礼傲慢，这就是"将有五危"之三：忿速可侮！

四是面对这样一个戴着"中国第一兵工厂"光环的有140年历史的老国有企业，被当时的争取各地区销售代理权的商人包围，吹捧、腐蚀、捧杀，使长安厂养成了一种盲目自大、喜欢被吹捧的企业习气。这就是"将有五危"之四：廉洁可辱！

五是厂里管理松懈，各种福利泛滥。车间里、车架里工人吃剩的饭菜散落一地；清理内部库房时，发现很多记在账上的10年前的原材料，但物资已经坏透了；机关里，干部官僚作风严重。这就是"将有五危"之五：爱民可烦！

尹家绪喜爱《孙子兵法》，对"上下同欲者胜"和"治众如治寡"有独特见解。因此，他使出了"砸车"一招！

尹家绪到任后的这一"砸"，砸掉了长安机器厂的被市场惯坏了的"五危"，砸出了长安的质量、速度、创新，砸出了国际化的长安集团，砸出了长安品牌和荣誉。

孙子曰：善战者，立于不败之地，而不失敌之败也。是故胜兵先胜而后求战，败兵先战而后求胜。善用兵者，修道而保法，故能为胜败正。

长安厂的胜败，也是民族文化的浓缩。

十六

将之六过——管理中容易出现的过错

俗话说,"人非圣贤孰能无过",这句话既可以作为原谅他人过错的托词,也可以成为为自己犯错开脱的借口。但是,作为一国之主、一军之将,如果在战争决策问题上或在战场指挥上出现过错或失误,那后果将是不堪设想的,严重的甚至导致国运衰退、黎民百姓遭殃、大量将士无谓的牺牲。因此,《孙子兵法》中说,"知兵之将,生民之司命,国家安危之主",而且关于将帅问题有多处论述,比如前面讲过的"为将五德""为将五危"等,而本节所研究的"将之六过"问题,则是通过军队在战场上六种表现来分析,反映出因将帅措施不得当而导致军队管理不善,最终作战失败的情形。这些问题其实与企业经营者遇到的有些管理困境非常相似。

孙子在《地形篇》中,论述了将帅要明察"地之六形"之后,指出战场上有"走者""弛者""陷者""崩者""乱者""北者"六种失败现象,称之为"兵有六败"。

第一种,"势均,以一击十,曰走",凡是战场地理形势对双方来讲差异不大,而以一击十的,那就会一战而逃,叫"走"。

第二种,"卒强吏弱,曰弛",士卒强悍、军官懦弱的,指挥必然无法贯彻下去,孙子用了一个形象的词——"弛",就像弓箭没有拉满弓一样无法形成有效打击。

第三种,"吏强卒弱,曰陷",军官强悍,士卒懦弱,必然战斗力差,孙子也用了一个词——"陷",如猛虎陷入泥潭般有劲儿使不出来。

第四种,"大吏怒而不服,遇敌怼而自战,将不知其能,曰崩","大吏"指的是偏将、裨将这样的中下级军官,偏将怨怒而不服从指挥,遇到敌人擅自出战,主将又不了解他们的能力,这样的兵败有如山崩塌一样,叫"崩"。

第五种,"将弱不严,教道不明,吏卒无常,陈兵纵横,曰乱",将帅懦弱又无威严,治军没有章法,官兵关系混乱,布阵杂乱无章,作战必然乱作一团,叫"乱"。

第六种,"将不能料敌,以少合众,以弱击强,兵无选锋,曰北","选锋"是突击队、敢死队的意思,将帅不能正确判断敌情,以少击众,以弱击强,作战又没有尖兵突击队,必然造成败北,叫"北"。

孙子归结了一句话:"凡此六者,非天之灾,将之过也。"清楚地说明,导致这些失败现象的原因不是天灾,更不能归咎于地形等客观条件,全在于将领的过错,而且主要在于将领管理方法的过错。主要体现在以下几个方面:

一是将领不会正确管理手中的人力资源,本来与对手处于均衡的地势,或相同的竞争状态,可是到交手的时候却是以自己一分的兵力与十倍的对手博弈,其他九分的兵力不是被对手分解了,就是闲置不用。能不败走吗?

二是将领不善于训练手下官兵,或者兵强官弱,或者兵弱官强,平素训练磨合不好,打起仗来自然是或者全军松懈没有战斗力,或者当官的孤军奋战,整个部队有劲用不上。

三是将领不善于驾驭领导班子,主帅没有权威,而且不了解属下的能力,下属骄横不听命令,任意作为,那么在战场上与敌军交战时就会导致"崩、乱"的败局。

四是将领平时管理不严,日常生活没有规矩、军事训练阵法不整、部队编制主次不分,再加上平时不研究兵法,致使部队在战场上一打就乱,一乱就败。

显然战争中的"兵有六败"也就是"将之六过"的必然结果。反观企业管理中,也可看到类似的败乱现象,当然也是领导者的过错所致。比如:有一家教育培训公司在经过两年的初创期后进入上升阶段,业务量提升,工作强度加大,可是几名核心老员工却因绩效考勤制度不够完善等原因出现工作倦怠、自由散漫等问题,这种风气还蔓延到公司新招的员工，致使公司管理出现了困境。由于这几名老员工都是创始人赵总的朋友，在创业阶段也立下了汗马功劳，赵总不好意思直接狠抓规范化管理，于是从外面高薪聘请了一名人力资源杨经理空降到公司。杨经理迅速招聘了一批新人，的确为公司输入了新鲜的血液，但很快便出现了新的问题，公司形成了新员工和老员工两大阵营，打小报告、互相指责、推诿扯皮等现象不断发生。赵总没有果断处理，问题不断扩大，给公司造成了巨大的内部消耗。最终，因为老员工与公司经营理念更加匹配，所以只得以辞掉这名人事经理和他招收的那批新人为收场，才结束了这场为时半年之久的人事之争，公司恢复了正常运转。

著名的企业管理丛书《基业长青》中指出，80%以上的成功企业都是靠自己内部逐渐完善，提拔人才的方式进行管理的。如果赵总当时做好核心员工的思想工作，从内部选择具有管理能力的老员工作为"选锋"，一起探讨公司所存在的问题，集思广益建立一套适合公司当下发展的管理制度，在业务发展的同时加强内部建设，做到"修道保法""赏罚分明"，而不是盲目选择从外部空降一名不了解公司经营理念的经理，恐怕就不会出现"吏强卒弱"的现象，也不至于将公司引入长达半年之久的内斗状况。

中小型企业可能因为管理者能力不足、制度不完善等原因造成管理中的"六败"，大型企业虽然管理决策是集体行为，但仍然存在着"六败"的风险。

雷士照明控制权之争在2016年12月以创始人吴长江被判14年有期徒刑告一段落。吴长江的经历可以说是中国民营经济资本化的缩影。

民营企业家出身的吴长江和投资方在用人和经营理念上有巨大的矛盾。投资方想把现代企业制度引进雷士，而吴长江则独断专行，江湖义气行事。一次，吴长江未经董事会同意任命了一个副总裁，在董事会上，投资方指责他"不懂契约精神"，吴长江当即暴跳如雷。

吴长江家长式管理、做事草莽、讲义气的这些特质在有些人看来，是大气豁达、重感情的表现。譬如，吴长江随意给经销商授信额度，仅2011年就多达4亿元。他还不顾董事会的反对，坚持对兄弟们的"承诺"，给奖金给股票。用孙子的观点来分析，这其实也是犯了"教道不明，吏卒无常，陈兵纵横"的毛病。企业内部没有明确的规矩，单纯靠"人治"。虽然"人治"让吴长江赢得了人心，却与上市公司的规范化治理背道而驰。"人治"管理导致企业内部高层更迭频繁，多次内斗常常给经销商造成断货之苦，也使企业自身一而再再而三陷入运营困境。最终在36家省级经销商中，有33家支持罢免吴长江。吴长江由于其他问题，最终以锒铛入狱"败北"收场。

这个案例清楚地告诉我们，企业的散乱、虚弱、败北等不良状态，其实都根源于领导管理者的性格缺陷和平时管理方法不当。日积月累，最终爆发，导致企业夭折。

我们不禁感叹，两千多年前的《孙子兵法》早就为我们当代企业家们敲响了警钟，"走""弛""陷""崩""乱""北"，字字掷地有声，字字又都是那么惨痛，希望我们的企业家朋友们牢牢记住这六个字以及隐藏在背后的深刻教训，以此为戒，避免将自己陷入败军之地。

经典案例

❶ 万科王石如何避免为将六过

房地产企业是改革开放以来，带动国家建设和经济发展的重要支柱型企业，在诸多房地产企业里，万科和万达当属名声最大的两家，在业内，很多人认为它们并没有实质性的可比性，一个是住宅地产的龙头，另一个是商业地产的老大。但是它们又有着很多惊人的相似之处：两家企业都是万字开头；两家企业的创始人都姓王，而且他们又都是军人出身。近年来，双王交替出现在公众眼中，而最引人瞩目的是2017年落幕的万科股权之争，这场持续了将近3年之久的股权之争最终以王石的胜利告终。

其中的故事可谓跌宕起伏，波谲云诡，其中的细节我们不在这里赘述，王石经历了哪些困境，又经历了哪些险象，已经不为外人所知，但从始至终，王石身边都有一个郁亮，以及一群万科的高层管理团队忠实地在他身边保驾护航。1988年，万科自创立以来，一直经历着风风雨雨，王石早年就已经放弃了股权,将自己从创始人变成一名职业经理人。坊间对王石有诸多负面的评价,但这些无法抹杀万科30年来在王石的领导下取得的骄人成绩,以及万科所形成的一种科学成熟的人才培养机制。

对于很多第一代创业者们来说,都面临着接班人问题,无论万达王健林对王思聪的培养,还是娃哈哈宗庆后对女儿宗馥莉的培养,更多的早期创业家都在尝试着将接力棒交给自己的子女,而万科王石却早已经成功完成了交接。万宝股权之争,也为管理权的交接完美地画上了一个句号,郁亮接任万科董事会主席,王石为万科董事会名誉主席。

2004年9月,万科牵头组织了中国企业20年论坛,也是万科20年的纪念活动。9月23日,王石在新闻发布会上宣布,万科管理层更新换代进入转折点,以郁亮为代表的第二代管理层将全面代替以王石为核心的第一代管理层,这是王石第一次真切公开地介绍万科管理角色的转变。相比之下,郁亮也好,集团副总丁长峰也好,他们在万科走的都是一条典型的、平稳的职业经理人成长之路。王石选择接班人有三个标准:一是这个人一定在公司里做过相当长的时间,对公司很了解;二是有某一方面的专长;三是这个人要有很强的包容性。他可以不懂地产,但必须懂得如何带一个团队。再有,王石坚决不会用空降兵做一把手。了解万科的人都知道,王石十几年来都在努力培养一支属于万科的经理人队伍,郁亮在升任总经理之前,连续3年成为万科的优秀员工,几乎做遍了集团的每个职位,没有跳跃式的发展,都是按部就班走过来的。这也就是郁亮接任总经理,没有感到喜悦也没有感到难以胜任而惶恐的根本原因,一切更像是水到渠成。可以说,就是因为有了万科人力资源机制长期的积淀,才使万科在接班人问题上,获得了平滑以及良性的效果,王石总是强调的制度管理文化,在人力资源管理上是一个成功的体现。王石之所以可以驾驶着万科这艘巨轮,在波涛惊骇中一直前行,除了他自己的坚持和情怀,更有着他在管理上的智慧。

| 案例分析 |

《孙子兵法·地形篇》中提到地形有"通""挂""支""隘""险""远"六种。相对应的六种败象有"走""驰""陷""崩""乱""北"。无论万科一路发展过来所遇到的一次次困境,还是万宝股权之争,都像地形篇中所描述的六种地形,沟壑丛生,险峰林立,而没有控股股权的王石带领着万科团队始终都能够化险为夷,没有出现"走""驰""陷""崩""乱""北"六种败象,不得不说王石作为一名成功的军人企业管理者治业有方。

总之,企业外部竞争管理权交接阶段都容易出现潜在的危机和乱象,很多企业都在这个阶段功败垂成,如何避免这些危机和乱象?万科的案例给我们以下借鉴:(1)在面对外部危机时候,更主要的是要有内部的高度统一性和团队忠诚度,避免外患变内忧带来不可挽回的损失;(2)打造好的队伍要有培养接班人意识,接班人最好从内部培养,内部培养和选拔可以比较好地融入企业原有文化和体制中,可以大大减少再适应所带来的消耗,而且,更容易在原有的基础上稳步创新;(3)培养人才和接班人要有长期打算,企业管理权的交接除了权力交接外,更是价值观、理念、文化的传承,需要长时间的积累,不可能一蹴而就。长期的融合可以减少权力更替中产生的摩擦和问题,避免乱象出现。①

② 尚阳科技拿得一手好牌,却惨淡收场

2003年初,尚阳科技有限公司在一片叫好声中成立。由于获得多家知名风险投资机构5800万美元的首期融资,尚阳属于"含着金汤匙"出生的初创企业。主要投资人华登投资1800万美元、DCM投资1000万美元、IntelCapital投资700万美元、NEA投资500万美元。除此,还有来自其他投资公司的资金注入,可以说尚阳得到当时诸多具有国际背景的投资集团的认可和支持,前景一片大好,在当时的融资案例中可谓风光无二。我们再看看

---

① 案例来源于网络和吴晓波中国企业案例系列一。

尚阳科技的人才队伍建设，公司创办人及CEO是来自网通的COO郑昌幸，管理团队中还有华为公司原副总裁陈硕和网络产品部经理毛森江，这里面的任何一个人都拥有足够让投资人倾慕的资历，让投资人为尚阳投资。企业初创经营的两大难题：一是资金，二是人才。尚阳科技横空出世便解决了这两大难题。

尚阳不仅有着大资本和豪华团队，而且公关也非常厉害，曾经被美国知名的Red Herring杂志评选为亚洲100强私人企业之一，其目标是致力于成为通信领域领跑的下一代服务平台提供商，开启"自由沟通无界限"的自由通信新时代。尚阳科技的主营业务是固网增值解决方案、宽带无线解决方案和企业通信解决方案几大领域。当时，电信运营商们也准备在增值业务上开疆扩土，这种转型都为尚阳科技提供了巨大市场潜力和发展空间。

但仅仅两年多的时间，由于经营不善，公司开始大幅度裁员，创始人郑昌幸被迫"下课"，核心业务也开始转型，从昔日的设备方案提供商向互联网增值业务提供商转变，开始和即时通信领域声名显赫的微软MSN、Skype和Googletalk等跨国巨头竞争，同时还面对国内的QQ、新浪、网易、263等本土企业即时通信工具的挑战。最终，转型没有改变尚阳的命运，2006年尚阳科技退出了市场。

由于尚阳科技涉及诸多知名的风险投资机构，而且在当年5800万美元的融资可谓巨大，在一片叫好声中成立，拿得一手好牌，却打得稀烂，成了业内著名的失败案例。而真正的很多内幕却秘而不宣，难窥其究竟。但作为商业失败案例，仍然广为初创企业家们研究借鉴。

后人分析尚阳失败的原因：一是公司重研发、轻市场，市场抓不住，而研发耗去了大量的首轮融资，结果却没有拿出真正像样的好产品；二是作为一家创业公司，可能是因为起点过高的原因，患上了严重的大公司病，内部团队组成复杂，有出身国企的，也有来自外企的，有来自创业公司的，也有来自全球500强企业的，甚至还有从华为管理团队带来的"旧部"，一直留在深圳，处于失控状态。这样"混搭"的人才队伍，使得事业部门之间各自为政，内部帮派严重，大大制约了公司的良性发展。而作为创始人的郑昌幸，所倡导的融合发展的文化，为企业管理埋下了危险的种子，强迫人们凑在一起，需要既以智（智慧）管，又以制（制度）管，"智""制"结合。结果证明,郑昌幸在"智"和"制"两方面做得都是不够的,他的管理是失败的,一个明星企业就如美丽的烟花一般,昙花一现,令人扼腕叹息。

| 案例分析 |

  尚阳科技的出生,称得上占尽了天时、地利,还有人和。然而在看起来顺风顺水的形势下,尚阳科技却没有如投资人和管理者所预想的那样一路凯歌,功成名就。为什么有些企业,表面上看起来具有很大潜力,既具备外部市场优势,又有雄厚的资本支撑,还有很强的人才队伍,却无法形成合力,原因可能是复杂的,但与企业掌门人的管理方法上的不善一定是脱不了干系的。尚阳创业伊始,不仅聚集了大量的资金,还聚集了优秀的人才,但不是所有优秀的人才放在一起就能够起到叠加效应。"韩信善于带兵,刘邦善于将将",如果领头羊不善于"将将",那么优秀人才组成的团队会成为"散沙",力量分散,形不成合力。正如《孙子兵法·地形篇》中所指出的那样,有六种兵败的形式,"走""弛""陷""崩""乱""北",这些失败不是军队的问题,而是将领治军管理不善导致的。尚阳科技汇聚人才与资金,但是没有做好市场调研,产品与市场脱节,又没有把优秀人才拧成一股绳,导致了CEO郑昌幸的"下课"。

十七

静幽正治——提升领导管理能力的四大要诀

孙子在《九地篇》中说:"将军之事:静以幽,正以治。"

有必要先说说"将军之事"这几个字的意思。有的人把"将军"理解为名词,以为指的是官职上的将军。非要这样理解也不是不可以。但是,从上下文来看,"将"应当是动词。人们熟知的成语"韩信将兵,多多益善"中的"将"就是动词。

据司马迁记载,有一天刘邦和韩信闲聊各位将领带兵打仗的能力高低,张三李四王五说了一圈。

刘邦忽然问道:"如我,能将几何?"意思就是:"像我自己这样,能带多少士兵?"

韩信脱口而出说:"陛下不过能将十万。"

刘邦反问道:"于君何如?"

韩信自信地回答:"臣,多多而益善耳。"

刘邦笑问:"多多益善,何为为我禽①?"

韩信察觉到刘邦不悦,立刻说:"陛下不能将兵,而善将将,此乃信之所以为陛下禽也。且陛下所谓天授,非人力也。"②

韩信所说的"而善将将",两个"将"连用,前者是动词,后者是名词,即善于驾驭和掌控将领。可见,孙子所谓"将军之事"主要指的是统率军队、主持军事。

接下来"静以幽,正以治"则是提出的要求和标准。其中的"以"通"而",静而幽,正而治。古代不少军事家、政治家把这句话中的

---

① "禽",通假字,通"擒"。
② 《史记·淮阴侯列传》。

"以"字去掉，浓缩为"静幽正治"四个字，并且用优美的书法写出来，挂在厅堂或卧室，以便时常吟诵，勉励遵行。

这几个字总的来说，强调的是作为将军在统率军队、主持军事活动的过程中应当注意的原则，达到的标准或最高的境界，是对为将之道最精辟的表述。

"静"指沉着冷静，隐忍坚韧。生活中很多事情都是"知易行难"。谁都知道遇事要冷静，但是在纷繁复杂的现实环境中要做到遇事冷静却不是一件容易的事情。记得1979年2月17日凌晨，对越自卫反击作战开战之时，朦朦胧胧的天空突然升起三颗红色信号弹，刹那间成千上万门大炮同时开火，炮声震耳欲聋，天空火烧一般通红，整个大地都在剧烈地颤抖，身处这种环境之中，从未经历过战争的普通官兵焉能不抖？

当时步兵连连长就在我前面不远处，用步话机向营长报告时，舌头直哆嗦，话都说不清。说实话，看到连长这样子当时还真是加重了我心头的恐惧感。所以，我非常理解孙子把"静"放在第一位的用意。关键时刻，将领是否沉着冷静，影响的不仅仅是他个人，还有整个部队。正因为如此，将领首先要沉得住气。只有沉静下来，才能理性思考；只有隐藏起来，才能让对方捉摸不透；只有耐心等待，才能抓住机会以柔克刚；只有临危不惧，处变不惊，遇事不乱，冷静应对，才能稳定部队的思想情绪，给官兵以信心和力量。

"幽"是指思想深邃，幽远难测。战争既是力量的拼搏，更是智慧的较量。因此，将领光是沉着冷静还不行，还必须多谋善断，遇到事情脑瓜子要能够多转几圈。要具备狐狸一样的本事，既善于发现猎物，又善于用障眼法的幻术隐蔽自身，从而给猎物突然一击。孙子说"人皆知吾所胜之形，而莫知吾所以制胜之形"，意思是优秀的将领当着众人的面打了胜仗，大家都看到了取胜的全过程，但是没人知道究竟是用什么绝招取胜的。

就像高明的魔术师，当着观众表演，观众从形式上目睹了表演的全程甚至细节，但是看不出变化的关键点究竟在哪里。将领是战场上的魔术师，战略筹划和长远思考，一般人看不出来，一旦被看出来，尤其是被对手看出来，也就没有悬念了，当然也就被动挨打了。

"正"是指为人正直，处事公平。孔子有一句名言："有国有家者，不患寡而患不均。"①这无疑也是治军的客观要求。统率成千上万的官兵，关键是公正严明。将领只有做到这一点，才能真正获得官兵的尊重和信任，才会带出一支上下同欲、生死与共的部队。为将者，如果过多地考虑自己的毁誉得失，没有敢于承担责任的担当精神，则难以担负起国家与民族赋予的重任。如果处理事情偏心偏向，不讲公平公正，必然引起矛盾和混乱。

"治"指严谨细致，有条不紊。要求将帅无论是作战还是平时的治军都要细致周密，井井有条。战场上，战机转瞬即逝，如果将帅在指挥中杂乱无章，抓不住要害，就会失去战机甚至被敌人打败。平时带兵，如果只讲大道理，不注重细节，不深入官兵生活，就很难发现问题。孙子讲的"将之六过"中"将弱不严，教道不明，吏卒无常，陈兵纵横，曰乱"，从反面说明将帅只有平时严谨细致、有条不紊的管理，才能避免生乱。

"静幽正治"既是讲将领主掌军事的一般原则和方法，更是讲境界。将帅应当提升五德，避免五危，达到的境界便是"静幽正治"。比如：将领有智慧，而智慧水平高者则体现出沉着冷静、幽深难测的状态，绝不会盲目浪战或临危而惧；将领讲诚信，而诚信到位的人则体现为为人正直、处事公道的状态，绝不会追求虚名或偏心偏向；等等。虽然不必一一对应地把"为将五德"和"为将五危"与"静幽正治"的境界对号入座，但不难想象的是，但凡能够达到"静幽正治"境界的将领，通常已经具备了"为将五德"，并且能够有意识避免"为将五危"。

有人总结当今世界成功的企业家，例如李嘉诚、马云、马化腾、雷军、乔布斯等，发现他们身上共有的特质与孙子所强调的"静幽正治"非常相似：

一是"静"，相当沉稳，表现在：

（1）不随意显露自己的情绪。

（2）不逢人就诉说自己的困难和遭受。

（3）在征询别人意见之前，自己先思考，但不要先讲。

---

① 《论语·季氏篇·季氏将伐颛臾》第十六章。

（4）越是在巨大压力的状态下，反而会情绪越平静、思维越深刻、思路越清晰、行为越从容。

（5）重要的决定尽量与别人商量，最好隔一天再发布。

（6）讲话没有任何慌张，走路也是。

二是"幽"，谋事仔细，表现在：

（1）对身边产生的事情，常思考它们的因果关系。

（2）对做不到位的问题，发掘其关键所在。

（3）做什么事情养成有条不紊和井然有序的习惯。

（4）经常去找几个别人看不出来的毛病或弊端。

（5）在众人争执不休时，保持主见。

（6）力避常常反悔，避免轻易颠覆已经决定的事。

三是"正"，处事公正，表现在：

（1）没有权力的狂妄和知识的偏见。

（2）任何成果和成绩都和别人分享。

（3）必须有人牺牲或奉献的时候，自己走在前面。

（4）做不到的事情不要说，说了就努力做到。

（5）停止一切"不道德"的手段，不玩"小聪明"。

四是"治"，管理严谨，表现在：

（1）检讨任何过失的时候，先从自身或自己人开始检讨。

（2）事项结束后，先审查错误，再列述功劳。

（3）认错从上级开始，表功从下级启动。

（4）着手一个计划，先将权责界定清楚，而且分配得当。

（5）尊重企业制度的权威性，绝不朝令夕改，或随个人和小团体的意志而动摇这种权威。

企业家究竟应该具备什么样的素质和能力，这是一个仁者见仁、智者见智的问题。有的说十条，有的说七条，有的说五条。从领导管理能力上来说，孙子所说的"静幽正治"，无疑是最为重要的。具备了这四种素质和能力，而不是孤立地脱节地注重某一方面，只有这样才能逐步增强"为将五德"，避免"为将五危"和"将之六过"，全面提升领导管理能力，在企业管理中真正做到以德服人，以道驭人，从而达到上下同欲，全员敬业的局面。

经典案例

① 充满传奇色彩的中国香港企业家施祥鹏

施祥鹏是一个充满传奇色彩的中国香港企业家，当初从内地到香港时，还是一个连饭都吃不饱的搬运工，短短十几年时间就成为香港新远国际贸易有限公司、恒兴基立有限公司等十几家颇具规模公司的董事长。他的企业遍布南非、菲律宾、泰国、中国大陆（内地）、中国台湾、中国香港。他的事迹被收进《港澳名人精英录》。施祥鹏身上有种"静幽正治"和敢为人先的性格。他先后在风险极大的商界创立了六项"第一"。1977年，他第一个发动香港和东南亚华侨为故乡福建省捐赠了48000吨化肥；1980年，中国实行改革开放政策后，他第一批投资厦门，改造鹭江宾馆，并第一个提出在中外合资企业中，实行"保障职工利益和保障投资者利益"的双保障；1983年，他在广交会上第一个举行台湾商品展，使台湾商品第一次在内地公开露面；1986年，他投资开发与兴建泉州商业城和石狮花园城，成为在福建进行土地开发的第一个港商；1989年6月春夏之交以后，他第一个到内地投资。

| 案例分析 |

施祥鹏敢为人先，敢冒风险，在中国内地投资中取得六项"第一"。这既是他热爱祖国思想素质的体现，更是他"静幽正治"素质的体现。

1987年夏天，他去石狮进行投资谈判时，一位当地的企业家找上门来，施祥鹏就是不谈正题，而是不着边际地东拉西扯，使对方心里充满惊奇和疑问。一星期后才开始正式谈判，经过马拉松式的谈判，终于签订了开发和兴建"鸳鸯池花园城"的协议。他决定新配套开发53.3公顷，第一期20公顷，投资近2亿元人民币。在马拉松式谈判和石狮人疑云背后，施祥鹏紧张地进行了实际考察和搜集信息的工作。他了解到：

4万人中的石狮市每天流动人口都有3.5万人,每天有6000多人外出购销、有5000多辆汽车进出,每天耗用10吨啤酒、15吨可口可乐。石狮市场很有潜力。这个"超前思维"的结论,终于使他签订了合资协议。这件事证明他能"静以幽",深思熟虑地处理问题。

在他投资2300万港币改建厦门市鹭江宾馆时,他决心把鹭江宾馆办成一流宾馆。他从抓服务质量入手,施行职工合法利益和投资者合法利益的双保障。结果,效果出乎意料的好,仅3年时间就收回全部本息,第四年开始分红。鹭江宾馆出色的经营,获得了中外领导人和旅客的交口称赞,一致给予很高的评价。他还在所属公司内实行"个人创的利润10%归个人"的制度,调动了员工的积极性。他受到了公司广大员工的尊敬和爱戴。这些事证明他能"正以治",公正严明地处理问题。

施祥鹏眼光远大,敢于"第一个吃螃蟹",这使他捷足先登,先登大受益。他的事业奇迹般地崛起,与他所具备的"静以幽,正以治"的素质是分不开的。这足以证明他是一位具有大将风度的优秀企业家。

② 一家影视公司老板的"静幽正治"

程总经营着一家影视制作公司,经常开着豪华轿车光鲜亮丽地出席各种社交场所,在外人眼里他是一个年轻有为的企业老总。但真正了解他的人都知道,他经营这家影视公司已经很多年了,而且真正可圈可点的作品极少,只是在不断接一些商业性质的宣传片,偶尔参与几个电视剧的后期制作工作,而作为公司总负责人,他平时更多的是在不断地洽谈项目,口里总是少则几百万,多则上千万的影视项目,但最终却少有后文。可以说,程总周围有着非常多的人脉资源,也有着很多机会,可到底是什么原因导致他最后总是和机会失之交臂,在光鲜亮丽的背后又有着哪些不为人知的事情。

关于家庭,程总有一个漂亮的演员妻子,还有一个女儿,但是,由于他自己所包装出的魅力和他所处的圈子特性,程总身边总会美女如云,暧昧关系和绯闻总是成为朋友间的谈点,对此,程总认为这是男人的一种荣耀,也并不避讳,但恰恰是这一问题,让他夫妻间总是战事不断,漂亮妻子也经常带着孩子回到娘家,而这个时候程总就只能和朋友一起借酒消愁,表达对妻子的不满，对女儿的想念，但当一切过去之后，又会重蹈覆辙。

对于合作伙伴，程总请客喝酒从不吝啬，每次都是他来结账买单，给合作方的初步印象是豪爽仗义，但是真正在和他们洽谈的实际操作过程中，不是更多地站在双方的利益上考虑，而是考虑自身利益，总会把合作方逼得没有合作空间，这就是最终导致很多好的项目无疾而终的原因。偶尔，有项目洽谈成功，到了操作层面，又会出现层层克扣，让合作的公司和演员都会感觉不开心、不愉快，往往私下都会说"和程总合作仅此一回，再无下文"的话，也就导致了很多项目无法有更为长远的发展。

对于公司的用人和管理，程总所用的人更多的是自己的老乡，对外人很难产生信任，管理谈不上家族式，而更像是家庭式的管理，而且公司长期以来也没有完善的管理制度和奖励机制，一切都凭程总的亲疏远近和个人喜好，这也导致了很多新加入公司的员工无法很快融入公司，真正想在这个行业发展的年轻人也只是利用公司的现有平台和资源，一旦学到一些东西就很快跳槽，公司始终无法上升一个规模。

所有这些都让潇洒帅气、光鲜亮丽的程总苦不堪言，却总是每每痛苦之后又回到事情的原点，难有改善。

| 案例分析 |

作为企业管理者，无论是在五光十色的娱乐圈，还是在飞速发展的科技圈，抑或是稳步知性的教育圈，领导者都应该做到"静幽正治"。《孙子兵法》中提到的这四个字，可谓字字珠玑，我们作为掌舵人，思考问题要沉着冷静，筹划问题要思虑深远，处理问题要公平公正，管理要严谨不乱。而本案例的主人公程总，恰恰是一个典型的反面代表，对待家庭的态度和方式显示其不"静"，对待合作伙伴的合作方式显示其不"幽"，对待员工的任用和管理体现了不"正"与不"治"。综其四点，正是程总苦心经营而又不得其法，公司无法前进发展的根本原因。

"静幽正治"出自兵法，对于军事家固然重要，但对于我们每一个创业者和企业家也同样重要，如何修得"静幽正治"需要每一个企业家去思考。

03

第三部分

兵经原典

——《孙子兵法》原文及注释

一

《计篇》

篇题解析

战争是个复杂多变的系统工程。就国家而言,一场战争势必需要政治、经济、军事、外交、文化等方面整体联动;对军队而言,一次作战势必需要战略、战役、战术、战斗等层次上下配合。所以,战争之事非同小可,正如管子所言:"凡攻伐之为道也,计必先定于内,然后兵出乎境。"① 即所谓"先计而后战"。这是常识,也是常规。孙子撰写兵法十三篇,最初目的是为吴王争霸天下出招想辙,自然要首先分析天下大势,研判诸侯强弱,然后再出谋定策,于是从《计篇》着手拉开战争全貌的序幕。有的英文版中《计篇》翻译成"Laying Plans",即开始计划,显然是很不到位的。《计篇》之"计",既指计划,又指计算、计谋。当时,是指国君主将战前在庙堂计算天下形势、各方实力,预判胜负,在今天来看就相当于决策层进行的战略分析、战略谋划、战略拍板。从全书内容来看,此篇既是龙头又是总纲,既确立了"以智取胜"的核心理念,又规制了全书的基本思路。清代兵学家邓罗廷注意到了这一特点,赞叹说:"孙子一书,自始计以迄用间,如同条,如共贯,原始要终,层次井井,十三篇如一篇也。"② 也就是说,《计篇》的思想精髓在十三篇中逐步展开,贯穿始终,前后浑然一体。

---

① 《管子·七法第六》。
② 邓罗廷《兵镜备考》。

正文注释

孙子曰：兵①者，国之大事，死生之地，存亡之道②，不可不察③也。

故经④之以五，校之以计⑤，而索其情⑥：一曰道，二曰天，三曰地，四曰将，五曰法。道者，令民与上同意⑦也，故可与之死，可与之生而不诡⑧也。天者，阴阳⑨、寒暑、时制⑩也。地者，高下、远近、险易⑪、广狭、死生也。将者，智、信、仁、勇、严⑫也。法者，曲制⑬、

---

① 兵：含义很广，指兵器、军械、兵卒、军队等。《说文》："兵，械也。"《周礼·司兵》："司兵掌五兵"，注引郑司农云："五兵者，戈、殳、戟、酋矛、夷矛。"由兵可引申为战争等义，此处指战争。
② 死生之地，存亡之道：襄公二十七年《左传》："圣人以兴，乱人以废。废、兴、存、亡……皆兵之由也。"杜牧注："国之存亡，人之死生，皆由于兵。"而贾林注："地，犹所也，亦谓陈师、振旅、战陈之地。"所释义狭。戚继光《大学经解》谓此句"正以释国之大事也。地字虚看，乃兵之死生所系；存亡，以国言"。其释较公允。
③ 不可不察：《尔雅·释诂》："察，审也。"此句言深入考察、研究。
④ 经：度量。《诗经·大雅·灵台》："经始灵台"，毛亨传曰："经，度之也。"杜牧注："经者，经度也。"按：犹今之分析，预测。
⑤ 校之以计：校，校量、比较。《广雅·释诂一》："校，度也"，又"校"通"较"。计，指下文"主孰有道"等七个方面。曹操注谓下述"七计"，其说是。
⑥ 索其情：索，求索，探索。《广雅·释诂三》："索，求也。"情，指敌我双方的实情。
⑦ 令民与上同意：上，指国君；意，思想、志向。此句谓使民众与国君统一意志。
⑧ 不诡：诡，古训"违"，训"疑"；《吕氏春秋·淫辞》："言行相诡，不祥莫大焉。"此句谓生死与共，民无二心。
⑨ 阴阳：指昼夜、晴晦等自然天象。
⑩ 时制：指季节更替。曹操注："顺天行诛，因阴阳四时之制。"
⑪ 险易：《说文》："险，阻难也"，泛指险阻难行之地。易，平坦易行之地。
⑫ 智、信、仁、勇、严：孙武认为这是将领必须具备的五个方面的素质。此句《潜夫论》引作"将者，智也、仁也、敬也、信也、严也"。
⑬ 曲制：军队的组织、编制等制度。曹操注："部曲、幡帜、金鼓之制也。"

官道①、主用②也。凡此五者，将莫不闻，知之者胜，不知者不胜。故校之以计，而索其情。曰：主孰有道③？将孰有能？天地孰得④？法令孰行？兵众孰强⑤？士卒孰练？赏罚孰明？吾以此知胜负矣。

将听吾计，用之必胜，留之；将不听吾计，用之必败，去之。

计利以听⑥，乃为之势⑦，以佐其外⑧。势者，因利而制权⑨也。

兵者，诡道⑩也。故能而示之不能⑪，用而示之不用⑫，近而示之远，远而示之近⑬。利而诱之，乱而取之⑭，实而备之⑮，强而避之，怒

---

① 官道：各级将吏的职责区分、统辖管理等制度。曹操注："官者，百官之分也。道者，粮路也。"

② 主用：军备物资、军事费用的供应管理制度。曹操注："主者，主军费用也。"

③ 主孰有道：孰，谁。道，曹操注："道德智能。"此句指哪一方的国君得民心，政治修明。

④ 天地孰得：曹操注："天时、地利。"李筌注同，即指哪一方得天时、地利。

⑤ 兵众孰强：指哪一方的军队武器装备、物资保障状况更好。

⑥ 计利以听："以"通"已"。听，从，采纳。此句谓筹谋有利的作战方略已被采纳，即战争决策已定。

⑦ 势：造势。《考工记·弓人》："射远者用势。"郑司农云："势谓形势。"

⑧ 以佐其外："佐"，辅助，辅佐。外，曹操注："常法之外也。"梅尧臣曰："定计于内，为势于外，以助成胜。"此句谓造势以佐助人君有效地达到战争目的。

⑨ 制权：制，从也。《淮南子·氾论》："圣人作法，而万物制焉。"高诱注："制，犹从也。"权，权变。制权，即根据利害关系而灵活处置。《荀子·议兵》："权不可预设，变不可先图，与时迁移，随物变化。"

⑩ 诡道：欺诈、多变的方式。《孙膑兵法·威王问》："诈者，所以困敌也。"此句言用兵打仗，应以机变为原则。

⑪ 能而示之不能：能，能力、能够。示，显示。能攻显示为不能攻，能守显示为不能守。

⑫ 用而示之不用：用，用战。实际要打仗，而显示为不打。

⑬ 近而示之远，远而示之近：杜牧注："欲近袭敌，必示以远去之形；欲远袭敌，必示以近进之形。"意即李筌注："令敌失备也。"本来要从近处进攻，却显示要从远处进攻。本来要从远处进攻，却显示要从近处进攻。

⑭ 乱而取之：杜牧注："敌有昏乱，可以乘而取之。"此句言敌人处于混乱状态，要乘机进攻。

⑮ 实而备之：曹操注："敌治实，须备之也。"梅尧臣注："彼实则不可不备。"敌具实力，则需严加戒备。

而挠之①，卑而骄之，佚而劳之，亲而离之②。攻其无备，出其不意。此兵家之胜③，不可先传④也。

夫未战而庙算⑤胜者，得算多⑥也；未战而庙算不胜者，得算少也。多算胜，少算不胜，而况于无算乎！吾以此观之，胜负见⑦矣。

白话译文

孙子说：战争是国家的大事。它是军队生死搏斗的手段，国家存亡攸关的途径，不能不认真地考察和研究。

因此，要从敌我五个方面情况去研究它，从敌我七个方面得失去比较它，以求得对战争情势的正确认识：一是道，二是天，三是地，四是将，五是法。道，就是要让民众和君主的意愿一致，战时他们才会为君主去死，不存二心。天，就是昼夜、阴晴、寒冬、酷暑、春夏秋冬。地，就是高陵洼地、路途远近、险隘平地、地域宽窄、死地生地。将，就是指挥者所具备的智慧、诚信、仁爱、勇猛、严明等素质。法，就是军队的组织编制、将吏的管理、军需的掌管等法令法规。凡属这五个方面的情况，将领都不能不知道。充分了解这些情况的就能取胜，不了解

---

① 怒而挠之：怒，士气旺盛。梅尧臣注："彼褊急易怒，则挠之，使愤急轻战"，注释颇偏。挠，扰之意，又训为屈。此句意谓敌人士气旺盛，我当谨慎屈避其锋锐，待其气衰，再攻击。

② 亲而离之：离，离间，《广雅·释诂一》："离，分也。"此句意为敌人内部团结，则设计使它们分裂。

③ 此兵家之胜：犹言这是军事家克敌制胜的奥妙。

④ 不可先传：曹操注："传，犹泄也。"杜牧注曰："传，言也。"此全句谓军事家克敌制胜的奥秘，不可以事先讲明。

⑤ 庙算：庙，古代祭祀祖先与商议国事的建筑。算，计算，《说文》："算，数也。"古代兴兵作战，要在庙堂举行会议，谋划作战大计，预计战争胜负，这就叫庙算。

⑥ 得算多：算，在此为计数用的筹码，引申为胜利的条件。得算多，指具备取胜的条件多。

⑦ 见：同"现"，呈现，显现。我根据这一规律来考察，战争的胜败就显而易见了。

的就不能取胜。所以，要用"五事""七计"比较敌我优劣，以求得对战争情况的认识。哪一方君主的政治开明？哪一方将帅的指挥高明？哪一方天时地利有利？哪一方法令能贯彻执行？哪一方的武器装备精良？哪一方士卒训练有素？哪一方执法严明？我们根据这些情况，就足以判断谁胜谁负了。

如果听从我的计谋，用兵作战就会取胜，我就留下来；如果不听从我的计谋，作战一定失败，我就离去。

计算利害得失，意见已被采纳，然后就要造成有利的态势，作为外在的辅助条件。所谓有利的态势，就是凭借有利的情况，以制定随机应变的策略。

用兵作战，是一种诡诈之术。所以，能打而装作不能打，要打而装作不想打。要攻近处而装作攻击远处；要想远袭而装作近攻；敌人贪利，就用小利引诱他；敌人混乱，就攻取他；敌人力量充实，就要防备他；敌人兵力强大，就要避开他；敌人士气旺盛，就设法屈挠他；敌人谨慎，就要骄纵他；敌人休整得好，就要使他劳累；敌人内部和睦，就要离间他。总之，攻其无备，出其不意。这是军事家制胜的秘诀，不可事先呆板规定。

开战之前预计可以打胜仗的，是因为胜利的条件充分；开战之前预计不能打胜仗的，是因为胜利的条件不充分。计算周密，条件充分的能胜利。计算疏漏，条件不充分的不能胜利。何况不作计算，毫无条件呢？我们根据这些来观察战争，胜败也就清楚了。

二

《作战篇》

篇题解析

在有的英文版《孙子兵法》中，本篇翻译成"Waging War"，即发动战争，相当于现代军语中的"作战"。翻开这一篇读一读，便会发现这样翻译似乎不够准确。文中一大半内容讲战争准备和军事后勤问题，只是在末尾讲了速战速决的思想，与"作战"之意并不完全吻合。为什么篇名与内容不完全一致呢？其实，这是因为外国人没有吃透"作战"两字的含义所在。在先秦语言中，"作战"并不是一个词，而是两个词。《说文·人部》："作，起也。"起步、开始。又《戈部》："战，斗也。"《老子》第63章有："天下大事，必作于细。"天下所有大事，都始于细节。可见，孙子这里的"作战"，包含两层意思，一是准备战争，二是进行战争。按战争逻辑，"庙算"大计已定，接着就需要进行完善车马、备好器械、筹集粮草、征收费用等方面的战争准备，然后军队才能出国作战。只有战前做好了充分的物资准备，一旦开战，才有可能速战速决，实现"庙算"既定的战略决心。否则，人力物力财力不足，贸然出兵，纵然有完善的作战计划，也难以取得战争的胜利。按照这一逻辑思路，《作战篇》大致讲了四个方面的要点：一是分析春秋时期10万之师出国征战的物资准备规模和要求；二是分析旷日持久的战争造成的巨大危害，反衬速战速决的重要性和必要性；三是提出军队出国征战后勤保障的几种基本方法；四是强调速战速决的关键在于将领的能力素质。

正文注释

孙子曰：凡用兵之法，驰车千驷①，革车千乘②，带甲③十万，千里馈粮④，则内外⑤之费，宾客⑥之用，胶漆之材⑦，车甲之奉⑧，日费千金，然后十万之师举矣。

其用战也，胜久则钝兵挫锐，攻城则力屈，久暴师⑨则国用不足。夫钝兵挫锐⑩，屈力殚货⑪，则诸侯乘其弊而起，虽有智者，不能善其后⑫矣。故兵闻拙速，未睹巧之久⑬也。夫兵久而国利者，未之有⑭也。故不尽知用兵之害者，则不能尽知用兵之利也。

---

① 驰车千驷：驰，奔、驱。驷，《诗经·清人》："驷介旁旁"。郑玄笺云："驷，四马也。"曹操注："驰车，轻车也，驾驷马。"此句话谓套四匹马的轻型战车一千辆。

② 革车千乘：革车，《礼记·明堂位》："革车千乘。"郑玄注："革车，兵车也。"曹操注："革车，重车也，言万骑之重。"杜牧注："革车辎车，重车也，载器械、财货、衣装也。"此句话意为装载军械物资的兵车一千辆。

③ 带甲：春秋战国时期称武装士卒为带甲。

④ 馈粮：《周礼·玉府》郑玄注："古者致物于人，尊之则曰献，通行曰馈。"馈粮，运送粮草。

⑤ 内外：谓前方后方。

⑥ 宾客：各国诸侯的使节及游士。

⑦ 胶漆之材：张预注曰："胶漆者，修饰器械之物也。"此言制造与维修弓矢等作战器械的物资。

⑧ 车甲之奉：张预注："车甲者，膏辖金革之类也。"此句意为千里行军车甲修缮的花费。

⑨ 暴师：暴系曝之本字，露也。《谷梁传》隐公五年范宁注："暴师经年。暴，露也。"谓长期在外作战。

⑩ 钝兵挫锐：兵器钝坏，锐气受挫。梅尧臣注："兵杖钝弊而军气挫锐。"

⑪ 殚货：殚，《说文》："尽也。"殚货言物资耗尽。

⑫ 不能善其后：何氏注："谓兵不胜而敌乘其危殆，虽智者不能尽其善计而保全。"其说是。

⑬ 兵闻拙速，未睹巧之久：拙，《说文》："拙，不巧也。"速，速胜。巧，工巧。久，拖延。李贽《孙子参同》卷二注："宁速毋久，宁拙毋巧；但能速胜，虽拙可也。"

⑭ 兵久而国利者，未之有：杜佑注："兵者凶器，久则生变。"

善用兵者，役不再籍①，粮不三载②，取用于国，因粮于敌③，故军食可足也。

国之贫于师④者：远师者远输，远输则百姓贫。近于师者贵卖⑤，贵卖则财竭，财竭则急于丘役⑥。屈力中原⑦，内虚于家。百姓之费十去其七；公家之费，破车罢马⑧，甲胄矢弩，戟盾矛橹⑨，丘牛大车⑩，十去其六。

故智将务食于敌⑪，食敌一锺⑫，当吾二十锺；萁秆⑬一石，当吾二十石。

---

① 役不再籍：役，兵役。籍，名册，这里作动词，指征调。此句的意思是不再按名册继续征发兵役。
② 粮不三载：三，意指极多。载，运载，输送。曹操注："始载粮，后遂因食于敌，还兵入国，不复以粮迎之。"言不多次运送军粮。
③ 取用于国，因粮于敌：曹操注："兵甲战具，取用国中，粮食因敌也。"因，依、就，此为顺便夺取之意。
④ 贫于师：其意谓因战争运输财物而误农时，国家与百姓不能不贫困。
⑤ 近于师者贵卖：贵卖，言物价上涨。曹操注云："军行已出界，近师者贪财，皆贵卖，则百姓虚竭也。"言军队驻地附近物价上涨。
⑥ 财竭则急于丘役：财竭，财力枯竭。丘役，指军赋。据《周礼》记载："九夫为井，四井为邑，四邑为丘，四丘为甸。"从西周至春秋，军赋不断增加，春秋时，丘出戎马一匹，牛三头。丘为征收军赋的基层单位。此句话意思为国家财力枯竭，急于加重丘井之役。
⑦ 中原：泛指国内。
⑧ 破车罢马：罢，同"疲"。战车破损，马匹疲病。
⑨ 戟盾矛橹：戟，合戈矛为一体的古兵器。矛橹，一种主要用于防卫的大型盾牌，以大车类巨物蒙以生牛皮，可屏蔽，故称矛橹。泛指各种装备战具和攻防兵器。
⑩ 丘牛大车：曹操注："丘牛，谓丘邑之牛。大车，乃长毂车也。"此言为牛拉的辎重车辆。
⑪ 智将务食于敌：务，追求，力争。食，取食。明智的将领务求就食于敌国。
⑫ 锺：古容量单位。《左传·昭公元年》："齐旧四量：豆、区、釜、锺。四升为豆，各自其四，以登于釜，釜则十锺。陈氏三量，皆登一焉，锺乃大矣！"曹操注："六斛四斗为锺。"
⑬ 萁秆：萁，同"箕"，即豆秸。《汉书·杨恽传》："种一顷豆，落而为箕。"杜牧注曰："萁，豆秸也；秆，禾藁也。"

故杀敌者，怒①也；取敌之利者，货也②。故车战，得车十乘已上，赏其先得者，而更其旌旗③，车杂④而乘之，卒善而养之⑤，是谓胜敌而益强⑥。

故兵贵胜，不贵久⑦。

故知兵之将⑧，生民之司命⑨，国家安危之主⑩也。

白话译文

孙子说：凡用兵作战的一般情形，通常要出动战车千乘，运输车千辆，军队十万，还要越地千里运送粮草，那么前后方的经费，款待使节、游士的用度，作战器材的补充，车辆盔甲的维修开支，每天耗资巨大，然后十万大军才能出动。

用这样的军队作战，就要求速胜，旷日持久就会使军队疲惫，锐气受挫，攻城就会使兵力耗损，军队长期在外作战，则会使国家财政发生困难。如果军队疲惫、锐气受挫，军力耗尽，国家经济枯竭，那么诸侯

---

① 怒：激励士气。曹操注："威怒以致敌。"李筌注："怒者，军威也。"
② 取敌之利者，货也：梅尧臣曰："取敌则利吾人以货。"对夺取敌人资财者要以实物予以奖励。
③ 更其旌旗：更，更换。用己方的旗帜更换缴获的敌方战车的旗帜。
④ 车杂：杂，配置，配合。此句谓将俘获敌战车混编入己方车阵中。
⑤ 卒善而养之：汉简本"善"作"共"，"共"有掺杂混合之意。对俘获的士卒要优待和任用。
⑥ 是谓胜敌而益强：曹操注："益己之强。"杜牧注："得敌卒也，因敌之资，益己之强。"这就是所谓战胜敌人而使自己更加强大。
⑦ 兵贵胜，不贵久：贵，重也。胜，速胜。曹操注："久则不利，兵犹火也，不戢将自焚也。"意谓用兵作战贵在速战，持久则不利。
⑧ 知兵之将：知，识。《周礼·大司徒》："知仁圣义忠和。"郑玄注："知，明于事。"此谓懂得用兵的将帅。
⑨ 生民之司命：司，《诗经·羔裘》："邦之司直"，毛亨传："司，主也。"此谓民众命运的掌握者。
⑩ 国家安危之主：主，《管子·形势解》："主者，人之所仰而生也。"曹操注："将贤则国安。"此谓国家安危的主宰。

国就会乘此危机举兵进攻，那时即使有足智多谋的人，也无法挽回危局了。所以，在用兵作战上，只听说过指挥虽笨拙但求速战速决，没有见过为讲究指挥工巧而追求旷日持久的现象。战争久拖不决而对国家有利的情形，从来未曾有过。所以，不能全面了解久战之害的人，也就不能完全了解速胜之利。

善于用兵打仗的人，兵员不再次征集，粮秣不多次转运，武器装备在国内准备充足，粮草补给在敌国补充，这样，军队的军粮就能充足了。

国家之所以因用兵而贫困，就是由于军队远征。军队远征，远道运输，就会使百姓贫困。靠近驻军的地方物价必然飞涨，物价飞涨就会使国家的财政枯竭。国家因财政枯竭就会急于加重赋役。战场上军力耗尽，国内便家家空虚。国内百姓的财产要耗去十分之七；政府的财力也因车辆的损耗、战马的疲惫，盔甲、箭弩、戟盾、矛橹的制作补充及丘牛大车的征用，而损失掉十分之六。

所以，高明的将领务求在敌国内解决粮草供应问题。就地取食敌国一钟的粮食，等于自己从本国运输20钟；夺取当地敌人一石的饲草，相当于自己从本国运输20石。

要使军队勇敢杀敌，就要激励部队的士气；要使军队夺取敌人的军需物资，就必须用财物奖励士兵。所以，在车战中，凡是缴获战车十辆以上的，就奖赏最先夺得战车的士卒。并且把敌人的旗帜换成我军的旗帜，与自己的战车混合编组；对于俘虏的敌人，要优待、抚慰和使用他们。这就是所谓愈是战胜敌人，也愈是增强自己。

所以，用兵作战贵在速战速决，而不宜旷日持久。

懂得用兵之法的将领，是民众生死的主宰，国家安危的柱石。

三

《谋攻篇》

篇题解析

根据《孙子兵法》十三篇的逻辑顺序分析,《计篇》《作战篇》《谋攻篇》应当同属第一层次,主要讲战略决策、战略部署的问题。《计篇》制定战略决策,《作战篇》展开战争物资准备,《谋攻篇》则筹划战略思路。诚如杜牧分析:"庙堂之上,计算已定,战争之具,粮食之费,悉已用备,可以谋攻。故曰《谋攻》也。"

顾名思义,"谋攻"即谋划攻战。"谋"的本义是咨询、计议、商量,引申为谋划、谋略。"攻"的本义是攻击、进攻。曹操注:"欲攻战,必先谋。"点出了篇名的要义,在于为作战策划相应的谋略。本篇的中心思想是"不战而屈人之兵,善之善者也"。围绕这一中心,孙子从战略、战役,甚至战斗各层次展开分析如何谋略攻敌,"上兵伐谋,其次伐交",尽量避免"攻城"之类拼实力、拼消耗的恶仗,争取以最小的代价赢得最大的胜利。《谋攻篇》可以说是十三篇中写得最漂亮的、最精炼的。南北朝时期的著名文学理论家、文学批评家刘勰在《文心雕龙》中称赞:"孙武兵经,辞如珠玉。"北宋李涂在《文章精义》中赞叹孙子兵法"一句一理,如串珠玉,珍瑰不断",恐怕主要是指的这一篇。

正文注释

孙子曰：凡用兵之法，全国为上，破国次之①；全军②为上，破军次之；全旅③为上，破旅次之；全卒④为上，破卒次之；全伍⑤为上，破伍次之。是故百战百胜，非善之善者⑥也；不战而屈人之兵，善之善者也。

故上兵伐谋⑦，其次伐交⑧，其次伐兵，其下攻城。攻城之法，为不

---

① 全国为上，破国次之：国，国都，城市。春秋之"国"，其内涵与今不同。《左传》隐公五年"郑人……伐宋，入其郛，未及国。"焦循《补疏》："当时谓郭内为国也。"又云："合天下言之，则每一封为一国。而就一国言之，郊以内为国，外为野。就郊以内言之，则城内为国，城为外郊。"故春秋之"国"主要指都城，或以都城为中心包括以郛郭为外城及其周围之"乡""遂"在内的地域。全，保全，完整。破，击破。曹操注："兴师深入长驱，距其城郭，绝其内外，敌举国来服为上；以兵击破，败而得之，其次也。"意谓保全敌人的城邑，并使之完整地降服为上策，击破敌人的城邑为下策。
② 军：泛指军队，亦作为军队编制单位。《周礼·地官·小司徒》郑玄注："军，万二千五百人。"曹操、杜牧注引《司马法》："一万二（五）千五百人为军。"
③ 旅：《说文》："五百人为旅。"曹操注同。
④ 卒：古代兵制单位，百人为卒。卒长为百夫长。《周礼·地官·小司徒》："五人为伍，五伍为两，四两为卒。"
⑤ 伍：古代最基本的兵制单位，五人为伍。
⑥ 百战百胜，非善之善者：百战百胜固善，然终有杀伤、耗损，故非善之善者。
⑦ 上兵伐谋：上兵，用兵作战的上策。张预注："兵之上也。"易培基《杂记》谓"义不能通"，"上兵"应作"上正（政）"，其说非是。伐谋，用智谋使敌人屈服，曹操注："敌始有谋，伐之易也。"此句意为上等的用兵策略是以谋略取利。
⑧ 伐交：交，结交、外交。陈皞、张预等以为"交"谓伐于两军交合，义短。李筌注："伐其始交也。"孟氏曰："交合强国，敌不敢谋。"故"交"释以"外交"为善，即以外交途径战胜敌人，瓦解敌之联盟，巩固和扩大自己的联盟。

得已。修橹轒辒①，具器械②，三月而后成，距闉③，又三月而后已。将不胜其忿而蚁附④之，杀士三分之一，而城不拔⑤者，此攻之灾也。

故善用兵者，屈人之兵而非战也，拔人之城而非攻也，毁人之国而非久也，必以全争于天下⑥，故兵不顿⑦而利可全，此谋攻之法也。

故用兵之法，十则围之⑧，五则攻之，倍则战之，敌则能分之⑨，少则能逃⑩之，不若则能避之。故小敌之坚，大敌之擒⑪也。

夫将者，国之辅⑫也，辅周则国必强，辅隙⑬则国必弱。

---

① 修橹轒辒：修，《国语·周语》"修其簠簋"，韦昭注："修，备也。"曹操注："治也。"橹，曹操注："大楯也。"轒辒，古代攻城用的四轮车，用排木制作，外蒙生牛皮，下可藏十数人。杜牧注："轒辒四轮车，排大木为之，上蒙以生牛皮，下可容十人，往来运土填堑，木石所不能伤。"

② 具器械：具，修置，准备。此句言置备攻城的各种器用、械具。

③ 距闉：杜佑注："距闉者，踊土积高而前，以附于城也。积土为山曰堙，以距敌城，以观虚实。"闉，通"堙"。意为攻城而堆积的向敌城推进的土丘，堆积用来观察敌情，攻击守城之敌，既可于其上施放火器，又便于登城，是古代攻城必修之工事。

④ 蚁附：曹操注云："使士卒缘城而上，如蚁缘墙。"蚁，名词用如状语，意为"如蚁一样"。

⑤ 拔：破城而取之曰拔。《汉书·高帝纪》："攻砀三日拔之。"

⑥ 必以全争于天下：全，此言全国、全军。此句谓要用全胜的战略争胜于天下。

⑦ 兵不顿：兵刃不钝，兵锋未损。比喻战斗力未损，士气未挫。

⑧ 十则围之：此句"十"与以下几句"五""倍"皆言我方与敌比较，我方所处的力量地位。"十"即十倍于敌。此言绝对优势，但非一定为实数之十倍。

⑨ 倍则战之，敌则能分之：倍，比敌人多一倍。敌，即匹敌。言有多一倍于敌人之力量则可战而胜敌，双方势力大体均等则分割围歼。

⑩ 逃：与下文"避"异文同义，指主动地采取不与敌争锋的办法，并非消极地逃跑。四库抄本《孙吴司马法》作"宋"，敌众战寡则取守势，刃法之常，于义亦通。

⑪ 小敌之坚，大敌之擒：之，此为"若"义。此句言只知固执硬拼的小敌，必为大敌所擒。

⑫ 国之辅：辅，辅木。《左传》僖公五年："辅车相依"，杜预注："辅，颊，辅车牙车。"孔颖达疏："盖辅车一处分为三名耳，辅为外表，车为内骨，故云相依也。"是辅与车必相依持而行。"辅周"，曹操注谓指"周密，谋不泄"。李筌注："辅，犹助也。"意为国君的辅佐。按，将帅和国家的关系如同辅车相依。如果相依无间，国家一定强盛，相依有隙，国家一定衰弱。

⑬ 隙：缺也，疏漏之意。此言将领佐君不周，有疏漏。

故君之所以患于军①者三：不知军之不可以进而谓之进②，不知军之不可以退而谓之退，是谓縻军③。不知三军之事，而同三军之政④，则军士惑矣。不知三军之权⑤，而同三军之任，则军士疑矣。三军既惑且疑，则诸侯之难⑥至矣。是谓乱军引胜⑦。

故知胜⑧有五：知可以战与不可以战者胜，识众寡之用⑨者胜，上下同欲⑩者胜，以虞待不虞⑪者胜，将能而君不御⑫者胜。此五者，知胜之道也。

故曰：知彼知己，百战不殆⑬；不知彼而知己，一胜一负；不知彼不知己，每战必殆。

---

① 患于军：患，作动词，为患、贻害。此言危害军队。
② 谓之进：谓，可训"使"，见《广雅·释诂》。故"谓之进"可作"使之进"，命令他们前进。
③ 縻军：縻，原义为牛辔，可引申为羁绊、束缚。杜牧注："縻军，犹驾御羁绊，使不自由也。"《新注》云："束缚军队，使军不能根据情况相机而动。"
④ 同三军之政：同，毕以珣《孙子叙录》谓有"冒"义，有干预之意。政，政事，指军中行政事务。曹操注："军容不入国，国容不入军，礼不可以治兵也。"梅尧臣注："不知治军之务而参其政，则众惑乱也。"故"同三军之政"亦即使国容入军也。
⑤ 权：权变，权谋。
⑥ 诸侯之难：诸侯国乘其军士疑惑之机，起而攻之的灾难。
⑦ 乱军引胜：乱军，自乱其军；引胜，失去胜利。杜牧、王晳等注"引胜"为"致敌之胜"，于义亦通。梅尧臣注云："自乱其军，自去其胜"，可谓精确。
⑧ 知胜：预测胜利。
⑨ 识众寡之用：懂得兵力众与寡的灵活运用。
⑩ 上下同欲：欲，意愿。同欲，亦即同心同德之谓。上下，曹操注指君臣。此句言君臣上下同心同德。
⑪ 以虞待不虞：虞，备也。《国语·晋语四》"卫文公有邢翟之虞"。韦昭注："备也。"
⑫ 将能而君不御：御，驾驭。在此为制约之意。此句言将领有才能，君主不得参与干涉。
⑬ 百战不殆：殆，危。百战不殆，即言每战必胜而无危险。

白话译文

孙子说：战争的指导法则是，使敌人举国完整地屈服是上策，击破敌国就次一等；使敌全军完整地降服是上策，打败敌人的军队就次一等；使敌人一个"旅"完整地降服是上策，击破敌人的"旅"就次一等；使敌人全"卒"完整地降服是上策，打败敌人的"卒"就次一等；使敌人全"伍"完整地投降是上策，击破敌人的"伍"就次一等。因此，百战百胜，还不算是高明中最高明的，只有不战而使敌屈服，才算是高明中最高明的。

所以，上策是挫败敌人的战略方针，其次是挫败敌人的外交关系，再次是打败敌人的军队，下策才是攻打敌人的城池。攻城的办法只有在万不得已时才使用。制造攻城的蔽橹、轒辒，准备各种攻城器械，需要花费几个月的时间才能完成。构筑攻城的土山又要几个月才能竣工。将帅控制不住自己愤怒的情绪，驱使士卒像蚂蚁一样去爬梯攻城，结果士卒伤亡了三分之一，而城池依然未能攻克，这便是攻城所带来的危害。

因此，善于用兵的人，使敌人屈服不用直接交战，攻取敌人的城池不用强攻，攻破敌人的国家不须旷日久战。一定要用全胜的战略争胜于天下，这样军队不至于长期疲惫受挫，却可以完满地取得胜利。这就是用计谋攻敌的法则。

所以用兵的原则是：有十倍于敌人的兵力就包围他，有五倍于敌人的兵力就进攻他，有两倍于敌人的兵力就要战胜他，有与敌人相等的兵力就要分割他，兵力少于敌人就要脱离接触，实力比敌人弱就要避免决战。所以，弱小的军队如果只知硬拼，就会变成强大敌军的俘虏。

将帅好比是国家的辅木，将帅对国家如能像辅车相依那样，尽职尽责，国家就会强盛；如果相依有隙，未尽其职，国家必然衰弱。

国君危害军事行动的情况有三种：不知道军队在什么条件下不可以前进而硬让军队前进，不了解军队在什么情况下不可以后退而硬让军队后退，这就叫作束缚军队。不了解军队内部事务，而去干预军队的行政，就会使部队将士迷惑；不懂得军事上的谋略变化，而去干涉军队的指挥，就会使将士们疑虑重重。军队既迷惑又疑虑，那么诸侯国军队乘机进犯的灾难也就到来了。这就是所谓自己扰乱自己而导致敌人获胜。

预见胜利有五种方法：知道可以打或不可以打的，能够胜利；知道兵多和兵少的不同用法的，能够胜利；全军上下一心的，能够胜利；以己有备对敌无备的，能够胜利；将帅有指挥才能而国君不加以牵制的，能够胜利。这五条，是预见胜利的方法。

所以说：既了解敌人，又了解自己，百战都不会有危险；不了解敌方但了解自己，或者胜利，或者失败；既不了解敌人，又不了解自己，那就每战都有失败的危险。

四

《形篇》

篇题解析

《形篇》中的"形"字，不是指形象、形势，而是指形体，有血有肉的实体。军队的实体当然指的就是实力。

本篇以一个"形"字为篇名，说明军事实力问题是全篇的主题。围绕这一主题，孙子先后分析了军事实力的形成、军事实力的作用、军事实力的对比、军事实力的发挥、军事实力的计算、军事实力的要求等问题，充分说明军事实力是战争制胜的物质基础。但是，孙子并不是唯实力论者。他强调军事实力重要性的同时，更注重阐明军事实力必须与谋略艺术相结合才能充分发挥能量的思想。《形篇》通篇充满着唯物主义和军事辩证法思想，闪耀着智慧的光芒。

正文注释

孙子曰：昔之善战者，先为不可胜①，以待敌之可胜②。不可胜在

---

① 先为不可胜：王晳曰："不可胜者，修道保法也。"此句意思是先做到自己不被别人战胜。
② 以待敌之可胜：待，等待。可胜，指敌方可能被战胜的机会或条件。

己，可胜在敌①。故善战者，能为不可胜②，不能使敌必可胜。故曰：胜可知，而不可为③。

不可胜者，守也④；可胜者，攻也。守则有余，攻则不足。善守者，藏于九地⑤之下；善攻者，动于九天之上⑥，故能自保而全胜也。

见胜不过众人之所知，非善之善者⑦也；战胜而天下曰善，非善之善者⑧也。故举秋毫⑨不为多力，见日月不为明目，闻雷霆不为聪⑩耳。古之所谓善战者，胜于易胜者也。故善战者之胜也，无奇胜，无智名，无勇功⑪。故其战胜不忒⑫，不忒者，其所措必胜，胜已败者也。故善战

---

① 不可胜在己，可胜在敌：言不可被战胜的条件，在于消除己方的弱点；能否胜敌则在于敌人是否有隙可乘。曹操注："自修理，以待敌之虚懈也。"
② 能为不可胜：能创造自己不可被敌战胜的条件。
③ 胜可知，而不可为：言胜利可以预见，但却不能强求。张预注："己有备则胜可知，敌有备则不可为。"
④ 不可胜者，守也：张预注云："知己未可以胜，则守其气而待之。"意为知道己方不能取胜，就要采取防守，等待机会。
⑤ 九地："九"在此乃言数之极。汪中《述学·释三九篇》云："古人措辞，凡一二所不能尽者，均约之以三以见其多；三之不能尽者，均约之以九以见其极多。"九地，梅尧臣注："言深不可知也。"藏于九地之下，即言深秘隐藏其形而不露也。
⑥ 动于九天之上：九天，梅尧臣注谓指"高不可测"。此句言善攻击者进攻时迅捷异常。
⑦ 见胜不过众人之所知，非善之善者：言预见胜负不高出众人的水平，不算是高明者。
⑧ 战胜而天下曰善，非善之善者：力战而胜之，天下人都说好，不算好中最好的。曹操注："交争胜也。太公曰，争胜于白刃之间，非良将也。"王晳曰："以谋屈人则善矣。"
⑨ 秋毫：兽类于秋天新长出的极纤细的毛称秋毫，用以比喻轻细之物。
⑩ 聪：听觉辨音能力强。
⑪ 无奇胜，无智名，无勇功：各本皆无"无奇胜"三字，汉简本《形篇》甲、乙本中，甲本作"无奇□"，乙本作"□奇胜"。上文既言"胜于易胜"，则无赫赫之胜，故据简本补"无奇胜"。杜牧注："胜于未萌，天下不知，故无智名；兵不血刃，故国已服，故无勇功也。"张预注："阴谋潜云，取胜于无形，天下不闻有料敌制胜之智，不见搴旗斩将之功。"二家注释皆有道理。
⑫ 忒：失误也。《周易·豫》："四时不忒"，郑玄注："忒，差也。"不忒，不差、不失误之意。

者，立于不败之地，而不失敌之败①也。是故，胜兵先胜而后求战，败兵先战而后求胜。善用兵者，修道而保法②，故能为胜败正③。

兵法：一曰度④，二曰量⑤，三曰数⑥，四曰称⑦，五曰胜⑧。地生度⑨，度生量⑩，量生数⑪，数生称⑫，称生胜⑬。故胜兵若以镒称铢⑭，

---

① 不失敌之败：言不放过敌人可能为我所败的机会。杜牧注："窥伺敌人可败之形，不失毫发也。"王晢曰："常为不可胜，待敌可胜，不失时机。"其说甚是。

② 修道而保法：杜牧注云："道者，仁义也；法者，法制也。"按："道"与《计篇》"道者，令民与上同意"中"道"同义，指政治。"修道"即修明政治。"法"，亦指《计篇》"法者，曲制、官道主用"之"法"，指法令制度。"保法"即确保法制。此句的意思为修明政治，确保法令制度的贯彻实行。

③ 能为胜败正：正，通"政"。《老子》第四十五章"清静为天下正"，即言为天下之主。能为胜败正，意谓能在胜败问题上成为最高的权威，或主宰。

④ 度：《礼记·明堂位》"颁度量"，郑玄笺："度为丈尺、高卑、广狭也。"张预注："度以量地。"是故此言度量土地幅员。

⑤ 量：《汉书·律历志》："量者，龠、合、升、斗、斛也，所以量多少也。"此言计量物质资源。

⑥ 数：贾林注曰："算数也。以数推之，则众寡可知，虚实可见。"王晢曰："百千也。"此言计算部队实力的强弱，兵员的多寡。

⑦ 称：《楚辞·惜誓》"若称量之不审兮"。王晢注："称所以知轻重。"杜牧注："称，校也。"此言衡量双方实力之对比的状况。

⑧ 胜：指胜负优劣的情状。曹操曰："胜败之政，用兵之法，当以此五事称量，知敌之情。"

⑨ 地生度：曹操注："因地形势而度之。"地，指国土幅员。此句言敌我交战，必先以双方所拥有的土地幅员为基础。

⑩ 度生量：赵注本云："既度之，则其地之所容者何阵，或当用广、用长、用圆、用方，奇正当居何处，当分为几阵，皆可知矣，此'度生量'也。"此言基于双方拥有"地利"状况，可知其物质资源之储备及国力之强弱也。

⑪ 量生数：梅尧臣注："因量以得众寡之数。"此言由物质资源状况之计量，可知所拥兵员之众寡。

⑫ 数生称：王晢注："喻强弱之形势也。"此言由兵员之众寡可知双方兵力强弱之对比。

⑬ 称生胜：曹操注："称量之数，知其胜负所在。"此言由双方强弱形势之衡量对比，可知其优劣胜负之情状。

⑭ 以镒称铢：铢，古代计量单位，二十四铢为一两。镒，二十四两为一镒，合五百七十六铢。以镒称铢，比喻兵力轻重众寡之悬殊。

败兵若以铢称镒。称胜者之战民①也，若决积水于千仞②之谿者，形也。

白话译文

孙子说：从前善于打仗的人，先要创造条件使自己立于不败之地，然后捕捉战机战胜敌人。不会被敌战胜的主动权掌握在自己手中，能否战胜敌人则在于敌人是否有隙可乘。所以，善于作战的人，能够创造不被敌人战胜的条件，却不一定能够做到使敌人必定被我方所战胜。所以说，胜利可以预见，但不可强求。

若想不被敌人战胜，就要采取防御；要想战胜敌人，就要采取进攻。一定数量的兵力，用于防御则可能有余，用于进攻则可能不足。所以善于防御的人，防御时隐蔽自己的兵力如同深藏在九地之下；善于进攻的人，展开自己的兵力如同神兵自九天而降。所以，能既保全自己而又能获得完全的胜利。

预见胜利不超过一般人的见识，不算高明中最高明的。激战而后取胜，即使是普天下都说好，也不算是高明中最高明的。这就好像能举起秋毫称不上力大，能看见日月算不上眼明，能听见雷霆算不上耳聪一样。古时候所说的善于打仗的人，总是战胜那些容易战胜的敌人。因此，高明的指挥员所打的胜仗，从表面上看不出显赫的胜利，以至于没有善谋的名声，也没有勇武的战功。所以，他的取胜不会有差错。之所以不会出现差错，是因为他们的作战措施建立在必胜的基础之上，是战胜了那些已处于失败地位的敌人。善于作战的人，总是使自己立于不败之地，而不放过击败敌人的机会。所以，胜利的军队通常是先有胜利的把握，而后才寻求同敌人交战，失败的军队往往是先冒险同敌人交战，

---

① 战民：《尉缭子·战威》："夫将之所以战者，民也。"此言统帅指挥部众参加作战。
② 仞：长度单位，说法不一。《说文》《孟子》赵歧注均谓八尺，《仪礼》郑玄注与《吕氏春秋》高诱注则为七尺。"千仞"，盖言其高也。

然后企求侥幸取胜。善于用兵的人，必须修明政治，确保法制，才能够主宰战争胜负的决定权。

兵法上衡量双方力量有五个着眼点：一是度，二是量，三是数，四是称，五是胜。敌我所处地域宽狭不同，产生双方土地面积大小不同的"度"；敌我土地面积大小的"度"不同，产生双方物产资源多少不同的"量"；双方物产资源多少的"量"不同，产生双方兵员多寡不同的"数"；双方兵员多寡的"数"不同，产生双方军事实力强弱不同的"称"；双方军事实力强弱的"称"不同，最终决定战争的胜负成败。所以胜利的军队较之于失败的军队，有如以"镒"称"铢"那样占有绝对优势；而失败的军队较之于胜利的军队，就像用"铢"称"镒"那样处于绝对劣势。军事实力强大而取胜的军队，其将领指挥军队作战时，就像在万丈悬崖决开山涧的积水一样，这就是军事实力的"形"所应当具有的状态。

五

《势篇》

篇题解析

《势篇》与《形篇》是姊妹篇。之所以说是姊妹篇，是因为它们分别阐述作战中两个密不可分、又相辅相成的重要问题。《形篇》讲军事实力，《势篇》则讲运用实力的形势、态势、气势。比如，常人的拳头不至于夺人性命，少林寺武僧一拳则可置人于死地。同样由皮毛血肉组成的拳头，为什么力量差距如此之大？关键就在于少林寺武僧多年练就了一身武功，挥拳之际，借势打力，发挥出巨大力量。由此可见，实力是静止的，本身不能成倍释放力量；态势是动态的，在运动之中推动实力倍增，从而使一分的实力发挥出十分的能量。人们常说的顺势而为、乘势而上，强调的都是"势"所蕴含的倍增效能。

本篇以一个"势"字为篇名，着重分析将帅如何在军事实力的物质基础上，充分发挥主观能动性，在军队编成、指挥、战法和部署上形成一种"势险节短"之势，使有限的军事实力与险峻的作战态势结合起来，并在这种态势中集中而快速地投入战斗。犹如物理学上所说的，质量乘以加速度，产生巨大的力量，从而使官兵们激发出以一当十的冲击力量，一举战胜敌人。

正文注释

孙子曰：凡治①众如治寡，分数②是也；斗众③如斗寡，形名④是也；三军之众，可使毕受敌而无败者，奇正⑤是也。兵之所加，如以碬⑥投卵者，虚实是也。

凡战者，以正合⑦，以奇胜⑧。故善出奇者，无穷如天地⑨，不竭如江河。终而复始，日月是也；死而复生，四时是也。声不过五⑩，五声之变不可胜听也⑪；色不过五⑫，五色之变不可胜观也。味不过五⑬，五味之变不可胜尝也。战势不过奇正，奇正之变不可胜穷⑭也。奇正相生，如环之无端，孰能穷之？

---

① 治：治理，这里指管理军队。
② 分数：曹操注："部曲为'分'，什伍为'数'。"刘寅《直解》："偏裨卒伍之分，十百千万之数。"此言军队的编制和员额。
③ 斗众：指挥人数众多的军队战斗。
④ 形名：曹操注："旌旗曰形，金鼓曰名。"张预注云："用兵既众，相去必远，耳目之力所不闻见，故令士卒望旌旗之形而前却，听金鼓之号而行止。"意谓金鼓声响为信号联络与指挥军队。
⑤ 奇正：既指兵力，又指战法。主力部队为正，机动分队为奇。战术上先出为正，后出为奇；正面为正，侧击为奇；明战为正，暗袭为奇。总之，在人们意料之中为正，出乎人们的意料为奇。
⑥ 碬：磨刀石，此泛指坚硬石块。
⑦ 以正合：合，交战。以正合，曹操注："正者当敌"。即言以正兵与敌正面交战。
⑧ 以奇胜：曹操注："奇兵从傍击不备也。"即言出奇制胜。
⑨ 善出奇者，无穷如天地：言出奇制胜之法如宇宙万物之变化无穷，而非言如天地之大。
⑩ 声不过五：古代的五个音阶，宫、商、角、徵、羽，合称五声。
⑪ 不可胜听也：胜，在此训为"尽"。《孟子·梁惠王上》："谷不可胜食也""木材不可胜用也"，即言食之不尽，用之不尽。故"不可胜听"，言听之不尽。
⑫ 色不过五：古代五种原色，指青、黄、赤、白、黑，亦称五色。
⑬ 味不过五：古代味分酸、辛、苦、甘、咸五种，以此五味为原味。
⑭ 不可胜穷：此言无穷无尽之意。

激水之疾,至于漂①石者,势也;鸷鸟②之击,至于毁折③者,节④也。是故善战者,其势险,其节短。势如彉弩⑤,节如发机⑥。

纷纷纭纭⑦,斗乱⑧而不可乱也;浑浑沌沌⑨,形圆而不可败⑩也。乱生于治,怯生于勇,弱生于强⑪。治乱,数也;勇怯,势也;强弱,形也。故善动敌者:形之⑫,敌必从之⑬;予之⑭,敌必取之。以利动之,以卒待之。

故善战者,求之于势,不责于人⑮,故能择人而任势⑯。任势者,其

---

① 漂:浮,漂移。《尚书·武成》:"血流漂杵。"杜牧、张预注:"转",运、行之意。义近。
② 鸷鸟:《说文》:"击杀鸟也",盖鹰鹯之类。
③ 毁折:言擒杀鸟雀。
④ 节:节制,《孟子·离娄》:"礼之实,节文斯二者是也。"审度长短。此句曹操注:"发起击敌"。张预注云:"鹰鹯之擒鸟雀,必节量远近,伺候审而后击。"义近。
⑤ 彉弩:彉,弩弓张满曰"彉"。《汉书·吾丘寿王传》:"十贼彉弩",颜师古注:"引满曰彉"。即言张满待发的弩。
⑥ 节如发机:机,《说文》:"主发之为机。"节如扣动之机关,一触即发。此两句言势为张满之弩,节即为击发之机件——弩牙,比喻发机迅疾。
⑦ 纷纷纭纭:徐锴《系传》云:"即今纷纭字。"此句曹操注:"旌旗乱也,示敌若乱,以金鼓齐之。"说是。
⑧ 斗乱:言在纷乱状态中指挥战斗。
⑨ 浑浑沌沌:杜牧注:"浑浑,车轮转行;沌沌,步骤奔驰。"此句统言混迷不清,非以"浑""沌"分别状写车驰与徒奔。
⑩ 形圆而不可败:形圆,行阵形制为圆形,即圆阵。圆阵首尾相接,四面外向,旋转应敌,是利于坚守,难以战败的军阵。
⑪ 乱生于治,怯生于勇,弱生于强:曹操注:"皆毁形匿情也。"梅尧臣注:"治,则能伪为乱;勇,则能伪为怯;强,则能伪为弱。"此句谓示敌混乱在于战之严整,示敌怯懦在于战之勇敢,示敌软弱在于战之坚强。
⑫ 形之:曹操注:"见羸形也。"梅尧臣、张预、赵注本诸家皆同此。而杜牧则注云:"非止于羸弱也。言我强敌弱,则示以羸形,动之使来;我弱敌强,则示以强形,动之使去。"杜说较是。此句言向敌人示以假象。
⑬ 从之:跟着采取相应的措施。此言既然战场表现反映部队的情况、素质,那么高明的指挥员就会故意在战争中示人以假象,使对方着这个假象做出错误的举动。
⑭ 予之:给敌人以小利,引诱其上钩。
⑮ 不责于人:《说文》:"责,求也。"此句谓不苛求部下。
⑯ 择人而任势:挑选合适人才,充分利用形势。

战人也,如转木石。木石之性,安则静,危则动①,方则止,圆则行。故善战人之势,如转圆石于千仞之山者,势也。

白话译文

孙子说:管理大部队如同管理小部队一样井然有序,这是军队编制问题。指挥大部队如同指挥小部队作战一样灵活自如,这是属于指挥号令的问题。统率全军能够使它一旦遭到敌人的进攻时而不致失败,这是"奇正"战术变化的问题。军队进攻敌人如同用石头打鸡蛋一样战而必胜,这是"避实击虚"的正确运用问题。

一般作战都是用"正兵"当敌,以"奇兵"取胜。所以,善于出奇制胜的人,其战法变化如同天地那样无穷无尽,像江河那样不会枯竭。终而复始,如同日月的运行;去而又回,像四季的更迭。乐音不过五个音符,但五音演奏的乐章却变化无穷,听不胜听;颜色不过五种色素,可是五色的变化,就看不胜看;滋味不过五种,可五味的变化,就尝不胜尝;战术不过奇正,可是奇正的变化,却无穷无尽。奇与正互相转化,就像圆环旋绕不绝,无始无终,谁能穷尽它呢?

湍急的流水飞快地奔泻,以至于能漂移石头,这便是流速飞快的"势";雄鹰迅飞搏击,以致能捕杀雀鸟,这就是短促急迫的"节"。所以善于指挥作战的人,他所造成的态势是险峻的,发动攻击的节奏是短促的。险峻的态势就像张满待发的弯弓,短促的节奏就像击发的弩机。

旗帜纷纷,人马纭纭,貌似混乱实则并不混乱;混混沌沌,迷迷蒙蒙,这是摆成圆阵而不会失败。示敌混乱,必须有严格的训练为前提;示敌怯懦,必须有勇敢的素质为基础;示敌弱小,必须有强大的兵力为后盾。严整而能示敌混乱,这是组织编制有序;勇敢而能示敌怯懦,这

---

① 安则静,危则动:安,平。危:高,险。此句言石头放在安稳平坦的地方就静止,放在险陡倾斜的地方就滚动。

是态势有利；强大而能示敌弱小，这是实力雄厚。因此，善于调动敌人的将帅，用伪装的假象迷惑敌人，敌人就会听从调动；投其所好引诱敌人，敌人就会上钩。总之，用小利去调动敌人，用重兵伺机攻击敌人。

善于作战的人，总是设法造成有利的态势，而不苛求部属，所以要选择善于"任势"的将帅。善于"任势"的将帅指挥军队作战时，就像滚动木头、石头一般。木头、石块的特性，通常是放在安稳平坦的地方就静止，放在险陡倾斜的地方就滚动；方的容易静止，圆的滚动灵活。所以，善于指挥作战的将帅所造成的有利态势，就像转动圆石从800丈高山上滚下来那样。这就是"势"应具有的状态。

六

《虚实篇》

篇题解析

记得在一次教学教程中,与学员互动时,一位企业的领导提出一个问题:"我们搞企业讲究老老实实做人,踏踏实实做事,孙子却提出虚虚实实,搞些假动作,做点虚假行为,这不是与做人、做事的基本原则相违背吗?不知您对这个问题怎么看?"我想还是有必要先了解一下《虚实篇》的真正含义,再做回答为好。

我们已经学习了《形篇》和《势篇》。《形篇》讲的是根据军事实力强弱确定攻守之法,《势篇》讲的是运用军事实力重在奇正之术营造有利的态势。在实际作战过程中,力量与态势两者必须紧密结合起来,就像拳头与武功结合才能发挥巨大的力量,箭头只有放在紧绷的弓弦上才能飞出去射穿敌人胸膛。那么,军事实力也只有与作战态势结合起来,才能形成坚实的力量,打击虚弱的敌人。显然,实力与态势结合的目的就是以实击虚。诚如张预分析:"《形篇》言攻守,《势篇》说奇正。善用兵者,先知攻守两齐之法,然后知奇正;先知奇正相变之术,然后知虚实。盖奇正自攻守而用,虚实由奇正而见。故次《势》。"

虚实,是一对外延非常广泛的概念。一般而言,无者为虚,有者为实;空者为虚,坚者为实;弱者为虚,强者为实。表现在战场上,可以呈现出多种多样的状态。大凡胆怯、柔弱、混乱、饥饿、疲劳、寡少、无备……为虚,勇敢、刚强、严整、饱食、安逸、众多、有备……为实。虽然表现形态各异,但有一点是共通的,即无论是军事力量,还是作战部署、军心士气、战场态势、天时地利以及部队管理等方面,实者往往处于主动地位，虚者往往处于被动地位。本篇主要论述把握"虚实"的辩证关系，通过种种方法争取战争中的主动地位。围绕这一核心，既强调活用"避实而击虚"的原则，正确选择作战方向；又要求巧妙制造各种假象，造成"我之势常实，敌之势常虚"的有利作战态势。《草庐经略·虚实》中说："虚实之势，兵家不免。善兵者，必使我常实而不虚，然后以我之实，击彼之虚，如破竹压卵，无不摧矣。"可谓深得其旨。

正文注释

孙子曰：凡先处战地而待敌者佚①，后处战地而趋战者劳②。故善战者，致人而不致于人③。

能使敌人自至者，利之也；能使敌人不得至者，害之也。故敌佚能劳之④、饱能饥之⑤、安能动之⑥者，出其所必趋⑦也。行千里而不劳者，行于无人之地也；攻而必取者，攻其所不守⑧也；守而必固者，守

---

① 先处战地而待敌者佚：处，占据；佚，安逸、从容。贾林注："先处形胜之地以待敌者，则有备豫，士马闲逸。"此句言在作战中，若能率先占据战地，就能使自己处于以逸待劳的主动地位。
② 后处战地而趋战者劳：趋，奔赶，此处为"促"，即仓促。张预注："便利之地，彼已据之，我方趋彼以战，则士马劳倦而力不足。"此句言在作战中，若后占据战地仓促应战，则疲劳被动。
③ 致人而不致于人：致，招致、引来。《周礼·秋官·小司寇》："掌外朝之政，以致万民而询焉。"致人，调动敌人。此句意思为宜调动敌人而不为敌人所调动。
④ 敌佚能劳之：言敌若休整良好，就使其劳顿疲敝。
⑤ 饱能饥之：曹操注："绝粮道以饥之。"王晳注："谓敌人足食，我能使之饥乏耳。"此句言敌若给养充足，我则使之饥困。
⑥ 安能动之：曹操注："攻其所必爱，出其所必趋，则使敌人不得相救也。"此言敌若安固守御，我就使他移动。
⑦ 出其所必趋：出，出击；必趋，谓敌人必然奔赴援救之地。
⑧ 攻而必取者，攻其所不守：李筌注："无虞易取。"此说甚是。言我出击必能取胜的原因，是由于攻击敌戒备虚懈之处。

其所不攻①也。

故善攻者，敌不知其所守；善守者，敌不知其所攻②。微乎微乎，至于无形③；神乎神乎，至于无声④，故能为敌之司命⑤。进而不可御者，冲其虚⑥也；退而不可追者，速而不可及也。故我欲战，敌虽高垒深沟，不得不与我战者，攻其所必救也；我不欲战，画地而守⑦之，敌不得与我战者，乖其所之⑧也。

故形人而我无形⑨，则我专而敌分⑩；我专为一，敌分为十，是以十攻其一也。则我众而敌寡，能以众击寡者，则吾之所与战者约矣⑪。吾

---

① 传世本作"不攻"，竹简本此处半脱落，《孙子校释》校正为"必攻"。如果防守者力量薄弱，守强敌必攻之处必败无疑。此处"不攻"当为夸张说法，意为引开强敌，使其放弃攻击，或减削攻势。

② 故善攻者，敌不知其所守；善守者，敌不知其所攻：不知，王晳注："云不知者，攻守之计，不知所出耳。"梅尧臣注云："善攻者，机密不泄；善守者，周备不隙。"此句谓善于进攻的军队，敌人不知防守何处；善于防守的军队，敌人不知进攻何处。

③ 微乎微乎，至于无形：微，微妙。《荀子·议兵》："诸侯有能微妙之以节。"谓虚实运用变幻莫测，微妙到了极致，则无形可睹。

④ 神乎神乎，至于无声：神，神奇，神妙。《易·系辞》："阴阳不测之谓神。"言虚实运用难以捉摸，就似神奇到了极致，则无声息可闻。

⑤ 故能为敌之司命：司命，主宰命运者。《管子·国蓄》："五谷食米，民之司命也。"张预注："攻守之术，微妙神秘，至于无形之可睹，无声之可闻。故敌人死生之命，皆主于我也。"此句言虚实运用出神入化，则可使己立于不败之地，成为敌人命运之主宰者。

⑥ 冲其虚：虚，虚懈之处，此言我进攻之处正是敌人虚懈之处。

⑦ 画地而守：画，界限，指画出界限。孟氏注："以物画地而守，喻其易也。"

⑧ 乖其所之：乖，违、相反，此处引申为改变、调动之意。全句言调动敌人，将其引向别处。

⑨ 形人而我无形：形人，使敌现形；形，显露之意。梅尧臣注："他人有形，我形不见。故敌分兵以备我。"近之。

⑩ 我专而敌分：专，专一、集中。分，分散。言我能集中兵力而敌人兵力不得不分散。

⑪ 吾之所与战者约矣：约，少、寡。杜牧注："约，犹少也。"此句言能以十击一，可造成我众敌寡之态势。

所与战之地不可知①，不可知，则敌所备者多；敌所备者多，则吾所与战者寡矣②。故备前则后寡，备后则前寡；备左则右寡，备右则左寡；无所不备，则无所不寡③。寡者，备人者也④；众者，使人备己者也⑤。

故知战之地，知战之日，则可千里而战⑥；不知战地，不知战日，则左不能救右，右不能救左，前不能救后，后不能救前，而况远者数十里，近者数里乎！以吾度之，越人之兵虽多，亦奚益于胜哉⑦？故曰：胜可为也。敌虽众，可使无斗⑧。

故策之而知得失之计⑨，作之而知动静之理⑩，形之而知死生之地⑪，角之而知有余不足之处⑫。故形兵之极，至于无形⑬；无形，则深

---

① 吾所与战之地不可知：所与战之地，所准备与敌交战的地点。此句言我准备与敌开战之战场敌不能知。

② 则吾所与战者寡矣：张预注："不能测吾车果何出，骑果何来，徒果何从故分离其众，所在辄为备，遂致众散而弱，势分而衰。是以吾所与接战之处，以大众临孤军也。"此句言我欲战之地敌不能知，敌则不得不多方设防，多方备我，兵力势必分散。敌兵力分散，则我所局部交战的敌人即寡弱而容易战胜之敌。

③ 无所不备，则无所不寡：此句言若处处设防，必所备皆寡，陷于被动境地。

④ 寡者，备人者也：我兵力所以相对薄弱，乃因分兵备敌所致。孟氏注："备人则我散。"又张预注："所以寡者，为兵分而广备于人也。"

⑤ 众者，使人备己者也：言我兵力所以占有相对优势，乃因迫使敌人分兵备我所致。曹操注："上所谓形藏敌疑，则分离其众以备我也。"孟氏注："备我则彼分。"

⑥ 故知战之地，知战之日，则可千里而战：孟氏注曰："先知战地之形，又审必战之日，则可千里期会，先往以待之。"此言若预先了解掌握战场之地形条件与交战时间，则可以奔赴千里与敌人交战。

⑦ 亦奚益于胜哉：奚，何；益，补益、帮助。此句谓越国军队人数虽众，然不能知众寡分合的运用，则无济于取胜之企图。

⑧ 敌虽众，可使无斗：敌虽人多，然因我拥有主动权，使其无法与我较量。张预注："分散其势，不得齐力同进，则焉能与我争。"其说甚是。

⑨ 故策之而知得失之计：策，策度、筹算。此句谓我当仔细筹算，以了解判断敌作战计划之优劣。

⑩ 作之而知动静之理：作，兴起，此指挑动。杜牧注："言激作敌人，使其应我，然后观其动静理乱之形。"此言我挑动敌人而了解敌人的活动规律。

⑪ 形之而知死生之地：形之，指以伪形示敌。此句谓以佯动示形，了解敌方的情势。

⑫ 角之而知有余不足之处：角，较量。指与敌进行试探性接触，以观虚实。

⑬ 故形兵之极，至于无形：言以假象迷惑敌人的用兵方法运用到妙不可言的程度，可以达到使人无形可窥的程度。

间不能窥，智者不能谋。因形而措胜于众①，众不能知；人皆知吾所胜之形②，而莫知吾所以制胜之形。故其战胜不复③，而应形于无穷④。

夫兵形象水⑤，水之行，避高而趋下；兵之胜，避实而击虚。水因地而制流，兵因敌而制胜。故兵无成势，无恒形。能因敌变化而取胜者，谓之神⑥。故五行无常胜⑦，四时无常位⑧；日有短长，月有死生⑨。

白话译文

孙子说：凡先占据战场等待敌人的就主动安逸，后到达战地而仓促应战的就被动疲劳。所以善于指挥作战的人，总是设法调动敌人而不被敌人调动。

能使敌人自动进到我预定地域的，是用小利引诱的结果；能使敌人不能到达预定地域的，是制造困难阻止的结果。敌人休息得好，而能使他疲劳；敌人粮食充足，而能使他饥饿；敌人驻扎安稳，而能使他移动。这些都是由于出击的是敌人必然援救之地。行军千里而不疲劳，因为走的是没有敌人阻碍的地区；进攻而必然能得手，因为进攻的是敌人

---

① 因形而措胜于众：因，由，依据。措，放置。曹操注："因敌形而立胜。"此言由于示形取得的胜利置于众人面前，众人不知其因。

② 人皆知吾所以胜之形：形，形态、形状，此外指作战的方式方法。言人们只见我胜敌的方法，而不知我究竟怎样运用哪种方法而取胜。

③ 战胜不复：用以战胜的谋略方法不重复出现。

④ 应形于无穷：李筌注："不复前谋以取胜，随宜制变也。"杜牧注："敌每有形，我则始能随而应之以取胜。"此句言不断适应客观实际情况，变化无穷无尽。

⑤ 兵形象水：孟氏注："兵之形势如水流，迅速之势无常也。"此言用兵的规律如水的运动规律一样。

⑥ 神：高明。

⑦ 五行无常胜：五行，金、木、水、火、土。此句言五行相生相克变化无定数，如用兵策略奇妙莫测。

⑧ 四时无常位：此言四季推移代谢，永无休止。

⑨ 月有死生：泛指月有朔望圆亏的变化。

不防守的地点；防御而必然能稳固，因为扼守的正是敌人无法进攻的地方。

所以善于进攻的，敌人不知道如何防守；善于防守的，敌人不知道怎么进攻。微妙呀，微妙到看不到形迹；神奇呀，神奇到听不见声息。所以能成为敌人命运的主宰。前进而使敌人无法抵御的，是因为袭击他空虚的地方；撤退而使敌人无法追击的，是因为行动迅速得使敌人追赶不上。所以我军要打，敌人即使高垒深沟也不得不脱离阵地作战，是因为进攻敌人所必然救援的地方；我军不想打，虽然画地防守，敌人也无法来同我军作战，是因为设法调动敌人，使敌人背离了所要进攻的方向。

因此，要设法使敌人暴露形迹却不让敌人察明我军的真实目的，这样我军的兵力就可以集中而敌人的兵力就不得不分散。我军兵力集中在一处，敌人兵力分散在十处，就能用十倍于敌的兵力去攻击敌人，这样就会造成敌寡我众的有利态势。能做到以众击寡，那么同我军当面作战的敌人就有限了。我军所要进攻的地方敌人无从知晓，那么他所要防备的地方就多了。防备的地方越多，那么我军所要进攻的敌人就越少了。所以防备了前面，后面的兵力就薄弱；防备了后面，前面的兵力就薄弱；防备了左边，右边的兵力就薄弱；防备了右边，左边的兵力就薄弱；处处防备，必然处处兵力薄弱。可见，兵力薄弱是因为处处设防，兵力充足是因为迫使敌人处处布兵。

所以，能预知交战的地点，预知交战的时间，那么即使相距千里也可以同敌人交战。不能预知在什么地方打，不能预知在什么时间打，那就左翼不能救右翼，右翼也不能救左翼，前面不能救后面，后面也不能救前面，何况军队远者相隔几十里，近者相隔几里的呢？依我分析，越国的军队虽多，可对争取战争的胜利又有什么补益呢？所以说，胜利是可能造成的。敌军虽多，可以使他无法同我军较量。

所以，通过筹算来分析敌人作战计划的优劣，通过挑逗来了解敌人的活动规律，通过佯动示形来掌握敌人地形道路情况，通过小分队战斗侦察来探测敌人兵力部署的强弱。所以伪装佯动做得好，就看不出形迹。看不出形迹，即便有高明的间谍也窥察不到我军底细，聪明的敌人也想不出对付我军的办法。根据敌情变化而灵活地运用战术，即使把胜利摆在众人面前，众人还是看不出其中的奥妙。人们只知道我用来战胜敌人的方法，但是不知道我是怎样运用这些方法来出奇制胜的。这是因为每次战胜都不重复使用老一套的办法，而是根据不同的情况，变化无穷。

用兵的规律好像水的流动，水流动时总是避开高处而流向低处，作战的规律也是避开敌人坚实的地方而攻击敌人虚弱的地方。水因地形的高低而制约其流向，作战则应根据不同的敌情而决定不同的打法。所以，用兵作战没有固定的模式，没有一成不变的作战方法。能够根据敌情变化而采取灵活的战法取胜的，就叫作用兵如神。五行相生相克没有哪一个固定常胜，四时相接相代也没有哪一个固定不移，白天有短有长，月亮也有缺有圆。总之，世间一切都在变化之中。

七

《军争篇》

篇题解析

《军争篇》之"争",即争夺、争抢之意。军争,则专指军事上争利、争胜。曹操注:"两军争胜。"唐代李筌注:"争者,趋利也。"宋代王晳注:"争者,争利。得利则胜。"诸家解诂,均合孙子之意。可见,本篇主题是论述出国征战过程中敌我双方争相塑造取胜的有利条件,争夺有利的态势和战机,以掌握战争的主动权。战争是一个复杂的系统活动,决策、指挥、攻守、造势、变化等,都是将领必须考虑的重要事情。此篇则重点分析国君决策定下来之后,将领受命出征,向战场开进一路上要注意的若干问题,诸如如何争夺道路、争夺战机、争夺态势等,重点强调"以迂为直,以患为利"的军事辩证法思想。

正文注释

孙子曰:凡用兵之法,将受命于君,合军聚众①,交和而舍②,莫

---

① 合军聚众:合,《诗·大雅·民劳》郑玄笺曰:"合,聚也。"曹操注曰:"聚国人,结行伍,选部曲,起营为军阵。"梅尧臣曰:"聚国之众,合以为军。"全句的意思是聚集民众,组编军队。
② 交和而舍:交,接、接触;和,军门。曹操注:"军门为和门,左右门为旗门,以车为营曰辕门,以人为营曰人门,两军相对为交和。"舍,止、止宿。《左传》庄公三年:"师行一宿为舍。"此句意思为在战地,敌我对垒而处。

难于军争①。军争之难者,以迂为直,以患为利②。故迂其途而诱之以利③,后人发,先人至④,此知迂直之计者也。

故军争为利,军争为危⑤。举军而争利则不及⑥;委军而争利则辎重捐。是故卷甲而趋⑦,日夜不处,倍道兼行⑧,百里而争利,则擒三将军⑨;劲者先,罢者后,其法十一而至⑩。五十里而争利,则蹶⑪上将军,其法半至;三十里而争利,则三分之二至。是故军无辎重则亡,无粮食则亡,无委积则亡⑫。

故不知诸侯之谋者,不能豫交⑬;不知山林、险阻、沮泽⑭之形者,

---

① 莫难于军争:没有比两军相对争夺制胜条件更难的了。曹操注:"从始受命,至于交和,军争难也。"张预注:"与人相对而争利,天下之至难也。"
② 以迂为直,以患为利:梅尧臣注:"能变迂为近,转患为利。"张预注:"变迂曲为近直,转患害为便利。"此句意思是将迂回的道路变为直达的道路,将患害变为有利。
③ 故迂其途而诱之以利:贾林注:"敌途本近,我能迂之者,或以羸兵,或以小利,以他道诱之,使不得以军争赴也。"此句言以迂回绕道和小利引诱敌人,摆脱敌人,先敌到达战地。
④ 后人发,先人至:言比敌人后出动,而先到达要争夺的要地。
⑤ 军争为利,军争为危:为,有也。《孟子·滕文公上》:"夫滕,壤地褊小,将为君子焉,将为野人焉。"赵岐注:"为,有也。"曹操注:"善者则以利,不善者则以危。"全句译为军争之事既有利的一面,亦有不利的一面。
⑥ 举军而争利则不及:举,全、皆。梅尧臣注:"举军中所有而行则迟缓。"此句译为携带全部装备辎重的军队前去争取先机之利,则不能按时到达。
⑦ 卷甲而趋:卷,收、藏也。此句意思为卷起铠甲,轻装快跑。
⑧ 日夜不处,倍道兼行:处,止也。此处指不得休息。倍道,行程加倍之意。此句言夜以继日不停地赶路。
⑨ 擒三将军:杜佑注:"欲从速疾,卷甲束杖,潜军夜行,若敌知其情,邀而击之,则三军之将为敌所擒也。"此句言三军之将被敌所擒。
⑩ 其法十一而至:按其规律,只有十分之一的人能到达。
⑪ 蹶:损折。表示被动,被挫败。
⑫ 无委积则亡:委积,指物资储备。《周礼·地官·遗人》:"掌邦之委积,以待施惠,"郑玄注:"少曰委,多曰积。"此句言军队没有物资补充即不能生存。
⑬ 不能豫交:预交,即结交诸侯。豫,通"与"。
⑭ 沮泽:《礼记·王制》:"居民山川沮泽。"孔颖达疏引何胤云:"沮泽,下湿地也。"指水草丛生之沼泽地带。

不能行军；不用乡导①者，不能得地利。故兵以诈立，以利动，以分合为变②者也。故其疾如风③，其徐如林④；侵掠如火，不动如山；难知如阴⑤，动如雷震⑥。掠乡分众⑦，廓地分利，悬权而动⑧。先知迂直之计者胜，此军争之法也。

《军政》⑨曰：言不相闻，故为金鼓⑩；视不相见，故为旌旗。故夜战多金鼓，昼战多旌旗。夫金鼓旌旗者，所以一民之耳目也⑪。民既专一，则勇者不得独进，怯者不得独退。此用众之法也。

故三军可夺气⑫，将军可夺心⑬。是故朝气锐，昼气惰，暮气归⑭。故善用兵者，避其锐气，击其惰归⑮，此治气者也。以治待乱，以静待

---

① 乡导：即向导。"乡""向"古通。指熟悉该地区情况的带路人。
② 以分合为变：分，指分散兵力；合，指集中兵力。言用兵作战当灵活处置兵力分散与集中。曹操注："兵一分一合，以敌为变也。"
③ 其疾如风：曹操注："击空虚也。"张预注："其来疾暴，所向皆靡。"全句意思为行动迅速，有如飘风之迅疾。
④ 其徐如林：指部队行列整肃，舒缓如林木般有序。
⑤ 难知如阴：难以窥知实情，有如阴云蔽日。
⑥ 动如雷震：杜牧注："如空中击下，不知所避也。"贾林注："疾雷不及掩耳。"此句言行动迅速，使人猝不及防。
⑦ 掠乡分众：曹操注："因敌而致胜。"陈皞注："夫乡邑村落，因非一处，察其无备，分兵掠之。"全句意谓分兵数路掳掠敌国乡邑。
⑧ 悬权而动：权，秤锤，用以称物轻重。此句指权衡利害得失，而后决定行动。
⑨ 《军政》：古兵书，已佚。梅尧臣曰："军之旧典。"
⑩ 故为金鼓：为，设置也。金，杜佑注："钲铎也。"金鼓，古代用以指挥军队进退的号器具，擂鼓进军，鸣金收兵。
⑪ 所以一民之耳目也：民，士卒、军队。一，统一、齐一。用金鼓来统一士卒们的视听，使士兵们的行动一致。
⑫ 三军可夺气：夺，失也。《荀子·富国》："罕兴力役，无夺农时，如是则国富矣。"气，指刚劲勇锐之士气。全句意谓三军之刚锐旺盛之气可以挫伤而使之衰竭。
⑬ 将军可夺心：张预注："心者，将之所主也。夫治乱勇怯，皆主于心。故善制敌者，挠之而使乱，激之而使感，迫之而使惧，故彼之心谋可以夺也。"全句言可动摇将帅的决心。
⑭ 朝气锐，昼气惰，暮气归：归，止息。梅尧臣注："朝，言其始也；昼，言其中也；暮，言其终也。"又张预注："朝喻始，昼喻中，暮喻末。"
⑮ 避其锐气，击其惰归：此言避开敌初来时的锐气，等待敌人士气衰懒再进行打击。

哗①,此治心②者也。以近待远,以佚待劳,以饱待饥,此治力者也。无邀正正之旗③,勿击堂堂之陈④,此治变者也⑤。

故用兵之法:高陵勿向⑥,背丘勿逆⑦,佯北勿从⑧,锐卒勿攻⑨,饵兵勿食⑩,归师勿遏⑪,围师必阙⑫,穷寇勿迫⑬,此用兵之法也。

白话译文

孙子说:大凡用兵的法则,统帅接受国君的命令,从征集民众,组编军队,到同敌人对垒,在这过程中没有比争取先机之利更困难的。争取先机之利最为困难的地方,是要把迂回的弯路变成直道,要把不利条件变为有利条件。所以用迂回的途径,并用小利引诱敌人,这样就能在比敌人后出动的情况下先到达要争夺的要地,这便是懂得以迂为直的方

---

① 以治待乱,以静待哗:乱,陈皞注:"政令不一,赏罚不明,谓之乱。"哗,指骚动不安。全句意谓以严整对付混乱之敌,以镇静对付轻躁之敌。
② 治心:张预注曰:"善治己之心以夺人之心。"即从心理上制伏、战胜敌人。
③ 无邀正正之旗:邀,遮留、阻击、截击。正正,曹操注:"正正,齐也。"此句谓不要发兵截击旗帜齐整、队伍整治之敌。
④ 堂堂之陈:陈,阵。堂堂,张预注:"行阵广大。"言不要攻击阵营壮大实力雄厚之敌。
⑤ 此治变者也:言此乃掌握机动应变的方法。
⑥ 高陵勿向:向,指仰攻,杜牧注:"向者,仰也。"梅尧臣注:"敌处其高,不可仰击。"此说甚是。
⑦ 背丘勿逆:背,杜牧注:"背者,倚也。"倚托之意。逆,迎击。敌背倚丘陵险阻,当不要正面攻击。
⑧ 佯北勿从:佯,假装、伪装。张预注:"敌人奔北,必审真伪。"此言敌若假装败退,当不要追击。
⑨ 锐卒勿攻:言敌精锐,不要去攻击。
⑩ 饵兵勿食:饵,诱饵、以小利相诱。言敌人若以小利做诱饵,不要理睬。
⑪ 归师勿遏:遏,阻、截击。言敌师退还其国途中不可正面阻截。
⑫ 围师必阙:张预注:"围其三面,开其一面,示以生路,使不坚战。"此言包围敌人,当留缺口。
⑬ 穷寇勿迫:穷,困厄。言对陷入绝境之敌不宜逼迫。

法了。

所以军争有有利的一面，同时也有危险的一面。如果全军带着所有装备去争利，就不能按时到达预定地域；如果放下装备辎重去争利，装备辎重就会损失。因此，卷起盔甲轻装急进，昼夜不停，连续加速强行军，走上100里去争利，三军的将领都可能被俘，强壮的战士先到，疲弱的士卒掉队，其结果只会有十分之一的兵力赶到；走50里去争利，上军的将领会受挫折，只有半数兵力赶到；走30里去争利，只有三分之二的兵力赶到。因此，军队没有辎重就不能生存，没有粮食就不能生存，没有物资就不能生存。

不了解列国诸侯战略企图的情况下，不能与其结交；不熟悉山岭、森林、险要、阻塞、水网、湖沼等地形的情况下，不能率军行进；不重用向导的情况下，就不能得到地利。所以，用兵打仗要依靠诡诈才能成功，根据是否有利决定自己的行动，以分散兵力与集中兵力作为战术变化手段。所以，军队行动迅速时犹如疾风；行动舒缓时犹如森林，攻击时犹如烈火，防御时像山岳，隐蔽时犹如阴天，冲锋时犹如雷霆。掳掠乡邑，分配俘虏来的民众；扩张领土，分配掠夺来的物资；衡量利害得失，然后相机行动。事先懂得以迂为直方法的就能胜利，这就是军争的原则。

《军政》说："作战中用语言指挥听不到，所以设置金鼓；用动作指挥看不见，所以设置旌旗。"所以夜战多用金鼓，昼战多用旌旗。金鼓、旌旗是用来统一全军行动的。全军的行动如果一致，那么勇猛的士卒不会单独前进，怯懦的士卒也不会单独后退，这就是指挥大部队作战的方法。

对于敌人的军队，可以打击他的士气；对于敌人的将领，可以搅乱他的决心。军队初战时士气饱满，过一段时间后就开始逐渐懈怠，最终就会疲乏衰竭了。所以善于用兵的人，要避开敌人初来时的锐气，等待敌人士气衰竭时再去打他，这是掌握军队士气的方法。用自己的严整对付敌人的混乱，用自己的镇静对付敌人的轻浮，这是掌握军队心理的办法。用自己部队接近战场的状态对付远道而来的敌人，用自己部队安逸休整的状态对付疲劳奔走的敌人，用自己部队饱食的状态对付饥饿的敌人，这是掌握军队战斗力的办法。不要去拦击旗帜整齐、部署周密的敌人，不要去攻击阵容堂皇、实力强大的敌人，这是掌握机动变化的办法。

所以，用兵的原则是：敌军占领山地时不要仰攻，敌军背靠高地时不要正面强攻，敌军假装败退时不要追击，遇到敌军精锐时不要去攻打，面对敌人的诱兵时不要去理睬，敌军退回本国时不要去阻击，包围敌人时不要四面堵死，敌军已陷入绝境时不要过急逼迫。这些都是用兵的法则。

八

《九变篇》

篇题解析

按照人们一般的工作套路来说,但凡打仗都必定要先根据战争决策制定计划和方案,然后各级将领带领部队按计划和方案作战。但是,孙子却提出了一个反常规的思想,要求将领在实际作战过程中不一定按事先的计划和方案作战,甚至不一定听从国君的命令。他的原话是"君命有所不受",国君的命令也可以不接受。好大的胆子呀,这可是要杀头的呀!为什么要提出这么一种反叛的观点?它对我们现代作战或竞争有没有意义呢?《九变篇》将给予明确的回答。

这一篇是13篇中文字最少的一篇,仅有240多字。"九"在传统文化中常常用来虚指,表示"多"的意思,"九变",即多变。战争中情况瞬息万变,有利的战机稍纵即逝,因此若想夺得战场主动权,将领必须懂得因地制宜、机断行事,切不可刻舟求剑、墨守成规。本篇主要是告诫将帅在指挥作战中应根据实际情况,采取灵活机动的战略战术,在各种战场地形条件下通晓利害转化,以赢得战争的胜利。

正文注释

孙子曰：凡用兵之法，将受命于君，合军聚众，圮地无舍①，衢地合交②，绝地无留③，围地则谋，死地则战。途有所不由④，军有所不击，城有所不攻⑤，地有所不争，君命有所不受⑥。故将通于九变之利者，知用兵矣。将不通于九变之利者，虽知地形，不能得地之利矣。治兵不知九变之术⑦，虽知五利⑧，不能得人之用矣。

是故，智者之虑，必杂于利害⑨。杂于利，而务可信⑩也；杂于害，而患可解也⑪。

---

① 圮地无舍：圮，毁坏、倒塌。舍，止也；此处指宿营。此句意如梅尧臣所注："山林、沮泽之地，不可舍止，无所依也。"
② 衢地合交：衢地，谓四通八达之地。《孙子兵法·九地》："诸侯之地三属，先至而得天下之众者，为衢地。"合交，指结交邻国以求多助。此句谓在四通八达的地区作战要注意结成牢固的联盟。
③ 绝地无留：绝地，李筌注："地无泉井、畜牧、采樵之处。"全句谓在道路不通，又无粮食水草的地方切勿停留。
④ 途有所不由：途，道路。由，从、通过。此句意思为有的道路不要通过。
⑤ 军有所不击，城有所不攻：张预注："纵之而无所损，克之而无所利，则不须击也；又若我弱彼强，我曲彼直，亦不可击。"全句言有的敌军不宜攻击，有的城池不必攻拔。
⑥ 君命有所不受：曹操注曰："苟便于事，不拘于君命。"贾林注："决必胜之机，不可推于君命，苟利社稷，专之可也。"全句谓有的君主命令可以不予接受。
⑦ 九变之术：术，方法、手段之意。《孟子·告子》："教亦多术矣。"此句指多变的具体方法、手段。
⑧ 五利：指"途有所不由，军有所不击，城有所不攻，地有所不争，君命有所不受"的五个好处。
⑨ 杂于利害：曹操注：杂，合、混合、辨证。"在利思害，在害思利，当难行权。"张预注："智者虑事，虽处利地，必思所以害；虽处害地，必思所以利，此亦通便之谓也。"全句言应充分兼顾到利与害两个方面。
⑩ 可信：务，任务。《易·系辞》："夫《易》开物成务。"此指"争胜于天下"之大事。信，伸也，伸张、发展。《易·系辞》："尺蠖之屈，以求信也。"意谓考虑到有利的条件，则可完成作战任务。
⑪ 杂于害，而患可解也：考虑到不利的因素，则祸患即可消除。

是故，屈诸侯者以害①，役诸侯者以业②，趋诸侯者以利③。

故用兵之法：无恃其不来，恃吾有以待也④；无恃其不攻，恃吾有所不可攻也⑤。

故将有五危：必死，可杀也⑥；必生，可虏也⑦；忿速，可侮也⑧；廉洁，可辱也⑨；爱民，可烦也⑩。凡此五者，将之过也，用兵之灾也。覆军杀将⑪，必以五危，不可不察也⑫。

① 屈诸侯者以害：屈，屈服、屈从、制服。诸侯，此处指敌国。全句言以敌国所恶之事伤害之而使其屈服也。
② 役诸侯者以业：役，使、驱使。《荀子·正名》："夫是之谓以己为物役矣。"业，曹操注："业，事也。"此句谓以危险之事烦劳敌国使之穷于应付。
③ 趋诸侯者以利：趋，奔走、奔赴。张预注："动之以小利，使之必趋。"全句言以小利引诱调动敌人，使之奔走无暇。
④ 恃吾有以待也：恃，倚仗、依赖、寄希望。曹操注："安不忘危，常设备也。"张预注："言须思患而预防之。"本句意谓不要侥幸于敌之不来，而需倚仗己有充分之准备。
⑤ 无恃其不攻，恃吾有所不可攻也：言不可侥幸于敌人不进攻，而需要依赖自己具备使敌人无从进攻的条件。
⑥ 必死，可杀也：必，坚持、固执之意。曹操注："勇而无虑，必欲死斗，不可曲挠，可以奇伏中之。"此句言一味地硬拼，则会被杀。
⑦ 必生，可虏也：曹操注："见利畏怯不进也。"此句意谓将帅贪生怕死，可能就会被俘虏。
⑧ 忿速，可侮也：忿，愤怒、生气。曹操注："疾急之人，可愤怒侮而致之。"全句言将帅急躁易怒，则易中敌人轻侮之计。
⑨ 廉洁，可辱也：曹操注："廉洁之人，可污辱致之也。"此句谓将帅过于洁身清廉，则可能受辱。
⑩ 爱民，可烦也：烦，烦劳、相烦。张预注曰："民虽可爱，当审利害。若无微不救，无远不援，则出其所必趋，使烦而困也。"此言将帅爱护民众，如不审度利害，则被动烦劳。
⑪ 覆军杀将：覆，倾覆、覆灭。言军队覆灭，将帅被杀。
⑫ 必以五危，不可不察也：五危，即上言"必死"等。言"覆军杀将"都是由这五种危险引起的，不可不充分注意。

白话译文

孙子说：大凡用兵的法则，主将接受国君的命令，组织军队，聚集军需，出征时在"圮地"不可宿营，在"衢地"应结交诸侯，在"绝地"不可停留，在"围地"要巧设计谋，在"死地"就要坚决奋战。有的道路不要走，有的敌军不要打，有的城邑不要攻，有的地盘不要争，有的国君命令不要接受。所以，将领能够通晓以上各种灵活机变的战术，就算得上懂得用兵了。将领不精通以上灵活机变战术的运用，即使了解地形，也不能得到地利。指挥军队不知道多变的方法，虽然知道"五利"，也不能充分发挥军队的战斗力。

因此，聪明的将帅考虑问题，必须兼顾利与害两个方面。在不利的条件下要看到有利的一面，事情才可以顺利进行；在顺利的情况下要看到不利的因素，才能解除可能发生的祸患。

要使诸侯国屈服，就要用他最害怕的事情去伤害他；要使各国诸侯忙于应付，就要用他不得不做的事去驱使他；要使各国诸侯疲于奔命，就要用小利去引诱他。

用兵的法则是：不要指望敌人不会来，而要依靠自己做好了充分的准备；不要指望敌人不进攻，而要依靠自己有了使敌人无法进攻的力量。

将帅有五种致命的缺点：只知死拼可能被诱杀；贪生怕死可能被俘虏；急躁易怒可能中敌人轻侮的奸计；廉洁自爱可能落入敌人污辱的圈套；一味"爱民"可能导致烦劳。这五种危险都是将帅的过错，也是用兵的灾害。军队覆灭、将帅被杀，都由于这五种缺点引起，是不可不充分注意的。

九
《行军篇》

> **篇题解析**

乍看这一篇的篇名,不仅初接触《孙子兵法》的朋友会读成"xíng jūn",就是现在市面上流行的不少解读《孙子兵法》的书籍以及讲解《孙子兵法》的音频视频,都理解为"行军",认为本篇讲的是军队的行进。英译本很多都将本篇译为"Marching"或者"On the March",也就是军队行进的意思。这是一种望文生义的读法和译法。《行军篇》的"行"应该读"háng",古意为纵横交叉的道路,后引申为行列、阵势;而"军"呢,本意为军队,引申为驻军、驻扎。"行军"两个字,此处为名词动用,为并列的两个动词,指的是"行军布阵、安营驻军"双重含义。我国著名翻译家林戊孙英译的《孙子兵法》将这篇翻译为"Deploy the Troop",即"部署军队",既包括布阵又包括驻扎,应该说理解和翻译是相对准确的。

那么《行军篇》与前文有什么联系呢?《孙子兵法》是一个完整的认知体系,从宏观到微观,都讲到了。《九变篇》讲的是军争中灵活应变的谋略思路,《行军篇》讲的是军争中对敌情的判断和处置,也可以说是落实灵活应变谋略思路的具体原则。张预说:"知九地之变,然后可以择利而行军,故次《九变》。"本篇之中,孙子从自然界的一山一水、一情一景,到敌军官兵的一举一动、一表一情,都和军事行动联系起来。可谓是"见微知著",细微之处见军机。

正文注释

孙子曰：凡处军①、相敌②；绝山依谷③，视生处高④，战隆无登⑤，此处山之军也。绝水必远水⑥；客绝水而来，勿迎之于水内⑦，令半济而击之⑧，利；欲战者，无附于水而迎客⑨；视生处高，无迎水流⑩，此处水上之军也。绝斥泽⑪，惟亟去无留⑫。若交军于斥泽之中，必依水草而背众树⑬，此处斥泽之军也。平陆处易⑭，而右背高，前死后生⑮，此处

---

① 处军：处置、安顿。指在各种地形条件下，军队行军、战斗、驻扎的处置方法。
② 相敌：相，觇视、观察。意为观察判断敌情。
③ 绝山依谷：绝，越度、通过。依，傍、近。张预注曰："凡行军越过山险，必依附溪谷而居，一则利水草，一则负险固。"全句谓通过山地，需傍依溪谷行进。
④ 视生处高：曹操注曰："生者，阳也。"李筌注："向阳曰生，在山曰高。"此言军队驻扎，要居高向阳。
⑤ 战隆无登：隆，高地。登，攀登。全句谓在高地与敌作战，不宜自下而上仰攻。曹操注："无迎高也。"
⑥ 绝水必远水：渡过江河，一定要在离河流稍远的地方驻扎。张预注："凡行军过水，欲舍止者，必去水稍远，一则引敌使渡，一则进退无碍。"
⑦ 客绝水而来，勿迎之于水内：客，指进攻之敌。《礼记·月令》注："为客不利。"疏引正义曰："起兵伐人者谓之客。"梅尧臣曰："敌之方来，迎于水滨则不渡。"
⑧ 令半济而击之：半济，正在渡水。此言乘敌人尚未全部渡过河时进攻他们。
⑨ 无附于水而迎客：曹操曰："附，近也。"张预注："我欲必战，勿近水迎敌，恐其不得渡；我不欲战，则阻水以拒之，使不能济。"此句言不要在近江河处与进攻之敌交战。
⑩ 无迎水流：曹操注："恐溉我也。"此句谓勿居下游之地。
⑪ 斥泽：《尚书·禹贡》："海滨广斥"，郑注云："斥谓地咸卤。"斥泽为盐碱沼泽地区。
⑫ 亟去无留：亟，急、疾，即迅速离开，不得滞留。
⑬ 必依水草而背众树：言必须傍水草背倚林木而扎营。
⑭ 平陆处易：平陆，开阔之地。易，平地。遇开阔地，亦需择平坦之处安营。
⑮ 前死后生：《淮南子·地形训》："高者为生，下者为死。"此言背靠山险而面向平易。曹操注："战便也。"

平陆之军也。凡此四军之利①，黄帝之所以胜四帝②也。

凡军好高而恶下③，贵阳而贱阴④，养生而处实⑤，军无百疾，是谓必胜。丘陵堤防，必处其阳而右背之。此兵之利，地之助也。上雨，水沫至，止涉，待其定也⑥。绝天涧、天井、天牢、天罗、天陷、天隙⑦，必亟去之，勿近也。吾远之，敌近之；吾迎之，敌背之。军旁有险阻、潢井、葭苇、山林、翳荟⑧者，必谨覆索之⑨，此伏奸之所处也。

敌近而静者，恃其险也；远而挑战者，欲人之进也。其所居易者，利也。众树动者，来也⑩；众草多障者，疑也⑪。鸟起者，伏⑫也；兽骇者，覆⑬也。尘高而锐者，车来也；卑而广者，徒来也⑭；散而条达⑮者，薪来也；少而往来者，营军⑯也。辞卑而益备⑰者，进也；辞强而进

---

① 四军之利：上述处山、处水、处斥泽、处平陆等四种处军原则的好处。
② 四帝：泛指上古时期炎帝、蚩尤等四方氏族部落首领。
③ 凡军好高而恶下：张预注："居高则便于观望，利于驱逐；处下则难以为固，易以生疾。"此言驻军喜好高处而厌恶低处。
④ 贵阳而贱阴：《谷梁传》僖公二十八年："山南为阳，水北为阳。"张预注："贵阳者，以其光明气舒，疾病难于滋蔓也；贱阴者，晦逆非养生之道也。"此句谓以向阳的地方为贵，贱视卑湿的地方。
⑤ 养生而处实：养生，指人马得以休养生息。处实，指择运输便利而物资供应丰实之地。
⑥ 上雨，水沫至，止涉，待其定也：曹操注曰："恐半涉而水遽涨也。"
⑦ 天涧、天井、天牢、天罗、天陷、天隙：前后险峻，水横其中为绝涧；四方高，中间下为天井；三面环绝，易入难出为天牢；草木蒙密，锋镝莫施处为天罗；阪地泥泞，渐车凝骑处为天陷；道路迫狭，地多坑坎为天隙。
⑧ 险阻、潢井、葭苇、山林、翳荟：险阻，曹操注："险者，一高一下之地；阻者，多水也。"潢井，指积水池。葭苇，芦苇，泛言水草丛聚。翳荟，草木繁茂。
⑨ 必谨覆索之：必须小心谨慎地搜索。
⑩ 众树动者，来也：曹操注："斩伐树木，除道而来，故动。"其言甚是。
⑪ 众草多障者，疑也：曹操注："结草为障，欲使我疑也。"
⑫ 伏：指伏兵。曹操注："鸟起其上，下有伏兵。"
⑬ 覆：在此为覆没、覆灭之意。曹操注"敌广阵张翼，来覆我也"，近之。
⑭ 卑而广者，徒来也：扬起的尘埃低而面积广的，那是敌人步卒开来。
⑮ 散而条达：条达，纵横断绝之貌。此句意思为烟尘疏散而呈条缕状。
⑯ 营军：察看地形，准备立营的敌军。梅尧臣注曰："轻兵定营，往来尘少。"
⑰ 辞卑而益备：益，增、加强。措辞谦卑而加强防备。

向《孙子兵法》
学经营管理

驱①者，退也。轻车先出，居其侧者，陈也②；无约而请和者，谋也③；奔走而陈兵者，期也；半进半退者，诱也。杖而立④者，饥也；汲役先饮⑤者，渴也；见利而不进者，劳也。鸟集者，虚也⑥；夜呼者，恐也；军扰者，将不重也⑦；旌旗动者，乱也；吏怒者，倦也⑧。粟马肉食，军无悬甀不返其舍者⑨，穷寇也。谆谆翕翕⑩，徐言入入者，失众也；数赏者，窘也⑪；数罚者，困也；先暴而后畏其众者，不精之至也。来委谢⑫者，欲休息也。兵怒而相迎，久而不合，又不相去，必谨察之。

兵非多益⑬，惟无武进⑭，足以并力、料敌、取人⑮而已。夫惟无虑

---

① 辞强而进驱：措辞强硬而又示以驰驱进逼之形。
② 轻车先出居其侧者，陈也：陈，同"阵"、布阵。《论语·卫灵公》："卫灵公陈于孔子"，即问阵于孔子。杜牧曰："出轻车，先定战陈疆界也。"此句言战车先出其营之侧面，是列阵欲战。
③ 无约而请和者，谋也：梅尧臣注："无约请和，必有奸谋。"此谓未至屈困之境而请和，必有奸谋。
④ 杖而立：倚仗兵器而站立。梅尧臣曰："倚兵而立者，足见饥弊之色。"
⑤ 汲役先饮：汲役，负责取水的士兵。张预注曰："汲者未及归营而先饮水，是三军渴也。"此言颇是。
⑥ 鸟集者，虚也：张预曰："凡敌潜退，必存营幕，禽鸟见空，鸣集其上。"此言群鸟集中其上，则其下营垒已空。
⑦ 军扰者，将不重也：敌军多惊扰，是将领无威容，不持重。李筌注曰："将无威重则军扰。"
⑧ 吏怒者，倦也：梅尧臣曰："吏士倦烦，怒不畏避也。"此言军士愤怒，是士众倦烦了。
⑨ 粟马肉食，军无悬甀不返其舍者：粟，古以粟为粮谷之总称。甀，盛水之瓦器。此句意为以粮食喂马，杀牲口吃肉，营中不见用绳子悬挂水缸，士卒们是准备拼命突围。
⑩ 谆谆翕翕：曹操注："谆谆，语貌；翕翕，失志貌。"杜牧注："忧在内，是自失其众心也。"此句言士卒们私下小声地议论。
⑪ 数赏者，窘也：梅尧臣注："势穷忧叛离，数赏以悦众。"其说甚是。
⑫ 委谢：委质来谢，带贵重礼品来言好。张预注："以所亲爱委质来谢，是势力穷极，欲休兵息战也。"
⑬ 兵非多益：王晳注："不以多为益。"即兵不在多之意。
⑭ 惟无武进：武进，刚武轻进。此言不要恃武轻进。
⑮ 取人，有三个含义：一为争取人心；二为取胜于敌；三为择优选人才。皆是。

而易敌①者，必擒于人。

卒未亲附而罚之②，则不服，不服则难用也。卒已亲附而罚不行，则不可用也。故合之以文③，齐之以武④，是谓必取⑤。令素行⑥以教其民，则民服⑦；令素不行以教其民，则民不服。令素行者，与众相得⑧也。

白话译文

孙子说：在各种不同地形上处置军队和观察判断敌情时，应该注意：穿越山岭，应临近谷地行进，驻扎居高向阳的地方，敌人已占领高地，不要仰攻。这是在山地上对军队处置的办法。横渡江河，应在离水流稍远的地方驻扎，敌人渡水来战，不要在江河中迎击，等敌人渡过一半时再攻击，这样较为有利；如果与敌人决战，不要紧靠水边列阵；在江河地带扎营，也要居高向阳，不要面迎水流。这是在江河地带对军队的处置方法。通过盐碱沼泽地带，一定要迅速离开，切勿停留；如果在盐碱沼泽之地与敌遭遇，一定要依傍水草而背靠树木。这是在盐碱沼泽地带处军的原则。在平原旷野，要驻扎在开阔地域，主要翼侧要依托高地，前低后高。这是在平原地区处置军队的原则。以上四种处军原则的好处，就是黄帝能战胜其他四帝的原因。

---

① 易敌：轻视敌人。
② 卒未亲附而罚之：此句杜牧注曰："恩信未洽，不可以刑罚齐之。"亲附，亲近、归附。
③ 合之以文：合，齐也，与下句之"齐"互文。文，宽厚。此句言对待士卒要宽厚笼络。
④ 齐之以武：武，刑威，军纪刑罚。故此言用严明军纪刑罚来整肃部众之行为。
⑤ 必取：言必能取得部下的敬畏和拥戴。
⑥ 令素行：令，立法行令。素，平时。言平时认真贯彻法令。
⑦ 以教其民，则民服：言威令素信，所以民听之不惑。梅尧臣注："威令旧立，教乃听服。"其说甚是。
⑧ 与众相得：得，亲和。相得，关系融洽。此言与士卒相处得融洽。

大凡驻军总是喜欢干燥的高地，避开潮湿的洼地；重视向阳之处而避开阴暗之处；靠近水草地方，供应方便，将士百病不生，这样就有了胜利的保证。在丘陵堤防行军，必须占领向阳的一面，并把主要翼侧背靠着它。这些对于用兵有利的，是得自地形给予的辅助。上游下雨，洪水突至，若想过河，一定等水流稍平稳以后。地形有"绝涧""天井""天牢""天罗""天陷""天隙"等险地，遇上这些地形必须迅速离开，不要接近。我们应远离这种地形，让敌人去靠近它；我们应面向这种地形，而让敌人去背靠着它。行军途中遇有悬崖绝壁的隘路，湖泊、水网、芦苇、山林和草木茂盛的地方，必须谨慎地反复搜索，这些都是敌人可能设下埋伏或隐伏侦察的地方。

敌人逼近而安静的，是依仗所占领的险要地形；敌人离我军很远而来挑战的，是想诱我军前进，因为他占领了的地形有利于同我军决战。前方许多树木摇动，那是敌人隐蔽前来；草丛中有许多遮障物，是敌人布下的疑阵；群鸟惊飞，下面必有伏兵；野兽惊骇，是敌人大举突袭而至。尘土飞扬而高冲云间，是敌人的战车驰来；尘土飞扬低而宽广，是敌人步兵开来；尘土疏散飞扬，是敌人正曳柴而走；尘土少而时起时落，是敌人正在扎营。敌人使者措辞卑谦却又在加紧备战的，是企图向我军进攻；敌人使者言辞强硬而军队又做出前进姿态的，是准备撤退；轻车先出动，部署在两翼的，是在布列阵势；敌人尚未受挫而来讲和的，是另有阴谋；敌人兵卒奔走而摆开阵势的，是企图约期同我军决战；敌人半进半退的，是企图引诱我军。敌兵倚着兵器而站立的，是饥饿的表现；供水兵打水自己先饮的，是干渴的表现；敌人见利而不进兵争夺的，是疲劳的表现；群鸟聚集在敌营上空，营地必已空虚；敌人夜间惊叫的，是恐慌的表现；敌营惊扰纷乱的，是敌将没有威严；敌人旌旗摇动不整齐的，是敌军队伍已经混乱；敌人军官易怒的，是全军烦倦的表现；用粮食喂马，杀牲口吃肉，收拾起汲水器具，部队不返营舍的，是准备拼命突围的穷寇；低声下气同部下讲话的，是敌将失去了人心；不断犒赏士卒的，是敌军没有办法；不断惩处部属的，是敌人处境困难；敌将先对士卒暴虐，后又畏惧士卒叛离的，那是最不聪明的将领；派来使者送信言好，是敌人想休兵息战；敌人逞怒同我对阵，却久不交锋又不撤退的，必须仔细审察，摸清敌人的企图。

打仗不在于兵多就好，只要不轻敌冒进，并集中兵力、判明敌情，必能取胜。只有那种毫无深思熟虑而又轻敌的人，才会被敌人俘获。

士卒还没有团结亲附之前就加以处罚，他们会不服，不服就很难使用；士卒已经团结亲附之后，如果纪律仍不执行，那么这样的士卒也不能用来作战。所以，要以怀柔宽仁的手段使他们思想统一，这样必然能取得部下的敬畏和拥戴。平时严格贯彻命令，管教士卒，士卒就会听服；平时不严格贯彻命令，管教士卒，士卒就会养成不服从的习惯。平时的命令能贯彻执行的，这表明将帅与士卒之间相处融洽。

十

《地形篇》

篇题解析

孙子对于战争中地理信息的运用十分重视,在十三篇中,与地理直接相关的有三篇:《行军篇》《地形篇》《九地篇》。《行军篇》讲的是军队在机动过程中,行军开进、安营扎寨,要注意几种特殊地形。《地形篇》讲的则是在力量展开阶段,即在战场布势阶段,从敌我双方对比角度,要注意的地理形势。而《九地篇》则是从更高层面,即今天我们所说的战略地理的高度分析各种地理环境。因此,《地形篇》承《行军篇》所述行军地理思想,《九地篇》所述战略地理思想,专论作战地理,并延伸至作战中出现的混乱情况和在日常训练管理中应注意的问题,起到一个承上启下的作用。从一般地形条件扩展到地缘政治,孙子对地形的军事价值进行了层层递进的挖掘。正如明末清初的军事地理学家顾祖禹称赞说:"夫论兵之妙,莫如《孙子》,而论地利之妙,亦莫如《孙子》。"

本篇论述的思路是:作战首先要利用地形,确保胜利;虽然可以利用地形取胜,但胜败的关键还是官兵素质,尤其是将帅的思想境界高度和依据战争规律的灵活指挥,对于胜利更为重要;治军管理要恩威并施,才能练就出共赴患难、同生共死的军队;最后得出结论,要知彼知己、知天知地,才能确保胜利。

正文注释

孙子曰：地形有通①者，有挂②者，有支③者，有隘④者，有险⑤者，有远⑥者。我可以往，彼可以来，曰通。通形者，先居高阳⑦，利粮道⑧，以战则利。可以往，难以返，曰挂。挂形者，敌无备，出而胜之；敌有备，出而不胜，难以返，不利。我出而不利，彼出而不利⑨，曰支。支形者，敌虽利我⑩，我无出也，引而去之⑪，令敌半出而击之⑫，利。隘形者，我先居之，必盈之以待敌⑬；若敌先居之，盈而勿

---

① 通：通达，指四通八达的地区。《易·系辞》："往来无穷谓之通。"梅尧臣注："道路交达。"
② 挂：悬挂、牵碍。《仪礼·少牢·馈食礼》："挂于季指。"郑玄注："挂，悬也。"此指前平后险，易入难出的地形。
③ 支：支撑、支持。《左传》定公元年："天之所坏，不可支也。"杜预注："支，持也。"指敌对双方皆可据险对峙，不易于发动进攻的地区。梅尧臣注："相持之地。"其说义近。
④ 隘：狭窄、险要之地。梅尧臣注："两山通谷之间。"此处谓两山峡谷之间的地带。
⑤ 险：险要、险恶，指山川险要、行动不便利的地带。
⑥ 远：《庄子·天道》："吾固不辞远道而来愿见。"这里指敌我双方距离较远。
⑦ 先居高阳：杜牧注云："通者，四战之地，须先据高阳之处，勿使敌人先得而我后至也。"此言应率先占据地高向阳的地形，取得主动权。
⑧ 利粮道：贾林注："通粮道，便易转运。"杜佑注："无使敌绝己粮道也。"此言保持粮道畅通。
⑨ 彼出而不利：而，也，亦，意谓敌人出击也不利。
⑩ 敌虽利我：利，利诱。杜牧注、张预注皆谓"佯背我去。"此言敌人以利诱我。
⑪ 引而去之：引，去，离开。梅尧臣曰："伪去，引敌人半出而击。"此言引兵伪装退去。
⑫ 令敌半出而击之：令，使。张预注："敌若来追，伺其半出，行列未定，锐卒攻之，必获利焉。"其说甚是。
⑬ 必盈之以待敌：盈，满也，此乃充足之意。杜佑注："以兵陈满隘形，欲使敌不得进退也。"此句言一定要用足够的兵力堵塞隘口，以对付敌军来犯。

从,不盈而从之①。险形者,我先居之,必居高阳以待敌②;若敌先居之,引而去之,勿从也。远形者,势均③,难以挑战④,战而不利。凡此六者,地之道也⑤,将之至任⑥,不可不察也。

故兵有走⑦者,有弛⑧者,有陷⑨者,有崩⑩者,有乱⑪者,有北⑫者。凡此六者,非天之灾,将之过也。夫势均,以一击十,曰走。卒强吏弱,曰弛。吏强卒弱,曰陷。大吏⑬怒而不服,遇敌怼而自战⑭,将不知其能,曰崩。将弱不严,教道不明,吏卒无常,陈兵纵横⑮,曰乱。

---

① 盈而勿从,不盈而从之:从,顺随。张预注曰:"敌若先居此地,盈塞隘口而陈者,不可从也。若虽守隘口,俱不齐满者,入而从之,与敌共此险阻之利。"全句意思是在隘形作战,敌若先占领,并用重兵堵塞隘口,我不可随顺敌意去攻;如敌尚未全部占领隘口,则应全力进攻,与敌争险阻之利。

② 必居高阳以待敌:曹操注曰:"地形险隘,尤不可致于人。"张预注:"平陆之地,尚宜先居,况险隘之所,岂可以致于人?"此句谓在险阻之地,我当抢先占据地高向阳之处,争取主动,以待敌军。

③ 势均:孟氏、张预注谓"兵势"相均,杜佑谓"地势"相均,于义皆通。

④ 难以挑战:挑战,挑动敌人出战。曹操注:"挑战者,延敌也。"全句谓因地远势均,不宜先求战。

⑤ 地之道也:道,原则、规律,指上述六者乃将帅指挥作战时利用地形之原则。

⑥ 将之至任:至,最、极也,指将帅应负的重大责任。

⑦ 走:小跑、奔,此指败逃。

⑧ 弛:松懈、涣散。曹操注:"吏不能统,故弛坏。"这里指将帅懦弱无能,士卒军纪涣散。

⑨ 陷:曹操注:"吏强欲进,卒弱辄陷,败也。"此言将士虽强,然士卒战斗力弱,与敌作战则将吏孤身奋战,力不能支,故败。

⑩ 崩:溃败。刘寅《直解》云:"如山之崩坠。"此言主将不知其裨佐部将的能力,遇战则溃败。

⑪ 乱:混乱,没有秩序。

⑫ 北:败北。

⑬ 大吏:曹操注:"大吏,小将也。"

⑭ 遇敌怼而自战:怼,怨恨。此句言军中将吏恚怒而不听主将之令,遇敌便战,致使军队溃败。

⑮ 陈兵纵横:杜牧注:"引兵出阵,或纵或横,皆自乱之也。"此言布兵列阵杂乱无章。

将不能料敌①，以少合众，以弱击强，兵无选锋②，曰北。凡此六者，败之道也；将之至任，不可不察也。

夫地形者，兵之助也③。料敌制胜，计险易、远近，上将之道也。知此而用战者必胜，不知此而用战者必败④。故战道⑤必胜，主曰无战，必战可也⑥；战道不胜，主曰必战，无战可也⑦。故进不求名，退不避罪，唯民是保⑧，而利合于主⑨，国之宝也。

视卒如婴儿，故可与之赴深谿；视卒如爱子，故可与之俱死⑩。厚而不能使⑪，爱而不能令⑫，乱而不能治⑬，譬若骄子，不可用也。

知吾卒之可以击，而不知敌之不可击，胜之半也。知敌之可击，而不知吾卒之不可以击，胜之半也。知敌之可击，知吾卒之可以击，而不知地形之不可以战，胜之半也。故知兵者，动而不迷⑭，举而不穷⑮。故曰：知彼知己，胜乃不殆；知天知地，胜乃可全⑯。

---

① 料敌：分析、观察敌情。
② 选锋：精选出来精锐的前锋分队。《尉缭子·战威》："武士不选，则众不强。"战国之时，齐之技击、魏之武卒、秦之锐士，皆其军之选锋也。
③ 兵之助也：张预注："能审地形者，兵之助耳，乃末也。"此谓用兵作战的辅助条件。
④ 知此而用战者必胜，不知此而用战者必败：梅尧臣注云："将知地形，又知军政，则胜；不知，则败。"张预注："既知敌情，又知地利，以战则胜；俱不知之，以战即败。"其义颇精。
⑤ 战道：指战争的指导规律。战道必胜，意谓依据战争规律，就必然能取胜。
⑥ 必战可也：此言可径出兵战之，无须依从君命。
⑦ 无战可也：张预注："苟无必胜之道，虽军命必战，不可战也。与其从令而败事，不若违制而成功。故曰：军中不闻天子之诏。"其说甚是。
⑧ 唯民是保：意谓只求保全百姓。
⑨ 利合于主：符合君主的根本利益。
⑩ 视卒如婴儿，故可与之赴深谿；视卒如爱子，故可与之俱死：全句言爱护体恤士卒，以使之同生死，共患难。
⑪ 厚而不能使：厚，厚待、厚养，此句言只知厚待而不能使用。
⑫ 爱而不能令：令，使令、教育。梅尧臣注曰："爱宠而不教。"此句谓只知溺爱而不重教育。
⑬ 乱而不能治：治，治理、惩处，此处意谓士卒行为不守法令而不能严加管束。
⑭ 动而不迷：迷，迷惑。行动果断，毫不迷茫。
⑮ 举而不穷：举，动也。穷，困窘、困厄。举措随机应变，是无穷无尽的。
⑯ 胜乃可全：全，全胜。言能取得完全的胜利。

白话译文

孙子说：地形有通形、有挂形、有支形、有隘形、有险形、有远形六种。我军可以去，敌军可以来的地形叫作通形。在通形地域上作战，应先占领视界开阔的高地，保持粮道通畅，这样就十分有利。可以前出，难以返回的地域叫作挂形。在挂形地域上作战，如果敌人没有防备，就可以突然出击而战胜它；如果敌人有所防备，出击又不能取胜，难以返回，就很不利了。我军前出不利，敌军前出也不利，这种地域叫支形。在支形地域上，敌人即使以小利诱我，也不要出击，而应首先率军假装败走，诱使敌人出来一半时再回兵攻击，这样就有利。在隘形地域上作战，我们应先敌占领并封锁隘口，伺机歼敌。如果敌人先占领隘口，并用重兵据守，就不要去打；如果没有封锁隘口，则可以进攻。在险形地域上作战，如果我军先占据险地，必须控制视界开阔的高地，以等待敌人来犯；如果敌人先占据险地，就应引兵撤退，不要仰攻敌人。在远形地域上作战，双方地势均等，不宜挑战，勉强求战，必然不利。以上六个方面，是利用地形的原则，掌握这些原则，是将帅的重大责任所在，不能不认真地加以研究。

军事上有"走""弛""陷""崩""乱""北"六种必败情况，这六种情况，不是天时地利的灾害，而是将帅的过错造成的。凡是地势均同而以一击十的，必然败逃，叫作"走"。士卒强悍，军官懦弱，指挥必然松弛，叫作"弛"。军官强悍，士卒懦弱的，战斗力必差，叫作"陷"。部将怨怒而不服从指挥，遇到敌人愤然擅自率军交战，主将又不了解他们的能力而加以抑制，必然如山崩散，叫作"崩"。将帅懦弱又无威严，治军没有章法，官兵关系紧张混乱，陈兵布阵杂乱无章，必然自己搞乱自己，叫作"乱"。将帅不能正确判断敌情，以少击众，以弱击强，又没有尖刀分队，叫作"北"。以上六种情况，都是导致失败的原因，是将帅的重大责任所在，不能不认真地加以研究。

地形是用兵的辅助条件。判断敌情，制订作战计划，考察地形远近、险易，这些是高明的将领必须掌握的方法。懂得这些道理去指挥作战的，必然胜利，不懂得这些道理而指挥作战的，必然失败。按照战争规律分析，必然会胜利的，即使国君说不打，将帅也可以坚持打；按照战争规律分析，没有胜利条件的，即使国君说一定要打，也可以不去打。前进不企求战胜的名声，后退不逃避战败的罪责，只知道保护民众而有利于国君，这样的将帅才是国家的栋梁。

对待士卒像对待婴儿一样，士卒就可以跟随他共赴患难；对待士卒像对待爱子一样，士卒就可以跟随他同生共死。对士卒厚养而不使用，溺爱而不教育，违法而不惩治，那就如同娇惯的儿子，是不能用来打仗的。

知道自己的部队能打，而不了解敌人不可以打，胜利的可能只有一半。了解敌人可以打，而不了解自己的部队不能打，胜利的可能也只有一半。了解敌人可打，也了解自己的部队能打，但不知道地形不利于作战的，胜利的可能也只有一半。所以懂得用兵的人，他的军队行动决不迷暗，他的对敌之策变化无穷。所以说，了解敌人，了解自己，争取胜利就不会有危险；掌握天时，掌握地利，就能取得完全的胜利。

十一

《九地篇》

篇题解析

　　《九地篇》共计1368字,是孙子十三篇中最长的一篇,约占全文的1/5。从篇名看,似乎孙子要讲一讲九种特殊地形的用兵方法,也就是九种战略地形,所以有的学者认为这一篇等于军事地理学的专篇。我认为,《九地篇》所研究的内容并不能完全等同于我们今天所说的军事地理学问题,其主题是讲战略进攻问题,是从战略地理学的角度出发,论述在战略进攻中实施突然袭击的若干问题。而九种地区是孙子研究战略进攻所做的独特的地理划分,着眼于官兵在九种不同的地区作战时的特定心理而分析相应的指挥方法,不同于《地形篇》。《地形篇》之"地"为高山、平原、湖泊、沼泽等自然地形,《九地篇》之"地"则主要讲战场区域的划分,诸如前沿、纵深、核心等,官兵们在不同的战场区域思想情绪是不一样的,诸侯、敌我的态势也会发生变化,因而要有不同的应对方法。孙子从战略高度宏观地论述了在九种战略地区的情况下如何进攻作战的若干原则和方法,许多原则极富借鉴意义,所以,《九地篇》受到后人的普遍重视和赞赏。

正文注释

孙子曰：用兵之法，有散地①，有轻地②，有争地③，有交地④，有衢地⑤，有重地⑥，有圮地⑦，有围地⑧，有死地⑨。诸侯自战其地也，为散地。入人之地而不深者，为轻地。我得则利，彼得亦利者，为争地。我可以往，彼可以来者，为交地。诸侯之地三属⑩，先至而得天下之众者⑪，为衢地。入人之地深，背城邑多者⑫，为重地。山林、险阻、沮泽，凡难行之道者，为圮地。所由入者隘，所从归者迂⑬，彼寡可以击吾之众者，为围地。疾战则存，不疾战则亡者，为死地。是故散地则无

---

① 散地：指士卒近家，战不利则心易散，故言散地。曹操注："士卒恋土，道近易散。"杜牧曰："士卒近家，进无必死之心，退军归投之处。"
② 轻地：言军队进入敌境未深，可以轻易撤回。张预注："始入敌境，士卒思还，是轻返之地也。"
③ 争地：杜牧曰："必争之地，乃险要也。"此谓谁先占领就对谁有利的军事要地。
④ 交地：交，道路交错。我军可以往，敌军可以来的地区。曹操注："道正相交错也。"
⑤ 衢地：四通八达的地区。《尔雅·释宫》"四达谓之衢。"
⑥ 重地：深入敌国，所过城邑已多的地区。梅尧臣注："过城已多，津要绝塞，故曰重难之地。"
⑦ 圮地：山林、险阻、沼泽，难行的地区。顾福棠注："地势不固，无可凭依，行军至此，易于倾覆而难于保全，故曰圮。"
⑧ 围地：进入道路狭隘，退路迂远，敌人可以少击众的地区。
⑨ 死地：梅尧臣注："前不得进，后不得退，旁不得走，不得不速战也。"此谓不速战求生则会被消灭之地。
⑩ 诸侯之地三属：三属，三国交界的地方。曹操注："我与敌相当，而旁有他国也。"
⑪ 先至而得天下之众者：此句谓先到达可以得到诸侯列国的援助。曹操注："先至得其国助。"杜牧曰："天下，犹言诸侯也。"
⑫ 入人之地深，背城邑多者：谓深入敌国，所过城邑众多的地区，为重地。杜牧注："难返还也。背，去也；背与倍同。多，道里多也。"
⑬ 所由入者隘，所从归者迂：进入的道路狭隘而回归的道路迂远。

战①，轻地则无止②，争地则无攻③，交地则无绝④，衢地则合交⑤，重地则掠⑥，圮地则行⑦，围地则谋⑧，死地则战⑨。

所谓古之善用兵者，能使敌人前后不相及⑩，众寡不相恃⑪，贵贱⑫不相救，上下不相收⑬，卒离而不集⑭，兵合而不齐。合于利而动，不合于利而止。敢问：敌众以整，将来⑮，待之若何？曰：先夺其所爱⑯，则听⑰矣。兵之情主速⑱，乘人之不及，由不虞之道⑲，攻其所不戒也。

---

① 无战：不宜作战。李筌注："恐走散也。"张预注："士卒怀生，不可轻战。"二注均是。
② 无止：不宜停留。赵本学注："入敌未深，人心未固，务速进攻，以期过险。"
③ 无攻：条件不具备时不宜进攻。曹操注曰："不当攻，当先至为利也。"
④ 无绝：梅尧臣曰："道既错通，恐其邀截，当令部伍相及，不可断也。"言在交地，部伍相联结，不可断绝。
⑤ 合交：曹操注："结诸侯也。"孟氏注："得交则安，失交则危也。"全句谓在交地，则当结交诸侯，陷敌于孤立。
⑥ 重地则掠：梅尧臣曰："去国既远，多背城邑，粮道必绝，则掠畜积以继食。"全句谓在重地作战则掠夺敌资粮。
⑦ 圮地则行：行，快速通过。张预曰："难行之地，不可稽留也。"
⑧ 围地则谋：处围地则发谋以取胜。
⑨ 死地则战：奋力作战，死里逃生。贾林注："力战则生，守隅则死。"
⑩ 不相及：不相策应、不相连续。
⑪ 众寡不相恃：恃，依靠。全句谓大部队与小部队不能协同依恃。
⑫ 贵贱：指官与兵。
⑬ 不相收：不能聚集、不能联系。
⑭ 卒离而不集：离，分、散。《吕览·大乐》："离则复合。"高诱注："离，散也。"言士卒分散难于集中。
⑮ 敌众以整，将来：赵本学注："苟遇敌兵多而且整，势将来攻；欲守则未备，欲战则畏其锋，若何而为计耶？"
⑯ 先夺其所爱：先剥夺敌人所爱惜依恃的有利条件。赵本学注："或积聚所居，或救援所恃，或心腹巢穴所本者，皆是所爱也。"
⑰ 听：《广雅·释诂》："听，从也。"意谓使敌被动，从我意愿。
⑱ 兵之情主速：主速，重在迅速。张预注："用兵之理，惟尚神速。"全句谓用兵的道理是以神速为上。
⑲ 由不虞之道：虞，料想、意料。言通过敌人料想不到的道路。

凡为客之道①：深入则专②，主人不克③。掠于饶野④，三军足食；谨养而勿劳⑤，并气积力⑥；运兵计谋，为不可测⑦。投之无所往，死且不北⑧。死，焉不得士人尽力⑨。兵士甚陷则不惧⑩，无所往则固⑪，入深则拘，不得已则斗⑫。是故其兵不修而戒⑬，不求而得⑭，不约而亲⑮，不令而信。禁祥去疑⑯，至死无所之⑰。吾士无余财，非恶货也⑱；无余命，非恶寿也⑲。令发之日，士坐者涕沾襟，卧者涕交颐⑳。

---

① 为客之道：客，进入敌国作战的部队。《礼记·月令》注："为客不利。"疏："起兵伐人者，谓之客。"言深入敌境作战部队的用兵规律。
② 深入则专：专，《广雅·释言》："专，齐也。"全句谓深入敌境，则军心一致。
③ 主人不克：主，要本土作战的军队。梅尧臣曰："为客者，入人之地深，则士卒专精，主人不能克我。"言在本土作战的军队，无法战胜客军。
④ 掠于饶野：饶野，《玉篇》："饶，丰也，厚也。"全句谓掠夺野外的粮草。
⑤ 谨养而勿劳：认真养练休整，勿使疲劳。
⑥ 并气积力：并，合并，此为鼓舞、鼓励之意。全句谓鼓舞士气，积蓄力量。
⑦ 为不可测：使敌人无以判断。
⑧ 投之无所往，死且不北：梅尧臣注："置在必战之地，知死而不退走。"全句意谓将士卒置于无路可走的境地，虽死也不会败退。
⑨ 死，焉不得士人尽力：处于危险境地，士卒死且不顾惧，岂能不竭尽全力。曹操注："在难在，心并也。"
⑩ 兵士甚陷则不惧：张预曰："陷在危亡之地，人持必死之志，岂复畏敌也。"言兵士深陷于危难之中，那么反而无所畏惧。
⑪ 无所往则固：杜牧注："往，走也。"李筌注："固，坚也。"言无路可走，则军心稳固。
⑫ 不得已则斗：曹操注："人穷则死战也。"
⑬ 不修而戒：修，修明法令。戒，警戒。曹操注："不求索其意，自得力也。"言士卒们不待休整而自戒备。
⑭ 不求而得：梅尧臣注："不索而情自得。"张预注："不求索而得情意。"言不待征求而情意已得。
⑮ 不约而亲：梅尧臣注："不约而众自亲。"言不待约束而自亲和。
⑯ 禁祥去疑：祥，吉凶的预兆。言禁止迷信和谣言之事，避免士卒疑惑。
⑰ 至死无所之：之，往也。言士卒们至死也不会逃跑。
⑱ 无余财，非恶货也：梅尧臣曰："不得已竭财货。"言兵士们毁弃财物，抛弃必需品以外的钱财，并非不爱惜财物，实乃性命不保，何惜财物。
⑲ 无余命，非恶寿也：士卒们不顾性命去拼死搏斗，并非不愿长寿，而是身陷死地，不得不舍命以求生。
⑳ 卧者涕交颐：颐，颊、腮。言士卒们仰卧在地，泪流满面。

投之无所往者，诸刿①之勇也。

故善用兵者，譬如率然②；率然者，恒山③之蛇也。击其首则尾至，击其尾则首至，击其中则首尾俱至。敢问：兵可使如率然乎？曰：可。夫吴人与越人相恶也，当其同舟而济，遇风，其相救也，如左右手。是故方马埋轮④，未足恃也；齐勇若一，政之道也⑤；刚柔皆得，地之理也⑥。故善用兵者，携手若使一人⑦，不得已也。

将军⑧之事：静以幽，正以治⑨。能愚士卒之耳目，使民无知⑩；易其事，革其谋，使民无识⑪；易其居，迂其途，使民不得虑⑫。帅与之

---

① 诸刿：人名。诸，指专诸，春秋时期吴国的勇士。刿，指曹刿，春秋时期鲁国的勇士。
② 率然：古代传说中的一种蛇。《神异经·西荒经》："西方山中有蛇，头尾差大，有色五彩。人物触之者，中头则尾至，中尾则头至，中腰则头尾并至，名曰率然。"
③ 恒山：竹简本为"常山"。西汉时因避汉文帝刘恒的"恒"字而改为常山。
④ 方马埋轮：曹操注："方，缚马也；埋轮，示不动也，此言专难不如权巧。故曰：虽方马埋轮，不足恃也。"全句谓缚马埋轮，以示坚守的决心。
⑤ 齐勇若一，政之道也：齐，齐心协力。梅尧臣曰："使人齐勇如一心而无怯者，得军政之道也。"言三军齐勇如一人，靠的是军政之道严明，即治军有方。
⑥ 刚柔皆得，地之理也：王晳曰："刚柔，犹强弱也。言三军之士，强弱皆得其用者，地利使之然也。"全句意谓强者和弱者都能充分发挥战斗力，是巧妙地借助地形使然。
⑦ 携手若使一人：张预注："三军虽众，如提一人之手而使之，言齐一也。"
⑧ 将军：将，率领。将军，在此处意为主持军事，非指正式官职。
⑨ 静以幽，正以治：静，沉着冷静。幽，深隐难测。正以治，公正而严明。曹操注云："谓清静幽深平正。"
⑩ 能愚士卒之耳目，使民无知：曹操注："愚，误也。民可以乐成，不可以虑始。"李筌注："为谋未熟，不欲令士卒知之。"即蒙蔽士卒的耳目，不让他们知晓军情。
⑪ 易其事，革其谋，使民无识：张预注："前所行之事，旧所发之谋，皆变易之，使人不可知也。"谓变更部署，改变计谋，使人无法识破。
⑫ 易其居，迂其途，使民不得虑：梅尧臣注："更其所安之居，迂其所趋之途，无使人能虑也。"言变换驻防，迂回行军，使人们不得图谋。

期，如登高而去其梯①；帅与之深入诸侯之地，而发其机②；若驱群羊，驱而往，驱而来，莫知所之。聚三军之众，投之于险，此谓将军之事也。九地之变，屈伸之利③，人情之理，不可不察也。

凡为客之道，深则专，浅则散④。去国越境而师者，绝地也⑤；四彻者，衢地也；入深者，重地也；入浅者，轻地也；背固前隘⑥者，围地也；无所往者，死地也。是故散地，吾将一其志⑦；轻地，吾将使之属⑧；争地，吾将趋其后⑨；交地，吾将谨其守；衢地，吾将固其结⑩；重地，吾将继其食⑪；圮地，吾将进其途；围地，吾将塞其阙⑫；死地，吾将示之以不活⑬。故兵之情：围则御，不得已则斗，过则从⑭。

是故，不知诸侯之谋者，不能预交⑮；不知山林、险阻、沮泽之形

---

① 帅与之期，如登高而去其梯：赵注云："期，约战之所也。"谓主帅与军队约战，犹言赋予作战任务，断绝其归路，使之勇往直前。
② 帅与之深入诸侯之地，而发其机：机，弩机之扳机。此言将帅率兵深入敌国，如击发弩机射出的箭，可往而不可返。
③ 九地之变，屈伸之利：张预注曰："九地之法，不可拘泥，须识变通，可屈则屈，可伸则伸，审所利而已。"言九地作战原则的灵活运用，或屈或伸的利害关系。
④ 深则专，浅则散：在敌国境内作战，深入则士卒一致，浅进则士卒涣散。《广雅·释言》："专，齐也。"
⑤ 去国越境而师者，绝地也：赵注本云："去国去己之国，越境越人之境。绝，绝望之意。此篇无绝地之文，此特因上文诸侯自战其地为散地之句，而反言申之也。"另一说，梅尧臣注云："进不及轻，退不及散，在二地之间也。"
⑥ 背固前隘：梅尧臣曰："背负险固，前当厄塞。"张预曰："前狭后险，进退受制于人也。"此谓背后险固，前路狭隘。
⑦ 一其志：李筌注："一卒之心。"此言统一士卒意志。
⑧ 使之属：属，连接。使军队部属相连接。
⑨ 趋其后：曹操注："利地在前，当速进其后也。"杜佑注："利地在前，当进其后；争地先据者胜，不得者负。"言后续部队迅速跟进。
⑩ 固其结：杜牧注："结交诸侯，使之牢固。"言巩固与诸侯的结盟。
⑪ 继其食：贾林注："使粮相继而不绝也。"言补充军粮，保障供给。
⑫ 塞其阙：孟氏注："意欲突围，示以守固。"此言堵塞阙口。
⑬ 示之以不活：表示死战的决心。
⑭ 过则从：孟氏曰："甚陷则无所不从。"言陷于险境十分深重则无不听从。
⑮ 不知诸侯之谋者，不能预交："预"古通用"与"。言不了解诸侯的谋略，不能同他结交。

者，不能行军；不用乡导者，不能得地利。四五者①，一不知，非王霸之兵②也。夫王霸之兵，伐大国，则其众不得聚③；威加于敌，则其交不得合④。是故，不争天下之交⑤，不养天下之权，信己之私⑥，威加于敌，故其城可拔，其国可隳⑦。施无法之赏，悬无政之令⑧，犯三军之众⑨，若使一人。犯之以事，勿告以言⑩；犯之以害，勿告以利⑪。投之亡地然后存，陷之死地然后生⑫。夫众陷于害，然后能为胜败⑬。故为兵之事，在于顺详敌之意⑭，并敌一向⑮，千里杀将，此谓巧能成事者也。

---

① 四五者：指九地。曹操注："谓九地之利害。"清夏振翼《武经体注大全会解》云："四五，指'九地'言。'九地'中五为客兵，四为主兵，故不合言之而分言之。"

② 王霸之兵：霸，《孟子·离娄》音义引丁音："霸者，长也。"《荀子·王霸》注："为诸侯之长曰伯。"曹操注："霸者，不结成天下诸侯之权也。绝天下之交，夺天下之权，故己威得伸而自私。"王，《荀子·正论》"令行于诸夏之国谓之王。"按，王，先秦指商周之王；霸（伯），指诸侯之首领，源于春秋时代。此谓能够称霸诸侯的军队。

③ 其众不得聚：聚，集中、动员。言敌人的军队来不及动员集中。

④ 威加于敌，则其交不得合：兵威指向敌国，使其外交不得联合。

⑤ 不争天下之交：不争着与天下诸侯交结。

⑥ 信己之私：信，同"伸"。私，偏爱。言伸展自己对民众的恩爱。

⑦ 其国可隳：《吕览·顺说》："隳人之城郭。"高诱注："隳，坏也。"谓可毁坏其国都。

⑧ 施无法之赏，悬无政之令：无法，超出惯例，破格。悬，挂、颁布。黄巩《集注》："无法之赏，谓破格也；无政之令，谓临事应变。"

⑨ 犯三军之众：犯，用也、动也。此为驱使、任用之意。言使用三军之众。

⑩ 勿告以言：王皙注："情泄则谋乖。"此谓不要告诉士兵所担负任务的意图。

⑪ 犯之以害，勿告以利：命令他们去完成危险任务，只告诉危险因素，不告诉有利条件，使其信心坚定。

⑫ 投之亡地然后存，陷之死地然后生：曹操注："必殊死战，在亡地无败者。孙膑曰：'兵恐不投之死地也。'"梅尧臣曰："地虽曰亡，力战不亡；地虽曰死，死战不死。故亡者存之基，死者生之本也。"全句谓军队于危亡之地，然后可以保存。

⑬ 能为胜败：意谓军队陷入危亡之地才能取胜。

⑭ 顺详敌之意：顺详，假装顺从，言假装顺从敌人的企图。

⑮ 并敌一向：集中优势兵力，选择恰当的进攻方向。

是故，政举之日①，夷关折符，无通其使②；厉于廊庙之上③，以诛其事④。敌人开阖⑤，必亟入之。先其所爱⑥，微与之期⑦。践墨随敌⑧，以决战事。是故，始如处女，敌人开户；后如脱兔，敌不及拒⑨。

白话译文

孙子说：根据用兵的原则，兵要地理可分为散地、轻地、争地、交地、衢地、重地、圮地、围地、死地。诸侯在本国境内作战的地区，叫作散地。在敌国浅境纵深作战的地区，叫作轻地。我军得到有利，敌军得到也有利的地区，叫作争地。我军可以往，敌军也可以来的地区，叫作交地。多国交界的地区，先占领便容易得到诸侯援助的地区，叫作衢地。深入敌境，背靠敌人众多城邑的地区，叫作重地。山岭、险阻、沼泽等难于通行的地区，叫作圮地。进兵道路狭隘，退回的道路迂远，敌军以少数兵力即可击败我军的地区，叫作围地。迅速奋战就能生存，不迅速奋战就会灭亡的地区，叫作死地。因此，在散地不宜交战，在轻地不宜停留，在争地不宜贸然进攻，在交地行军序列不要断绝，在衢地应结交诸侯，深入重地就要掠取粮秣，遇到圮地就要迅速通过，陷入围地就要运谋设计，到了死地就要殊死奋战。

---

① 政举之日：决定实施战略计划的时候。
② 夷关折符，无通其使：夷，封锁。符，通行证。曹操注："谋定，则闭关以绝其符信，勿通其使。"言废除通行凭证，断绝交通往来。
③ 厉于廊庙之上：厉，砥砺，反复推敲。按："厉"古通"砺"，指磨刀石。此言在庙堂上反复研究，以决定战争大事。
④ 以诛其事：诛，治，这里指研究。言决定战争大事。
⑤ 开阖：阖，门扇。敌人敞开门户，喻敌方出现虚隙，可乘虚而入。
⑥ 先其所爱：杜牧注："凡是敌人所爱惜，倚恃以为军者，则先夺之也。"
⑦ 微与之期：期，约、合。谓不要与敌人约期交战。
⑧ 践墨随敌："践"通"剗"。贾林注："剗，除也。"墨，墨守成规。言避免墨守成规，随敌情变化来决定作战方案。
⑨ 始如处女，敌人开户；后如脱兔，敌不及拒：全句言开始如处女般柔弱沉静，敌人便放松警戒，后如逃兔一般迅捷，打击敌人，使之措手不及。

古时善于指挥作战的人，能使敌人前后部队不策应，主力与小部队不相依靠，官兵不相救援，上下建制失去联络，士卒溃散而不能集中，对阵交战阵形不整齐。对我军有利就打，对我军无利就停止行动。请问："如果敌军人数众多、阵势严整地向我推进，用什么办法对付它呢？"回答是："先夺取敌人最关键的部位，就能使它不能不听从我的摆布了。"用兵的道理，贵在神速，打敌人措手不及，走敌人意料不到的道路，攻击敌人没有戒备的地方。

大凡对敌国采取进攻作战，其规律是：越深入敌境，军心士气越牢固，敌人越不能战胜我军，在丰饶的田野上掠取粮草，全军就有足够的给养；注意休整部队，不使过于疲劳，增强士气，养精蓄锐；部署兵力，巧设计谋，使敌人无法判断我军企图。把部队置于无路可走的绝境，士卒虽死也不会败退。既然士卒宁死不退，又哪有不得胜之理，上下也就都能尽力而战了。士卒深陷危险境地，就不恐惧，无路可走，军心就会稳固；深入敌国，军队就不会涣散。处于这种迫不得已的情况，军队就只有坚决战斗。因此，在这种条件下的军队，不须重赏，就能注意戒备；不须强求，就能完成任务；不须约束，就能亲附协力；不须申令，就会遵守纪律。禁止迷信，消除部属的疑虑，他们至死也不会逃跑。我军士兵没有多余的钱财，不是他们不爱财物；士卒们不贪生怕死，不是他们不想活命。当作战命令发布的时候，士卒们坐着泪湿衣襟，躺着泪流满面。可是一旦把他们放到无路可走的绝境，就会像专诸和曹刿那样勇敢了。

所以善于统率部队的人，能使部队像"率然"一样。"率然"是恒山地方的一种蛇。打它的头，尾就来救应；打它的尾，头就过来救应；打它的腰，头尾都来救应。请问："那么可以使军队像'率然'一样吗？"回答是："可以。"吴国人与越国人是互相仇恨的，但当他们同船渡河遇到大风时，他们相互救援如同一个人的左右手。因此，缚住马缰，深埋车轮，显示死战的决心，并不是最好的办法。要使部队上下齐力，如同一人，在于管理教育有方。要使强弱不同的士卒都能发挥作用，在于合理利用地形。所以善于用兵的人，能使全军携起手来如同一个人一样协调一致，这是因为客观形势迫使部队不得不这样。

将军处事，要沉着镇静而幽密深邃，管理部队公正而严明。要能蒙蔽士卒的视听，使他们对于军事行动毫无所知。改变作战计划，变更作战部署，使人们无法识破玄机；经常改换驻地，故意迂回行进，使人们推测不出意图。率领士卒与敌约期作战，要像登高而抽去梯子一样，使士卒有进无退；率领士卒深入诸侯重地，捕捉战机，发起攻势，像射出的箭矢一样勇往直前。这种办法如同驱赶羊群，将士卒赶过来，赶过去，使他们不问要到哪里去，只知勇往直前。聚集全军，置于险境，这就是将军的责任。九种地形的灵活运用，攻守进退的利害得失，官兵上下的心理变化，这些都是将帅不能不认真周密考察的。

进入敌国作战的规律是：进入敌境越深，军心就愈是稳固；进入敌境越浅，军心就越容易懈怠涣散。离开本国进入敌境作战的地区就是绝地，四通八达的地区就是衢地，进入敌国纵深的地区就是重地，进入敌国浅境纵深的地区就是轻地，背有险固前有阻隘的地区就是围地，无路可走地区就是死地。因此，在散地上，要统一全军意志；在轻地上，要使营阵紧密相连；在争地上，要使后续部队迅速跟进；在交地上，要谨慎防守；在衢地上，要巩固与邻国的联盟；入重地，要补充军粮；经圮地，要迅速通过；陷入围地，要堵塞缺口；到了死地，要显示死战的决心。所以，作战一般的情形是：被包围就会竭力抵御，形势险恶万不得已时就会殊死奋战，深陷危境就会听从指挥。

不了解诸侯各国的战略动向，就不要与之结交；不熟悉山林、险阻、沼泽等地形，就不能行军；不使用向导，就不能得到地利。这几个方面，有一方面不了解，都不能成为具有谋取诸王或霸主地位实力的军队。凡是王、霸的军队，进攻大国时能使敌国的军队来不及动员集中；兵威加在敌人头上时就能使它的盟国不能配合策应。因此，不必争着同天下诸侯结交，也不必在各诸侯国培植自己的势力，只要伸展自己的意图，把威力加在敌人的头上，就可以拔取敌人的国都，毁灭敌人的城邑。实施超越惯例的奖赏，颁布打破常规的号令，指挥全军如同指挥一个人一样。授以任务，不必说明作战意图。赋予危险的任务，但不指明有利条件。把士卒投入危地，才能转危为安；把士卒陷于死地，才能转死为生。军队陷于危境，然后才能取得胜利。所以指挥作战这种事，就在于谨慎地观察敌人的战略意图，集中兵力于主攻方向，千里奔袭，斩杀敌将，这就是所谓巧妙用兵能够达到预期的作战目的。

所以，决定战争行动的时候，就要封锁关口，销毁通行符证，不许敌国的使节往来，在庙堂再三谋划，做出战略决策。敌方一旦出现可乘之机，就要迅速乘虚而入。首先夺取敌人战略要地，但不要轻易与敌人约期决战。敌变我变，灵活决定自己的作战行动。因此，战争开始之前要像处女那样沉静，诱使敌人放松戒备；战争展开之后，要像脱逃的野兔一样迅速行动，使敌人来不及抵抗。

十二

《火攻篇》

篇题解析

顾名思义，"火攻"即是以火作为手段来辅助进攻的意思。孙子那个年代，打仗主要用长矛大刀、弓箭劲弩，这些武器一旦遇到高墙深沟的城堡就难以发挥作用了。所以，孙子专列一篇论述火攻问题。足见《火攻篇》在《孙子兵法》中的重要性。既然如此重要，为什么要将《火攻篇》放在《孙子兵法》十三篇的末尾呢？这就涉及了《火攻篇》的深层主旨：用兵如用火，穷兵黩武的后果将会是玩火自焚，真正懂得用兵之道的决策指挥者必须要理性地、慎重地对待战争。这一主旨与《孙子兵法》开篇讲的"兵者，国之大事"是前后呼应的。《火攻篇》主要讲了四个问题：一是讲五火之变，二是讲火攻与水攻的比较，三是讲胜战修功，四是讲戒怒慎战。

正文注释

孙子曰："凡火攻有五，一曰火人①，二曰火积②，三曰火辎③，

---

① 火人：李筌注："焚其营，杀其士卒也。"杜牧曰："焚其营栅，因烧兵士。"谓焚烧营栅，烧毁敌军人马。
② 火积：此言焚烧敌军积聚的粮草。
③ 火辎：辎，装载物资的车辆。杜牧曰："器械财物及军士衣装，在车中上道未止曰辎。"此言焚烧敌军被服、军器装备及车辆等辎重。

四曰火库①，五曰火队。行火必有因②，因必素具③。发火有时，起火有日④。时者，天之燥⑤也；日者，月在箕、壁、翼、轸⑥也。凡此四宿者，风起之日也。

凡火攻，必因五火之变而应之⑦。火发于内，则早应之于外⑧。火发其兵静而勿攻，极其火央⑨，可从而从之，不可从而止之⑩。火可发于外，无待于内，以时发之⑪。火发上风，无攻下风⑫。昼风久，夜风止⑬。凡军必知有五火之变，以数守之⑭。

---

① 火库：《说文》："库，兵车藏也。"此谓焚毁敌军所贮装备、军饷、财物等库藏。

② 行火必有因：因，《吕览·尽数》"因智而明之"。高诱注："因，依也。"此言行火时必须有所依就，即天时、敌情可用，行火器材常备。

③ 因必素具：烟火，曹操注："烧具也。"此言发火器材必须平素准备好。

④ 发火有时，起火有日：发动火攻要选择好天时，具体点火要有恰当的日子。

⑤ 天之燥：燥，曹操注："旱也。"此言气候干燥，物品容易燃烧。

⑥ 箕、壁、翼、轸：为二十八星宿之四宿。箕为东方苍龙七宿之一；壁为北方玄武七宿之一；翼、轸为南方朱雀宿之二。古人通过长期观察，月亮与这些星宿运行到一起的日子，一般多风，这可看作上古时的气候资料。

⑦ 凡火攻，必因五火之变而应之：根据五种火攻所引起的敌情变化，适时地运用军队策应。

⑧ 早应之于外：曹操注："以兵应之也。"杜牧注："凡火，乃使敌人惊乱，因而击之，非谓空以火败敌人也。闻火初作，即攻之；若火阑众定而攻之，当无益，故曰早也。"

⑨ 极其火央：使火力燃烧到最旺时。

⑩ 可从而从之，不可从而止之：从，随也。曹操注曰："见可而进，知难而退。"言可随火而进攻敌人则进攻，没有机会进攻就按兵不动。

⑪ 以时发之：陈皞注："以时发之，所谓天之燥、月之宿在四星也。"其说甚是。

⑫ 无攻下风：不要在下风处进攻。赵注本曰："下风为烟焰所冲，固不宜攻，亦恐敌兵避火，溃出相踩藉也。"

⑬ 昼风久，夜风止：白天刮风时间长，到晚上就会停止。各家注本皆同此。唯《直解》引张贲云："谓白昼遇风而发火，则当以兵从之；遇夜风而发火，则止而不从，恐彼有伏，反乘我也。"

⑭ 以数守之：即按火攻应遵循的自然规律把握火攻的时机。杜牧注曰："须算星躔之数，守风起日，乃可发火，不可偶然而为之。"

故以火佐攻者明，以水佐攻者强①。水可以绝，不可以夺②。

夫战胜攻取，而不修其功者，凶③，命曰费留④。故曰：明主虑⑤之，良将修之⑥。非利不动⑦，非得不用⑧，非危不战⑨。主不可以怒而兴军，将不可以愠⑩而致战。合于利而动，不合于利而止。怒可复喜，愠可复悦，亡国不可以复存，死者不可以复生⑪。故明君慎之，良将警之，此安国全军之道也⑫。

白话译文

孙子说，火攻的方式有五种：一是火烧敌军人马；二是火烧敌军粮草；三是火烧敌军辎重；四是火烧敌军仓库；五是火烧敌人粮道。实施火攻需要具备一定条件，这些条件必须平常即有准备。发动火攻要依据

---

① 故以火佐攻者明，以水佐攻者强：用火进攻敌人效果十分明显，用水进攻敌人就会壮大我军声势。
② 水可以绝，不可以夺：绝，断绝、分割。不可以夺，曹操注："不可以夺敌蓄积。"言用水攻敌可以分割敌人，但不能彻底摧毁敌人。
③ 不修其功者，凶：凶，祸患也。此言打了胜仗，夺取城邑，而不修明政治，及时论功行赏，激扬士气，以巩固胜利成果的，则有祸患存在。
④ 命曰费留：命，名也。费留，曹操注云："若水之留，不复还也。"此言若不及时赏赐士卒，将士不用命，致使战争拖延或失败，军费将如流水般逝去。
⑤ 虑：《说文》："虑，谋思也。"此言思索、想到。
⑥ 良将修之：明智的将领应很好地研究这个问题。
⑦ 非利不动：《香草续校书》云："当指士卒言，谓非有所利，则不为我动也。"言对我无利则军队不行动。
⑧ 非得不用：《香草续校书》云："非有所得，则不为我用也。"言没有必胜的把握则不出动军队作战。
⑨ 非危不战：危，紧急。《香草续校书》云："非有所危，则不为我战也。"
⑩ 愠：怨愤、恼怒。
⑪ 怒可以复喜，愠可以复悦，亡国不可以复存，死者不可以复生：梅尧臣注："一时之怒，可返而喜也；一时之愠，可返而悦也。国亡军死，不可复已。"其说颇是。
⑫ 故明君慎之，良将警之，此安国全军之道也：张预注："君常慎于用兵，则国可以安；将常戒于轻敌，则可以全军。"全句谓明智的国君要慎重，贤良的将帅要警惕，这是安定国家、保全军队的重要原则。

一定天时，点火要看准日子。天时是指气候干燥的季节，日子是指月亮行经箕、壁、翼、轸四星所在位置的时候。月亮经过四星宿的时候，就是起风的日子。

凡用火攻，必须根据这五种火攻所引起的不同变化，灵活地派兵接应。从敌营内部放火，就要及时派兵从外部策应。火已烧起而敌营仍然保持镇静的，应持重等待，不要急于进攻；待火势兴旺，可以进攻就进攻，不可以进攻就停止。火可从外面放，这时就不必等待内应，只要适时放火就行。从上风放火，不要从下风进攻。白天风刮久了，夜晚就容易停止。军队必须懂得灵活运用五种火攻方式，并等待放火的时日条件具备再进行火攻。

用火辅助军队进攻，效果明显；用水辅助军队进攻，可以使攻势加强。水可以阻隔敌人，但不能直接削弱敌军实力。

凡打了胜仗，夺取了土地城邑，而不能巩固战果的，则很危险，这叫劳而无功的"费留"。所以说，明智的国君要慎重地考虑攻战之事，贤良的将帅应该认真地决定军事行动。不是有利不要采取军事行动，没有必胜的把握就不要用兵，不是危迫不要开战。国君不可因一时愤怒而发动战争，将帅不可因一时气愤而出阵求战。符合国家利益才用兵，不符合国家利益就停止。愤怒可以恢复为欢喜，气愤可以恢复为高兴；国家灭亡了就不能复存，人死了也不可能再生。因此，对于战争，明智的国君要慎重，贤良的将帅要警惕，这是安定国家和保全军队的重要原则！

十三

《用间篇》

篇题解析

《用间篇》主要讲述怎样使用间谍。孙子从战略的高度肯定了间谍的地位,并对间谍的作用、分类和使用方法分别加以说明。《用间篇》放在孙子十三篇的最后一篇,这是一个非常巧妙的安排。孙子强调用兵打仗要有"率然之势",其实十三篇布局也有"率然之势"。《计篇》讲"先知后定",《谋攻篇》讲"知彼知己",《地形篇》讲"知天知地",《用间篇》讲"先知后行",首尾呼应,浑然一体。"间",本指空隙,钻空子去了解敌情的人也叫间。用间的目的是为了在战争中取得情报优势,进而克敌制胜。孙子认为"间"可分为五类:乡间、内间、反间、死间与生间。五间相配合,组成一个间谍网络,反间是其中搜集情报活动的总枢纽。谍报活动由于有组织有计划且又机密而易于成功。明君贤将用间的方向正确、措施得当,能驱使智慧超群的人做间谍,就一定建立奇功。孙子揭示的谍报基本原理,始终为世人所推崇,在当今世界仍被人们所遵循。

正文注释

孙子曰:"凡兴师十万,出征千里,百姓之费,公家之奉①,日

---

① 公家之奉:公家,指国家。奉,同"俸",指军费开支。

费千金，内外骚动①，怠于道路②，不得操事者，七十万家③。相守④数年，以争一日之胜，而爱爵禄百金⑤，不知敌之情者，不仁之至也，非民之将也，非主之佐⑥也，非胜之主⑦也。故明君贤将，所以动而胜人⑧，成功出于众者，先知也。先知者，不可取于鬼神⑨，不可象于事⑩，不可验于度⑪，必取于人，知敌之情者也。

故用间有五：有乡间，有内间，有反间，有死间，有生间。五间俱起，莫知其道⑫，是谓神纪⑬，人君之宝也。乡间者，因其乡人而用之⑭。内间者，因其官人而用之⑮。反间者，因其敌间而用之⑯。死间

---

① 内外骚动：举国不得安宁。
② 怠于道路：杜牧曰："怠，疲也。转输疲于道路。"
③ 不得操事者，七十万家：操事，操作农事。曹操注："古者八家为邻，一家从军，七家奉之，言十万之师举，不事耕稼者七十万家。"
④ 相守：相持。
⑤ 而爱爵禄百金：爱，吝惜。王晳注："吝财赏，不用间也。"言吝惜爵位、俸禄和金钱而不肯重用间谍，置国家、人民安危于不顾，实为不仁之至。
⑥ 非主之佐：不配为君主的辅佐。
⑦ 非胜之主：梅尧臣注："非致胜主利者也。"言不是胜利的主宰。
⑧ 动而胜人：动，行动。此言出兵便能克敌致胜。
⑨ 不可取于鬼神：曹操注："不可以祷祀而求。"谓不可以祈祷、祭祀鬼神和占卜去预知胜负。
⑩ 不可象于事：象，杜牧注："类也。"曹操注："不可以事类而求。"此言不可以相似的事物作类比。
⑪ 不可验于度：验，验证。度，天象的度数，又同历数。曹操注："不可以事数度也。"言不可用日月星辰运行的位置来推验吉凶祸福。
⑫ 五间俱起，莫知其道：道，方法、规律。曹操注："同时任用五间也。"李筌注："五间者，因五人用之。"言同时使用五种间谍，使人陷于盲目的地步。
⑬ 神纪：梅尧臣注："五间俱起以间敌，而莫知我用间之道，是曰神妙之纲纪。"张预注："兹乃神妙之纲纪。"神纪，意为神妙莫测之道。
⑭ 乡间者，因其乡人而用之：杜牧注："因敌乡国之人，而厚抚之，使为间也。"言利用敌国之人做间谍。
⑮ 因其官人而用之：官人，指敌国官吏。李筌注："因敌人失职之官。"梅尧臣曰："因其官属，结而用之。"言利用敌国的官吏为间谍。
⑯ 反间者，因其敌间而用之：王晳注："反间，反为我间也。或留之使言其情，又或示以诡形而谴之。"言收买或利用敌方派来的间谍，使其为我所用。

者，为诳事于外①，令吾间知之，而传于敌间也②。生间者，反报也③。

故三军之亲，莫亲于间④，赏莫厚于间⑤，事莫密于间。非圣不能用间，非仁不能使间，非微妙⑥不能得间之实。微哉微哉⑦，无所不用间也⑧。间事未发，而先闻者⑨，间与所告者皆死⑩。

凡军之所欲击，城之所欲攻，人之所欲杀，必先知其守将、左右、谒者、门者、舍人⑪之姓名，令吾间必索知之。必索敌人之间来间我者⑫，因而利之⑬，导而舍之，故反间可得而用也。因是而知之，故乡间、内间可得而使也⑭；因是而知之，故死间为诳事，可使告敌⑮；因是而知之，故生间可使如期⑯。五间之事，主必知之，知之必在于反间，

---

① 为诳事于外：诳，欺、惑。《香草续校书》云："服敌之服，言敌之言，役敌之役，任敌之任。其表见于外者如此，故曰为诳事于外也，而其内则专欲间知敌情。"言向外散布虚假情况，用以欺骗、迷惑敌人。

② 令吾间知之，而传于敌间也：杜牧注："吾间在敌，未知事情，我则诈立事迹，令吾间凭其诈迹，以输诚于敌，而得敌信也。若我进取，与诈迹不同，间者不能脱，则为敌所杀，故曰死。"

③ 生间者，反报也：张预注："选智能之士，往视敌情，归以报我。"言到敌人方面了解到情况以后，并能亲自返回报告的人。

④ 莫亲于间：此句谓间谍是军中最可信的人。张预注云："三军之事，然皆亲抚，独于间者以腹心相委，是最为亲密。"

⑤ 赏莫厚于间：言赏赐没有比间谍所受更优厚的了。

⑥ 微妙：精细巧妙。此谓非用心精细，手段巧妙的将领，不能对所获情报去伪存真。

⑦ 微哉微哉：梅尧臣注："微之又微。"张预注："密之又密。"其言皆是。

⑧ 无所不用间也：言处处皆可使用间谍。王晳注："当事事知敌之情。"

⑨ 间事未发，而先闻者：谓我用间所谋之事未行而走漏了风声的。

⑩ 间与所告者皆死：梅尧臣注："杀间者以恶其泄，杀告者灭其言。"赵注本云："苟军中有以间事相告语者，彼此皆斩之。斩间者之泄言，斩闻者以灭其口也。"

⑪ 守将、左右、谒者、门者、舍人：杜牧注："守，谓官守职任者；谒，告也，主告事者也；门者，守门者也；舍人，守舍之人也。"

⑫ 必索敌人之间来间我者：一定要搜索出打入我方内部的敌人间谍。

⑬ 因而利之：趁机以重利收敌方间谍。

⑭ 故乡间、内间可得而使也：此言通过反间了解敌情，乡间、内间就可为我所用。梅尧臣注曰："其国人之可使者，其官人之可用者，皆因反间而知之。"其义近似。

⑮ 死间为诳事，可使告敌：因从反间处得知敌人内部情况，故死间可将虚假情报传送给敌人。

⑯ 生间可使如期：生间可以携敌情报按预定期限返回。

故反间不可不厚也①。

昔殷②之兴也，伊挚③在夏；周之兴也，吕牙④在殷。故惟明君贤将，能以上智为间者⑤，必成大功，此兵之要，三军之所恃而动也⑥。

白话译文

孙子说：凡是兴兵10万，出征千里，百姓的耗费，公室的开支，每天要花费千金；前后方动乱不安，民工士卒疲惫地奔波于道路，不能从事正常耕作的有70万家。双方相持数年，是为了一朝决胜，如果吝啬爵禄和金银，不重用间谍，以致不能了解敌情而失败，那就是最不仁慈的人。这种人不配为军队的统帅，不配为君主的辅臣，也不是胜利的主宰。明君、贤将，之所以一出兵就能战胜敌人，战功超出于众人之上，就在于他们事先了解敌情。要事先了解敌情，不可祈求鬼神，不可用类似的事情去类比推测，也不可用日月星辰运行的度数去验证，必须取之于人，从那些熟悉敌情的人口中获取情报。

间谍有五种：乡间、内间、反间、死间、生间。这五种间谍一起使用起来，使敌人莫知我用间的规律，这乃是使用间谍神妙莫测的方法，是国君胜敌的法宝。所谓乡间，是利用敌国乡人做间谍；所谓内间，是

---

① 故反间不可不厚也：杜佑注："人主当知五间之用，厚其禄，丰其财。而反间者，又五间之本，事之要也，故当在厚待。"言国君知道五种间谍的运用，应给予反间以特别优厚的赏赐。

② 殷：殷代，即商朝。

③ 伊挚：伊尹。《吕览·慎大》谓汤"欲令伊尹往视旷夏，恐其不信，汤由亲自射伊尹。伊尹奔夏三年，反报于亳。"伊尹原为夏桀的臣子，熟悉夏朝的情况，归商后，汤重用为宰相，遂助商灭夏，且世代受到厚待。

④ 吕牙：吕尚、姜子牙。吕尚原为殷纣的臣子，熟悉殷内情。归周后，周文王立为师。

⑤ 能以上智为间者：何延锡注："言五间之用，须上智之人。"此谓贤明的君主、将领，如能用智慧超群的人为间谍，必能成大功。

⑥ 三军之所恃而动也：恃，依靠。言军队要依靠间谍提供的情报而行动。

利用敌方官吏做间谍；所谓反间，就是利用敌方派来的间谍，反过来为我效力；所谓死间，就是制造假情报，并通过潜入敌营的我方间谍传给敌人；所谓生间，就是能亲自回来报告敌情的人。

所以在军队的人员关系中，没有比间谍更亲密的了；军中的奖赏，没有比间谍更优厚的；谋划事情，没有比间谍更秘密的。不是聪明睿智的人，不能任用间谍；不是仁慈慷慨的人，不能指使间谍；不是用心微妙的人，不能取得间谍的真实情报。微妙啊，微妙！无时无处不可以使用间谍。间谍的工作尚未进行，先已传泄在外，那么间谍和听到秘密的人都要处死。

凡是要攻打敌方军队，要夺取敌方城邑，要刺杀敌方官员，必须预先了解其主管将领、左右亲信、掌管传达的官员、守门官吏和门客幕僚的姓名，指令我方间谍一定要侦察清楚。一定要查出敌方派来的间谍，从而重金收买他，优礼款待他，诱导其为我所用，这样，反间就可以为我所用了。通过反间了解敌情，就能从敌方找到恰当人选，乡间、内间就可得到使用了。由此而了解情况，就能使死间传假情报给敌人；由此而了解情况，就可以使生间如期回报敌情。五种间谍的使用，君主都必须了解掌握。了解情况的关键在于反间。所以，对反间的待遇不能不特别优厚。

殷朝的兴起，在于伊挚曾经在夏为间，了解夏朝内情；周朝的兴起，在于姜子牙在商为间搜集情报。因此，明智的国君，贤能的将帅，若用高超智慧的人充当间谍，一定能建树大功。这是用兵重要的一招，整个军队都要依靠间谍提供的敌情来决定军事行动。

后　记

信息技术的进步和推广，极大地提升了社会生活的节奏，快闪、快的、快餐、快递、快讯，一切都变快了，就连战争也变得短平快，达到了"秒杀"的程度。然而，我们这本书稿却快不起来，扎扎实实地经历了"十月怀胎"，将近一年时间的撰写和打磨，才最终完稿。在此期间，每位作者都本着科学严谨的态度，潜心思考和研究，力求准确揭示《孙子兵法》的思想精髓，透彻分析活用孙子谋略智慧的有效方法，写出一部符合现代企业精英骨干需要的，而且经得起实践检验的实用教科书。为此，大家付出了艰辛的努力，倾注了满腔的心血。全书由薛国安将军主编，负责策划、组织和统稿，并具体撰写第一部分中的一、五、六、十七，第二部分中的一、十一、十四、十七。其他作者分工如下：

赵巳阳协助主编做了大量工作，并撰写第一部分中的四、九、十三、十五，第二部分中的四、九、十三。

刘争鸣撰写第一部分中的二、七、十一、十四，第二部分中的二、六、十、十五。

韩霖撰写第一部分中的三、八、十二、十六，第二部分中的五、八、十二、十六。

樊利军撰写第二部分中的三、七。

许华彬撰写第一部分中的十，并参与策划本书。